LA

VÉNERIE

ROYALE

PAR

ROBERT DE SALNOVE

LA
VÉNERIE ROYALE

DIVISÉE EN IV PARTIES

QUI CONTIENNENT

Les Chasses du Cerf, du Lièvre, du Chevreuil, du Sanglier, du Loup et du Renard

Avec le dénombrement des Forests et grands buissons de France, où se doivent placer les logements, questes et relais pour y chasser.

DÉDIÉE AU ROY

PAR

MESSIRE ROBERT DE SALNOVE

Conseiller et maistre-d'hostel ordinaire de la Maison du Roy, lieutenant dans la grande louveterie de France, escuyer ordinaire de Madame Royale Christine de France, duchesse de Savoye, et gentil-homme de la Chambre de S. A. R. de Savoye.

Édition nouvelle, publiée aux frais et par les soins de M. Charles Godde, directeur du *Journal des Chasseurs*.

SE VEND :

AU BUREAU DU JOURNAL DES CHASSEURS

RUE SAINT GEORGES, 12, PARIS.

AU ROY.

SIRE,

La chasse est un si noble exercice, qu'il est presque le seul ou les Princes s'adonnent comme à l'apprentissage de la guerre, le plus illustre des arts, et le plus généreux des emplois, où se trouvent les mesmes ruses et les mesmes fatigues; si bien que le chasseur et le guerrier ont peu de différence. Les Roys mesmes sont également jaloux des droicts et des ordres de la chasse et de la guerre : et comme il s'y rencontre de la peine et du plaisir, ils en jugent absolument l'exercisse royal. A qui pourrois-je donc plus justement offrir ce livre de chasse, qu'au plus grand Roy du monde, digne fils du grand et juste Louis, qui ne cessait les travaux de la guerre, que pour les reprendre à la chasse; et qui dans l'un et l'autre de ces pénibles et violens emplois, a tousjours partagé son repos. Ses préceptes m'ayans appris les leçons que je vay donner, je croy, sire, que vous prendrez plaisir aux remarques de toutes les chasses considérables, que je tiens de deux si excellens maistres, henry le grand, et louis le juste, ausquels Vostre Majesté succède très dignement; et qu'à leur exemple, elle joindra à sa naissance auguste, leurs vertueuses inclinations.

Je m'estimeray très heureux et trop bien récompensé de mon travail, si la lecture en est aussi agréable à Vostre Majesté que l'exercice que j'en ay fait, le fut au feu Roy vostre père; et si j'avais l'honneur d'estre auprés de vous en mesme estime; pour ce que j'ay d'acquis en ce bel art, ma fortune n'aurait point de

a

prix, voyant vostre générosité curieuse de ces belles leçons, et portée aux nobles et innocens plaisirs qui se trouvent dans la prattique; vous reposant de temps en temps des affaires de l'Estat, sur les soins de cette grande et admirable Princesse, la Reyne, votre mère et sur les conduites et les veilles de vostre ministre incomparable. Cependant je feray des vœux que Vostre Majesté soit comblée des bénédictions du ciel, inspirée de m'honorer de ses commandemens, et persuadée que je suis, avec une passion infinie.

Sire,

De Vostre Majesté,

Le très humble et très obeïssant subjet et domestique,

De SALNOVE.

PRÉFACE.

Ce grand Roy Louis le Juste, d'une mémoire triomphante, infatigable aux belles choses, n'a pû qu'augmenter la gloire de ses prédécesseurs, qui n'ont travaillé que pour son accroissement et celle de leur postérité. Laquelle aussi s'est trouvée en ce Monarque si grande, et que son fils, le digne successeur de ses vertus, maintient avec justice dans ce fleurissant Estat et par tous le païs de ses conquestes. Où le suivant au pas, il se montre encor curieux du bel art de la chasse, illustrée d'un tel héros son père, dont les préceptes m'ont été des leçons, que j'ose publier, venant d'un si grand maistre. Si bien que les règles et les ordres de la chasse y sont tellement observez, dans le temps qu'il faut sonner et parler aux chiens, que rien n'y peut manquer; puisque luy seul en a poly les termes, dont les puissantes lumières ont découvert toutes les connoissances qu'on peut avoir des cerfs, par les soins que Sa Majesté a voulu prendre d'aller souvent les détourner aux bois, et d'y mener les plus excellens de sa venerie, pour raisonner avec eux sur toutes les circonstances d'un art si noble. Il est bien juste qu'il conduise ma plume en cet ouvrage, ayant eu l'honneur d'avoir esté nourry son page, employé dans sa vénerie et dans la guerre trente cinq ans de suite; tant auprès de Sa Majesté, qu'en Piedmont, par son commandement, près de Madame Royale sa sœur et de son Altesse Royale, Victor Amédée, le Duc de Savoye, son beau-frère. Leur égale et vertueuse inclination, tant à la chasse qu'à la guerre, a dignement allié ces deux Princes; puis qu'aux mesmes emplois ils sembloient n'avoir qu'un mesme esprit en deux corps différens. De sorte que la chasse, qui fait mon sujet, a esté de tout temps le divertissement des Roys, des Princes et des Gentils-hommes, et a tenu le premier rang des plus nobles exercices. Aussi n'est-il permis qu'aux gentils-hommes, par l'adveu des souverains, qui pour mettre différence entre leurs plaisirs se sont réservée seulement la chasse du cerf, pour leur abandonner toutes les autres, honorans ainsi la noblesse par la participation de leurs divertissemens, pour témoigner de l'estime qu'ils en font.

Mais à présent un tel dérèglement s'y trouve, que toutes sortes de
personnes chassent plustot pour l'utilité, que pour l'action et le plaisir;
d'où j'apprehende que cette chasse noble ne devienne roturière, et
que l'excellence de cet art ne se perde; puisque mesme les meutes réglées sont conduites par de jeunes veneurs, qui s'estiment habiles de
sçavoir emboucher un cor, quand ils sonnent le gros et le gresle, sans
aucune différence ny reglement de tons, ne voulans pas apprendre
les véritables, et establis de tout temps pour ne les pas observer, particulièrement ceux du règne de ces deux florissans monarques, HENRY LE
GRAND et LOUIS LE JUSTE, qui donnent une parfaite créance aux chiens;
puisqu'on leur fait entendre par ces tons réglez, ce qu'ils doivent exécuter, et selon l'ancienne maxime françoise, qui n'emprunte rien des
estrangers, dont les termes ne sont pas entendus, eux-mesmes ne les
concevans pas, où se connoist leur ignorance. Ce qui m'a fait ressouvenir de mes premières instructions pour faire renaistre le bel ordre,
et redonner le jour aux beaux termes, dont usoient ces deux puissans
Roys, pour servir aux plaisirs de leur auguste successeur, et à tous les
princes et gentils-hommes, qui après les travaux d'une longue guerre,
pourront jouyr aussi longtemps des douceurs de la paix; mais non pas
sans employ, parceque la noblesse françoise abhorre l'oisiveté, qu'elle
ne peut vaincre plus genereusement que par les illustres combats de la
chasse, d'autant plus recommandable, quand ces beaux termes y seront
observez, que j'ai vu pratiquer à plusieurs princes et gentils-hommes,
notamment par feu Monseigneur le Duc de Montbazon, grand veneur
de France, qui a fait voir par sa capacité, que HENRY LE GRAND l'avoit
très dignement choisi. Et aussi par deffunts messieurs le maréchal de
Thoyras, de Frontenac, de Beaumont, de l'Isle le Roy, de S. Sere, de
la Comble, de Grissac, la Mollière, du Moustier et de Boiselair, lesquels
pouvoient en leur temps passer pour les plus experts. Nous avons encores à présent, Messeigneurs le prince Thomas de Vandosmes, de
Metz, le prince de Guimenée grand veneur de France, de Souvré, le
duc et le commandeur de Schombert, de la Force, le duc de Saint-Si
mon, de Tresme, de Vitry, de Servien, monsieur le marquis de Saint-
Heran, grand louvetier de France, et messieurs de Beaumont, qui suivant les traces de leurs pères, se sont rendus des meilleurs chasseurs.
C'est pourquoi le Roy en a fait choix, pour luy donner les premiers
plaisirs de la chasse et de lieutenans de sa venerie, messieurs de Rouvray, de Levarés, de Boniface, de la Roche Bardon, de la Plissonniere,
de Chasteau-Regnaud, et Salomon du Belley, seigneur de Soisy-aux-
Bois, lieutenant de sa venerie pour le loup, et le sieur de Bourlon,
trésorier de sa venerie, et sçavant dans la chasse, et de sous-lieutenans,
messieurs de Buade, de Carbiniac et de la Fontaine; et de gentils-hommes ordinaires, de Saint-Ravy, Desprez, de Thury, de la Prairie

Poix, de la Roche-Doüart, de Mazancourt, de Patinostre, de Piquant, de la Fosse, de Bois-Clerc fils, et messieurs de Saint-Martin, de Valois et de Fourche, capitaines des équipages de chasses des trois Princes que j'ay nommez cy-dessus. Tous ces excellens hommes dans l'art, pourront bien voir si mes écrits n'enseignent pas les vrayes connoissances, les méthodes de parler et sonner, et la manière de bien chasser. Ils pourront bien juger si mes préceptes et mes advis sont véritables et les sçauront bien discerner des frauduleux et imaginaires que je remarque sur le sujet des grandes et hautes chasses dont je traite. Sans doute qu'ils diront que les bons ordres que j'y fais voir ont esté observez de très longtemps dans les veneries et équipages de nos Roys et advouëront que j'exprime nettement la façon de tenir les chiens-courrans, les limiers et les levriers, pour les six sortes de chasses que je divise en six traictez; sçavoir pour cerf, lièvre, chevreüil, loup, sanglier et renard. Et j'espère que la manière de chasser le cerf en Piedmond, qui fait la seconde partie, sera par les connaisseurs justement approuvée; comme aussi les remèdes infaillibles aux maladies des chiens, dont je parle vers la fin avec la briève instruction des mots, tons, termes et manières de sonner, et parler; et comme on doit peupler les forests de grandes bestes, dont j'écris, ne sera pas méprisée. Quant au dénombrement que j'adjouste des forests et grands buissons qui sont en France, propres à y forcer et prendre ces bestes, comme des logemens qui s'y feroient pour le Roy et sa venerie, s'il y vouloit chasser, j'en croy le divertissement et la curiosité aussi agreable, et sans contredit, que le bel ordre qui s'y trouve pour les questes et les relais dans les refuites des cerfs, qui concluent cet ouvrage. Mon cher lecteur, si en voyant cet œuvre, mon stile de cavalier ne vous contente, ma profession me servira d'excuse, ne pouvant mieux estaller mes pensées avec la rudesse d'un langage négligé et d'un discours sauvage, que j'ay contracté dans les bois. Si pourtant vous avez la moindre inclination au royal exercisse de la chasse, je suis asseuré que les belles instructions que j'en donne, vous feront suppléer aux deffauts des termes qui les expriment. Lisez-les donc avec attention, pour en venir à la pratique, et si vous en profitez, j'en seray le premier satisfait. Adieu.

AVIS AU LECTEUR.

On n'a guère sur la vie de Robert de Salnove d'autres renseignements que ceux qu'il a consignés lui-même dans sa dédicace au Roi, et dans celle de la seconde partie adressée au duc de Savoie. M. Pressac, à la suite de la *Vie de Dufouilloux* qu'il a publiée chez Techener, en 1852, ajoute quelques notes sur la famille de Salnove; il dit que celui-ci est compatriote de Dufouilloux; voici ses paroles : « C'est ce que nous établissons sur des documents authen-
» tiques manuscrits, qui font partie de la *Collection de M. Fillon* qui a bien
» voulu nous en donner un extrait; *François*, Sr de la Mongie et des Fossés
» de Luçon, fut sénéchal de la baronie de Luçon, conseiller et escuyer de la
» duchesse de Bar sœur de Henri IV, et maître des requêtes de son hôtel. Il
» épousa *Marie Besnier*, qui lui donna trois enfants, l'aîné desquels fut
» ROBERT, l'auteur de la *Vénerie Royale*, né sans doute à Luçon, car son père
» habitait cette ville a l'époque de son mariage. »

Si, comme cela paraît résulter de ce passage, François de la Mongie était sénéchal de la duchesse de Bar lorsqu'il s'est marié, cette union ne peut être antérieure à la première année du dix-septième siècle, puisque Madame, sœur de Henri IV, n'a épousé le duc de Bar qu'en 1599. Robert de Salnove n'aurait donc pu naître avant 1601 ou 1602. Il aurait eu à peine sept ou huit ans au mois de mai 1610, date de la mort de Henri IV, ce qui paraît inconci-liable avec ce qu'il écrit lui-même des services qu'il avait rendus à ce roi, comme page de la vénerie. Il n'y a peut-être là qu'un vice de rédaction; mais j'aurais voulu ne pas laisser subsister cette obscurité. Accoutumé à rencontrer toujours l'obligeance et la courtoisie associées au savoir, j'ai cru que j'obtiendrais le moyen de réparer cette erreur en m'adressant à la per-sonne qui a fourni les documens à M. Pressac. Cependant ma lettre est restée sans réponse. Craignant qu'elle ne fut pas parvenue à son adresse, j'en ai fait remettre une autre en main propre, mais elle n'a pas obtenu un meilleur résultat. Je suis donc forcé de me borner à attirer l'attention du lecteur sur l'inexactitude que je lui signale.

TABLE DES CHAPITRES

DE LA VÉNERIE ROYALE.

***

La Vénerie Royale.

De la Chasse du Cerf.

C

La Vénerie Royale.

SECONDE PARTIE.

La Vénerie Royale.

De la Chasse du Lièvre.

De la Chasse du Chevreüil.

La Vénerie Royale.

TROISIÈME PARTIE.

De la Chasse du Loup, du Sanglier, du Renard et des Receptes pour les Chiens.

La Chasse du Sanglier.

De la Chasse du Renard.

Traicté des Receptes.

LA

VÉNERIE ROYALE

—

DE LA CHASSE DU CERF

—

CHAPITRE PREMIER.

POUR CONNOISTRE LE NATUREL ET LES QUALITEZ DU CERF.

S'il est vray que le Créateur a assujetty au premier des hommes les animaux pour son divertissement, comme au plus accomply de toute la nature; le mesme Dieu qui nous a donné des Roys, leur a justement réservé le cerf, comme la plus parfaite et plus agréable de toutes les bestes, afin que le plaisir en fût autant précieux à ces Monarques, qu'ils ont sur nous un légitime ascendant; aussi est-ce le divertissement qu'ils se réservent sans contredit, et en disposent absolument, chacun dans son humeur; mais comme celle de nos Roys a tousjours esté auguste et genereuse, aussi ont-ils voulu attaquer cette beste vigoureuse et légère a champ ouvert, et avec chiens-courans, pour la forcer et prendre sans surprise, n'apprehendans pas ses forces

1

ny ses ruses ; mais les autres Souverains n'ont osé l'entreprendre qu'en lieux fermez et avec avantage, se servans de plusieurs choses surprenantes, comme de levriers, de panderets, bricolles, arcquebuzes, et arcbalestres, et si quelques-uns le chassent sans supercherie, ils en ont emprunté la manière des François, dont le courage et l'esprit servent d'exemple et de modèle à toutes les autres nations, si bien que la venerie de nos Roys se peut dire la première du monde, dont les officiers très-experts sçavent parfaitement la chasse, et connoissent à l'œil les inclinations et les propriétés du cerf que je puis dire véritables, et non au jugement de quelques auteurs qui en disent force choses imaginaires, ent'rautres, qu'on sçait l'âge des cerfs, comme des bœufs et des vaches par la dent, et que le cerf se rajeunit par un serpent qu'il avalle à propos, et qu'après avoir couru, tant qu'il soit tout en eauë, il renouvelle ses années. Ils s'abusent : l'expérience les contredit, parce qu'il faudroit avoir pris un cerf dans lequel un serpent se soit trouvé en estat de le renouveller, sans luy ronger les intestins. La chose est inouye, aussi n'en ont-ils rien dit de veritable, joint que le serpent a tant de venin qu'il infecterait tout le monde, bien loin d'en espérer aucune faveur : ce n'est pas que je doute que le cerf ne vive fort long-temps par les connoissances du pied et de la teste, où la vicillesse d'un cerf se peut juger asseurément et non pas l'âge, sans se tromper, mais bien par sa conduite, et le régime de vivre qu'il observe tout admirable dès l'âge de sept ans, qu'il est dans son entière hauteur du cors et de la teste, où il prend la qualité de cerf de dix cors, qui le discerne des jeunes cerfs ; c'est alors qu'il entre dans une façon réglée et perpétuelle d'agir et de viander selon les temps, ce qui paroist aux bois, autant de fois qu'on a dessein de le détourner ; car quand il débuche et relève du fort où il est demeuré à la reposée le jour, s'il y trouve un fossé, il en suit et longe le bord, tant qu'il ait trouvé un passage pour le descendre et le monter, afin de n'estre pas obligé de le sauter ; et l'ayant monté, il demeure sur le bord, pour voir si dans le gagnage qu'il destine pour sa nuict et sa pâture, il ne découvre aucun danger, et s'il y en a, il s'empeschera bien d'y aller, sans en avoir pris le vent, et n'y ayant rien à craindre, il ira tousjours au pas, ce qui est aller d'asseurance ; et s'approchant des grains, il choisira les meilleurs, et mangera les plus friands et les plus tendres à sa dent, et plus propres à la digestion, ce qui paroist à ses fumées, quand elles sont déliées et bien mouluës ; il y viande aussi fort posément, jettant les yeux par tout pour n'estre pas surpris, et lorsqu'il est repeu, dès la pointe du jour il se retire au fort, tant il a de soin qu'il ne soit reconnu, y allant tousjours au pas et d'asseurance. Il y fera son entrée par un chemin où il puisse faire quelques ruses et retours, et quelques faux rembuchemens, auparavant que d'en former un véritable, pour oster la connoissance du lieu de son repos, et auparavant il ira dans une taille d'un an ou deux, afin que si la rozée l'a moüillé, il y puisse voir le soleil pour l'essuyer. Il s'y mettra sur le ventre (que nous appelons au ressuy) tant qu'il y seiche entièrement, pour après aller dans de plus grands et vieux taillis se mettre à la reposée, et y passer le jour, où il choisira le plus épais du bois pour sa plus grande seureté, et pour n'estre pas veu ny piqué des mouches et des oyseaux qui le découvrent le plus souvent : nous remarquerons aussi au printemps et en esté, où les cerfs sont pleins de venaison, qu'ils s'abstiennent deux ou trois jours de sortir de leurs demeures, pour aller aux gaignages, ce que nous appelons se receller, afin de n'estre pas provoquez d'y manger, et ce par forme de diette qui leur est très-profitable, ce qu'ils font mesme dans les païs où ils sont conservéz, et n'ont aucune allarme, ce que j'ay plusieurs fois reconnu allant aux bois. Ils sont aussi parfaitement reglez à se purger toutes les années au printemps ; par des herbes nouvellement poussées, qui leur faisans un corps neuf, en rétablissent la vigueur et la force. Et la preuve en est tant plus certaine, que leurs fumées changent de forme en cinq ou six jours, et que de fermes qu'elles estioent en crottes de chèvre, elles sont liquides en forme de bouzées de vache, aussi les appelons-nous bouzars, dans cette forme. Ils ont aussi l'industrie de se mettre plusieurs ensemble l'hyver, et fort proche les uns des autres à la reposée, pour se communiquer la chaleur par leur haleine, et en esté de se séparer pour se mettre plus au frais. Je ne doute pas aussi qu'estant indisposez, la nature leur enseigne quelques simples pour se guérir. Toutes ces choses donnent des conjectures que le cerf vit long-temps, joint que sans accident, il s'en trouve peu de morts ; mais d'en savoir l'âge précisément, cela ne se peut, ouy bien de connoistre s'il est un jeune cerf, ou cerf de dix cors, et vieil cerf, qui sont les termes pour les bien discerner, et en mieux connoistre l'âge.

CHAPITRE II.

DES PROPRIÉTÉZ QUI SE RENCONTRENT DANS LE CERF.

Le cerf n'est pas seulement propre pour le plaisir de l'homme ; mais il luy est aussi nécessaire pour remédier à ses infirmitez, puisqu'il se treuve en luy force choses très-cordialles et fortifiantes : comme au milieu de son cœur, il se rencontre un os un peu plat, et presque en forme de croix, aussi l'appelle-t-on vulgairement croix-de-cerf ; il est long comme la moitié du petit doigt, plus ou moins, à proportion de l'âge et grandeur des cerfs. Il y en a qui disent que tuant un cerf le jour de Saincte-Croix, cet os se void en porter la figure, ce que pourtant je n'ay pas veu. De cet os nouvellement tiré du cœur, il faut oster toute la chair, afin qu'il en sèche plustost et qu'il s'en garde mieux, pour au besoin le mettre en poudre, laquelle vous pourrez infuser dans de la Malvoisie, ou bon vin blanc, un demy verre seulement, que vous ferez prendre aux femmes qui seront en périlleux travail d'enfant, pour les en faire délivrer : cette poudre est bonne aussi aux fièvres malignes et pourpreuses, la prenant dans une eau cordialle.

Le premier bois que porte un cerf, que nous appellons les dagues, par ou commencent les deux perches, sont aussi très-cordialles, et font le mesme effet que le bois de la lycorne : on en peut raper pour mettre dans des bouillons que l'on donne à ceux qui ont la fièvre, où on croid de la malignité : l'on peut aussi mettre la dague entière, si on la peut raper, dans un coquemar, et en faire de la ptisanne, qui fera le mesme effet.

Le bois nouveau poussé du cerf, lorsqu'il est encore mol et couvert d'une peau veluë, est propre à en tirer de l'eauë par l'allembic, après que vous l'aurez coupé par roüelles, et de l'eauë qui en proviendra vous en pourrez donner trois doigts dans un verre, aux personnes qui auront la pleurésie et fièvre maligne, et mesme à ceux qui auront la rougeole et la petite vérole.

Il s'y fait aussi une distillation qui coule des yeux du cerf dans deux fentes qui sont au dessous (que nous appellons larmieres) laquelle s'y arreste et s'y époissit en forme d'onguent de couleur jaunastre, ce que nous nommons larmes de cerf, qui sont très-souveraines pour les femmes qui ont le mal de mère, délayées et prises dans du vin blanc, ou dans de l'eauë de chardron benit : elles servent aussi pour le mal caducq.

La moüelle tirée des os du cerf est très souveraine pour fortifier et consolider les parties débilitées par ruptures ou fluxions froides, pourveu que l'on excepte la saison que les cerfs sont au rut, et quelque temps après, à cause qu'en ce temps la dite moüelle est rouge, et plustost de sang que de moüelle, et jusques à ce qu'elle soit redevenuë blanche et ferme, comme elle estoit auparavant, elle n'a aucune vertu. Pour s'en servir, il faut casser les os et en tirer la moüelle, et après les mettre tremper douze heures dans de l'eauë fraîche, afin de la rendre plus belle et plus blanche, et lorsqu'elle sera fonduë, vous la mettrez en petits pains pour la pouvoir plus commodement disperser ; et pour en user, il faut la mettre avec autant de beurre frez que vous ferez fondre ensemble, pour corriger son extrême chaleur, et après vous en frotterez la partie blessée, que vous mettrez un linge chaud dessus. Le suif se peut apprester, fondre et appliquer de la mesme façon, horsmis qu'il n'est pas besoin d'y mettre du beurre, à cause qu'il n'a pas la mesme chaleur que la moüelle, ayant neantmoins la mesme vertu, outre que le nerf du cerf a une telle propriété qu'il guerit le flux de sang, après l'avoir levé et mis tremper dans du fort vinaigre, deux fois vingt-quatre heures, pour le faire sécher au four, jusques à ce qu'il se puisse mettre en poudre afin de s'en servir au besoin, de laquelle poudre vous mettrez le poids d'un écu dans un bon demy verre d'eauë rose et de plantin, que vous ferez prendre aux personnes qui auront le flux de sang (1).

---

(1) Nous ne devons pas trop nous moquer de la crédulité avec laquelle Salnove préconise ces prétendus remèdes tirés des différentes parties du cerf. De son temps on croyait fermement à leur efficacité, et la médecine faisait grand usage de ces recettes de commères et de rebouteurs ; il n'y a pas longtemps que les progrès de la chimie ont fait reconnaître la vanité de ces soi-disant spécifiques. Presque de nos jours, Valmont de Bomare, qui était membre de l'Académie des sciences, et qui en 1806 occupait encore une chaire publique de science naturelle, a consigné dans son Dictionnaire toutes ces billevesées. Peut-être même trouverait-on maintenant dans quelques officines cette eau ammoniacale extraite par la distillation des bois du cerf, et dont on a fait grand usage comme cordial et comme alexipharmaque.

CHAPITRE III.

DU RUT DES CERFS.

Dans ce présent chapitre je parleray du rut des cerfs, selon la véritable connoissance que j'en ay, sans considérer ceux qui en ont écrit, puis qu'ils en disent force choses qui sont vaines et superfluës, et où il y a aussi peu d'apparence de vérité qu'au sujet du premier chapitre. Je diray donc que les vieux cerfs, cerfs de dix cors et de dix cors jeunement entrent en chaleur au commencement du mois de septembre quelquesfois plustost de six ou huict jours, et quelquesfois plus tard : ce qui dépend du temps qu'il aura fait dans le mois d'aoust : car s'il y a eu de grandes chaleurs elles feront élever des broüillards dans les premiers jours de septembre; qui feront avancer la chaleur et le rut des cerfs, à cause que ces broüillards épais et un peu froids font resserrer leurs pôres et empesche l'exhalaison de la chaleur, qui est en eux causée par leur plénitude et la disposition de la chaleur estrangère, qui leur doit survenir dans ce temps, à cause du rut. Ce qui est a proprement parler l'amour des cerfs, et qui dans son principe a du rapport à celuy des hommes, puisqu'il leur prend par une melancholie qui interdit leur conduite ordinaire et les oblige insensiblement à marcher jour et nuict, la teste basse, ce que nous appellons muser, sans s'arrester dans les chemins et campagnes, où ils ne vont pas de jour dans les autres temps, s'il n'y sont contraints, et encores c'est en fuyant, pour n'estre pas apperceus des hommes, mais quand ils ont cette fantaisie, ils ne les connoissent plus, puisque lors qu'ils les rencontrent ils ne leur quittent le chemin qu'avec peine, et quelquesfois ne le font pas, tant ils sont preoccupez de cette humeur mélancholique, jusques à les rendre furieux, en sorte qu'ils ont choqué et blessé des hommes qui leur sembloient se vouloir opposer à leur dessein : cette humeur mauvaise et cette inclination à porter la teste basse, leur dure ordinairement cinq ou six jours, et après la forte chaleur du rut leur

vient qui les porte à ce qu'ils souhaittent : ce qui les oblige à aller
chercher les biches, et après les avoir trouvées, il les courent et tour-
mentent auparavant que d'en pouvoir joüir, et leur grand rut commence
et continuë pour les cerfs que j'ay nommez, tant qu'ils soient pleinement
satisfaits, et peu de temps après, les jeunes cerfs commencent leur rut
et se contentent des mesmes biches en l'absence de ces vieux cerfs :
le plus grand fort du rut se tient ordinairement depuis quatre heures
après midy jusques au lendemain neuf heures du matin, ou il se fait
des combats si furieux, qui s'y en blesse et tuë bien souvent, et quelquesfois entremeslent leurs testes, sans les pouvoir dégager ; ce qui a
esté conneu, pour en avoir trouvé les corps mangez des loups dans la
forest de Fontainebleau, dont les testes ont été apportées par les gardes, et mises dans la gallerie du chasteau, ou elles sont encores au-
jourd'huy liées ensemble.

Quand les cerfs ont gagné les biches, ils continuent leur rut au
milieu des forêts ou il y a le moins d'ombre, c'est devers ces lieux que
les cerfs chassent les biches de leur testes, si l'amour ne les y porte,
afin de les mieux voir, et d'en estre les maistres ; mais si par mal-heur
au cerf, il en vient un pareil à luy, ce qui arrive très souvent, et faut
qu'il le combatte et qu'il s'en rende le vainqueur, et si d'autres ont veu
le combat, bien qu'ils soient aussi grands cerfs que luy et qu'ils eussent
eu auparavent dessein de luy disputer ses maîtresses, ils luy en
laissent la pleine joüissance et en cherchent d'ailleurs : au moins n'en
aborderont-ils pas qu'il n'en soit éloigné ; et alors s'en approchant
avec furie, ils s'en contenteront et s'en retireront au plus viste, de la
peur qu'ils auront du retour du vainqueur, et après ils iront aux
mares et aux ruisseaux, se mettre sur le ventre pour s'y rafreschir, où
ils grattent du pied, jettant de la bourbe çà et là, dans la furie où ils
sont, et afin qu'ils y puissent estre plus avant, et y avoir plus de fres-
cheur, et lorsqu'ils en sont sortis, ils donnent encores de la teste en
terre, en la jettans par dessus eux, crians et beuglans (ce qu'on appelle reer en vray terme) de toute leur force ; c'est où l'on puet connoistre et discerner les cerfs de dix cors, d'avec les jeunes cerfs parce
que le cerf de dix cors rée plus gros, à la voix plus grosse et moins
éclatante que celle du jeune cerf : le cerf de dix cors ne rée pas aussi
souvent, ny si longtemps : Il y a aussi une particulière connoissance
qui les fait discerner lorsqu'ils donnent de la teste en terre, puisque le
cerf de dix cors y donne bien avant, et la remue de telle sorte que vous
jugeriez d'abord et auparavant que d'en avoir reveu du pied, que ce
seroit un boutis de sanglier ; mais le jeune cerf ne donne en terre que

du bout des andoüillers et n'en emporte que la superficie ; ils donnent
aussi de la teste dans les spées, qui est reject de deux ou trois ans, et
y fracassent et rompent le bois, particulièrement les cerfs de dix
cors : c'est ce que nous appelons hardois, mais les jeunes n'en font
qu'écorcher la peau : l'on peut aussi connoistre quand un cerf a dessein de quitter les biches, par l'entendre raire, finissant en cela
comme il a commencé, en réant plus bas et plus court; c'est ce
que l'on entend plustost des cerfs de dix cors, qui finissent aussi
comme ils ont commencé, puis que ce sont les premiers en chaleur,
dont le rut dure environ trois sepmaines, y comprenant tout ce que j'en
ay dit : car leur plus grande chaleur ne dure que quinze ou seize
jours; et quand ils ont quitté les biches, les jeunes cerfs en prennent
possession, leur rut ne dure que douze ou quinze jours au plus, à
cause qu'ils ont déjà donné aux bestes par échappées tellement que le
rut des cerfs de dix cors et des jeunes cerfs ne peut durer qu'environ
cinq semaines, si ce n'est de quelques bien jeunes cerfs à leur première et seconde teste : les cerfs sont plus furieux et dangereux en
cette saison pour les hommes, et aussi pour les chiens, particulierement
lorsqu'ils tiennent les abois, ce qui doit obliger le chasseur d'aller à
eux avec avantage et prudence, pour leur donner le coup d'épée, qui
doit estre au déffaut de l'épaule, afin de luy trouver le cœur, on luy
doit, au moins couper les jarrets; il ne faut jamais attaquer un cerf par
la teste: car il ne manqueroit pas de vous choquer ; vous ne devez pas
aussi exposer de jeunes chiens, qui n'ont pas l'adresse de se pouvoir
esquiver d'un cerf lorqu'il vient à eux: joinct que la mauvaise et puante
senteur, qu'à le cerf en ce temps les empescheroit de le chasser, la quelle
odeur est causée par la chaleur qu'ils ont si grande, qu'elle leur en fait
noircir le poil au col et sous le ventre et mesme leur fait enfler le col
et les dintiers.

CHAPITRE IV.

DES LIEUX OU SE RETIRENT LES CERFS APRÈS LE RUT.

Aussi-tost que les cerfs ont quitté le rut, et qu'ils ont repris leur première conduite, ils se retirent aux fonds des forests, pour y estre plus à couvert du froid et du facheux temps de l'hyver, où ils trouvent un grand changement, puis qu'auparavant le rut ils estoient dans de beaux buissons aux accus et confins des forests, où ils avaient des gaignages à commandement et à choisir ; mais dans ces fonds de forests, il n'y peut avoir que quelques glands, que les sangliers et les pourceaux n'auront pu manger, et des feuilles de ronciers que la gelée n'aura pas encores fait mourir, ou si par bon-heur pour eux, il s'y rencontre quelque source où il y aura du cresson, et quelques autres herbes qui s'y conservent tout l'hyver, à cause de la chaleur des eaux et aux terres en frische, pour manger la pointe de la bruyère, comme aux taillis coupez de l'année : c'est toute la nourriture qu'ils peuvent espérer pendant cette fâcheuse saison, ce qui n'est pas capable de remplir leur peau, bien au contraire : car il n'est pas concevable qu'un cerf de dix cors, qui aura eu auparavant son rut quatre doigts de venaison sur le cimier et à proportion en tout le reste de son corps, n'ait pas perdu seulement toute cette venaison, mais encores beaucoup de sa chair, et cela en trois sepmaines de rut, et lorsque le mois de décembre est venu, où commencent les grands froids, les cerfs s'attroupent naturellement, et par le mesmo instinct ils se choisissent afin d'estre plus proportionné de taille et d'âge, ce qui fait qu'ils se souffrent plus facilement, se mettans les vieux cerfs et ceux de dix cors, et quelques uns de dix cors jeunement ensemble, et ceux qui sont au dessous de cet âge, encores ensemble, hormis les daguets et quelques uns qui n'ont encores que le second bois, qui demeurent avec les biches, lesquelles se mettent aussi en hardes, faisant trouppe avec eux, c'est ce qui se void tous les hyvers. Ce qui fait connoistre par année si l'hyver sera fort ou modéré : car s'il doit estre fort, vous les verrez en plus grande troupe : nous connaissons aussi lorsque nous allons exercer nos jeunes limiers et que nous les lançons, que la nature leur enseigne, dans l'hyver, de se mettre fort proche les uns des autres à la reposée, encore qu'ils soient quantité ensemble, pour se communiquer d'autant plus la chaleur, et qu'en esté, ils se séparent pour mieux se raffreschir ; mais en hyver, ils ont l'instinct de choisir un lieu plus sec, et encores d'attirer des feuilles avec leurs pieds pour mettre au lieu où ils veulent reposer : le seigneur du Fouillou fait voir par ses écrits, qu'il avoit peu prattiqué les choses dont je parle, et entr'autres des changements de pays que font les cerfs en leur viandis et façons de faire leurs nuicts, quand il dit qu'ils en changent douze fois l'année, puis qu'il ne se trompe en cet article que de huict : car les cerfs ne changent que quatre fois de pays et de sortes de viandis, et par conséquent de façons de faire leurs nuits, attendu qu'ils demeurent tout l'hyver dans des fonds de forests et de grands pays de bois, où ils ne vivent tout ce temps, que des choses que j'ay dites cy dessus ; et au printemps ils vont aux buissons, bords et accus de grands païs, pour les nouveaux viandis qui lors y poussent, et dans les bois coupez de l'hyver auparavant, comme aux seigles et bleds, pois, fèves et autres menus grains : ces cerfs demeurent tout l'esté dans ces buissons, ou s'ils les quittent, c'est pour aller en d'austres de mesme nature et n'y peuvent avoir d'autres viandis que ceux que je viens de dire : néantmoins il y a quelques changements attendu qu'estant plus avancéz, ils sont plus durs : ce qui peut faire discerner l'esté d'avec le printemps. Et dans l'automne ils se rapprochent des grands païs pour y trouver les biches et donner au rut ; leurs viandis sont alors des regains qui viennent das les chaumes d'avoyne et dans les prez, et encores aux plus tendres des bois poussez de l'année. C'est là, sans aucun contredit, les païs et les viandis où vont les cerfs tous les ans.

CHAPITRE V.

DE LA SAISON QUE LES CERFS MUENT, ET METTENT BAS LEURS TESTES.

Les cerfs après avoir souffert les rigueurs de l'hyver, et qu'ils sentent la my-février, ou le commencement de mars, que le temps commence à s'adoucir, ils se separent, ou au moins ils ne demeurent que deux ou trois ensemble, pour aller aux buissons qui leur sont connus, y mestre bas leur testes, la pousser et la faire plus belle, à cause des bons viandis qu'ils y auront le printemps et l'esté, comme j'ay dit. Je ne prétens pas icy parler que des vieux cerfs de dix cors et de dix cors jeunement car les jeunes cerfs se contentent de s'éloigner seulement du milieu de la forest où ils auront esté tout l'hyver, pour s'approcher des gaignages qui sont aux rives et aux accus des forests pour y mettre bas, joint que dans cette saison les cerfs ayment la solitude et le repos, à cause qu'ils se sentent encores du travail qu'ils ont eu dans leur rut et de la mauvaise nourriture qu'ils ont prise dans l'hyver, outre l'inquiétude qu'ils ont, lors que leur bois s'ébranle et veut tomber, ce qui leur fait perdre pour quelques jours, le repos, par des vers qui se sont engendrez l'hyver entre cuir et chair (1) : mais comme ces

(1) Cette explication des causes qui au printemps font tomber le bois du cerf est une répétition des croyances erronnées consignées dans les auteurs anciens. Dans sa Vénerie, Charles IX, qui a rejeté avec beaucoup de discernement la plupart des traditions fabuleuses que les anciens nous ont léguées à propos du cerf, a cependant reproduit celle-ci dans son Chapitre IV. Mais s'il se rencontre quelquefois des vers sous le cuir du cerf, cela vient de ce que des mouches y ont deposé leurs œufs ; cet accident est donc tout à fait étranger au phénomène de la mue. Lorsque le soleil, après avoir atteint le solstice d'hiver, se rapproche de nous, toute la nature éprouve un commencement de fermentation. Chez les quadrupèdes le sang et les humeurs nourricières affluent vers la peau et ce mouvement commence à faire tomber le poil épais, qui les avait garantis pendant l'hiver. Chez les animaux qui portent des bois, le sang, les humeurs montent avec abondance vers le massacre, mais ne pouvant s'infiltrer dans les bois qui sont entièrement ossifiés, ils s'accumulent à l'extrémité des pivots qu'ils ramollissent, et les bois tombent presque par leur propr

vers ne sont produits, que par la défaillance de la nature causée par la
mauvaise nourriture et le facheux temps de l'hyver, je peux dire que
la mesme nature estant fortifiée par l'air et les nourritures de la nouvelle saison, chasse ces vers, puisqu'ils ne peuvent subsister que dans
l'humeur corrompuë, et lors ils sont obligez de partir du lieu où ils ont
esté tout l'hyver : néantmoins leur diligence et leur sortie dépendent
du beau ou mauvais temps qu'il fera en cette saison qui les peut
avancer ou retarder, et en se retirant, ils se coulent entre cuir et
chair, conduits par l'ordre de la nature qui les fait aller le long du col
jusques au dessus du massacre, qui est à proprement parler la teste du
cerf, mais on luy a osté ce nom pour le donner aux cornes qu'elle
pousse, afin d'y mettre l'agréement entier, et en rendre le terme plus
beau, et lorsque ces vers sont entre le massacre et la teste, c'est-à-
dire le bois, ils s'y arrestent pour y travailler, jusques à ce qu'ils ayent
rongé et decerné la teste d'avec le massacre, ce qui ne se peut faire,
sans que le cerf en ait du ressentiment, qui est plustost une deman-
geaison qu'une douleur, ce qui l'oblige à secoüer souvent la teste, et
à se frotter dans les spées et à de petits arbres que l'on appelle baliveaux, et de donner aussi quelquesfois des andoüillers en terre. Toutes ces choses excitent et aydent à faire tomber plus tost leur bois,
ce qui ne se peut avant que les vers ayent consolidé et purifié la
playe par une vertu secrette que la nature leur donne. Ce qu'ayant
fait, la teste tombe à terre, et aussi-tost les vers, mais non pas comme
le prétendent ceux qui en ont écrit, disans que les deux costez tombent en mesmes temps, et qu'il y en a un qui ne se trouve jamais, à
cause qu'ils veulent que le cerf l'enterre, faisans connoistre par ce
discours qu'ils n'ont eu aucune pratique dans la chasse ; mais seulement
ils ont veu apporter une muë qui est un des costez de la teste du cerf,
par quelqu'un qui estoit aussi mauvais chasseur qu'eux, qui ne leur
aura pu dire que l'on ne trouve que très-rarement, les deux costez de
la teste d'un cerf en un mesme lieu, à cause qu'ils ne mettent pas
bas leur teste en un mesme temps, et qu'ordinairement il se void des
cerfs en cette saison n'avoir qu'un costé de teste, ce que j'ay vu plu-

poids, de même que l'escharre d'une blessure se détache de la peau quand elle a
été soulevée par l'accumulation des humeurs. Cependant le retour de la belle saison n'agit pas seul en cette occasion. Les organes de la génération exercent une influence qu'il faut signaler sans pouvoir s'en rendre compte. Si un cerf a été châtré
lorsqu'il avait poussé sa ramure, elle ne tombera pas. Si au contraire la castration a
eu lieu avant que le bois ne fût refait, son massacre restera ce qu'il était lors de
cette mutilation et ses pivots ne donneront jamais naissance à une autre tête.

sieurs fois devant les chiens, et la mettre bas en courant, et j'ay veu laisser courre des cerfs qui avoient leur teste entière en fuyant; en mettre bas un costé, et prendre le cerf avec l'autre, et d'autres qui tombaient entièrement estans courus. Cette teste estant tombée, il se forme sur le massacre, c'est-à-dire la teste, une peau déliée qui est couverte de poil d'un gris de souris qui s'augmente lors que les meules se forment et se grossissent, qui est la tige de la teste, ce qui se fait en cinq ou six jours. C'est sous cette peau que la teste se forme, et qu'elle augmente en peu de temps, pourveu que le cerf qui la porte soit dans un pays fertile, et qu'il soit conservé de toutes les choses qui luy peuvent donner de la crainte, puisque c'est ce qui fait les belles testes. Les vieux cerfs et cerfs de dix cors jeunement qui sont ceux qui mettent bas les premiers, le font presqu'en un mesme temps, ou à peu de jours les uns des autres, pourveu qu'ils soient tous dans une mesme santé et mesme force car celuy dans lequel il se rencontre plus de vigueur, c'est luy qui met bas le premier, comme j'ai veu, et plusieurs autres aussi bien que moy : un cerf de dix cors jeunement qui avoit mis bas l'onzieme janvier en l'année mil six cent quarante, ayant les meules recouvertes que je laissai courre devant ce Grand Roy Louis le Juste, de très illustre mémoire, au bois de la Selle, près Saint Cloud, cet avancement extraordinaire à mettre bas fit douter, à la première fois que le cerf nous parut, que ce ne fust une biche, joint que c'estoit dans un pays où elles ont le corsage très grand, ce qui néantmoins ne m'empescha pas de le faire donner aux chiens, après en avoir reveu du pied, de la jambe et des os, et considéré ses connoissances, et en avoir obtenu la permission du grand veneur, selon l'ordre étably de tout temps, qui estoit lors feu Monseigneur le Duc de Montbazon, qui pourtant ne me le permit qu'après l'avoir demandé au Roy, encores qu'il le pust par l'autorité de sa charge et de sa capacité, luy ayant fait revoir les connoissances du cerf que j'ay dites, et j'ozeray avancer à sa gloire que dans une occasion si douteuse, sçachant bien que le laisser courre, en appartenait à celuy qui en avoit défait la nuict, il avoit raison de ne le pas entreprendre sans l'ordre du Roy, pour ne pas répondre de l'événement, après quoi je le donnay aux chiens, et peu de temps après, il débucha de ce buisson, et alla au bois de Saint Cloud où il luy fut donné un relais, et de là il alla aux tailles de Merly, où le Roy avoit envoyé la vieille meute, qui luy fut donnée dans le bon et ancien ordre, après que les premiers chiens de la meute furent passez, auquel païs le cerf se mêla plusieurs fois avec d'autres cerfs, où les chiens le maintinrent par une sagesse admirable, et le contraignirent de sortir des taillis de Merly,

pour aller à la vallée du gros Houst : mais comme ce bruit de biche
continuoit, et que la créance en estoit demeurée a plusieurs, cela
obligea ceux qui estoient à la chasse de s'écarter à droit et à gauche,
pour dans quelque rencontre le pouvoir voir de près, afin d'en faire
un asseuré jugement : ce qui arriva heureusement au Roy, comme au
plus capable, qui s'estoit mis à couvert d'une haye dans le détroit qui
est entre les tailles de Merly et la vallée du gros Houst, où le cerf
vint s'arrester à dix pas du Roy, et luy donner le temps de le considérer, et de pouvoir le regarder entre les aureilles, où il luy vit les
meules recouvertes, ce qui confirma l'opinion que Sa Majesté avoit
euë que c'estoit un cerf en le voyant fuïr et venant à elle : ce qui se
peut connoistre de ceux qui ont une parfaite pratique dans la chasse ;
puis qu'un cerf court et fuit avec l'égalité, portant sa teste à proportion du corps, et non pas la biche, qui la porte tousjours levée, en
trottant aussi tousjours les jambes levées comme un cheval échappé.
ces remarques et la vuë qu'en eut ce grand Roy, lorsqu'il estoit arresté, obligèrent Sa Majesté à crier *Tayoo* et a sonner de son cor du
gresle, ce que l'on doit faire quand on voit le cerf dé la meute. Sa
Majesté eut aussi la bonté d'attendre que les chiens fussent venus que je
suivois, pour me dire que c'estoit asseurément un cerf, ce qui rasseura
toute la suite, qui négligeoit de se servir du cor, en le laissant sur le
costé jusques-là ; mais depuis l'on vid chasser avec grand bruit, ce qui
fit changer le dessein qu'avait le cerf, d'aller à la vallée du gros Houst
et de retourner dans les taillis de Merly, où il fust encores chassé et
relancé plusieurs fois, et pris à trois quarts-d'heures de là. Je ne vou-
drais pas que le lecteur creust que ce que m'a fait dire le particulier
de cette chasse, procédast de vanité, ne l'ayant fait que pour donner
exemple et advis à ceux qui exerceront le mestier doresnavent, de ne
se pas estonner en pareille occasion. Après pourtant avoir meurement
considéré toutes les connoissances pour demeurer fermes, hardis et
résolus dans l'opinion qu'ils auront prise : car à ce mestier, il ne faut
pas estre timide ny trop chaud. Je reprens mon sujet pour vous
dire qu'après que cette peau a recouvert le meules, ou commence la
teste du cerf, s'il a les viandis bons et a commandement, sa tête aura
poussé à quinze jours de-là, demy-pied de revenu, où les premiers
andoüillers seront de quatre doigts de long, alors elle se peut dire porter quatre, et autres quinze jours de-là, le marain sera allongé d'autant
ou quelque peu plus, où il y aura des seconds andoüillers qui pourront
avoir trois doigts de long, et les premiers augmentez d'autant : alors
la teste se pourra dire porter six bien semez. Elle continuera de mesme à

proportion du temps, jusques à ce que la nature ait fait ce qu'elle fera
dans l'année en cette teste, puis qu'elle peut estre doresnavant augmentée aux jeunes cerfs de grosseur et de hauteur, et aux cerfs de
dix cors augmentée ou diminuée seulement d'andoüillers. J'ai tousjours remarqué que dans la mi-may, les cerfs de dix cors, et de dix
cors jeunement avoient poussé à demy leurs testes, et tout à fait à la
fin du mois de juillet, et les jeunes cerfs dans le huictième ou dixième
du mois d'aoust, encores que bien souvent ils ne mettent bas leurs
testes que trois sepmaines après les cerfs de dix cors, et par conséquent ne commencent pas si-tost à la pousser : mais aussi ils n'ont pas
un si gros et si long bois à faire, ce qui fait qu'ils ne laissent de l'a-
voir achevé huict ou dix jours après.

CHAPITRE VI.

Les cerfs après avoir poussé leur teste, et qu'elle est tout à fait
dure ; la nature leur enseigne encores ce qu'il faut faire pour oster
cette peau veluë qui la couvre, afin qu'elle en soit plus belle et plus
parfaite, leur faisant connoistre, pour mieux reüssir et avec plus de
facilité, que c'est au bois qu'ils doivent la frotter : ce qu'ils ne font
pas d'abord, sans quelque répugnance, par la crainte qu'ils ont de s'y
faire mal, puisque jusques-là elle a esté molle, et parconséquent sensible à la douleur, s'en estans apperceus quand quelque branche dure
et seiche leur a touché ; néantmoins ils obeissent à la nature, en s'es-
sayans dans les spées ou taillis d'un an ou deux, où ils choisissent le
bois qui est le plus uni et le plus aisé à plier, comme de la mercelée,
de la coudre ou du saule ; c'est ce que nous appelons herdoüers : et
après qu'ils ont conneu par cét assay, que leur teste n'est plus sensible à aucune douleur, ils se la vont frotter aux plus petits balliveaux
qui ont esté reservéz dans les taillis coupez de l'hyver auparavant, qui

sont les plus aisez à plier, n'ayans pas encores la hardiesse de s'attaquer
aux plus gros, comme ils seront à six ou huit jours de-là : ces seconds
se doivent appeler fréoüers, ausquels vous ne pouvez avoir autre
connoissance, que pour estre asseuré que c'est un cerf que vous suivez
et non pas une biche, à cause que le jugement en matière de fréoüers,
ne peut servir que pour connoistre la grandeur du corsage du cerf, et
de la hauteur et chevillure de sa teste : et si les bouts des andouïllers
en sont gros : et pour le sçavoir, il faut qu'un cerf donne à du bois qui
résiste et ne plie pas, puisqu'estant plié, il se peut frotter jusques au
bout et le mettre à terre : ce sont les cerfs de dix-cors et de dix-cors
jeunement, de qui l'on peut tirer plus parfaitement ces connoissances
à causes que ce sont eux qui donnent aux gros baliveaux qui résistent :
ce que ne font pas les jeunes cerfs, n'en ayans pas encores la force,
tellement que la saison estant venuë que les cerfs de dix-cors touchent
au bois et font ces gros fréoüers, vous pouvez estre assuré qu'ils sont
vieux cerfs, quand vous les trouvez ainsi, où vous pouvez discerner
les cerfs de dix-cors jeunement d'avec les cerfs de dix-cors, et les
vieux cerfs, qui sont ceux qui font tousjours les plus gros fréoüers et
qui donnent des andoüillers plus avant dans le bois, qui ont aussi les
bouts des andoüillers plus gros : car pour la hauteur et chevillure de
la teste, cela est assez incertain, à cause qu'ils sont subjets à changer
tous les ans, pour les raisons que j'ay dites : ce n'est pas que quand
cela s'y rencontre, la connoissance n'en soit plus assurée : et lors que
les cerfs ont tout à fait osté cette peau de dessus leur teste, et qu'ils
l'ont nettoyé du sang qui y reste, alors elle paroist blanche : neantmoins cette couleur ne leur agrée pas encore; mais plustost, comme
je croy, leur donne de la crainte, leur faisant croire qu'ils en seront
découverts plus facilement : et pour la changer de couleur, afin
qu'elle paroisse moins, les uns la vont frotter dans les places où l'on
a fait du charbon, ce qui la rend de couleur noirastre et brune : c'est
aussi ce que nous appellons brunir : et les autres la vont frotter dans
des terres rouges, d'où ils empruntent en quelque chose la couleur, et
quelques autres à des terres glaises, ce qui les rend de couleur gris
plombé.

CHAPITRE VII.

DE L'ORDRE QUI SE DOIT OBSERVER PAR LES VENEURS, LORS QU'ILS APPORTENT
LE PREMIER FRÉOÜER A L'ASSEMBLÉE, POUR EN OBTENIR LE PRÉSENT
DU ROY.

Il est de tout temps pratiqué dans la venerie de nos Roys, qu'à celuy
qui trouve et apporte le premier fréoüer à l'assemblée où est le Roy,
où qu'elle soit establie par son ordre, pourveu qu'il laisse courre le
cerf qui aura fait le dit fréoüer, il est donné un present par le Roy, qui
doit estre aux gentils-hommes de la venerie d'un cheval, et au valet de
limier d'un habit; il semble que cette coustume se doit maintenir
plustost par la grandeur de nos souverains que pour l'interest de
leurs veneurs, puis qu'en ce faisant ils font voir à tous les autres princes que la générosité règne dans toutes leurs actions et dans un reglement incommutable, et qu'ils veulent aussi que celuy qui en prétend
le bienfait, ne le puisse qu'auparavant il n'ait observé ponctuellement
les règles et formalitez qui sont establies de tout temps pour cela. Et
pour y parvenir, il faut qu'après que le Roy aura fait élection du lieu
où il veut courre le cerf, et qu'il en ait désigné le jour, qu'en suite
les questes en soient séparées et données aux gentils-hommes et valets de limiers de la venerie, que chacun d'eux meine un valet avec
luy qui soit muni d'une serpe, ou d'une épée qui coupe bien pour lever le fréoüer, lorsqu'ils le trouveront ; ou bien que ceux qui ont leurs
questes proches l'une de l'autre, se couplent et aillent ensemble, et
que le premier des deux qui aura rencontré d'un cerf qui ait fait un
hardouer ou fréoüer de la nuict, qu'il sonne deux mots longs son as-
socié, afin de l'obliger à venir à luy sans aucune réponce, pour ne perdre point de temps : et pour cela il doit, en l'attendant, lever le
fréoüer, pour à son arrivée luy faire revoir les voies du cerf qui aura
fait le dit fréoüer, ou luy montrer des fumées de la nuict, s'il en a
levé, et qu'aussitôt, chargé du dit fréoüer, il le fasse partir pour se

rendre en diligence à l'assemblée, puis que c'est celuy qui y arrive le premier, à qui ce droict appartient ; c'est aussi à celuy qui a eu connaissance le premier du cerf, qui a touché au bois, de demeurer après pour le détourner, pourveu que ce soit dans sa queste : car autrement il appartient à celuy à qui elle seroit, d'y demeurer, encores qu'il n'en eust pas fait rencontre le premier, et pareillement à luy de frapper aux brisées et de le laisser courre, et que celuy qui portera le fréoüer à l'assemblée, le mettra aussi-tost au milieu des chiens courans, s'ils y sont arrivez, sinon qu'il prenne attestation verballe de ceux qu'il y rencontrera, de ce qu'il est arrivé le premier : les autres qui viendront ensuite avec les fréoüers, en doivent faire de mesme, afin que l'on sçache ceux qui ont la primauté les uns sur les autres, pour, si par mal-heur l'on manquait à laisser courre aux premières brisées, que l'on allast aux secondes, ou à celles d'après, afin de ne faire tort à personne. Et si j'ay dit qu'il falloit porter le fréoüer au milieu des chiens, ça esté pour deux raisons; l'une que c'est à eux auxquels il faut rendre le premier devoir, puisqu'ils sont les principes de la chasse; et l'autre pour connoistre si ces fréoüers sont faits d'un cerf ou si on les a contrefaits : car s'ils sont vrais, aussi-tost qu'on les aura mis auprès des chiens, ils se presseront les uns les autres pour l'approcher et le sentir, et y estant, l'on aura peine à les en éloigner ; mais s'ils sont faux, aussi-tost qu'ils les auront senty et reconneus tels, ils lèveront la jambe, pisseront dessus et s'en éloigneront. Il est besoin aussi que je vous fasse connoistre les incidents qui s'y rencontrent, qui peuvent estre, que si celuy qui auroit envoyé le premier fréoüer, en avoit détourné le cerf dans un pays qui ne fust pas en si belle meute que pourroit estre un des autres qui auroient touché aussi au bois, et de qui l'on auroit fait le rapport, et que, par cette considération, le Roy ne voulust pas aller aux brisées de celuy qui auroit apporté le premier fréoüer, le droict pourtant ne laisseroit de lui appartenir, puis qu'il s'offre d'en laisser courre le cerf; mais si on alloit à ses brisées, et qu'il donnast un cerf aux chiens qui n'auroit aucunemen touché au bois, le droict ne lui appartiendroit pas, mais plustost punition ou réprimande, et d'autant plus que si l'on pouvoit justifier qu'il eust falsifié le dit fréoüer : ce qui se peut faire sans toutefois en dire l'invention, pour n'estre pas l'auteur du mal, mais plustost vous donner advis que si cela se fait dans l'espérance que le veneur auroit, que le cerf en courant se frotteroit la teste contre du bois qui feroit résistance et qu'elle se froisseroit, et ainsi il paroistroit y avoir touché : ce qui en fait la différence, c'est que quand un cerf touche au

bois par inclination, il s'y arreste et appuye davantage qu'un qui ne
fait que passer, et aussi qu'au moins il élève la peau de sa teste, s'il
n'en emporte le lambeau, à cause qu'il ne touche pas au bois, qu'il
ne sente et s'apperçoive que la disposition ne soit propre à ce déta-
chement. Le droict du fréoüer, dont nous avons parlé cy-devant, arrive ordinairement aux officiers de la venerie, qui servent le quartier
de juillet, puis que c'est la saison et le temps que les cerfs touchent
au bois; et pour ne rien obmettre, je diray encores qu'il faut que
celuy qui a envoyé le fréoüer, vienne faire le rapport du cerf qu'il
aura détourné, auparavant que le Roy soit party de l'assemblée; car
quand il n'en seroit qu'à cent pas, sa Majesté n'a plus d'obligation
d'aller à ses brisées, et ainsi le veneur ne doit plus rien·prétendre au
droict, pour avoir laissé partir le Roy, qui ne retourne jamais en ar-
rière dans toutes ses actions.

CHAPITRE VIII.

DE L'ORIGINE DES CHIENS - COURANS.

Il faut en ce chapitre, que je me serve de quelques autheurs, pour
tirer l'origine des premiers chiens-courans qui ont esté dans l'Europe,
disant comme eux, que ce sont les chiens noirs et les chiens blancs,
et que toutes les deux races sont venuës de la nourriture qu'en a faict
Sainct-Hubert; quelques autheurs les appellent greffiers. La recherche
que j'ay faite avec soin d'où leur venoit ce nom, m'en a fait voir la
cause dans un ancien autheur (1), qui dit que du règne de Louïs XII,
l'on prit un chien blanc de la race des chiens de S. Hubert, duquel on
fit couvrir une bracque blanche et fauve d'Italie, qui estoit à un des
secrétaires du Roy, que l'on appellait en ce temps-là Greffiers, et que
le premier chien qui en sortit, estoit tout blanc, horsmis une petite

(1) Cet auteur est Charles IX, dont l'ouvrage n'a été imprimé qu'au temps de
Louis XIII. Ce passage est littéralement copié dans le chapitre X.

tache fauve qu'il avoit sur |l'épaule, et que ce chien se trouva si bon qu'il se sauvoit peu de cerfs devant luy, à qui l'on donna le nom de Greffier, auquel chien on fit couvrir une lyce blanche, d'où provindrent treize petits, tant chiens que lyces et tous aussi bons que luy, et qu'alors les chiens blancs commencèrent à prendre le premier rang d'entre les chiens, et se le sont maintenu avec justice jusques à présent, ayans toutes les qualitez requises en de vrays chiens-courans, et que depuis ces deux premières races de chiens noirs et de chiens blancs, le Roy S. Louys estant allé à la conqueste de la Terre-Saincte, où il fut fait prisonnier, luy qui aimoit tous les exercices nobles, particulièrement celuy de la chasse, se voyant à la veille de sa liberté, et adverty qu'il y avoit une race de chiens-courans en Tartarie, de poil gris et excellens pour chasser et forcer le cerf, il y envoya gens du mestier qui luy en emmenèrent une meute entière ; ce sont ces chiens gris, que l'on tient entre les premiers dans ce royaume, dont la race s'est maintenue jusques au trépas de feu Monseigneur le comte de Soissons, père du dernier mort, qui en avoit une belle et bonne meute pour chasser le cerf : car pour nos Roys, il y a très-long-temps qu'ils n'en ont de ce poil que pour chasser le lièvre. Voilà les plus signalées remarques que j'en ay peu apprendre de l'origine plus ancienne des chiens-courans, dont je déduiray ensuite les bonnes et mauvaises qualitez qui se rencontrent dans leurs poils.

CHAPITRE IX.

DU NATURE ET BEAUTÉ DES CHIENS BLANCS.

Nos premiers Roys de France qui ont eu inclination pour la chasse, eurent une bonne pensée, lors qu'ils firent choix des chiens blancs pour chasser et forcer le cerf, afin d'en rendre le plaisir plus parfait, puis qu'ils sont les plus beaux dans la couleur et les plus parfaits dans leur nature, ayans le nez bon et la menée belle, allans et pourchassans bien dans les chaleurs, estans beaux chasseurs et toujours la queuë

sur les reins, ils tournent et requestent volontiers avec beaucoup de
gayeté et diligence; ils battent raisonnablement les eaux, mais non
pas si hardiment dans l'hyver que les autres poils, a cause d'un traict
de beauté qu'ils ont au dessus d'eux, ayant le poil plus court : ce qui
fait que l'eauë et le froid les ont plustost penetrez jusques à la peau ;
ils ont aussi le naturel meilleur que les autres chiens-courans : ce qui
se void par la facilité de les reduire au chenil et à la chasse, où ils
sont plustost sages que les autres et en plus grande quantité qui gardent le change, ce qu'ils font avec une sagesse et hardiesse admirable,
l'ayant fait voir plusieurs fois dans tous les lieux où ils ont chassé,
particulièrement dans les forests de S. Germain, Fontainebelleau et
Mouceaux, où il y a tousjours une quantité de cerfs innombrable,
et neantmoins on les y a veus plusieurs fois maintenir quatre à cinq
heures le cerf qui leur avoit esté donné, selon les saisons que l'on
chassoit et la force du cerf qu'ils couroient, qui se méloit et séparoit
en plusieurs fois avec cinq ou six cents cerfs, et bien souvent malgré
l'imprudence de ceux qui les accompagnoient, à cause qu'ils les pres-
soient de telle sorte, que les chiens estoient contraints de quitter la
voye pour s'esquiver de leurs cheveaux : ce qui neantmoins ne les empeschoit pas de revenir prendre la voye de leurs cerfs et de le maintenir dans tout ce change, jusques à ce qu'ils l'eussent porté à terre. Et
pour donner une preuve entière de leur sagesse, je diray avec vérité que
j'en ay veu plusieurs annnés, jusques au nombre de trente, découplez
au laissé courre, n'y ayant qu'un seul valet de chiens devant eux, qui
tenoit deux houssines en ses mains, suivant celuy qui laissoit courre
avec son limier, qui chassoit de gueule en renouveller de voye, lancer
le cerf et sonner pour donner les chiens, qui pourtant ne passoient pas
que le valet des chiens ne se fust détourné à droict ou à gauche, et qu'il
n'eust laissé tomber ses houssines à terre; ou au moins fort bas.
Toutes ces choses font voir que les chiens blancs sont plus naturellement nez pour agréer et donner du plaisir à l'homme, que les chiens
d'un autre poil, dont la pluspart ne se réduisent qu'avec beaucoup de
peine et de chastiment. Les chiens blancs sont aussi moins pillarts et
moins sujets aux maladies que les autres, à cause de leur tempérament qui est plus réglé.

CHAPITRE X.

DES CHIENS NOIRS.

J'ay creu devoir parler des chiens noirs directement apres les chiens blancs, puisqu'ils ont autres fois précédé dans l'Europe, et qu'à mon advis, ils sont les plus propres et plus commodes pour courre le cerf, après les blancs. La première impression que j'en ay vient de deux meutes entières de chiens noirs que j'ay veuës, l'une à Monseigneur le cardinal de Guyse, et l'autre à Monseigneur le duc de Souvray (l'un des meilleurs chasseurs de ce temps), qui estoient de grands et beaux chiens, aussi bien taillez qu'il s'en puisse voir, et a qui j'ay veu prendre plusieurs cerfs dans les païs où il y avait force change. Mais en ces chiens de poil noir il faut qu'il y ait distinction de marque pour reüssir à chasser le cerf, et devenir sages, qui sont ceux qui ont leurs marques blanches, et non rouges, que nous appellons de feu, à cause que tels chiens sont très ardens et difficiles à corriger, aussi s'en trouve-t-il peu de cette marque de feu qui gardent le change, ny qui tournent volontiers. Tels chiens ne sont propres qu'à courre des bestes qui dressent comme le loup et les bestes noires; mais ceux que j'ay nommez les premiers, ils sont beaux et hardis chasseurs, ayans force et vîtesse, ils tiennent long-temps sur pied, et parchassent bien, ayans le nez bon, mais non pas si parfaitement, ny avec tant de patience que les chiens blancs, à cause qu'ils ont plus d'ardeur, ce qui les rends impatiens, et les empesche de s'attacher aux voyes qui vont de hautes erres; ils se font sages à garder le change, bien qu'avec plus de temps et de peine que les blancs et y paroissent plus hardis : c'est pourquoy les piqueurs les doivent tenir dans la crainte plus que les blancs, ils battent hardiment les eaux dans toutes les saisons, ils sont aussi plus querelleurs et pillarts que les blancs; mais moins que les noirs qui quatroüillez (1) de rouge, que j'ay nommez, et sont moins sujets aux maladies qui surviennent aux chiens.

(1) Marques qui dans la robe d'un chien ou d'un autre animal sont différentes de la couleur général du poil. On dit d'un chien dont la robe est couverte de ces marques qu'il est quatrouillé.

CHAPITRE XI.

DU NATUREL DES CHIENS GRIS.

Les chiens gris ont esté les premières meutes de nos Roys, comme j'ay dit, et qui depuis ont esté tenus et fort considérez des nobles, ce qu'ils n'ont pas fait sans raison, puisque je les tiens les plus commodes pour les particuliers, pourveu qu'ils soient vrays chiens courans, et non corneaux, qui sont chiens engendrez d'un mâtin et d'une chienne courante, ou d'une mâtine et d'un chien courant : car ces chiens sont très-nuisibles dans une meute, en ce qu'ils peuvent donner une mauvaise impression aux vrays chiens courans, et les rebuter, en se voyant gourmandez par leur grande vitesse. Ils leur apprennent aussi à couper, et à ne vouloir point retourner ny requester, et par conséquent à n'estre jamais sages, telle nature de chiens ne manquent jamais d'avoir tous ces vices, et de ne crier que rarement ; je dis cecy pour ceux qui se veulent opiniastrer d'en tenir, à cause qu'ils les voyent vistes ; mais qu'ils tiennent plus tost de vrays chiens courans, comme j'ay dit, et que le poil en soit d'un gris vif, et non blanchatre, que les quatrouilleures en soient blanches ou noires, et qu'ils soient bien taillez, n'estans ny trop grands, ny trop petits, puisque c'est la taille où il se rencontre plus de force et de vigueur, et qui tiennent le plus long-temps sur pied. Et quoy qu'ils n'ayent pas d'ordinaire le nez si fin que les autres, leur bonne volonté et les diligences qu'ils font, lors qu'ils ont perdu la voye pour la retrouver, suppleent aux deffauts de leur sentiment, l'ayant pourtant raisonnablement bon ; ils peuvent aussi chasser plus souvent que les autres, comme plus infatigables, ce qui est nécessaire aux gentils-hommes, ils s'entretiennent aussi mieux en bon corps, et sont peu pillars, et moins sujets aux maladies que les autres chiens, ayans une si grande inclination à chasser, qu'ils chassent toutes les bestes que l'homme veut, sans se rebuter aussy bien dans l'hyver que dans l'esté, n'apprehendants pas le chaud ny le froid, y criant bien ; ils se rendent mesme assez obeïssant et sages, lors que l'on leur fait chasser des bestes dont les chiens peuvent garder le tchange.

CHAPITRE XII.

DU NATUREL DES CHIENS FAUVES.

Les chiens fauves qui sont d'un poil rouge-vif, et tirant sur le brun, ou qu'ils en soient mantelez, sont ordinairement fort vigoureux et pleins de feu. Ce qui les rend étourdis et impatiens, lors qu'une beste qu'ils chassent tourne, car plustost que de tourner avec elle, ils iront prendre de grands devants pour la trouver passée, dans l'espérance qu'ils ont qu'elle percera et tirera de long, puisque c'est ce qu'ils ayment : ce qui m'oblige de dire que je les tiens plus propres à chasser le loup et les bestes noires qui tirent païs sans peu tourner : ils sont aussi dangereux à s'en aller sans les piqueurs, à cause de ce que j'ay dit; joint qu'ils crient très-peu, dans les chaleurs, et qu'ils sont extraordinairement vistes. Et quoy qu'ils ayent le nez bon, ils n'ayment pas à rapprocher une beste quand elle va de hautes erres, à cause qu'ils sont naturellement impatiens et opiniastres, aussi sont-ils les plus difficiles à réduire et à rendre sages, pour les obliger à garder le change ; ils ne se tiennent pas si gras, ny en si bon corps que les autres, à cause qu'ils ont beaucoup plus d'ardeur à la chasse, ce qui les oblige à en prendre quelques fois au de là de leurs forces. Ils sont aussi les plus querelleurs et pillars, et plus sujets aux maladies que les autres ayans le sang plus chaud.

CHAPITRE XIII.

DU NATUREL DES CHIENS ANGLOIS.

Je parleray des chiens anglois, sans faire différence des poils, ce sont àprésent ceux desquels l'on se sert plus communément en France, à cause de la facilité qui se rencontre en eux, plus qu'aux françois, à s'en servir au moins de la façon que plusieurs en usent, puisqu'il ne faut plus scavoir aucun terme pour leur parler, ny aucun reglement de tons pour sonner; mais seulement sçavoir dire quelques mechants mots anglois qui ne sont pas entendus des hommes, ny des chiens, n'en ayant pas l'accent, ny aussi leur manière de sonner, puisqu'il n'y a aucun réglement de tons pour pouvoir entendre si c'est sonner pour chiens, ou pour les faire requester, ou si on void la beste qu'ils chassent, n'y sonnans jamais deux fois d'une mesme façon ce qui se doit appeler plustost fanfares, que pour faire chasser des chiens, aus quels vous ne pouvez donner par ce déréglement aucune créance, puisque les chiens ne la peuvent prendre que par l'habitude d'une impression réglée que vous leur donnez, et qui ne doit jamais estre changée si vous voulez qu'ils la comprennent : il est donc vray qu'il est beaucoup plus facile de leur donner la bonne impression par des tons réglez, qu'une mauvaise par ces fanfares déréglez, puisque les chiens anglois n'ont pas plus d'esprit, ny de jugement que les chiens françois; mais seulement une obéissance qu'ils ont plus naturelle; ce qui me fait dire qu'il seroit plus facile de leur faire entendre nos termes et façons de sonner, ce qui les affermiroit dans la dite créance, et leur donneroit aussi plus de cœur, d'émotion et de promptitude à obeïr, et plus de satisfaction à ceux qui chasseroient avec vous, puisqu'ils pourroient entendre et comprendre ce qui seroit dans la chasse par ce règlement plus facile, et manière plus intelligible de parler et de sonner : cela feroit aussi que les jeunes gens qui se mettroient dans le mestier, seroient contraints de les apprendre pour les pratiquer, ou de monstrer leur ignorance; car de la sorte que l'on en use, ils y demeurent hardiment, à cause que cela est dans la mode, joint qu'il y va de la réputation des François, qui ont fait voir jusques à présent, que toustes les choses qui dépendent de l'esprit, ont esté empruntées d'eux beaucoup plus que des estrangers; ce qui s'est veu d'assez fraîche mémoire par la prière que fit le defunct Roy Jacques d'Angleterre père du dernier mort, au défunct Roy de France Henry le Grand, de luy envoyer les plus habiles de ses veneurs, pour monstrer aux siens les connoissances du pied du cerf, et la manière de le détourner et le laisser courre avec le limier, afin qu'il pust doresnavant courre dans les forests qui sont dans ses Estats, et non plus dans des lieux fermez, comme sont les parcs; où jusques-là il avoit tousjours couru, et n'avoit pû connoistre les cerfs qu'en les voyant : et pour luy en donner une parfaite connoissance, le Roy y envoya Monsieur de Beaumont, père de Messieurs de Beaumont qui sont à présent, et avec luy le sieur du Moustier, et quelques valets de limiers, et depuis ce temps là il y est allé le sieur de Sainct Ravy qui y est demeuré jusques à présent, et plusieurs autres bons chasseurs qui y ont esté. Je retourne à mon sujet, et dis que les chiens anglois ont de fort bonnes qualitez, outre celles que j'ay dites, ayans le nez bon, s'attachans bien à la voye, qu'ils parchassent plus facilement, et avec plus de régularité que les chiens françois qui s'éparpillent en chassant, ne se tenant pas tous dans la voye, ce qui fait qu'ils abbregent plus un cerf que les anglois qui se tiennent tous dans la voye, se suivans les uns, les autres, et ne retrouvent pas si-tost le retour d'un cerf que les françois, joint qu'ils ne retournent pas si volontiers, ny avec tant de légèreté, sans qu'ils y soient conviez et aydez, ce que font les françois d'eux-mêmes. Il faut aussi, toutes les fois qu'on les veut faire courre et faire chasser, que l'on fasse des choix des païs qui leur sont propres, comme plaines, futayes, golis, et païs clairs, et non fourrez, où ils ne se plaisent pas, y allans peu viste : ce qui feroit durer un cerf très long-temps, et bien souvent le faillir. Ils ne battent pas aussi les eauës aussi hardiment que les françois, particulièrement ceux qui viennent du Nort, ce que font mieux ceux qu'ils appellent Bobez, qui sont plus propres dans les païs fourrez, à cause qu'ils sont plus épais et plus ramassez que ceux qu'ils appellent chiens du Nort : ils crient aussi plus volontiers; mais dans les païs clairs, ils ne sont pas si vistes. Ces deux sortes de chiens se rendent volontiers sages, et gardent également le change, ils se tiennent en bon corps et plus tost gras que maigres, aussi ne leur faut-il pas tant donner à manger qu'aux françois, à cause qu'ils sont plus gourmands. L'on les peut faire chasser souvent et toutes sortes de bestes, hormis le loup, s'y en trouvant peu qui le veulent chasser. Ils tiennent long-temps sur pied, ce qui fait qu'il ne faut pas tant faire de relais qu'aux chiens françois; mais ils n'ont pas la menée si belle ny si agréable, et ne crient pas si souvent, particulièrement dans les chaleurs; ils sont moins pillars, et moins sujets aux maladies des chiens.

CHAPITRE XIV.

DE LA TAILLE DES CHIENS, ET COMME IL FAUT QU'ILS SOIENT, POUR ESTRE BONS.

C'est une chose très importante à ceux qui veulent tenir des meutes de chiens courans, d'en sçavoir bien connoistre la taille pour estre bons, ou d'avoir gens pour cela qui ayent le jugement et la pratique de la chasse, car quand le choix en est bien fait, la meute en sera plus asseurement bonne, et pour y reüssir, il faut qu'un chien courant ait la teste plus longue que grosse, et que le front en soit large, et l'œil gros et gay, et qu'il ait un épy au milieu du front, qui soit d'un poil plus gros et plus long, se joignant par le bout à l'opposite l'un de l'autre. Je ne dis pas qu'il le faille à tous; mais quand il s'y rencontre, c'est un signe évident de vigueur et de force. Il faut aussi que le chien soit bien avallé, les oreilles passans le nez de quatre doigts au plus, et non comme celles qui le passent d'un grand demy-pied, (que nous appelons clabots, à cause qu'ils demeurent à chasser dans trois et quatre arpens de terre, ou de bois, selon les lieux où on les fait chasser, où ils tournent et rebattent les voyes plusieurs fois. Ce qui les y oblige, c'est qu'ils ont naturellement peu de force, et voyans qu'ils ne peuvent aller avec les autres, ils se divertissent en leur particulier. Il faut aussi que les chiens courans ayent (s'il se peut) une petite marque à la teste, qui ne descende pas au dessous des yeux, et qu'ils n'ayent pas les épaules fort larges, ny aussy trop étroites, et que les reins en soient hauts en forme d'arc, et larges (ce que nous appelons bien rablez) les hanches hautes et larges, la queuë grosse auprès des reins, en amenuisant jusques au bout, qui sera épiée et élevée en s'arondissant sur les reins, et non tournée comme une trompe de chasse (qui est marque de peu de force et de vitesse); mais l'on en peut faire des limiers, la cuisse en doit estre troussée, le jarret droit, et la jambe nerveuse, le pied petit et sec, les ongles gros et courts, et qu'ils ne soient pas ergottez, au moins pour courre; mais pour mettre à la main, cela n'importe; c'est la taille et les signes qu'il faut aux chiens courans, et aux lyces pour estre asseurément bons.

CHAPITRE XV.

COMME IL FAUT QUE LES LYCES OUVERTES SOIENT POUR EN TIRER RACE.

Vous ne devez tenir dans une meute de cinquante à soixante chiens, que cinq ou six lyces ouvertes, que nous appelons portières, qui sont celles de qui vous devez tirer race, afin que quand vos chiens viennent à manquer de force par maladie ou autre accident, vous en puissiez mettre de jeunes et de bonne race, puisque le proverbe est vray qu'un chien chasse de race, ou pour le moins le fait bien plustost qu'un qui n'en est pas, et reüssit mieux et plus asseurement; vous ne devez faire estat de ces lyces que pour vous servir à porter des chiens, puisqu'elles sont presque tousjours chaudes, pleines ou nourrices, et que leurs mamelles avallées leur font appréhender les forts, puisqu'elles s'y escorchent, vous les devez choisir hautes, longues, et larges de coffre, avec toutes les qualitez que j'ay dites au chapitre précédent, et qu'elles soient de bonne et ancienne race, et de vrays chiens courans, sans aucun deffaut, et pour en estre plus asseuré, il faut avoir eu le soin de faire un papier où sera écrit l'inventaire de la race de vos chiens, et des remarques de leurs bonnes et mauvaises qualitez, pour faire un vray discernement, comme si d'une race il en eust eu de frappez du haut mal, de sujets à la goutte, et à couper par vice de querelleurs et pillars, et qu'ils ne criassent pas bien dans les chaleurs, afin de ne s'en pas servir pour engendrer, mais seulement de ceux où vous n'y aurez re-

connu aucun deffaut; et après avoir fait choix de la lyce, si elle de-
meuroit trop long-temps à devenir en chaleur, comme il se peut selon
les temps et les années, vous luy pourrez donner deux ou trois fois
une omelette avec huile de noix demy-douzaine d'œufs, et de la mie
de pain de froment, où vous adjousterez, estant quasi cuite, une dou-
zaine de mouches cantharides (1). Et si c'est une lyce qui n'ait jamais
porté, vous ne luy donnerez pas ce provoquement de chaleur, qu'elle
n'ait quatorze ou quinze mois, qui est l'âge qui la peut rendre assez
forte pour porter de plus beaux chiens, et les nourrir ; neantmoins si
elle devient plustost en chaleur d'inclination d'un mois ou deux, vous ne
laisserez de la faire couvrir, et non pas devant qu'elle ait passé sa plus
grande chaleur, et cependant vous la tiendrez enfermée pour empescher d'estre couverte d'aucuns chiens que de celuy que vous luy destinez, particulièrement la jeune lyce qui n'a jamais chienneté ; car si elle
estoit mâtinée, ses chiens en tiendroient jusques à la troisième portée,
ce que nous avons remarqué plusieurs fois : vous aurez aussi le soin
de luy donner à manger deux fois le jour, et de l'eaüe (car les lyces
en chaleur sont plus sujettes à la rage que dans un autre temps); vous
la promenerez aussi deux fois le jour, la tenant couplée en main, de
peur d'estre couverte, et que ce soit dans un lieu fermé, où il n'y
puisse entrer aucuns chiens, si vous avez la curiosité d'en conserver
le poil ; car si elle voyoit un chien d'un autre poil, ses chiens en tiendroient et seroient bigarrez par la force de son imagination ; ce qu'il
faut encore observer quand vous l'aurez fait couvrir, jusques à ce
qu'elle soit entièrement refroidie, surtout que sa plus grande chaleur
soit passée, quand vous la voudrez faire couvrir, afin qu'elle en re-
tienne plus asseurément : cela estant, vous devez choisir un de vos
meilleurs chiens, et où il ne manque rien dans la taille, et dans la race
(comme j'ay dit), aussi bien qu'à la lyce : et pour le poil, cela dépend de la fantaisie, et si c'est une lyce qui n'ait jamais porté de
chiens, il la faudra tenir avec un couple, dont vous lui aurez bridé la
gueule, pour l'empescher qu'elle ne morde et vous et le chien, autrement elle aurait peine à le souffrir, et si l'un d'eux estoit ou plus
petit ou plus grand, il la faudra soulager au besoin en choisissant un

(1) Les cantharides sont un poison violent ; il ne faut jamais recourir au moyen
indiqué par Salnove, si l'on ne veut pas s'exposer à rendre sa lice dangereusement
malade, et même à la voir périr. Trente cantharides sèches pèsent un gramme,
douze cantharides suffiraient donc pour lui faire dans l'estomac un violent vésica-
toire, pour provoquer dans les voies génito-urinaires des ulcérations et pour causer
les plus graves désordres.

lieu qui soit ou plus haut ou plus bas ; mais si c'est une lyce qui ait desjà porté, il suffira que vous la fassiez enfermer avec le chien, faisant prendre garde par la fente de la porte, sinon par une fenestre, pour estre asseuré qu'elle soit couverte, et jusques à deux fois, puis vous la tiendrez enfermée comme auparavent, et jusques à ce qu'elle soit tout à fait refroidie, en la traittant et promenant de même, et pour juger quand elle le sera, c'est quand vous lui verrez le bouton entièrement retiré, comme avant sa chaleur : ce qu'estant, vous la mettrez dans le chenil avec les autres chiens, et la pourrez faire chasser jusqu'à ce que ses mamelles grossissent et s'avallent; mais devant cela pour la connoistre pleine, si en luy touchant le bout de la mamelle, s'il y a quelque dureté, c'est une marque certaine, et en cet estat, nous disons que la lyce est noüée : vous le connoistrez aussi quand elle battra les chiens, et ne les pourra souffrir, et lors qu'elle sera avallée, vous la sortirez du chenil pour la mettre en liberté, et la recommanderez à vos valets, à ce qu'ils ayent soin de luy donner à manger, et de ne luy donner aucuns coups ny de baston ny de pied, qui la feroient avorter, mais seulement du fouet ou de la houssine, pour l'obliger à se tenir dans la maison, afin de n'aller pas manger quelque charogne avec des mâtins qui la pilleroient : il la faut bien nourrir de potage et laict, quand il en sera besoin, de pain de froment, et non de seigle qui relâche, et ne nourrit pas, afin de la tenir en bon corps, pour estre meilleure nourrice, et si vous la voyez dégoustée, donnez-luy du laict venant du py de la vache, et non de l'huyle, qui la feroit assurément mourir.

CHAPITRE XVI.

DU SOIN QUE L'ON DOIT AVOIR DES LYCES, LORS QU'ELLES FONT LEURS CHIENS, ET QUAND ELLES LES NOURRISSENT.

Si l'on veut de beaux chiens, il faut avoir un particulier soin des lyces aussi tost qu'elles sont couvertes, et continuer jusques à ce qu'elles soient délivrées de leurs chiens, notemment aux premières portées, pour leur sçavoir choisir un lieu propre selon la saison, qui soit chaud en hyver, et frais en esté, pour y chienneter, où il faudra mettre très peu de paille, les deux ou trois premiers jours d'après sa délivrance, de peur que le trop ne fist étouffer ses petits; et ce temps passé, il leur faudra changer tous les jours de paille, pour empescher que les puces et la galle ne les accüeillent; et si d'avanture ils en estoient atteints, ils les faudroit frotter d'huile de noix et de laict, mélez ensemble, après l'avoir chauffé. Et pour connoistre si vostre lyce veut faire ses chiens, il faut avoir remarqué le temps qu'elle a esté couverte, et que les neuf sepmaines de sa portée soient expirées, alors il la faut observer, pour connoistre le temps qu'elle sera inquiète, qu'elle ira et viendra, et ne voudra pas manger, à l'heure il la faudra mener au lieu préparé, où vous la ferez garder par quelque valet qui sçache la secourir dans ce rencontre, et luy commander que le potage, le laict et mesme les œufs frez, ne luy manquent pas au besoin; car si elle estoit dans un long et fort travail, il luy faudroit faire seulement avaller les jaunes, et qu'au premier chien, il ait le soin de le tirer de dessous elle, et ainsi de tous les autres. Et que, si c'est une première portée, qu'il demeure deux ou trois jours près de la lyce, pour empescher qu'elle ne tuë ses petits par imprudence, ou par malice, et qu'elle ne les mange; car si elle avoit pris cette mauvaise habitude, il seroit mal-aisé de l'en empescher desormais, et le mieux seroit de la faire couper pour seulement s'en servir à la chasse; mais si vous avez eu dessein de nourrir plusieurs chiens de cette portée, il faudra avoir préveu où il y aura

une mâtine pleine qui viendra à faire ses chiens quelques jours devant la vostre, l'avoir accoustumée chez vous, en la nourrissant bien,
et lorsqu'elles auront toutes deux fait leurs chiens, si votre lyce en a fait
plus qu'elle n'en peut nourir, qui est trois seulement : ou quatre si elle
en a nourry ; vous prendrez le surplus, je veux dire trois ou quatre, que
vous choisirez des plus beaux, que vous ferez porter à la mâtine ; les luy
donnant après avoir osté les siens, et en avoir égorgé un pour en prendre le sang, duquel vous frotterez les chiens de vostre lyce, et après
vous les mettrez sous la mâtine, que vous ferez observer et garder, et
mesme la tiendrez en crainte, pour l'empescher de leur mal-faire, et
l'obliger à les laisser tetter, tant qu'elle le souffre volontiers. Il faut
aussi avoir le mesme soin de votre lyce, et ne manquerez à écrire sur
vostre inventaire ou livre des chiens, le jour qu'ils seront nez, et la
quantité des masles et des fémelles que vous faites nourir, et le nom
du père et de la mère, afin que la race s'en reconnoisse à l'advenir,
et aussi pour sçavoir l'heure qu'il les faudra tirer de dessous la mère
pour les sevrer, et le temps qu'il les faudra faire nourrir chez les
laboureurs, quand il les en faudra retirer pour les mettre dans le
chenil, et pour sçavoir aussi à l'advenir l'âge de vos chiens, afin que
quand vous voudrez vous en servir pour en tirer race, vous en sçachiez
l'âge, et les faire à propos couvrir, pour ne les y pas mettre trop
jeunes ny trop vieux, ce qui ne doit estre qu'à deux ans pour les masles, à cause que cela leur diminuëroit leur force, et que passé quatre
ans, ils feroient des chiens sans force et sans vigueur. Et après avoir
donné ordre aux petits chiens et les avoir fait agréer à leurs nourrices,
il faut avoir le soin de leur donner cinq ou six jours durant deux ou
trois fois le jour, du laict venant du py de la vache, ou bien le faire
chauffer, afin de leur empescher les tranchées, qui ne manqueroient
de leur venir, sans cette précaution, ce qui les pourroit faire tarir, ou
au moins avoir trop peu de laict ; ce que vous devez faire toutes les
fois que vous les verrez dégouttées, outre le bon potage que vous leur
donnerez, sans estre sallé : et lors que vos petits chiens auront un mois,
vous leur donnerez deux fois le jour du laict, comme j'ay dit, afin
d'aider à leurs meres à les nourrir, et si elles ont bien du laict et qu'elles
soient en bon corps, elles peuvent nourrir leurs chiens jusques à deux
mois, en leur donnant pourtant un peu de mie de pain dans leur laict :
sinon vous les severez à six sepmaines : Et après, il sera très-à-propos
de les tenir encores un mois, au moins, chez vous, pour les accoustumer à manger du potage et du laict, que vous leur donnerez pour les
rendre plus forts, avant que de les faire nourrir chez les laboureurs.

CHAPITRE XVII.

Après avoir nourry vos jeunes chiens chez vous jusques à trois mois, et que vous aurez résolu de les mettre chez des laboureurs pour estre nourris jusques à l'âge de dix à onze mois, vous les devez esvêrer auparavant, pour obvier aux accidents qui pourroient arriver, s'ils devenoient enragez chez les bonnes gens, qu'ils pourroient mordre et les ruiner, s'ils mordoient leurs bestiaux : joinct que cela pourroit arriver chez vous, lorsque vous les auriez retiré et mis dans vostre chenil avec les autres ; mais après l'opération que je diray en suite, il n'en peut mesarriver, puisqu'ils ne mordent jamais et meurent de la rage, comme d'une autre maladie. Je tiens aussi que cela en peut divertir le mal, ou au moins le rendre plus facile à guérir : et pour en faire l'opération, il ne faut pour tous instrumens qu'un razoüer, un canif, ou un poinçon, dont la pointe soit fort aiguë, et faire prendre le chien ou la lyce (car ce remède leur est commun) avec un couple, et luy faire ouvrir la gueule avec les mains, et après luy passer un mouchoüer dedans, qui soit tenu des deux costez de la gueule, pour l'obliger à la tenir ouverte, et à laisser prendre sa langue, que vous tirerez avec la main et la renverserez pour voir et sentir un petit nerf, qui est long comme la moitié du petit doigt et gros comme un ferret d'éguillette, formé comme un ver, ayant les deux bouts pointus, ce qui pique le chien lorsqu'il est émeu par le sang qui bout dans toutes ses veines, quand il a l'accez de la rage, et croit qu'il sera soulagé toutes les fois qu'il appuiera ce nerf ou ver, fortement contre quelque chose en la mordant, lequel nerf grossit à proportion de l'âge et l'accès de la rage. C'est l'effet des extrêmes douleurs d'éprouver toutes choses pour se soulager. Après avoir fait tirer la langue au chien, comme j'ay dit, il la faut fendre le long de ce nerf, seulement pour y pouvoir passer le

bout du poinçon par dessous, et l'ayant pris, vous l'enleverez en
mesme temps avec assez de facilité, à cause qu'il n'a aucune adhe-
rence ; et après l'avoir osté, vous laisserez aller le chien, sachant bien
qu'il se guarit de sa salive (1) : et après cette opération vous donnerez
vos jeunes chiens, séparés les uns des autres, chez les laboureurs qui
seront en pays de froment et non de seigles, dont la nourriture ne
vaut rien pour les jeunes chiens, à cause qu'elle passe trop promptement, et ne nourrit pas assez pour leur faire le rable large et toutes les
autres parties à proportion comme il faut que les chiens courans les
ayent pour avoir de la force, et qu'ils ne soient pas aussi proches des forests ou de quelques garennes, où les jeunes chiens ne manqueroient
d'y aller chasser aussi tost qu'ils auroient sept à huict mois, et que n'estans pas encores noüez, ils se pourroient filer, ou se faire prendre par
des loups et mesmes par des personnes qui s'y rencontreroient après
qu'ils seroient lassez de chasser. Joinct qu'il n'y a poinct de chiens qui
se laissent aborder plus aisément que les chiens courans, particulièrement lorsqu'ils sont jeunes. Il faut donc que cette nourriture se fasse
où il y ait des plaines, prairies ou pastures, afin que les laboureurs y puissent nourrir force vaches, et que le laict ne manque pas aux jeunes
chiens, qui est leur principalle nourriture dans cet âge : et pour les rendre
plus beaux, il faut donner aux filles de quoy les faire jollies ; et après
que la nourriture en sera faite, recompenser aussi le maître (car Dieu le
veut ainsi) ce qui l'obligera à vous en nourrir d'autres avec le mesme
soin. Je n'approuve pas que l'on les donne à nourrir à des bouchers,
comme quelques uns font, puis que cela les rend trop gras et trop épais,
par conséquent pezans et de peu de vitesse et de force, et les accoustume tellement à la chair que si vous ne leur en donnez souvent, ou par
des curées, ou par des bestes mortes, ils deviennent maigres et sans
aucune vigueur, ne voulans pas la pluspart du temps manger de pain,
qui est leur meilleure nourriture, lorsqu'ils ont atteint l'âge de dix ou
douze mois, si ne n'est quelquesfois qu'ils sont dégoutez, alors il leur
faut donner seulement du laict et du potage et non de la viande. Et

---

(1) L'habitude d'enlever le cartilage vermiforme qui se trouve sous la langue des
chiens remonte à la plus haute antiquité. Il en est question dans Pline et dans
Gratius. Autrefois on était persuadé que cette opération préservait les chiens de la
rage et même de cette affection particulière qu'on nomme la maladie des chiens.
C'est une croyance erronée. L'ablation de ce cartilage n'exerce aucune influence
sur la disposition que le chien peut avoir à devenir enragé, et cette mutilation n'a
d'autre résultat que de faire souffrir inutilement l'animal. Aussi y a-t-on généralement renoncé.

si vous ne pouvez les faire nourrir chez les laboureurs, ayans com-
passion de leur pauvreté présente, ou que ceux qui sont à vostre dé-
votion, ne soient pas dans les lieux propres, comme ceux que j'ay dit
il les faut nourrir chez vous, ou dans un lieu qui n'en soit pas fort
éloigné, afin que vous les puissiez voir souvent, et que ce soit dans
une grande cour fermée, à ce qu'ils n'en puissent sortir, et qu'ils y ayent
de l'espace pour s'y pourmener : car lorsqu'ils ont atteint sept ou
huict mois et qu'ils se voyent en compagnie, ils sont plus âpres d'aller
chasser, d'attaquer les bestiaux qu'ils trouveront dans la campagne,
et que s'ils en avoient mangé, il seroit très difficile de les en empescher, lors que vous les meneriez à la chasse. Quant à leur nourriture
elle doit estre jusques à six à sept mois de pain de froment, mêlé
avec potage de laict, et ensuitte d'orge : pour les y accoustumer, il
faut qu'ils y ayent un couvert pour s'y mettre lors qu'il vient du mauvais tems dans l'hyver (et s'il se peut) y faire passer un ruisseau, sinon
avoir le soin de leur donner tous les jours deux fois de l'eauë fresche,
particulièrement en esté : et de la paille fresche tous les deux jours, pour
ne les laisser pas attaquer aux puces, ce qui les pourroit faire amaigrir
et les rendre galleux, par l'obligation qu'ils auroient de se gratter.

CHAPITRE XVIII.

DU TEMPS QUE L'ON DOIT RETIRER LES JEUNES CHIENS DE CHEZ LES LABOUREURS.

L'on ne doit pas manquer de retirer les jeunes chiens que vous aurez mis chez les laboureurs si-tost qu'ils auront dix ou douze mois,
pour plusieurs raisons, qui sont que le cœur et la force leur viennent,
et par conséquent l'envie d'aller chasser, où il leur peut arriver force
choses qui leur seroient nuisibles, par les efforts qu'ils y feroient,
n'ayans pas encores les reins noüez, et mesme se pourroient effiller,
suivre et chasser une beste dans un païs hors de leur connoissance,
où leur retraite incertaine leur feroit courir risque de loups ou de mâ-

tins, qui les rencontrans les pourroient estropier, accomplissant l'ancien prouverbe, qui dit, que jamais mâtin n'ayma chien noble. Ils peuvent aussi rencontrer un chien enragé, et qu'allans le matin à la chasse, que la rosée est grande sur la terre, elle leur peut gaster le nez, au moins leur diminuer le sentiment, ou faire qu'ils ne voudroient plus chasser dans la chaleur : c'est aussi l'âge qu'il les faut mettre dans le chenil, pour les accoustumer avec les chiens dressez et à aller au couple, en prendre la nourriture et les rendre obeïssants, leur faisans comprendre le chastiment, pendant qu'ils sont jeunes, mais non pas comme l'enseigne le seigneur du Foüillou (1) qui dit qu'il leur faut pendre un baston au col, aussi-tost que vous les avez retiré de chez les laboureurs, après les laisser sur leur foy, et qu'ils ne peuvent aller à la chasse avec cette entrave, qu'à peu de jours de-là, l'on les peut coupler avec les autres, et qu'ils iront au couple. J'avoue que cette méthode leur peut donner quelque commencement à ce faire; mais aussi ils peuvent encourir beaucoup de risque, puis que ce baston ne peut les empescher de sortir que pour deux ou trois jours, qui est le temps qn'il leur faut pour les y réduire, et avoir appris à le tourner de biais par entre leurs jambes, et tost après ils ne manqueront de sortir et aller à la campagne, où ils peuvent trouver un lièvre, un renard, ou quelque autre beste qui les menera dans un bois, et que l'ardeur qu'ils auront, leur ostera le souvenir du baston, qui leur peut froisser les jambes et les nerfs, et les leur faire enfler; ils se peuvent aussi prendre dans le bois, en passant une haye, et y demeurer très-long-temps, et peut-estre jusques à ce qu'il vienne un loup qui les y mangera; joinct qu'ils en sont plus aisez à prendre et à emmener par des passans; mais la meilleure et plus assurée méthode, c'est apres les avoir mis dans le chenil avec vos chiens dressez, de les mener à l'ébat avec eux, deux fois le jour, et coupler un de vos chiens avec un des vieux, apres avoir considéré et choisi les plus patiens et les moins querelleurs, afin qu'ils les souffrent quelques jours à se mouvoir et sauter allentour d'eux, sans les battre, et qu'il y ait un valet de chiens auprès d'eux, pour ayder au jeune à marcher et l'obliger à suivre le vieil chien, en le carressant de temps en temps, et luy déméler les jambes dans sa couple, où il se mettra bien souvent; ce que nous appellons déharder : vous continuerez de la sorte cinq ou six jours, qu'il faut à un jeune chien pour aller au couple, et comme cela ils n'auront couru aucun risque. Il faut aussi qu'il y ait pour les premiers jours, jour et

(1) *Dufouilloux*, Chapitre XI.

nuict, un valet de chiens dans le chenil, la houssine à la main, pour faire retirer les chiens dressez, qui ne manquent pas de venir sentir ces jeunes chiens, qu'ils ne connoissent pas encore, ce qui les estonne et ne peuvent souffrir qu'en se voulans déffendre et les mordre : ce qui pourroit obliger les vieux, après en avoir souffert quelque dentée, de se jetter dessus, les mal traitter et mesme les étrangler : ce qui s'est veu assez souvent, quand l'on n'y prend pas garde. Le valet de chiens qui est dans le chenil doit aller à eux de temps en temps, pour leur donner quelque peu de friandise afin de s'en faire connoistre et qu'ils soient plustost accoustuméz avec eux dans le chenil : et lors que l'on donnera à manger aux chiens, il aura soin de leur en donner à la main, et selon leur appetit, et si d'avanture ils estoient trop long-temps sans vouloir manger, il leur doit donner du potage, hors du chenil, où vous les menerez avec un couple ; mais il faut auparavant les laisser jeûner, pour les accoustumer à manger du pain et ne s'at-tendre pas au potage. Il les doit pareillement accoustumer à ne pas faire leur ordure sur la paille, ni d'y pisser. Le sieur du Foüillou dit aussi que quand l'on a mis des jeunes chiens dans le chenil, il faut y sonner tous les jours pour les rejoüir, et quand vous les menerez à l'é-bat, mon sentiment est encores, avec raison, contraire au sien, puis-que cette méthode ne peut produire que de mauvais effets, les quels je vous feray bien-tost connoistre, attendu qu'il n'y a rien qui puisse tant émouvoir les chiens, comme de sonner du cor, étably de tout temps pour cela : cette émotion les oblige à crier, et ne se voyans pas en liberté de courre et faire ce qu'ils devroient lors que l'on sonne, ils se mêlent les uns parmy les autres et l'impatience les prend, qui fait qu'ils ne peuvent souffrir leurs compagnons, se querellent, se battent et bien souvent s'estropient. Et lors que vous les menez à l'ébat, vous leur donnez encores une plus forte émotion de courre, se voyans à la campagne, ce qui les oblige à lever le nez, et ainsi prendre le vent de quelque beste qui ne sera pas loin de-là, les chiens logeans ordinai-rement près des forests et lieux commodes, pour estre plus proches des questes, ou bien de quelques bestiaux, où ils iroient, et qu'après il seroit très-mal-aisé de les en empescher doresnavant, ce que plusieurs fois j'ay veu arriver aux chiens du Roy, qui ont esté de tout temps les plus sages, et qu'après estre échappez une ou deux fois, l'on fut quel que temps sans les en pouvoir empescher, où ils peuvent courre force risques de se prendre couplez dans le bois et y demeurer : car tous les chiens ne sçavent pas couper leurs couples : joinct que la beste qu'ils chasseront, peut passer une rivière, et eux la passer après couplez, et s'entoüiller (1) dans leurs couples, mesmes s'y noyer et aussi se perdre par plusieurs occasions. Toutes ces choses sont pour obvier aux accidents qui peuvent arriver aux chiens ; mais ce que je vous vay faire connoistre, est le fondement de la vraye créance que l'on doit donner à des chiens courans, si l'on en veut estre absolument le maistre et les rendre bons. Je diray donc que les chiens n'entendent que par signes et actions, suivis pourtant de la parole que vous leur faites comprendre par habitude, comme aussi de sonner pour chiens à veuë, et pour requester, et la retraitte : ce qui me fait dire que vous ne vous devez servir de ces choses que dans ces occasions qui en font la nécessité, et non comme d'une selle à tous chevaux, ce qui les empesche d'y pouvoir rien comprendre, et cela à cause que vous leur aurez parlé en tous lieux et en tout temps, sans aucune distinction des temps ny des lieux : ce qui fait qu'ils ne peuvent comprendre ce que vous voulez d'eux ; je diray plus, qu'il ne faut pas s'abstenir seulement de sonner dans le chenil et à l'ébat ; mais encores dans le village où ils sont logez, et que si cela arrive, il faut qu'un valet de chiens aille dans le chenil, la houssine à la main pour réprimer les chiens lorsqu'ils voudront crier et se battre, leur disant : Haye, en les châtiant, qui est le terme duquel on doit user pour leur faire connoistre qu'ils sont en faute.

CHAPITRE XIX.

COMME IL FAUT QUE LE CHENIL ET LE LOGEMENT DES CHIENS SOIT FAIT.

Je ne prétens pas ici vous faire voir la belle architecture des chenils ou logemens des chiens, qu'ont fait bastir plusieurs Roys de France en divers lieux, particulièrement à leur maison de Saint-Germain, Fontainebleau et Monceaux, ce qu'ont fait aussi quelques princes et sei-

---

(1) Nicot, dans son Dictionnaire du vieux langage, dit qu'un touillon désigne un torchon, du vieux mot *touaille, toile. Touiller,* d'après le même auteur et *s'en touiller,* signifient donc s'entortiller salement, c'est s'empêtrer, s'embarrasser comme le gibier qui se prend dans les toiles.

gneurs dans leurs maisons de campagne, où l'on voit encores au-
jourd'hui des chenils magnifiquement bastis et accompagnez de toutes
les choses nécessaires, avec somptuosité. C'est en ces lieux où les
curieux peuvent aller pour en prendre le modèle; mais seulement je
veux vous représenter la nécessité des lieux qu'il faut pour la commodité des chiens, et de ceux qui les gouvernent, afin de les garantir de
plusieurs maux qui leur pourroient arriver, si leur logement n'estoit
construit dans un bel air, et en une belle place, et où les chiens puissent
avoir l'eau à commandement, puisque c'est une de leurs principales
nécessitez, et leur seroit avantageux qu'il s'y rencontrast une fontaine,
ou au moins que l'on y en pust faire couler une dans leur enclos pour
y faire quelques réservoirs qui fussent tous pleins d'eauë, où ils pussent
boire et se rafraîchir dans les chaleurs. Il faut aussi observer que
lors qu'on voudra bastir leur logement, la façade en soit vers le soleil
levant, et que le bastiment soit fait avec plastre, ou de chaux, et non
avec de la terre, à cause qu'elle engendre des lezars, scorpions et ser-
pens, qui piqueroient les chiens, et leur pourroient causer une enfleure
et quelquesfois la mort; il faut aussi que les murailles soient enduites
déhors et dedans de mesme matière, afin qu'ils en soient plus chaudement en hyver, et plus fraischement en esté; car quand cela n'est
pas, il s'y fait, par succession de temps, de petits trous qui reçoivent le
froid et le chaud, et le communiquent dans le chenil; il faut que le logement soit bien pensé du maistre qui le fait bastir, pour le faire faire
à proportion des chiens qu'il y voudra loger, et que le fonds du chenil
soit pavé de grands carreaux de grefferie bien unis, afin que les chiens
ne s'y désonglent pas, lorsqu'ils viennent à se battre à cause que dans
cette action ils y font des efforts du corps, des jambes, et des pieds,
joinct que ces pavez qui sont durs, larges, épais et lourds, leur empeschent l'inclination qu'ils ont naturellement de gratter, quand ils y
retrouvent une entière résistance. Il faut qu'il y ait un égoust dans le
milieu de l'aire, afin que leur urine et l'eauë qui se répandra de leurs
vases, s'y puisse écouler et soient conduites par dessous la muraille du
du chenil, lequel doit estre de moyen exhausement, pour n'estre pas
trop froid en hyver, ny trop chaud en esté, et qu'il soit bien percé,
particulièrement du costé du soleil levant, mais point du tout du
costé du vent d'aval, qui est le plus incommodant, à cause que la
pluye y seroit portée par ce vent (qui est grand d'ordinaire) et notamment par les fenestres, qui doivent estre assez hautes au dessus des
bancs, pour empescher les chiens d'y pouvoir atteindre et monter,
parce qu'il les faut ouvrir, quand il fait beau pour y faire entrer l'air :

vous y pourrez faire mettre du verre ou de la toile gommée, qui empesche plus asseurément les mouches d'y entrer, et tient le chenil plus frais en esté. Il faut aussi qu'il y ait des ventaux pour les fermer dans les mauvais temps, et eaus l'hyver, et qu'il y ait allentour de l'aire du chenil, des bancs pour y coucher les chiens, qui seront faits avec des membrures de trois à quatre poulces d'épaisseur, soutenus par des piliers faits de mesmes membrures plantez en terre de six pieds en six pieds, afin qu'ils ayent la force de soustenir d'autres membrures par un bout, et que l'autre soit encoché et soutenu de la muraille, afin que toutes ces membrures puissent porter les planches des quelles l'on les couvrira, et que le tout soit de bois de chesne qui est le moins pourrissant, à cause que les chiens y pissent quelquefois, et que ces bancs, soient élevés de terre de vingt poulces de haut, afin que les chiens y puissent monter facilement sans courre risque de s'y renverser, je veux dire pour des grands chiens ; car si c'est pour de petits chiens pour lièvre, il ne les faut que de dix ou douze poulces de haut, et qu'ils ayent huict pieds de largeur : il faut aussi que la membrure du devant excède de trois à quatre poulces les planches, pour empescher la paille que l'on y mettra, de tomber, et pour la tenir en estat sur les bancs, lorsque les chiens seront dessus. Je trouve qu'il est nécessaire de faire une cheminée dans le chenil comme il y en a à tous ces grands chenils dont j'ay parlé, sinon à proportion de celuy que vous ferez faire, dont le foyer soit large et échancré aux deux costez, afin que les chiens y ayent plus de place pour se chauffer. Vous y ferez mettre allentour, et au devant des ballustres de fer, et une porte assez haute, pour empescher que les chiens ne puissent sauter par dessus, et n'approchent le feu de plus pres ; car s'ils le faisoient, ils apporteroient de la paille dans le feu, ou remporteroient du feu dans la paille avec leurs pieds, ce qui mettroit le feu dans le chenil : ce réchauffement est fort nécessaire aux chiens, lorsqu'ils ont chassé par un temps de neige, frimats et verglats que la gelée fait attacher à leur poil, tant du corps que des jambes, et que ce n'estoit par le moyen de ce feu qui la dissipe, elle y demeureroit attachée jusques à trois ou quatre jours, sans pouvoir estre entièrement consumée, ce qui leur peut causer force maux, comme un desvoyement et ensuite la cacquecendre, les rendre étiques, leur peut aussi faire venir le roux vieux, la galle, et un réfroidissement de nerfs, et des enfleures aux jambes et aux pieds, jusques à leur faire tomber les ongles, et leur causer la goutte. Il faut aussi (s'il y a moyen) faire venir de l'eau dans le chenil par des tuyaux, et qu'elle soit retenuë par des robinets, pour la mettre quand l'on voudra dans des vazes de bois qui doivent estre dessous, afin de la pouvoir changer souvent, et de l'avoir fraîche en esté, et chaude en hyver; elle serviroit aussi à nestoyer vostre chenil. Il faut mettre dans le dit chenil, en deux ou trois endroits, des bouchons fichés en croix dans un baston, qui sera mis et planté entre deux pavez pour obliger les chiens à y venir pisser, afin de les empescher de pisser, et de se vuider sur la paille, et lors que cela arrivera à quelqu'un, il le faut chastier de la houssine, en luy disant : Fy, fy, chien, et le nommer par son nom. Et sur le chenil il faut faire quelque chambre pour y loger les valets de chiens, afin qu'ils se puissent sécher, quand ils reviennent moüillez de la chasse, sans s'éloigner des chiens, et aussi pour faire du potage, et autres necessitez qu'il leur faut, et mesmes un cabinet pour y resserrer l'équipage nécessaire aux chiens, quand on les meines à la chasse.

CHAPITRE XX.

COMME L'ON DOIT PANSER LES CHIENS, LES MENER A L'ESBAT, ET LEUR DONNER A MANGER, ET DE L'ORDRE QU'ON DOIT TENIR DANS LES ÉQUIPAGES ET VENERIES DU ROY OU IL Y A CAPITAINE ET LIEUTENANT.

Je ne voy pas seulement les termes et la belle methode de chasser, negligez; mais encores les soins accoustumez pour bien tenir les chiens-courans, et de les panser ponctuellement, tous les jours deux fois sans y manquer, ce qui est très important, si on les veut avoir beaux, vigoureux, et toujours en bon corps, puisqu'en ce faisant on leur oste les excrémens superflus et nuisibles, particulièrement lorsqu'ils ont esté excitez de sortir, par l'exercice violent qu'ils font à la chasse, qui leur a causé une sueur à laquelle la poudre s'attache, aussi bien qu'à leur poil, et jusques à la peau, ce qui leur cause des maux et maladies, puisque cette crasse, adhérante à leur peau, leur bouche les pores et retient l'humeur échauffée dans le corps, et qu'ayant soin de les frotter et peigner, vous obviez à tous ces mauvais accidens : et encore que mon principal dessein soit de rétablir dans la nécessité du temps les ordres et soins que l'on a tenu et pratiqué de temps immémorial dans les veneries des Roys de France; néantmoins mon intention est aussi que ce que j'en diray, serve aux gentils-hommes qui tiendront des meutes de chiens. Je ne dis pas qu'ils le fassent dans une si grande régularité que celle que j'ay fait voir; mais que ce soit assez pour tenir les chiens dans la netteté, afin qu'ils en reçoivent les avantages que j'ay dit, et qu'ils en paroissent plus beaux, lors que leurs amis les viendront voir chasser. Je vous diray donc auparavant que de continuer à vous parler des grands chiens blancs du Roy, qu'il y a une meute que l'on appelle les petits chiens blancs, qui sont aussi établis de très-long-temps pour courre et forcer le cerf, ayant leurs officiers particuliers, comme capitaines, lieutenans, gentils-hommes de la venerie, valets de limier, et valets de chiens, qui joüissent des mesmes droicts, et exemptions qu'ont ceux de la grande venerie, et sont sous la dépendance du capitaine de la dite venerie, qui peut pourvoir à toutes ces charges que j'ay nommées; mais quand le Roy veut courre avec cette meute, et que le grand-veneur est auprès de Sa Majesté, ils luy doivent déférer comme doivent faire les capitaines et lieutenans des autres équipages, et les capitaines des chasses, puisque tous ces équipages ne sont que les branches de ce grand arbre, ou corps de la grande venerie, qui est composée d'un grand veneur, de quatre lieutenans, et quatre sous-lieutenans, de quarante gentils-hommes de la vénerie qui servent, sçavoir un lieutenant et un sous-lieutenant, et dix gentils-hommes par trois mois. Il y a encore huict gentils-hommes ordinaires qui ont esté choisis de tout-temps parmy les susdits nommés, pour servir actuellement dans la venerie, ou le temps qu'il plaist au Roy, qui sont ceux à qui l'on doit avoir plus de créance, quand le choix en a esté bien fait, particulièrement pour faire chasser les chiens dont ils ont la connoissance plus parfaite de leurs noms et de leurs qualitez, puisqu'ils les voyent et les font chasser plus souvent que ceux qui ne servent que trois mois, qui peuvent trouver la meute changée de chiens, ou pour le moins une partie, dont ils n'en connoissent le nom, ny la force, ny la sagesse. Il y a aussi deux pages de la venerie portans les couleurs du Roy, comme ceux de la petite escurie, quatre aumosniers, quatre médecins et quatre chirurgiens, quatre mareschaux, un boulanger, et douze valets de limiers, servans trois par trois mois, et deux ordinaires, que l'on appelle la chambre, quatre fourriers servans aussi un par quartier, quatre maistres valets de chiens à cheval, et un ordinaire, douze valets de chiens à pied, servans par quartier comme les autres officiers cy-dessus, quatre ordinaires qui sont deux grands et deux petits valets de chiens, qui doivent demeurer actuellement auprès des chiens, jour et nuict, au moins deux. Tous ces officiers sont sous la dépendance et nomination du grand-veneur, hormis les lieutenans, qui doivent estre pourveu du Roy, ce sont les maistres valets de chiens, chacun dans leur quartier, ou, en leur absence, l'ordinaire qui doit prendre l'ordre du commandant au quartier de la venerie, pour après le donner aux valets chiens; c'est aussi luy qui doit répondre des soins qu'il faut avoir des chiens, comme je diray en suite, et pour connoistre s'ils y manquent, cela se fait par le soin qu'en doit prendre le lieutenant qui sera en quartier, ou en son absence, le sous-lieutenant, ou le plus ancien gentil-homme de la venerie en quartier, pour en rendre compte au grand-veneur, et le grand-veneur au Roy; et pour le mieux faire, il faut qu'ils apprennent à connoistre si les chiens ont le poil bien uny et luisant et pour les voir chasser, en remarquer la taille, pour en sçavoir le nom, la force et la sagesse, afin qu'ils y puissent avoir créance, quand l'occasion s'en présentera; car il n'y a que les valets de limiers qui doivent estre exempts de ces soins, qui sont establis seulement pour aller aux bois, et dresser des limiers pour détourner le cerf; mais pour panser les chiens, c'est la charge des valets de chiens, où doit estre présent le maistre valet de chiens, pour leur dire les choses qu'ils doivent faire, comme de les panser deux fois le jour, et aussi quand ils sont blessez ou malades, de les frotter lorsqu'ils sont galleux : et quant au soin particulier, comme de coucher dans le chenil avec les chiens, ce doivent estre les deux petits valets de chiens ordinaires, ou à leur défaut, les deux grands ordinaires, lesquels sont établis particulièrement pour cela; car pour tout le reste des autres soins, les valets de chiens en quartier y doivent contribuer, et mesme à coucher avec les chiens, en cas qu'ils manquassent des ordinaires; car les grands chiens blancs du Roy ne doivent jamais coucher seuls, à cause que ce sont des chiens de cœur qui ont peine à se souffrir les uns les autres, et se pourroient battre et s'estropier s'il n'y avoit quelqu'un pour les réprimer et chastier. L'ordre a esté de tout temps que l'heure estant venuë il faut les panser, sçavoir en esté à six heures du matin, et à cinq heures du soir, et en hyver à huict heures au matin, et à trois heures au soir, les promener et les mener à l'esbat aussi-tost qu'ils sont pansez, et pour ce faire il faut que les grands valets de chiens ordinaires soient avec leurs petits compagnons qui auront couché dans le chenil, et qu'ils soient les premiers arrivez pour leur ayder à nettoyer les ordures que les chiens auront fait dans le chenil, afin que quand le maistre valet de chiens, et les valets de chiens en quartier viendront avec des bouchons en une main, et un peigne dans l'autre pour les panser, ils trouvent la place nette, et que le maistre valet de chiens se fasse donner une houssine par un de ses compagnons; pour, cependant que les autres panseront les chiens, corriger ceux qui querelleront. Il faut que les dits valets prennent chacun un chien avec un couple, et qu'ils commencent par la teste à le panser, en lui prenant les oreilles, desquelles il luy essuyeront les yeux, et après ils luy frotteront la teste avec le bouchon, et ensuite tout le corps, comme les jambes auxquelles ils s'arresteront davantage pour les observer et toucher de la main, afin de sentir s'il n'y a point quelque dentée fraîche faite, ou quelques épines demeurées de la dernière chasse, pour y remédier promptement selon le mal; et après ils quitteront leurs bouchons, et prendront leurs peignes, desquels ils peigneront le chien par tout le corps, afin d'oster la crasse et la poudre qu'aura émeu le bouchon, ce qui se doit faire à tous. Cela estant fait, le maistre valet de chiens doit aller trouver le lieutenant de la venerie, ou celuy qui commandera au quartier en son absence, pour luy dire l'estat où sont les chiens, et s'il luy plaist de les venir voir mener à l'ébat, et si d'aventure le grand-veneur est logé dans le quartier de la venerie, l'officier doit l'aller trouver, et mener le maistre valet de chiens avec luy, pour luy demander s'il lui plaist de venir voir promener les chiens : s'il dit qu'oüy, l'officier doit prendre son cor, et sonner, ou faire sonner deux mots pour obliger les gentils-hommes de la venerie de venir, qui pourroient estre logez à quelques fermes à l'écart, et que ce signal les fera venir plus promptement, que de les envoyer quérir, à ce qu'ils se rendent au logis du grand-veneur, pour le suivre et accompagner au chenil, et à l'ébat des chiens. Les pages y doivent estre des premiers, s'ils ne sont allez aux bois avec les valets de limiers pour se faire instruire, lesquels valets de limiers ne sont pas obligez (comme j'ay dit) d'estre à l'esbat des chiens-courans; mais seulement d'avoir un soin particulier de leurs limiers, puisque c'est le service qu'ils doivent au Roy, et qu'un bon limier leur est avantageux, estant l'instrument de leur mestier, et que s'il n'est bon, ils n'y peuvent pas réussir. Le grand-veneur estant arrivé à la porte du chenil, le lieutenant ou commandant doit recevoir, de la main du maistre valet de chiens, deux houssines, pour en donner une au grand-veneur, et l'autre la garder pour luy, et le maistre valet de chien en doit avoir plusieurs autres pour donner aux officiers chacun dans son rang et an-

cienneté. Et à l'instant il doit entrer dans le chenil, pour voir si les valets de chiens ont couplé à propos et sortablement pour obvier qu'ils
ne s'échapent, en ayant couplé un jeune avec un viel, ou un fol avec
un sage : et après il doit ouvrir la porte du chenil, estant, s'il se peut,
à deux guichets, afin que la baye en soit plus large et que les chiens
ayent plus d'espace pour sortir, et ne se pas choquer de la hanche
aux jambages de la porte, où ils se pourroient étreufler (1) ; et puis faire
mettre à la teste des chiens un ou deux valets de chiens, qui auront
leurs trompes au costé et des couples à l'anguicheure, pour si d'advan-
ture les chiens s'eschapoient, les r'appeller, et recoupler ; lesquels ap-
pelleront les chiens en leur disant : *hault à hault!* et les autres valets
de chiens qui les suivront, diront, *tirez chiens, tirez :* car le maistre
valet de chiens doit suivre les chiens, pour observer et voir s'il y en a
quelques-uns de boiteux et de mélancoliques, pour après en avoir le
soin nécessaire. Le grand-veneur et tous ceux qui le suivront, doivent
aller après les chiens, sans les presser, pour leur donner le temps de
se vuider et manger de l'herbe, au moins ceux qui en voudront, et les
valets de chiens seront sur les ailes, pour aller aux premiers chiens à
qui ils verront lever la teste, et faire mine de vouloir prendre le vent
de quelque beste, les réprimer en leur disant : haye, et les nommant par
leur nom, et après leur dire : tirez chiens, pour les obliger à suivre les
autres : et les valets de chiens qui sont à la teste, doivent dire de
temps en temps : *hault à hault!* et cependant que les chiens sont à
l'ébat, dont le temps ne doit estre que d'une heure, le maistre-valet
de chiens doit avoir donné l'ordre à un de ses compagnons d'aller
advertir le boulenger d'apporter le pain pour disner les chiens, et deux
valets de chiens demeureront au chenil, pour oster la paille qui sera
sur les bancs, pour y en mettre de la frèche du froment s'il se peut, à
cause qu'elle est plus douce que celle de seigle, et nettoyer le chenil
de toutes les immondices et vuider les vases où est l'eauë, pour leur
en donner de la fraîche : cela estant, et l'heure de la promenade des
chiens expirée, l'on les doit ramener au chenil pour leur donner à
manger : et aussi-tost qu'ils sont entrez, les valets de chiens les doivent
découpler, si ce n'est quelques-uns qui se tiennent trop pleins et trop
gras, lesquels il faut tenir, durant que les autres prennent leur repas et
ne les laisser en liberté que sur la fin du repas ; car ils en trouveront

---

(1) On dit qu'un chien est étrufé lorsqu'un muscle d'une de ses cuisses a été
foulé assez gravement pour ne plus prendre de nourriture de manière à le faire
boiter. L'étrufure est la foulure qui amène cette infirmité.

assez de ce que les autres auront laissé. Et pour donner à manger aux chiens, en voicy la manière : il faut que les valets de chiens prennent chacun un pain, ayans leurs cousteaux en mains pour le couper, et leur en jetter par petits morceaux sur la paille, tout autant qu'ils en voudront manger : et s'il y a quelques chiens qui soient délicats à leur manger, comme les uns à ne vouloir de la croute et les autres de la mie, et d'autres qui veulent que l'on leur donne à la main, il faut avoir soin de les servir selon leur goust et inclination : et pendant que cela se fait, le grand-veneur et les officiers auront la houssine à la main, pour voir s'ils mangent bien et les réprimer, en cas qu'ils se querellent et battent. Il y a une ancienne coûtume dans la venerie du Roy, que les chiens, aumoins cette grande meute, mangent du pain de froment aussi blanc et aussi bon que le pain blanc que l'on fait à Gonesse, et que les valets de chiens en peuvent prendre pour leur nourriture, sans pourtant en abbuser. Les chiens estans repeus, le grand-veneur doit remettre sa houssine entre les mains du lieutenant qui la luy a donnée ; et qui la doit remettre avec la sienne, entre les mains du maistre valet de chiens, qui doit recevoir aussi toutes les autres des officiers, à qui il en a donné : et alors les officiers doivent accompagner le grand-veneur chez luy, et puis après le lieutenant. Je ne voudrois pas que l'on creût que je voulusse par ce discours obliger le grand-veneur à l'ébat des chiens, toutes les fois qu'il se trouveroit logé dans le quartier, voulant croire plustost que cela dépend de luy. Mais je le supplie de trouver bon que je dise, que s'il s'y trouve, son exemple produira de bons effets : premièrement cela obligera les valets de chiens à en avoir le soin qu'ils doivent, et aussi les gentils-hommes de la venerie à y aller souvent, ce qui leur est très-nécessaire, pour connoistre les chiens par leurs tailles et leurs noms, afin que quand ils les verront chasser, ils sachent ceux à qui ils doivent avoir créance, lors que le change bondira. Le grand-veneur les obligeant à prendre cette instruction par son exemple, il la prendra aussi pour luy, puisqu'elle luy est nécessaire autant qu'à eux, pour les mesmes raisons ; joinct qu'il se peut rencontrer seul de chasseur auprès du Roy, suivant des chiens qui se seront séparez des autres, lors que le change aura bondi devant eux, duquel le cerf de la meute se sera accompagné et après séparé, afin qu'il puisse appuyer ses chiens, les connoissans sages, et aussi que le Roy luy peut demander les noms des chiens qu'il verroit chasser, en ne les sçachant pas, il demeureroit court et manqueroit, en quelque façon à son devoir ; ce qui diminueroit le plaisir du Roy, et aussi l'estime qu'il auroit fait de luy et de sa capacité dans la chasse, en luy fesant connoistre qu'il la négligeroit : et que quand on veut entreprendre quelque chose, il s'y faut attacher avec soin, pour y estre considéré et estimé. Encores que j'ay dit que l'on doit nourrir les chiens du roy avec du pain de froment, ce n'est pas que celuy qui est fait avec l'orge, ne soit aussi propre, afin que les gentils-hommes qui ayment les chiens avec passion, n'en fassent pas de mesme, ny de toutes les choses que j'ai dites, touchant le soin des chiens, au moins avec tant de régularité ; mais à proportion de leurs puissances et du monde qu'ils pourront entretenir, pour en avoir tout autant de soin qu'ils pourront.

CHAPITRE XXI.

DE L'AGE AUQUEL ON DOIT FAIRE CHASSER LES JEUNES CHIENS-COURANS.

Lors que vous aurez mis dans le chenil, avec vos chiens dressez, les jeunes chiens que vous aurez retiré depuis six semaines ou deux mois, de chez les laboureurs et qu'ils en auront pris l'habitude et la nourriture (ce que vous pourrez juger les voyans pleins et en bon corps et non maigres), vous pourrez alors commencer à faire chasser les mâles à quinze mois et les lyces à douze ou treize, afin que tous les deux ayent les reins noüez et qu'ils ayent pris leurs forces : car quand l'on les fait chasser plus jeunes et qu'il se rencontre en eux de la bonne volonté et de l'ardeur à la chasse, ils en prennent trop d'abord : ce qui les pourroit faire effiler et les empescher de pouvoir plus prendre force : mais pour obvier à cet accident, je trouve qu'il est à propos de commencer par les faire chasser le lièvre, et que ce soit avec des chiens dressez, qui ne soient pas trop vistes afin qu'ils ne soient pas obligez de s'étendre pour les suivre : cela fait, qu'ils s'en rendent en moins de temps dans l'obéissance, à cause que cette chasse se fait ordinairement dans la plaine, ou au moins elle s'y commence, où vous pouvez tousjours voir vos chiens, après les avoir découplez, et le lieu le plus facile pour leur réprimer cette première ardeur, et pour les chastier, puis que vous pouvez estre tousjours auprès d'eux, et que vous voyez ce qu'ils font : comme cela ils ne peuvent prendre aucune mauvaise habitude ; mais seulement la bonne et vraye impression que vous voulez qu'ils ayent, comme de tourner et requester, parchasser et revenir au chastiment ; ils en auront aussi doresnavant le nez plus fin, ayant chassé ce petit animal qui va le plus légèrement de tous, qui les oblige, pour estre dans la voye, d'employer tous leurs sentimens et ne se pas écarter à droict ny à gauche ; ils se fortifient aussi peu à peu, puis que vous ne les faites chasser qu'autant que vous voulez, en estant le maistre : et vous ne le seriez pas, si vous les aviez donné sur les voyes d'un cerf, qui pourroit tirer de long, et en se depeïsans ainsi et vous obliger à les abandonner par la lassitude de vos chevaux, dans un païs inconneu, dont la retraite leur pourroit estre funeste, se trouvans tellemement lassez au bout de leur course, qu'ils seroient contraints d'y demeurer la nuict, à la mercy des loups, ou s'ils revenoient, ils seroient après très-long-temps fatiguez. Je sçais qu'il y a deux autres moyens dont on se peut servir, quand on a résolu de commencer à faire chasser les jeunes chiens le cerf, auparavant d'avoir chassé : dont l'un est que vous les pouvez donner, quand vous jugez qu'un cerf est mal mené, particulièrement dans un fonds de forest, où les cerfs se font ordinairement prendre ; mais aussi vous n'estes pas asseuré qu'ils voudront chasser dans ce commencement avec ce grand bruit de chiens, à cause que c'est le temps que l'on a donné tous les relaiz, ce qui les étonne et les oblige à s'écarter dans le bois, où ils peuvent rencontrer d'autres voyes qui peuvent estre d'un lièvre, d'un renard, d'une beste noire, ou d'une biche, où ils s'attacheront, et l'ardeur de la chasse vous aura empesché d'y prendre garde, qu'au temps de la prise du cerf, qui sera peut-estre loing du lieu où vous aurez laissé vos jeunes chiens : cela estant, ils auront eu une mauvaise impression pour leur première chasse. Le second moyen est, à mon advis, le meilleur et le plus asseuré, qui est d'envoyer reconnoistre quelques jours auparavant que vous vouliez les faire chasser par un de vos veneurs, à quelques beaux buissons qui soient éloignez au moins d'une lieuë du grand païs, d'où sera venu le cerf, dont vous aurez connaissance, et qu'il soit cerf de dix cors, ou cerf de dix cors jeunement, s'il y en a dans le païs, si non qu'il soit seul, et choisirez un beau jour, et que la terre en soit bonne (n'estant pas trop seiche, afin que vous en puissiez voir des fuites dans la plaine, lorsqu'il y passera) pour mieux assujettir vos chiens dans la voye. Et après ces précautions, vous lancerez vostre cerf avec le limier, et après estre lancé, vous donnerez vos jeunes chiens, et pour les guider et conduire dans la voye, vous découplerez avec eux six ou huict de vos chiens dressez, qui ne soient pas de vos plus vistes, afin que vos jeunes chiens en puissent estre les maistres, aussi bien que de la voye, allans seulement après eux pour les remettre dans la voye, toutes les fois qu'ils l'auront quittée : ce que feront aussi les piqueurs, qui en courant auront l'œil à terre pour revoir des fuittes du cerf, afin que les voyans hors la voye, on les y appelle et un autre les y fasse venir : et tousjours ainsi, jusques à ce que vous soyez à l'entrée du grand païs, où vous aurez mis vostre meute de chiens dressez, et deux valets de chiens qui seront connus de vos jeunes chiens, afin qu'ils se laissent prendre à eux, quand ils seront laissez, et ne pourront plus tenir ny accompagner les autres chiens ; il faut qu'ils les reprennent avec un couple, et suivre avec eux doucement la chasse pour quand ils jugegeront et verront que le cerf sera mal-mené, les découpler sur les voyes du cerf, avec les autres qui le chasseront ; et quand le cerf sera pris, il faudra leur faire fouler en leur particulier, en les caressant et leur donnant de la main aux flancs, et leur dire : *velsi allé*, et les termes que l'on doit dire aux chiens quand ils chassent, et après ouvrir la nape au col du cerf, pour leur en faire manger sur le champ, afin de les mettre dans le sentiment de la voye du cerf, et les obliger doresnavant à suivre, pour en estre à la mort ; car les chiens chassent pour leur plaisir et leur intérest. Je vous donneray encores cet advis, que la saison du rut n'est nullement propre pour faire chasser les jeunes chiens, à cause de la mauvaise senteur qu'ont les cerfs en cette saison, et le danger que les jeunes chiens peuvent encourir, lorsqu'ils rendent les abois.

CHAPITRE XXII.

COMME LE VALET DE LIMIER DOIT FAIRE CHOIX D'UN CHIEN POUR METTRE A LA MAIN ET LUY SERVIR DE LIMIER.

Il faut que les chiens que l'on veut mettre à la main, ayent toutes les bonnes qualités que j'ay dites ci-devant dans la proportion de leur taille, puis que ce sont eux qui font le fondement du plaisir de la chasse, s'ils se rencontrent bons. C'est aussi un choix qui se doit faire par les habiles dans le mestier, lors que l'on amene les jeunes chiens de chez les laboureurs, préférablement à ceux qui doivent estre destinez pour courre; ce qui se rencontre favorablement pour l'un et pour l'autre, puis qu'il faut les chiens pour courre, grands et longs, comme je vous ay fait connoistre; mais ceux que l'on doit mettre à la main, il les faut de moyenne taille et courts, à cause que dans cette taille, il s'y rencontre ordinairement plus de vigueur et de feu, qu'aux grands et longs chiens, et que ce sont les qualitez qu'il faut nécessairement à un limier pour n'appréhender pas les helées, broüillards et rosées froides, qui sont très-souvent, selon les saisons, le matin. Il faut qu'ils soient d'un poil vif et non élavé, ny aussi blanc, à cause que les chiens de ces deux sortes de poil appréhendent les froids que j'ay dit, et qu'ils ayent la teste plus carrée et l'œil plus plein de feu et bien avallez, en vrais chiens courans, les reins hauts et larges, et les hanches de mesme, le jarret court : et pour le pied, quand il ne se rencontreroit pas si bien fait que je l'ay depeint, il n'importe pas : et aussi quand il s'en rencontreroit d'ergottez et que la queuë en seroit retroussée (puis que ces trois défauts ne peuvent oster que la vitesse à un chien, dont les limiers n'ont pas besoin) l'on les peut mettre avec les chiens dressez dans le chenil, pour les apprendre à aller au couple et en prendre l'habitude, pour les rendre plus fiers et plus hardis, et quand mesme on les feroit chasser deux ou trois chasses, il n'en seroit que mieux, pourveu que l'on les donne sur les vrais voyes d'un cerf qui sera sur ses fins : cela leur donne de l'émotion et les fait aller d'abord devant, plus gayement : véritablement vous en aurez un peu plus de peine à leur oster le cacquet; mais il vaut mieux que cela soit que d'estre obligez à les pousser du pied pour les faire aller devant; neantmoins cela dépendra de vous; et si vous ne les mettez pas dans le chenil, il faudra que ce soit ceux qui s'en voudront servir qui leur enseignent à aller au couple, les tenans jour et nuict, jusques à ce qu'ils y soient accoustumez, et que ce soit avec une petite chaisne; car il en faut une aux limiers qui doivent être enfermez et attachez séparément les uns des autres; mais aussi il ne les faudra plus mettre dans le chenil, à cause que cette séparation les aura rendu pillars, et qu'en cet estat, si vous les mettiez parmy les autres, ils en pourroient être maltraittez et que lors que vous viendriez à les prendre, ils ne seroient pas en estat de **vous servir.**

CHAPITRE XXIII.

COMME ON DOIT DRESSER UN JEUNE CHIEN-COURANT POUR EN FAIRE UN LIMIER.

C'est une des choses les plus importantes dans un équipage pour le cerf, que les limiers en soient bons, et aussi pour la réputation des veneurs qui y sont, puisque c'est de-là que dépend le bon ou mauvais rapport de la demeure du cerf, puisque le veneur est obligé de dire en ces termes : Je méeroy détourner un cerf, s'il ne passe depuis moy (ou si mon chien ne me trompe) neantmoins cette précaution qu'il semble avoir par droict (lors qu'il dit, si mon chien ne me trompe) ne luy peust pas empescher que son chien l'ayant trompé, il n'en reçoive du blâme ; puisque le choix qu'il en a fait, et les diligences qu'il a deu faire, pour le rendre bon, ont dépendu de luy, comme de juger, après qu'il l'aura mené huict ou dix fois au bois, s'il luy est propre ou non ; car s'il le voit aller avec froideur devant luy, et qu'il ne luy ait pu donner aucune émotion dans tout ce temps, il faut qu'il le remette dans le chenil (se trouvant peut-être plus propre à chasser) et en reprenne un autre qui ait plus de volonté, ce qu'il verra après luy avoir donné connoissance de fauves, ou des bestes qu'il aura dessein de détourner, et qui aillent de bon temps. L'on les peut dresser pour fauves dans toutes les saisons, hormis celle du rut, pour les raisons que j'ay dites cy-devant. Les grandes chaleurs ny sont pas encores fort propres, à cause de la seicheresse de la terre. Ce qui empesche de pouvoir de revoir des voyes de la beste, dont votre chien se rabbat, et vous oblige à le laisser suivre, jusques à ce que vous ayez trouvé un lieu pour en revoir et en pouvoir juger, et que cela pourroit donner une impression mauvaise à vostre chien, si d'avanture ce n'estoit des voyes d'une beste de laquelle vous voulez qu'il veüille, joint qu'il est bien que ceux que vous voulez dresser pour fauves, ayent d'abord connoissance d'un cerf pour les raisons que je diray cy-après : tellement que je tiens l'hyver le plus commode pour cet effet, pourveu que l'on y excepte les fortes gelées, et le temps que la neige est sur la terre; encore que le sieur du Foüillou dise que c'est le temps qu'il faut mener les jeunes limiers pour les dresser ; c'est en quoy il fait connoistre comme en autres choses dont il traite, qu'il avoit peu de science et de pratique en ce mestier, puisque c'est le seul temps qui puisse donner le plus de mauvaises habitudes à un jeune chien que vous mettrez à la main pour en faire un limier, lesquelles il n'oublie jamais, à cause que dans ce temps il voit les voyes de la beste qu'il suit : ce qui fait qu'il s'attache plustost à sa veuë qu'à son sentiment, l'obligeant tousjours à lever la teste pour aller où il voit des voyes, et comme cela il ne s'attache pas à celle que vous avez dessein qu'il suive et ne fait que balancer, ce qui peut faire faire très souvent des fautes à celuy qui le meine, en changeant de voyes : car il est malaisé, dans le temps que la terre est seiche, de pouvoir connoistre ce changement, puisque vous pouvez avoir rencontré d'un cerf de dix-cors, et ainsi vous destournez, et faites rapport bien souvent d'un jeune cerf par ce changement de voye, ou, peut estre d'une grande biche ; mais si les jeunes limiers considèrent plustost les voyes qui sont sur les neiges par la veuë, que par le sentiment, ce n'est pas sans raison, puisque vous les voulez obliger à se rabatre, et à suivre des voyes qui n'ont aucun sentiment : la cause en est, que s'il a fort gelé, aussi-tost qu'un cerf ou une autre beste appuye son pied, la neige s'éparpille et retombe dans les voyes, ce qui en oste le sentiment, et si elle est molle ne faisant que tomber, ou que ce soit par un dégel, aussi-tost que le cerf est passé, la neige fond : c'est ce que nous voyons par les voyes qui sont élargies, et par conséquent le sentiment en est dehors : et s'il neige, elles sont surneigées, et s'il dégèle, elles sont noyées, et surpluës par le broüillard qui tombe quand il dégèle : et si la neige dure plusieurs jours sur la terre, elle est toute couverte de voyes de toutes sortes de bestes, à cause qu'elles font dans ce temps beaucoup plus de païs, en faisant leurs nuits, estans affamées, ne trouvans que très-peu à se repaistre. Il y a donc tant de voyes qu'elles mettent en confusion un limier, ne sçachant ausquelles aller. Ces raisons pertinentes doivent faire connoistre que j'ay raison de dire qu'il faut choisir les temps où un cerf puisse appuyer son pied sur la terre ferme, qui ne soit pourtant ny trop dure, ny trop molle, et où le sentiment s'y conservera quatre, cinq et six heures pour les jeunes chiens, pourveu qu'il ne vienne point de pluye qui les élave. Ceux qui n'auront seulement veu que pratiquer la chasse, pourroient trouver à redire sur ce que j'ay dit que le sentiment ne sera dans les voyes que si peu de temps pour les limiers, disans qu'ils auront veu requester des cerfs plusieurs fois que l'on avoit brisé le soir, et que le lendemain, sur les six, sept et huict heures, selon les saisons, l'on venoit à ces brisées avec un limier qui en reprenoit la voye et la suivoit, pourveu que ce fust en lieu couvert, et où il y eust des portées, comme sont ceux où on brise ordinairement les cerfs, quand on a dessein de les requester : il est vray qu'il y a des limiers qui le font, mais ce ne sont pas les jeunes limiers dont on se sert le matin pour destourner un cerf, si l'on veut estre assuré de sa demeure ; car ceux qui veulent de ces vieilles voyes, ce sont chiens qui ont quatre ans, et au dessus, de qui la chaleur naturelle est diminuée : ce qui fait qu'ils ressentent facilement le froid causé par les gelées blanches et rosées qui sont ordinairement sur la terre le matin, et tiennent les voyes froides, jusques à ce que le soleil en ait osté la plus grande froideur : ce qui leur empesche le sentiment ; mais pour les jeunes limiers qui n'agissent que par la force de la chaleur naturelle toute entière en eux, et n'ont d'action ny de sentiment qu'autant que la nature leur en donne, et dans le temps que les voyes peuvent conserver leur sentiment, ce n'est pas qu'ils ne se puissent rabattre, et vous remontrer quelquefois du relevé d'un cerf, quand le temps est beau et serain ; mais ils n'en pourront emporter les voyes, ny les suivre : ce qui vous sert à connoistre les voyes du relevé d'un cerf, et celle du matin, lorsqu'il se retire et rembusche, qui sont celles ausquelles vous vous devez attacher, si vous avez dessein de le destourner : j'ay bien voulu vous donner cette connoissance, afin de n'obmettre rien, et de vous enseigner ensuite comme un valet de limier doit faire pour dresser un bon limier. Il faut pour y bien réüssir, qu'il ait esté reconnoistre avec son chien dressé à quelques beaux buissons s'il y a un cerf seul, afin d'y aller aussi-tost qu'il verra un beau jour, et que la terre sera bonne, comme dans l'hyver, qu'elle ne soit pas gelée, et dans l'esté qu'il soit tombé de l'eauë le jour d'auparavant, elle en seroit meilleure et feroit que son chien en auroit plus de sentiment ; joint qu'il lui pourroit aider de l'œil, puisqu'il reverroit des voyes du cerf plus facilement, afin de voir d'abord de quelle beste son chien se rabbat, et qu'il le puisse tenir dans la voye, lors qu'il suivra. Cette prévoyance estant observée, il faut qu'il prie un de ses compagnons d'aller avec luy, et de mener son limier dressé, pour quand ils seront arrivez aux bois, qu'il le mette devant luy, comme vous ferez aussi le vostre devant vous, qui suivra vostre compagnon, après que vous l'aurez flatté, en luy donnant d'une main doucement aux flancs, et de l'autre lui prendre la teste, et lui cracherez dans la gueule, et après vous luy allongerez le trait, en lui disant : Va outre, l'amy, le nommant aussi par son nom, vous l'exciterez aussi de vostre langue en la faisant frapper contre vostre palais, afin de l'émouvoir et luy donner de la gayeté pour l'obliger à suivre vostre compagnon, et aller devant vous : mais que ce soit tousjours avec douceur ; et s'il revient à vous, il le faut remettre encores devant, en le carressant comme cy-dessus, et luy parlant encore en ces termes : *Ho loo, ho loo, ho loo lo loo*, et l'exciter encore de la langue, et quand le chien de votre compagnon se rabbattra de bonne voye, le prier de prendre garde si c'est un cerf, devant que d'avancer avec le vostre ; car il est important pour ces premières fois, que vous luy donniez connoissance de cerfs plustost que de biches, afin qu'il en prenne l'impression plus forte, pour faire doresnavant qu'il s'en rabatte avec plus de chaleur, et vous faire connoistre quand c'est d'un cerf ou d'une biche. Ce qui vous peut beaucoup servir pour abréger et faire vostre queste dans les saisons seiches, où l'on est quelquefois long-temps apres une beste, sans en pouvoir revoir, au moins pour en juger : et vostre compagnon vous ayant dit, c'est d'un cerf qui va de bon temps, vous le prierez de suivre avec son limier pour le lancer, afin qu'après vous puissiez faire suivre les voyes qui iront de bon temps, à vostre jeune limier ; mais si c'estoit des voyes du relevé, ou qui allassent de cinq ou six heures, il ne s'y faudroit pas arrester, puisque vostre chien ne les pourroit pas emporter et qu'aussy pour en renouveller de voyes avec le chien de vostre compagnon, il faudroit trop de temps pour en deffaire la nuict. Pour abreger et le trouver rentré, il faudra aller prendre les devants des plus grands forts, et des plus belles demeures, et l'ayant trouvé entré, vous prieriez vostre compagnon de suivre trois ou quatre longueurs de trait dans le fort ; cependant que vous le suivrez avec vostre chien, que vous exciterez en luy disant : *Velsiallé, velsiallé, Mirault*, ou par son nom, afin de l'obliger de suivre peu à peu les voyes, en l'y tenant le plus exactement que vous pourrez, ne lui allongeant que le trait à demy. Vous le tiendrez aussi quelquesfois ferme dessus le trait ; et s'il ne s'y tient pas, revenant à vous (à l'ordinaire des jeunes chiens qui n'ont pas pris le sentiment des voyes, ne sachans pas encore ce que vous leur voulez) il faut le remener dans la voye, et si vous voyez qu'elle allast de trop hautes erres, il faut prier vostre compagnon de continuer à suivre avec son chien, tant qu'il ait renouvellé de voyes, et que vostre chien les puisse emporter et suivre, et mesme de lancer au besoin, et après l'ostre, vous mettrez vostre chien sur les voyes, en luy parlant et carressant de temps en temps, comme j'ay dit, sans toutes fois luy allonger le trait tout à fait afin de le tenir plus sujet dans la voye, et quand vous le tien drez sur le trait, s'il y tient et s'y arreste, allez aussi-tost le carresser, et rompez des brisées devant luy, ainsi vous continuërez à suivre, jusques à ce que vous ayez fait passer deux ou trois chemins au cerf, et si vostre chien avoit quitté la voye, il faut prier vostre compagnon de la reprendre avec le sien, et aussi quand il y sera de vous appeler pour y remettre le vostre, et au premier chemin qu'il passera ; après cela vous le briserez haut et bas ; ces brisées se doivent faire en cette sorte : il faut rompre une branche de la grosseur du petit doigt, que vous mettrez sur les voyes du cerf, et que le gros bout soit du costé où le cerf a la teste tournée, on en doit jetter au moins deux ou trois, et en rompre à demy que l'on laisse pendre au tronc ; ce que nous appelons briser haut : ce qui se fait à deux fins : la première s'il passoit quelques bestiaux par vostre rembuschement, qui eussent emporté vos brisées basses avec les pieds, vous auriez les hautes pour remarques, et pour reconnoistre vostre rembuschement ; et la seconde, qui est la plus essentielle, c'est afin que si quelqu'un de vos compagnons passoit par vostre rembuschement, il peust juger que vous avez connu que c'est un cerf, et non une biche : car pour les biches on ne doit jeter qu'une seule brisée basse, et que si vous aviez manqué à briser un cerf haut et bas, ou ne l'eussiez brisé seulement que d'une brisée, vostre compagnon y passant et l'ayant reconnu, il peut se mettre après, et en prendre les devans, le destourner, en faire rapport, et le laisser courre, encore que ce soit dans vostre queste : car quand l'on ne jette qu'une brisée, cela doit faire croire que vous pensez que ce soit une biche, et non un cerf, et si vostre jeune chien, par le plaisir et l'émotion qu'il a euë, veut aller devant, vous prendrez les devans de vostre cerf avec luy, et neantmoins vous prierez vostre compagnon de mettre le sien devant luy, après vous, afin que si le vostre sur-alloit, et qu'il passast sur les voyes de vostre cerf (s'il sortoit de l'enceinte, et qu'il ne vous en donnast pas connoissance) le chien de vostre compagnon suppleast à ce défaut. En prenant vos devans, il faut aussi rompre des brisées, et les jeter derrière vous, la pointe tournée vers vos talons, dans le chemin par lequel vous les prenez, ce doit estre celuy qui est tousjours le plus proche du fort où est entré vostre cerf : vous en devez jetter aussi tous les changemens de chemins qui arriveront, et lorsque vous arriverez à vostre rembuschement, vous ferez suivre vostre chien, et lancerez le cerf, et si vostre chien veut crier, vous le luy permettrez, au moins pour les dix ou douze premières fois que vous le menez : car il ne luy faut donner aucun chatiment durant ce temps, ny jusques à ce qu'il soit bien dans la voye, encore faut-il que ce ne soit que de la bouche, et non de la main, lorsqu'il se rabattra d'une austre beste que vous ne voulez pas qu'il suive. Vous l'exercerez quatre ou cinq fois de la sorte, et le voyant bien vouloir de ces voyes, lors vous chercherez l'occasion et les lieux propres pour luy en faire suivre qui aillent de plus hautes erres, comme si un cerf sortoit d'un buisson, une heure ou deux devant le jour, pour aller à un autre buisson, distant environ d'une lieuë, que le temps fust beau, et la terre favorable pour en pouvoir revoir, afin d'ayder de temps en temps à vostre chien de l'œil, pour luy faire tenir la voye juste; et si vous ne trouvez des occasions pareilles, lors que vous rencontrerez d'un cerf qui ira de bon temps vous en prendrez le contrepied, afin de l'accoustumer peu à peu à suivre des voyes qui aillent de plus hautes erres, et que ce soit les voyes qui viennent du gaignage, et non de celles où vostre cerf aura fait sa nuict, à cause qu'elles vont trop tournoyans, et que cela pourroit donner une mauvaise habitude à vostre chien, le faisant balancer, et ne tenir pas ferme sur la voye, à cause qu'il en sentiroit à gauche et à droict, et ne sauroit ausquelles aller, et si d'aventure vostre chien n'estoit pas encore absolument affermy dans la voye, après luy avoir fait suivre le contrepied, comme j'ay dit, vous devez revenir où vous en avez rencontré la première fois, pour en prendre et suivre le droit, jusques à ce que vous l'ayez lancé, pour luy donner encore ce plaisir, et une plus parfaite connoissance de ce que vous voulez de luy. Et si d'aventure il crie volontiers, lorsqu'il est sur la voye, il faut chercher l'occasion pour rencontrer de quelques cerfs qui relèvent d'un buisson, et passent une plaine pour aller demeurer dans un autre, afin d'en prendre la voye avec vostre chien, à qui vous direz de temps en temps : *Tout quoy, l'amy, tout quoy*, et le nommerez par son nom, allant le carresser de temps en temps, et avec les mesmes termes, afin qu'il connoisse que vous désirez encore de luy cette complaisance, laquelle est nécessaire, à cause que s'il crioit le matin, il lanceroit un cerf qui iroit loin, devant que de demeurer, aussi faut-il estre fort modéré, en luy faisant perdre le caquet, car si vous le battez, vous lui pourriez faire croire que vous ne voulez plus qu'il suive ses voyes; puisque ce sont celles sur lesquelles vous l'avez caressé tant de fois, pour l'obliger à les suivre; c'est donc l'assiduité et la peine qui peuvent faire un bon chien; car il ne faut pas le rebuter, mais luy faire perdre le caquet par les longues et assiduës suites, qu'il faut pourtant regler, selon la force du chien que l'on dresse, et que le veneur considère que s'il n'a un bon chien, encores qu'il soit habile homme de soy, il ne le peut paroistre par le défaut de son limier.

CHAPITRE XXIV.

POURQUOY IL EST NÉCESSAIRE QUE LES LIMIERS VEULENT DES BICHES AUSSI BIEN QUE DES CERFS, OU POUR LE MOINS QU'ILS S'EN RABATTENT ET EN REMONSTRENT A CEUX QUI LES MEINENT.

Mon dessein est de ne rien obmettre dans le mestier de toutes les choses qui le concernent, et qui pourroient entrer dans la pensée des curieux, et de ceux qui ont quelque connoissance de la chasse, pour avoir veu chasser le cerf plusieurs fois, qui m'ont demandé pourquoy l'on empeschoit pas les limiers de vouloir des biches aussi bien que les chiens courans, puis que cela donneroit une facilité plus grande aux veneurs et valets de limiers pour abbreger et faire leurs questes, et aussi qu'ils en feroient le rapport plus asseuré, et comme cela, ils ne courroient plus de risque de laisser courre une biche pour un cerf ; ce qui arrive assez souvent. Cette curiosité me surprit et m'obligea d'y penser, pour sçavoir si cela se pouvoit, sans rebutter un limier, et s'il estoit advantageux pour ceux qui vont au bois : ce qu'après avoir meurement considéré, j'ay trouvé qu'il estoit impossible, sans péril, de rebuter un limier, et que mesme quand cela se pourroit, il serait plus des-avantageux aux veneurs que profitable. En voicy mes raisons. La première, que les limiers ne doivent pas recevoir le chastiment si rude que les chiens courans, puis qu'ils sont attachez actuellement à ceux qui les meinent, et que s'ils les gourmandoient, ils seroient après toujours dans la crainte ; ce qui les troubleroit de telle sorte, qu'ils ne pourroient avoir dans la pensée qu'à exquiver ce chastiment, et par ce moyen, passeroient souvent par dessus les voyes du cerf, sans s'en rabattre et vous en remonstrer ; mais il n'en est pas de mesme des chiens-courans ; puisque lors que vous les trouverez chassans une biche, les ayans osté, et chastié sur les voyes, vous les laissez après dans leur liberté, ou bien vous les menez sur les voyes d'un cerf qui ne fera qu'aller, comme faisoit la biche qu'ils viendront de quitter, et leur faites aussi-tost chasser le cerf en sonnant et parlant, ce qui augmente leur plaisir ; mais cela n'arrive pas de mesme aux limiers, qui peuvent avoir rencontré d'une biche qui ne fera qu'aller où vous les aurez chastié : et à peu de temps après, ils peuvent rencontrer d'un cerf qui ira de quatre, cinq et six heures. Ces voyes qui vont de plus hautes erres, où ils ont peu de sentiment et par conséquent peu de plaisir à les suivre : et le souvenir du chastiment qu'ils viennent de recevoir, les obligent à passer sur les voyes, sans s'en rabattre et vous en remonstrer, et aussi par l'apprehension qu'ils ont d'un nouveau chastiment : et posé qu'ils s'en puisse dresser quelques uns. Je veux vous faire connoistre comme cela seroit très-préjudiciable aux veneurs qui s'en serviroient ; leur estant nécessaire qu'ils ayent connoissance des bestes fauves qui se rencontrent dans leurs questes, particulièrement dans l'enceinte où ils mécroyent détourner un cerf, pour en rendre compte, lors qu'ils viennent faire leur rapport, estre précautionnez, pour quand ils viendront laisser courre, et advertis des bestes fauves qui sont dans l'enceinte, afin de pouvoir conserver la voye et les connoissances du cerf, dont ils auront fait rapport : car s'ils n'avoient eu connaissance que de ce cerf, et qu'il eust entré quelques unes de ces grandes biches dans l'enceinte, qui ont beaucoup de pied, qui poisent beaucoup, n'en pouvant revoir que par des foulées, où il est mal-aisé de pouvoir juger, quand il y a peu de différence au pied des bestes : joinct que celuy qui aura fait le rapport, n'aura pû dire à ses compagnons, qu'il y a une biche dans son enceinte et qu'ils y prennent garde, pour si d'aventure ils sont obligez par le retour que puet faire un cerf, luy ayder à trouver le retour où ils peuvent changer de voyes, et où ils se peuvent tromper comme celuy qui a faict le rapport, pour n'en avoir eu aucune connaissance : et comme cela, la chaleur et l'envie qu'il aura de laisser courre, luy fera donner cette beste aux chiens ; c'est ce qui peut arriver plus souvent que de se méprendre en jugeant une biche pour un cerf. Il est donc vray que cette invention ne peut estre que des-avantageuse, si ce n'est pour les ignorans, à cause du peu de connoissance qu'ils ont des pieds des cerfs et des biches, pour en faire le discernement.

CHAPITRE XXV.

DU TEMPS QU'IL FAUT A UN CERF POUR ESTRE CERF DE DIX CORS JEUNEMENT,
ET CERF DE DIX CORS.

Le cerf a pris sa croissance entière du corps et de la teste à l'âge
de sept ans, comme j'ay dit : pour le corps, il demeure dans sa hauteur, sans plus augmenter ; mais pour la teste, il n'en est pas de mesme ; car elle sera en des années plus haute et en d'autres plus basse,
et aura plus ou moins d'andouillers, à cause qu'elle dépend de la bonne
ou mauvaise nourriture, du plaisir ou déplaisir qu'aura eu le cerf dans
les années : la grosseur du corsage en est de mesme (au moins pour
un temps, qui est la saison qu'ils sont en cervaison) car s'ils ont des
viandis bons et à commandement, ils en deviennent plus gros et plus
pleins de venaison : Et pour en venir et commencer à l'origine des
cerfs, je diray que lorsqu'un cerf est né et jusques à ce qu'il ait un an
passé, il ne porte aucun bois (que nous appelons la teste, car la teste
nous l'appelons le massacre) et que lors qu'il entre dans sa seconde
année, il pousse deux petites perches qui excèdent un peu les oreilles :
c'est ce que nous appelons les dagues : et la troisième année, les perches qu'il pousse, sont semées de petits andoüillers, qui sortent de
ces deux perches (ou de ces marains) qui seront au nombre de deux à
chaque perche ; alors cette teste se peut nommer, porter six, à cause
que les deux bouts des perches, qui font le haut de la teste, se doivent aussi compter : Les quatre et cinquième années, sa teste croistra
en hauteur et grosseur, puis qu'elle dépend du corsage qui en fait de
mesme, particulièrement s'il est dans un bon païs, elle pourra porter
huict, dix et jusques à douze : et la sixième année, qui est l'âge que
l'on le doit qualifier cerf de dix cors jeunement, pour le discerner
d'avec le jeune cerf et le cerf de dix cors, afin d'en rendre l'exercice
de la chasse plus beau et la science plus parfaite : alors il pourra porter douze et quatorze : la septième année, qui est l'âge de la dernière

croissance du corps et de la teste (pourveu qu'il soit tousjours dans un même païs) il pourra porter seize, dix-huict, vingt et jusques à vingt-quatre : c'est le temps que l'on le peut qualifier cerf de dix cors, puis que sa teste est dans sa perfection, et que les connoissances y sont pour la discerner d'entre les jeunes cerfs et les cerfs de dix cors jeunement ; mais non pas pour un grand vieil cerf, comme je le feray connoistre cy-après. Ce n'est pas que doresnavent, selon les années, la grosseur et hauteur de cette teste, ne diminuë ou augmente, aussi bien que la chevillure. Neantmoins la nature y mettra un si bon ordre, que les changemens qui s'y feront, ne préjudicieront point aux con-connoissances et à la beauté de la teste, pourveu que le cerf n'ait aucun déplaisir et soit nourry dans un bon païs, puis que si cette teste n'est si bien chevillée dans une année, le marain en sera plus gros et plus long ; ce qui en fera la teste plus haute. Nos anciens et habiles dans l'art de la chasse, se sont curieusement estudiez en toutes les choses qui en dépendent, comme d'avoir trouvé un moyen pour supputer les andoüillers de la teste du cerf tousjours en pair, encore qu'il ne s'y rencontre pas ordinairement, et que l'on dit, six, huict, dix, douze, et ainsi au dessus et au dessous ; mais pour n'y pas manquer, lors que le nombre pair des andoüillers ne s'y trouveroit pas (où l'on pourroit trouver à redire) ils ont adjousté au nombre non pair, par exemple, s'il avoit cinq andoüillers sur une perche, et qu'il n'y en eust que quatre sur l'autre, et ainsi au dessus et au-dessous, alors on dira dix mal-semé, et ainsi des autres, où le nombre serait non pair, et que quand il se rencontrera dans une teste un andoüiller fort court (qui peut faire entrer en doute s'il peut estre compté) l'on doit en faire la preuve en prenant une trompe, qui ait une enguichure, que vous pendrez à cet andoüiller ; car, si elle y peut demeurer attachée, l'on le doit compter ; c'est ce qui a esté observé de tout temps.

CHAPITRE XXVI.

DES CONNOISSANCES QUE L'ON DOIT VOIR A LA TESTE D'UN CERF.

J'ay creu qu'il estoit inutile de faire mettre les figures, des testes des cerfs en ce lieu, puis que tant d'autres qui ont écrit de la chasse, les ont représentées, et que depuis le temps qu'ils l'ont fait, l'on en a eu une plus parfaite et familière connaissance : joinct que je prétends d'en donner un si parfait éclaircissement au lecteur, qu'aussitost qu'il verra les testes, il en sçaura faire le discernement : et pour cet effect, il faut considérer le principe et fondement de la teste, qui sont les meules, qui sont attachées au massacre (ce qui est à proprement parler la teste du cerf, comme j'ay desjà dit) à l'entour de ces meules, ce sont les pierrures, en forme d'une freize et comme de petites pierres, et qui sort de ces meules, s'appelle marin, ou perches : ce sont elles qui forment la teste, puis qu'elles en sont les tiges. C'est aussi d'où sortent les andoüillers : les premières et les plus près des meules, s'appellent les maistres andoüillers, et ceux d'après les seconds : et ensuite les trois et quatrièmes, selon la quantité qu'il y en aura à la teste, et jusques à ceux qui sont allentour de l'empaumure, qui est le haut de la teste. Ceux là se doivent nommer sur-andoüillers, sans faire distinction de grands et de petits, à cause qu'ils se rencontrent ordinairement de mesme hauteur et grosseur. Je veux dire quand l'empaumure est formée, comme elle est au cerf de dix cors : car les jeunes cerfs n'en ont point ; mais seulement deux ou trois andoüillers par-à-mont, dont l'un excèdera les autres. Et pour connoistre s'il y a empaumure, il faut qu'il y ait une largeur au bout de la teste, comme la paume de la main, dont est venu le nom d'empaumure, et qu'elle soit renversée et un peu creuse (c'est d'où l'on tire aussi ce que l'on dit porter le chandelier, qui est un signe assuré de grand vieux cerf : neantmoins cela n'est pas des termes) où sont les andoüillers allentour, environ grands comme les doigts. Il peut avoir à quelques-unes un andoüiller qui excédera les autres, et le long du marain ou de ces deux perches, il se voit des rayes aux unes plus creuses et aux autres moins : c'est ce qui s'appelle les gouttières : et ce que vous voyez le long de ces perches et aux andoüillers (selon les cerf que ce sont) qui est gommelleux (1), c'est ce que l'on appelle perlures. Il y a aussi dans les termes, les testes roüées : c'est quand les perches sont fort proches l'une de l'autre, ce qui en rend la teste moins belle, puis que pour l'estre il faut qu'elle soit haute et bien ouverte.

CHAPITRE XXVII.

COMME LA TESTE D'UN CERF DOIT ESTRE POUR ESTRE BELLE EN SA PERFECTION

Je vous ay dit la forme et quelque chose des connoissances de la teste d'un cerf dans le chapitre précédent ; et dans celui-cy, je vous veux faire connoistre comme il faut qu'elle soit pour estre belle et parfaite : et pour cela, elle doit estre portée par un cerf de dix cors, né et nourry dans un païs fertile et tempéré, et conservé de tous les accidents qui lui peuvent nuire. Le cerf élevé dans un si bon païs, doit pousser et former une teste haute et bien ouverte, dont les meules en soient larges et les pierrures grosses, comme le marain. Le premier andoüiller gros, long et bien tourné, n'estant ny droict, ni trop courbé. Le second andoüiller de mesme à proportion de grosseur, longueur et de forme, et les autres aussi à proportion, puis que tous ces andoüillers doivent amenuiser et appetisser depuis la tige jusques à l'empaumure, laquelle doit estre, large, creuse et renversée, portant cinq ou six par-à-mont de chaque costé : les gouttières larges et creuses, et les perlures grosses et la teste bien chevillée, portant seize, dix-huict, vingt, et jusques à vingt-quatre. C'est ainsi que les cerfs de dix cors (qui sont nourris dans les païs de la condition cy dessus) doivent pousser et faire leurs testes.

---

(1) Il y a dans le texte *gommelleux*, ce qui ne présenterait aucun sens, il faut lire CROMELEUX, c'est-à-dire en forme de grumeaux.

CHAPITRE XXVIII.

DES TESTES DE CERFS CONTREFAITES ET BIZARRES (1).

Au chapitre précédent je vous ay fait voir comme la nature a esté très-soigneuse de faire tout ce qu'on a peu souhaiter pour rendre la teste des cerfs belle et parfaitte. Mais en cettuy-cy elle en use tout autrement, où elle paroist très-avare; ce qui fait croire qu'elle favorise qui bon luy semble. Neantmoins je ne la veux pas absolument accuser de tous les déffauts qui se trouvent dans les testes des cerfs, que je vay nommer, puis que ces déffauts pour estre aussi causez par des accidents, ou des maux qui arrivent aux cerfs à nous inconnus. C'est ce qui se voit dans les galleries des Roys, princes et seigneurs, qui ont pris force cerfs, dont ils ont conservé les plus belles et les plus rares testes, et particulièrement avec soin, celles qui se sont trouvées contrefaites, où il s'en voit une qui n'a qu'une perche d'un costé et un mongnon de l'autre de demy pied de haut. Une autre qui n'aura que deux perches, sans aucuns andoüillers. Une autre qui aura deux perches et un sur-andoüiller à chacune, dont les perches en seront fort serrées et rouées. Une autre qui aura trois perches, à sçavoir deux d'un costé sur une mesme meule, et une de l'autre costé. Une autre, dont les deux perches en seront fort renversées et d'où il sortira deux grands andoüillers, qui feront un contraire effect, puis que la pointe en sera tournée en avant, revenant sur les yeux, au moins assez proche. Une autre où les andoüillers seront tournez en trompe de chasse. Enfin une autre teste qui n'aura que deux mongnons de quatre doigts de haut. Il y peut avoir des cerfs qui ont esté chastrez par quelques uns de leurs compagnons, se battans avec eux dans le rut, ou par un coup d'arquebuse : ceux-là ne laissent pas de mettre bas leurs testes, encores que quelques autheurs disent que non :

(1) *Bijarres*, BIZARRES.

mais aussi il ne leur en revient plus, après l'avoir mis bas, et seulement le test se recouvre d'une peau : à ceux-là il n'y a aucune connoissance par la teste, puis qu'ils n'en ont point, ny seulement des meules. Ce qu'ont toutes les testes desquelles j'ai parlé dans ce chapitre, où l'on peut connoistre s'ils sont vieux ou jeunes, puis que c'est la première et plus asseurée connoissance qui soit à la teste : mais elle ne s'y voit pas si bien ny si parfaitement qu'à ces belles testes desquelles j'ay parlé au chapitre précédent, qui ont toutes les connoissances parfaites. Mais à la plus grande partie de celles que j'ay cy-devant nommés, les connoissances ne sont qu'aux meules, qu'il ne faut considérer par la largeur ny grosseur des pierrures ; mais prendre garde si elles sont proches ou éloignées du test : car si elles sont près du test, c'est signe de vieillesse : et, si elles en sont éloignées de trois et quatre doigts, elles sont asseurément d'un jeune cerf. Il y en a quelques-unes qui peuvent avoir des gouttières et des perlures : et par-là, vous pouvez voir si elles sont larges et creuses, pourtant à proportion de la grosseur de la teste, car si le marain, est menu et affamé, les gouttières n'en peuvent pas être aussi larges, ny si creuses, ny les perlures si grosses.

CHAPITRE XXIX.

DES TESTES DES CERFS QUI SONT NOURRIS DANS LES MAUVAIS PAÏS.

Après vous avoir fait connoistre deux sortes de testes très différentes dans les deux chapitres precedens (qui neantmoins se peuvent rencontrer en mesme païs) je vay vous parler de celles qui sont poussées par des cerfs qui sont nourris dans des pays stériles, où il n'y a que brandes et des ajons, et quelques seigles et menus grains, et encores où ils sont obligez de se conserver par leurs soins et précautions, pour se garantir des arquebusiers en se recellant très-souvent dans leurs forts, où ils trouvent très-peu à viander : comme au païs des Ardennes et de Bretaigne, et de quelques autres provinces, où les cerfs n'ont pas le corsage plus grand que les chevreüils des bons païs, et ont la teste basse, les meules étroites, le marain gresle et fort menu, les andoüillers petits ; et comme il y a peu de nourriture au marain, cela fait qu'il en est poussé moins : neantmoins les gouttières en peuvent estre creuses, mais non pas si larges, à cause que le marain en est menu et les perlures n'en sont pas si grosses ; mais elles ne laisseront pas d'en estre élevées, mesme l'empaumure quoy qu'étroite, ne laissera d'estre creuse et d'avoir des andoüillers allentour, mais petits ; les meules en seront aussi fort près du test, et la pierrure détachée et élevée des meules, pourveu qu'il soit d'un cerf de dix-cors et d'un vieil cerf : car ce sont là les connoissances qu'il faut qu'un veneur sçache, aussi bien à ces testes affamées qu'à ces belles, hautes et parfaites, que j'ay nommées au premier chapitre, puis qu'il se peut rencontrer dans la maison d'un prince qui le conviera (à cause qu'il est dans la réputation d'estre bon chasseur) d'aller avec luy dans sa gallerie, où il aura eu la curiosité de mettre toutes les testes des cerfs qu'il aura pris, pour se renouveller le plaisir d'en compter les chasses : et après luy avoir montré de belles et grandes testes, et bien nourries, il luy en peut montrer de ces très-petites et affamées, dont je viens de parler : qui neantmoins pourront estre de plus vieux cerfs que celles qu'il aura veuës auparavant : et les voyant, s'il n'en sçait remarquer les connoissances, comme lors qu'il verra une teste basse, le marain gresle, et les autres connoissances qui y correspondent, s'il dit que c'est un jeune cerf, cela fera croire au maistre du logis que ce n'est qu'un ignorant dans la chasse, encores qu'il sçache les autres connoissances du cerf, et la manière de faire chasser, dont il apprendra que ce n'est pas assez de pratiquer la chasse et ne sçavoir qu'une partie des connoissances ; mais qu'il les faut sçavoir toutes, tant pour satisfaire à la curiosité des grands qui s'en informent, qu'aux plaisirs des sçavants du mestier, qui s'en peuvent entretenir.

CHAPITRE XXX.

DES CONNOISSANCES QUE L'ON PEUT TIRER DE LA TESTE DES CERFS, POUR
CONNOISTRE UN JEUNE CERF D'AVEC UN CERF DE DIX-CORS JEUNEMENT,
ET UN CERF DE DIX-CORS, D'UN VIEL CERF.

Je n'aurois pas assez fait dans le dessein que j'ay de vous donner
un parfait éclaircissement de toutes les choses que je propose, si je ne
vous instruisois en général des connoissances que l'on peut avoir aux
testes des cerfs, encores que je vous en aye dit une grande partie dans
les chapitres précédents, selon leurs formes ; mais dans celuy-cy, je
vous veux faire voir pour conclure, comme l'on peut distinguer par
la teste le jeune cerf d'avec le cerf de dix-cors jeunement, et le cerf
de dix-cors d'avec le grand et vieil cerf : ce que je ne puis faire sans
reprendre les connoissances que j'ay dites, pour vous mieux faire
voir le discernement qui s'en peut faire : il me semble qu'il seroit inutile d'y comprendre les bien jeunes cerfs qui ne portent que leurs
premières et secondes testes, puis qu'ils sont très reconnoissables pour
cela ; mais seulement de commencer à parler des cerfs qui ont leur
troisième et quatrième teste, aussi nommez jeunes cerfs, mais non pas
bien jeunes, comme ceux desquels je viens de parler : ces cerfs à
leurs trois et quatriemes testes (s'ils sont nourris en païs bons) ils
pourront porter dix et douze, et auront le marain et les andoüillers raisonnablement gros, neantmoins ils ne se doivent juger que
jeunes cerfs, puis qu'ils n'en auront que les connoissances, encores
que leurs testes soient plus hautes, et le marain plus gros et plus
chevillé que de quelques cerfs qui seront de dix-cors, nourris dans de
mauvais païs. Ce qui se doit juger aux jeunes cerfs par les meules qui
seront éloignées de trois doigts du massacre, et que la pierrure en sera
menuë, et qu'au marain les gouttières en seront peu creuses, n'allans
que jusques à la moitié de la perche, comme les perlures qui seront
fort menuës, et qu'au haut de la teste il n'y aura aucune empaumure,

mais seulement deux andoüillers qui ne seront point renversez, et
qu'aux cerfs qui auront leur cinquième teste (que nous appelons cerfs
de dix-cors jeunement) que les meules ne sont éloignées du test que
d'un bon poulce, et la pierrure de la fraize en sera plus grosse et plus
détachée : car pour la largeur des meules et la grosseur du marain,
cela dépend des bonnes ou mauvaises nourritures ; c'est pourquoy il
ne les faut considérer que dans les testes qui sont de proportions égales,
selon leur âge : il faut donc que les gouttières en soient plus creuses
et que la pluspart aillent le long du marain, et qu'il y en ait à tous les
andoüillers, mais non pas jusques au bout, comme aussi des perlures
qui commenceront à estres détachées et grosses : elles auront aussi une
empaumure portant trois par amont, dont les andoüillers commenceront à se renverser. Et quant aux cerfs de dix-cors il faut regarder aux
meules qui ne seront éloignées du test que d'un petit doigt, et la pierrure grosse et fort détachée, les gouttières larges et creuses, et les perlures grosses, qui iront, comme les gouttières, jusques au bout de la
teste, hormis au bout des andoüillers, où elles ne vont jamais : il y aura
aussi une empaumure large comme la main, qui sera entourrée de
plusieurs andoüillers, les maistres andoüillers en seront gros et longs,
et les autres à proportion : c'est alors que leur teste est en sa perfection pour la beauté, mais non pas pour les plus essentielles connoissances (qui sont les meules, les pierrures, les perlures, les gouttières,
et l'empaumure), car les meules s'approcheront du test, lors que le
cerf vieillira, et les pierrures grossiront : ce que feront aussi les perlures et les gouttières qui s'élargiront et se creuseront, et l'empaumure
s'élargira et se creusera aussi. Ces dernières connoissances du vieil
cerf sont les véritables.

CHAPITRE XXXI.

COMME LES CERFS ONT LES PIEDS FAITS, SELON LES PAÏS OÙ ILS SONT NEZ
ET NOURRIS.

Les cerfs ne tiennent pas seulement des bons, mauvais et differents
païs, pour pousser et former leurs testes, mais encores au corps jusques aux pieds, ce que nous voyons, quand nous changeons de
forêts et de païs, où les terrains se trouvent différens : les uns humides et marescageux, et les autres sablonneux et secs, et d'autres pierreux et graveleux : c'est où nous appercevons que la nature
agit par sa prévoyance ordinaire, puis qu'elle fait et compose les
pieds des cerfs comme il les faut, pour les y faire subsister, attendu
que dans les païs marescageux et mols, les cerfs y ont le pied creux
et large, le talon gros, à cause que l'humidité leur fait croistre les
éponges et la corne du pied, comme aussi celle des os ; ils y ont aussi
presque tous les pieds creux, et les os ; ils n'en ont pas les costez si
gros ny les pinces si rondes, ce qui leur rend la forme du pied longue
et large. Ce grand pied leur empesche d'enfoncer si avant dans ces
païs mols. Et dans les païs de sable ils ont aussi ordinairement beaucoup de pied ; mais la forme en est différente ayans le pied plain et
et plat, la solle plaine, les costez gros, les pinces rondes, et le tallon
large ; mais il n'en est pas si élevé, à cause que les éponges n'en sont
pas si grosses, la jambe en est large, les os plus gros et plus courts : il
y a aussi plus de pieds ronds, et aussi ronds que longs que de pieds
longs : c'est là que les biches ont ordinairement le plus de pied, et
où on se peut plus aisément tromper, et dans les païs pierreux et
ferrez, les cerfs ont moins de pied ; mais mieux faits, les proportions y
estant observées, ils n'y ont pas tant de solles ; mais les costez en sont
plus gros, et les pinces plus rondes et plus grosses, dans la proportion
du pied, et plus usées, à cause de la rudesse du terrain, ce qui doit
estre considéré par les veneurs qui vont aux bois ; ils y vont aussi les

pinces plus serrées, les os en sont plus gros, plus courts, plus usez, et
plus bas joinctez, à cause que ce sont, quasi tous, pieds ronds, qui
sont ordinairement plus bas joinctez que les pieds longs. Il se rencontre assez souvent dans toutes ces formes de pieds, des connoissances qui font, qu'un costé du pied (que nous appellons la pince)
est plus long que l'autre, ce qui fait que cette pince croise et
avance sur l'autre, y en ayant quelques-unes de plus grandes que
les autres : il faut aussi remarquer si cette connoissance est aux
pieds de devant ou de derrière, et si elle est de dehors en dedans du
pied, ou de dedans en dehors : et pour connoistre si elle est de dehors
en dedans, il faut qu'elle soit au costé du pied qui est au dehors du
corps, et qu'elle vienne en dedans, et pour estre de dedans en dehors,
il faut que la pince de dedans aille en dehors : car il faut que ceux qui
font le rapport d'un cerf déduisent toutes ces particularitez, si elles
sont dans les pieds du cerf duquel ils feront rapport, pour en donner
connoissance aux piqueurs qui doivent faire chasser les chiens, afin que
si le cerf se meslait, avec d'autres en le courant, ils le puissent reconnoistre et en garder le change. Vous n'avez donc que ces trois formes
de pieds, qui sont les pieds longs, les pieds ronds, et les pieds aussi
ronds que longs; où il se peut aussi rencontrer quelques changemens
entre les pieds de devant et ceux de derrière, de longueur et de rondeur : en ce cas il faudrait distinguer, comme de sçavoir dire si un
cerf a le pied rond devant et long derrière, ou aussi rond que long,
devant, et le mesme derrière.

CHAPITRE XXXII.

COMME IL EST NÉCESSAIRE QU'UN VENEUR PRATIQUE LA CHASSE EN DIFFÉRENS
PAÏS, POUR SE RENDRE HABILE DANS LE MESTIER.

Je vous ay fait connoistre dans le chapitre précédent que c'estoit le
terrain qui formoit le pied du cerf : et dans celuy-cy je veux vous
faire voir comme un veneur peut connoistre toutes ces formes, et se
rendre habile dans le mestier. Qu'il fasse comme les apprentifs des
autres arts, qui courent et changent de païs, pour sçavoir après

mieux leur mestier; puis que le veneur en sçaura moins pour n'avoir
esté au bois que dans un petit contour de païs, et peut estre dans deux
ou trois forests ou grands païs de bois, posé qu'il ait eu un bon
maistre qui luy ait donné les principes des connoissances, et néantmoins ce païs luy est familier et connu, les luy fera négliger et oublier,
puis qu'elles luy seront d'oresnavant inutiles par la familière connoissance qu'il aura des cerfs, dès qu'ils seront sortis du ventre de leurs
mères, et la fréquente veuë qu'il en aura, à qui il aura donné le nom
et le surnom, pour ne pas manquer à les reconnoistre. Il sçaura aussi
les lieux à point nommé de leurs demeures, selon les saisons : ce qui
fait qu'il n'en defera pas la nuict, pour sçavoir les remarques que l'on
y peut faire, et comme cela, il en fera son rapport, sans avoir fait aucune réflexion aux connoissances, ny à la façon que le cerf fait sa
nuict ; mais quand il luy arrivera de pratiquer en d'autres païs, et où
les cerfs auront une autre forme de pieds, et peut-estre si peu qu'il
ne leur en paroistra gueres plus qu'à un chevreüil qui sera nourry
dans un bon païs, ce grand changement, et le peu de soin qu'il aura
eu de pratiquer et retenir les connaissances qui luy auront esté ensei-
gnées, l'estonneront de telle sorte qu'il n'aura plus l'asseurance de
faire un seul rapport, quoy qu'il rencontre dans la queste qui luy aura
esté donnée de cerfs, dans l'appréhension qu'il aura que ce soit une
biche, si ce n'est quelque cerf qui se fera voir à luy par hasard, qu'il
laissera courre aussi de mesme ; car ordinairement les cerfs qui se font
voir le matin, et qui ont veu un homme avec un chien, ne demeurent
que rarement, et s'ils demeurent, ce sera après avoir esté loin de là,
hors de sa queste. Cette négligence paroist aussi lors qu'il fait chasser
les chiens, car la grande connoissance qu'il a de ce païs, luy empesche
de s'attacher à la queue des chiens, et l'apprend à couper et à bricoller ;
et ayant pris cette mauvaise habitude, il ne peut plus estre bon picqueur puis qu'il n'apprend pas les ruses que fait un cerf lors qu'il est
chassé, et se contente aussi-tost que les chiens ne chassent plus, de les
mener requester au lieu où il sçait que les cerfs ont accoustumé d'aller :
ou quelques fois il peut réussir, mais plus souvent faire faillir un cerf,
qui peut estre demeuré sur le ventre, après avoir fait bondir le change,
dont il ne sçaura point le lieu, pour n'avoir point suivy ses chiens, et
que se trouvant dans un autre païs, qu'il ne sçaura pas, il y perdra
toutes ses prétentions pour n'avoir plus aucune connaissance.

CHAPITRE XXXIII.

DES CONNOISSANCES QUE L'ON DOIT AVOIR PAR LE PIED POUR DISCERNER
LE CERF DE DIX CORS JEUNEMENT,
ET LE CERF DE DIX CORS, D'AVEC LA GRANDE ET VIELLE BICHE BREHAIGNE,
ET QUI NE PORTE POINT DE FANS.

Il y a deux sortes de biches que l'on pourroit prendre pour des cerfs par le pied, si on n'en considéroit pas exactement les connoissances. Les premières sont les biches brehaignes qui ne portent jamais de fans, ce qui est cause qu'elles emploient toute leur nourriture à faire un grand et gros corsage, et à proportion beaucoup de pied ; et les secondes : ce sont celles qui portent des fans, qui excedent en corsage et en pieds les autres qui portent fans, particulièrement lors qu'elles sont pleines, à cause que dans ce temps elles pezent davantage, et que leurs allures en sont meilleures et plus reglées, joint que c'est la saison qu'elles se séparent des autres, pour aller dans quelque buisson ou bout de païs pour y estres seules, et y avoir les gaignages à commandement, afin de n'estre pas obligées de les aller chercher loin, à cause de leur pesanteur, et aussy pour y faire choix du lieu où elles veulent faire leurs fans : mais les biches brehaignes ne se connoissent pas par cela, qu'elles ne soient desja avancées dans l'âge, à cause qu'elles ne se séparent des autres que le plus tard qu'elles peuvent, et encor s'en font-elles chasser par la jalousie qu'elles ont de leurs fans, et la connoissance qu'elles prennent à l'heure que ses brehaignes n'en portent pas : tellement que bien qu'elles ayent beaucoup de pied, elles n'ont pas esté fort dangereuses jusques-là, puis qu'elles ont esté en harde avec les autres : ce qui a empesché les valets de limiers de s'y arrester : mais lors qu'elles en sont séparées, et qu'elles sont seules, ou deux ou trois ensemble au plus, particulièrement au printemps, et tout l'esté, elles font aussi les mesmes païs que les cerfs de dix-cors, et de dix-cors jeunement, tant aux

buissons qu'aux bouts de forests, donnans aussi dans les mesmes gaignages pour y viander et faire leurs nuits. Tous ces signes qui se
trouvent aussi aux vieilles biches pleines, la conformité de la vieillesse
des cerfs que j'ay nommez, et de ces biches et ce grand pied, et les
connoissances qui se rencontrent semblables en beaucoup de choses,
ayans les costez, les pinces, et les os usez, qui est ce qu'ont les cerfs
de dix-cors jeunement, et de dix-cors, peuvent donner de l'émotion à
un veneur qui est naturellement ambitieux de donner du plaisir à
son maistre, et luy faire croire d'abord que c'est un cerf de dix-cors.
Ce qui me fait dire que les uns y manquent pour avoir trop de chaleur, et les autres manquent de science, et la pluspart par négligence,
puis qu'aussi-tost qu'ils ont rencontré une beste qui a beaucoup de pied,
et qu'ils en ont reveu en deux ou trois endroits, et quelquefois en des
lieux où l'on ne peut pas faire un asseuré jugement, se contentant de
revoir d'un grand pied, et que la beste pese beaucoup, ils la rembus-
chent pour un cerf : mais s'ils vouloient se donner la peine d'en faire
suivre le contrepied avec les limiers, et en défaire la nuict, ils en pourroient revoir en plusieurs endroits du pied, de la jambe et des os, et
aussi en considérer les allures, où ils verroient que la biche iroit les
quatre pieds un peu ouverts, particulièrement lors qu'elle passeroit
dans un lieu mol, ce que ne font jamais les cerfs de dix-cors, et peu
souvent les cerfs de dix-cors jeunement : si ce n'est à quelqu'un le pied
de devant : mais celuy de derrière sera fort serré joint que les pinces
ne sont pas tournés du pied de la biche, comme celles du pied du
cerf, n'ayant pas la rondeur si parfaite, et qu'elles les ont plustost
formées en pourceau qu'en cerf, et qu'elles n'attirent jamais la terre
à elles, comme font les cerfs de dix-cors ; elles ont aussi autant et
quelquefois plus de pied derrière que devant, ce que les cerfs n'ont
jamais, ayans tousjours plus de pied devant que derrière, outre que la
jambe et le tallon n'en sont jamais larges tous deux ensemble ; car
si la jambe parroist large aux biches, c'est qu'elles ont les os plus
longs que les cerfs, et qu'ils sont tournez en dehors, et en garde de
sanglier, et les cerfs les ont tournez en dedans et en forme d'ongles.
Les biches ne sont jamais si bas joinctées que les cerfs, encores qu'il
y ait égalité d'âges, et que les allures d'une biche ne soient pas semblables à celles d'un cerf, puis qu'elles n'y ont aucun resglement asseuré, mettans une fois leurs pieds de derrière à droict de celuy de
devant, et l'autre fois à gauche, et bien souvent rompent les voyes de
celuy de devant : ce qui est infaillible, pourveu que vous vouliez
vous donner la patience de la suivre douze ou quinze pas : car il s'en

peut rencontrer quelques unes qui se pourroient juger, ou apparence de cela, dix ou douze pas : ce que font plus ordinairement celles qui sont pleines ; mais jamais il ne s'en est veu une qui se soit jugée plus de quinze pas, une pourveu que l'on y prenne garde exactement. Je croy avoir esté en assez d'endroits, tant en France, Savoye et Piedmont, trente ans et plus, pour connoistre ces choses, où j'ay reveu de toutes sortes de biches, dont j'ay examiné les connaissances que j'ay dites, et particulièrement les allures que j'ay tousjours reconnües ainsi. Il faut neantmoins observer quelques temps dans deux saisons que les cerfs se mejugent (il n'y en a qu'une pour les jeunes cerfs) qui est la saison du rut, et aussi pour les cerfs de dix cors, et encores au temps qu'ils ont mis bas leurs testes : ce qui peut estre environ trois sepmaines, qui est le temps qu'il faut à leurs allures pour reprendre leur fermeté qu'ils avoient perduë par cette grande et grosse teste qui leur sert de contrepoids. Et ce qui empesche les jeunes cerfs de tomber dans cette défaillance, c'est que leur bois est encores fort léger : ce qui fait que le corps ne s'en peut pas encore ressentir. Et si c'est dans les saisons que le terrain est sec, qui sont les temps les plus difficiles pour en revoir et juger des voyes, vous vous pourrez servir des fumées, où vous ne vous sçauriez tromper, pourveu que vous vous attachiez à la forme, selon la saison : comme au printemps, que les cerfs les jettent en bouzards et en platteaux : et les grandes biches et brehaignes les jettent formées, ou pour le moins a demy formées, aiguillonnées ou martelées, à cause qu'elles ont une chaleur extraordinaire dans le corps qui s'y conserve malgré les herbes nouvelles poussées, qu'elles mangent en cette saison aussi bien que les cerfs ; cela cause qu'elles n'engendrent pas, et que les grandes et vieilles biches dont j'ay parlé sont aussi échauffées ex-traordinairement par le fan qu'elles portent : et lors que les cerfs de dix cors jettent leurs fumées formées, elles sont plus dures et plus massives, et les aiguillons en sont plus gros et courts : et que celles qui sont aiguillonnées, le sont toutes sans exception : ce que ne sont pas celles des biches, y en ayant quelques unes qui ne sont pas aiguil-lonnées, les aiguillons en sont aussi plus longs. Il s'y en trouve aussi qui sont entez, ce qui ne se void pas dans celles des cerfs de dix-cors ; mais pour estre ridées et bien moulües, elles le peuvent estre les unes comme les autres, puis que ces deux connoissances dépendent de la vieillesse qu'ils peuvent avoir égallement. On y peut avoir aussi quelque connoissance par leur manière de faire leurs nuicts, puis que les biches y vont plus tournoyant, et ne se retirent pas aussi de si bonne heure au fort, que les cerfs : ce que vous pouvez juger par la chaleur qu'aura vostre limier, lors qu'il suivra les voyes qui iront de meilleur temps : les biches jettent aussi dans les saisons que j'ai dites, beaucoup plus de fumées que les cerfs.

CHAPITRE XXXIV.

LES CONNOISSANCES QUE L'ON DOIT REMARQUER POUR CONNOISTRE LE JEUNE CERF D'AVEC LA JEUNE BICHE.

J'ay voulu particulariser dans ce chapitre les connoissances que l'on doit avoir pour discerner le jeune cerf d'avec la jeune biche, afin de ne rien confondre et mieux faire entendre au lecteur que ces deux différents âges de cerfs de dix-cors et de jeunes cerfs, et de vieilles et jeunes biches, n'ont aucune conformité de connoissance, puis que les cerfs de dix-cors et les vieilles biches, ont les costez, les pinces et les os usez, et qu'ils sont bas joinctez, à cause de leur âge et vieillesse : et ceux desquels je vay parler, ont toutes les connoissances, que j'ay dites, tranchantes, et sont aussi haut joinctez, à cause de leur jeunesse : et comme cela les jeunes cerfs et les jeunes biches ont beaucoup de connoissances semblables, et que je trouve plus délicates, à en faire le discernement que des vieux cerfs et des vieilles biches, particulièrement au temps qu'elles sont pleines, et qu'elles peuvent autant peser que les jeunes cerfs, et dont les allures en paroissent meilleures en ce temps et sont plus asseurées à cause de la pesanteur qu'elles ont, qui les oblige de marcher avec moins de gayeté : elles se séparent aussi des autres bestes dans le temps que les jeunes cerfs se séparent des autres pour faire leurs testes, et les biches pour faire leurs fans, allans les uns et les autres dans de mesmes païs. Les jeunes cerfs ont les costez, les pinces et les os tranchans, et sont haut joinctez ce qu'ont aussi les jeunes biches : j'entends celles qui excèdent les autres dans la grandeur du corsage et du pied : car pour les ordinaires, pourveu que l'on soit connoisseur l'on ne s'y peut tromper. Vous voyez par ce que j'en ay desjà dit, que les connoissances en sont conformes : je continueray disant , que le jeune cerf va le pied de devant ouvert, ce que fait aussi la jeune biche ; mais il y a différence aux pieds de derrière, que le jeune cerf va serré, lors qu'il va d'asseurance : ce que ne fait pas la biche, qui le porte un peu ouvert. La biche, n'a pas aussi les pinces si rondes, le talon et la jambe si large, ny les os si bien tournez, les ayans en dehors : c'est toutes fois où il ne paraît pas tant qu'aux os des vieilles biches, à cause qu'elles seront plus courts, et les jeunes cerfs les ont tournez en dedans, sans y manquer, comme les allures asseurées et reiglées, comme aux vieux cerfs : ces deux dernières connoissances sont les plus considérables et asseurées pour le discernement que l'on doit faire d'avec le jeune cerf et la jeune biche. Il y a aussi connoissance aux fumées, les jeunes cerfs les jettent plus grosses et les aiguillons plus courts, plus reiglez et plus gros : et lors que l'un et l'autre jettent leurs fumées formées (qui est le temps que les biches ont fait leurs fans) elles les jettent en plus grande quantité que ne font les jeunes cerfs, à cause de l'avidité qu'elles ont à viander pour se restablir et nourrir leurs fans ; joinct que leurs fumées sont la pluspart déformées, glereuses et quelques unes teintes de sang : et pour les macheures et mouleures, et point ridées, elles ne le sont, ny de l'un ny de l'autre : car ces connoissances ne se voyent que par la vieillesse.

CHAPITRE XXXV.

COMME L'ON PEUT CONNOISTRE ET DISCERNER PAR LE PIED LE CERF DE DIX-CORS JEUNEMENT D'AVEC LE JEUNE CERF.

Je vous ay fait connoistre une des plus considérables parties qui soit dans l'art de la chasse, pour cerf, dans ces deux précédens chapitres, pais que c'est ce qui la rend plus auguste et plus rare : et que cela fait voir à toute la chrestienete, qu'il n'y a que les François qui ayent cette science de connoistre par le pied le cerf d'avec la biche : et que les mesmes François n'ent ont pas voulu demeurer là ; mais ont

voulu sçavoir la différence qu'il y a entre les jeunes cerfs, les cerfs de
dix-cors jeunement et les cerfs de dix-cors, afin d'en rendre le plaisir
en sa dernière perfection, et que doresnavant on ne s'abstienne pas
seulement de courir les biches, mais aussi les jeunes cerfs, si ce n'est au
deffaut des vieux : et pour le faire mieux comprendre, ils y ont joinct
les termes à la science, afin qu'elle en fust plus régulièrement observée
en la prattiquant : ce qui se doit faire par les connoissances que je diray
en suite : que si vous rencontrez d'un cerf de dix-cors jeunement, qui
soit accompagné d'un jeune cerf, le cerf de dix-cors jeunement de-
vroit avoir plus de pied que le jeune cerf, puis qu'il est plus advancé en
âge. C'est ce qui peut arriver à des cerfs qui auront esté nez et nourris dans un mesme païs, et encore cela n'est pas infaillible, parce que le
jeune cerf peut estre engendré d'une plus grande biche que le cerf de
dix-cors jeunement, le pied sera à proportion du corps. Il est donc mieux
de ne considérer que les connoissances qui sont fixes : comme de voir
et juger qu'au pied du jeune cerf les costez en sont tranchans, selon la
proportion et forme du pied : car les pieds longs et les pieds creux,
les ont naturellement plus tranchans que les pieds ronds et les pieds
aussi longs que ronds, puis qu'en ces deux manières de cerfs il se peut
rencontrer deux sortes de formes de pieds, et considérer que le cerf
de dix-cors jeunement doit commencer à avoir ces connoissances que
j'ay dites, usées, qu'il aura aussi les pinces plus grosses et plus émous-
sées : car pour la selle du talon, cela dépend de la grandeur du pied,
comme aussi à la pluspart, de la largeur de la jambe ; puis que s'ils ont
le pied grand, il faut que la jambe en soit grosse et large. Mais le jeune
cerf aura les os tranchans et petits qui seront éloignez de trois ou
quatre doigts du talon, ce que nous appellons haut joinctez. Et le cerf
de dix-cors jeunement, aura les os plus gros et usez, et plus creux (si
se sont deux pieds creux) et sera aussi plus bas joincté, ayant les os à
deux petits doigts du talon. Les allures en seront aussi différentes,
en ce que le jeune cerf va, les pieds de devant fort ouverts, et qu'il
donne et rompt la moitié des voyes de ses pieds de devant avec ceux de
derrière : ce que ne fait pas le cerf de dix-cors jeunement, qui donne
seulement du pied de derrière dans le bout du tallon de celuy de
devant et va le pied de devant serré, ou aumoins très-peu ouvert : et
dans la manière de faire leurs nuicts, elle est aussi différente, dau-
tant que le jeune cerf court et se joue dans les gaignages : ce que ne
fait pas le cerf de dix-cors jeunement, comme je le ferai voir plus particulièrement dans un chapitre séparé : comme aussi des fumées.

CHAPITRE XXXVI.

DES CONNOISSANCES QUE L'ON DOIT AVOIR POUR DISCERNER ET CONNOISTRE
LE CERF DE DIX-CORS JEUNEMENT, D'AVEC LE CERF DE DIX-CORS.

Le cerf de dix-cors jeunement n'a qu'un an à porter ce nom, puis qu'il y entre dans la sixième année de son âge, et en sort à la fin pour prendre le terme et le nom de cerf de dix-cors : ce qui luy continue plusieurs années, et jusques à ce qu'il soit reconneu par les veneurs grand vieil cerf, lors que les connoissances y seront, comme je les diray dans un chapitre cy après. L'on se sert aussi du terme. Il peut estre cerf de dix-cors jeunement : c'est lors qu'un cerf entre dans sa cinquième année et pendant icelle et aussi de bien jeune cerf, qui est quand un cerf est dans sa deuxième et troisième année. Néantmoins de ces deux termes, l'on n'est pas obligé d'en parler, en faisant le rapport ; mais seulement se peuvent dire à discrétion, pour plus particulièment instruire les picqueurs. Il seroit comme inutile de faire le discernement d'un cerf de dix-cors d'avec un cerf de dix-cors jeunement, si le nom et le terme de l'un ne duroit pas plus que l'autre : et qu'il seroit mal-aisé, puis que cette proximité d'âge est si voisine : mais comme ce terme de cerf de dix-cors doit demeurer autant qu'un cerf peut vivre, le discernement s'en peut et doit faire. Pour mieux faire paroistre les connoissances par les degrez de l'âge des cerfs, quoy qu'elles se trouvent assez conformes : ce qui m'oblige d'en faire quelques redites, et que pour la grandeur du pied, elle peut estre égale et inégale, pour les raisons que j'ay dites au chapitre précédent, et que le cerf de dix-cors jeunement, à l'âge de six ans est sur le point de prendre son entière croissance, mais la force aux membres et aux liaisons n'y est pas encore : ce qui forme et établit les principales connoissances, et qui fait que le cerf de dix-cors va les pieds plus serrez que le cerf de dix cors jeunement, et qu'il attire la terre à soy en marchant, ce que ne fait pas le cerf de dix-cors jeunement. Il a aussi les pinces et les costez plus gros et plus assez, et le talon et la jambe plus large, les os plus courts, plus gros et plus usez : il est aussi plus bas joincté, les os n'estans éloignez que d'un petit poulce du talon ; néantmoins aux uns plus aux autres moins, selon les formes des pieds. Les allures en son aussi différentes, puis que le cerf de dix-cors ne rompt jamais de son pied de derrière (si ce n'est rarement) la voye de son pied de devant, le mettant ordinairement à un doigt du talon : ce que ne fait pas le cerf de dix-cors jeunement, qui donne du pied de derrière dans le bord du talon de celuy de devant. La manière de faire leurs nuicts, est aussi en quelque façon différente, puis qu'un cerf de dix-cors va avec plus de retenuë dans les gaignages que le cerf de dix-cors jeunement, à cause qu'il a plus d'expérience des dangers qui luy pourroient arriver : et que lors qu'il y est, il y choisit mieux son viandis, et le fait plus posément : ce qui se void par ces fumées, qui sont mieux mouluës que celles du cerf de dix-cors jeunement. Il y a aussi d'autres connoissances aux fumées, que je diray dans le chapitre que j'en feray. Le cerf de dix-cors ruze aussi davantage que le cerf de dix-cors jeunement, lors qu'il se retire au fort et se rembuche.

CHAPITRE XXXVII.

DES CONNOISSANCES QUE L'ON DOIT OBSERVER POUR DISCERNER LES GRANDS VIEUX CERFS D'AVEC LES CERFS DE DIX-CORS.

Je vous ay fait connoistre cy-devant, qu'il falloit pour juger un cerf de dix-cors, qu'il eut la solle large, les costez gros, les pinces grosses, le talon et la jambe large. Mais icy je vous feray voir que pour estre qualifié grand vieil cerf, il faut qu'il ait toutes les connoissances contraires à celles que je viens d'exprimer, puis qu'il doit avoir la solle retressie et les costez moins gros ; mais plus usez, et les pinces aussi moins grosses et plus emoussées et parfaittement serrées, attirant la terre à soy de telle façon, qu'il y paroisse beaucoup, et que le talon et la jambe en soit retressie, en sorte qu'il n'y ait lieu que pour mettre le poulce et le doigt entre les os, et qu'ils soient courts,

usez et proches du talon : ce que nous appelons très-bas joinctez, et
que mesme les alleures en soient differentes à celles des cerfs de dix-
cors : qu'ils ayent les quatre pieds très-serrez, et que les pieds de derrière demeurent éloignez de quatre doigts de ceux de devant, et un
peu en déhors, et tousjours dans une mesme distance. Toutes ces choses arrivent aux cerfs comme aux hommes, en ce que l'une et l'autre
espèce, quand la chaleur naturelle diminuë, les membres diminuent
aussi.

CHAPITRE XXXVIII.

DES ALLURES DU CERF ET DE LA BICHE, ET DE LA CONNOISSANCE QU'ON
EN PEUT TIRER.

Encores que j'aye dit quelque chose des allures des cerfs et des
biches dans les chapitres précédens, selon les rencontres qui m'ont
obligé d'en parler. Je n'en ay pourtant pas assez dit pour en donner
une parfaite connoissance, et oster l'impression à ceux qui n'ont pas
prattiqué d'aller au bois pour y détourner le cerf, et qui ont leu ce
qu'en a écrit le sieur du Foüillou, qui dit, que les cerfs vont l'emble
comme les mules, et que leurs pieds de derrière surpassent ceux de
devant de quatre doigts, sans en faire aucune exception, sinon des
vieux cerfs. Il est vray qu'il y en a quelques-uns ; mais ce sera au
plus un de cinquante, que nous appellons embleures : car effective-
ment ils vont l'emble naturellement, qui sont de grands et longs corsages de cerfs, qui ont ordinairement grande force, et par conséquent
sont plus difficiles à forcer ; mais tous les autres cerfs ne surpassent jamais du pied de derrière celuy de devant, et ont les uns et les autres
un reglement asseuré dans leurs allures, aussi bien que dans les embleures : ce qui forme et établit, selon leur âge le jugement dont je
veux parler, puis que le jeune cerf met tousjours son pied de derrière
dans celuy de devant, n'en rompant que la moitié, et en un mesme
lieu, sans y manquer : et que le cerf de dix-cors jeunement met le

pied de derrière sur le bord du talon du pied de devant. Et quant au cerf de dix-cors il met le pied de derrière à un doigt près de celuy de devant : et les vieux cerfs à quatre doigts des pieds de devant, et plus en déhors : ce qui se fait toute l'année horsmis dans la saison du rut, et quinze ou vingt jours après que les cerfs de dix-cors ont mis bas. Et pour les cerfs qui emblent, ils font le contraire en vieillissant : car leurs pieds de derrière s'approchent tousjours de ceux de devant, à cause que le corsage du cerf, lors qu'il vieillit, devient plus large et plus gros, et assujettit ses pieds de derrière à ne les pouvoir si fort avancer : et pour les biches, elles n'ont aucun reiglement dans leurs allures mettans leurs pieds de derrière quelquefois au costé droit de ceux de devant, et d'autrefois à gauche, et quelques fois les couvrent et les surpassent, si ce n'est quand elles sont pleines, estans obligées par leur pesanteur de réprimer cette legereté et gayeté qui sont en elles naturellement : ce qui leur cause ce déreiglement dans leurs allures, et estans pleines, elles ont plus de reiglement dans leurs allures, mettans leurs pieds plus souvent en un mesme lieu, ce qui pourtant ne continuë pas. Il faut aussi sçavoir que l'on ne peut asseoir aucun jugement aux allures des cerfs et des biches, que lors qu'ils vont au pas et d'asseurance, à cause que c'est le temps qu'ils n'ont aucun effroy, et qu'ils marchent naturellement, si ce n'est à un cerf que l'on court, où l'on peut se servir de ses allures, quoy qu'il fuye, pour juger s'il est mal-mené ; ce que l'on peut voir quand les fuites n'en vont pas droit, et qu'elles vont balançant ; tellement que les alleures, pourveu que l'on en excepte les saisons que j'ay dites, et qu'on les scache bien connoistre, c'est une des bonnes et des plus asseurées connoissances que nous ayons.

CHAPITRE XXXIX.

DES CONNOISSANCES QUE L'ON PEUT AVOIR POUR DISCERNER ET CONNOISTRE
LES CERFS DE DIX-CORS D'AVEC LES JEUNES CERFS,
LORS QU'ILS FONT LEURS NUICTS.

Ceux qui sont destinez pour aller au bois y détourner le cerf, ne sçauroient avoir trop de précaution et de science dans l'art de la chasse, pour prévoir aux temps qui arrivent dans les saisons, afin que s'ils ne peuvent se servir des unes, ils ayent recours aux autres, comme l'esté que le terrain est très-dur, que l'on ne peut revoir des voyes d'un cerf, pour en pouvoir juger, mais seulement pour connoistre où il a la teste tournée et juger que c'est le droit, qu'au moins ils se servent de celles qu'ils peuvent avoir apprises par leurs soins et pratiques, comme des remarques que l'on peut faire, lors que les cerfs débuschent du bois, où ils ont demeuré le jour à la reposée, pour aller dans les taillis ou gaignages y viander et faire leurs nuicts, afin que, par les signes qu'ils y reconnoistront, ils puissent faire le discernement des jeunes et des vieux cerfs, en defaisant leurs nuicts : ce qu'ils doivent faire après avoir rencontré d'un cerf, en prendre et suivre le contrepied avec leurs chiens, afin de s'appliquer à leur manière d'agir et voir qu'aussitôt que le jeune cerf débuche du fort, s'il y rencontre un fossé, il le saute et bondit plus tost que d'en aller chercher le passage, ou quelque lieu plus commode, et que peu après il va la pluspart du temps fuyant, jusques à ce qu'il soit dans le gaignage, et lors qu'il y est, il y mange et viande avidement, sans considérer les morceaux qu'il prend, ny en quels lieux, les arrachant bien souvent par l'ardeur qu'il a de les prendre : et lors que sa première faim est amortie, il s'y joue et fait passade, et quand il a viandé, et suffisamment repeu, il s'en retourne au fort, encores fuyant et y estant, s'il trouve encore un fossé, il le saute, entre dans le fort et s'y rembusche. Voilà tout ce que font les jeunes cerfs. Encore que je vous aye fait connoistre la façon que les cerfs de dix-cors font leurs nuicts dans le premier chapitre, néantmoins je suis obligé dans celuy-cy qui en est le sujet, pour faire connoistre les jeunes cerfs d'avec les cerfs de dix-cors, de reïtérer ce que j'en ay dit, disant que le cerf de dix-cors, lors qu'il débusche du fort, il s'arreste pour considérer s'il ne voit rien de nouveau dans le lieu où il veut aller au gaignage pour y faire son viandis, et n'y reconnoissant rien, s'il y a un fossé entre le bois et le gaignage, il le longera, jusques à ce qu'il ait trouvé un passage pour n'estre pas obligé de le sauter; et y allant, ce sera tousjours au pas et d'asseurance, où estant, l y viandra posément, prenant allentour de luy la pointe des grains ou du bois nouveau poussé, si c'est dans une taille, sans en arracher aucun des grains (comme font les jeunes cerfs) et faisant sa nuict, il ira tousjours d'asseurance, pourveu qu'il n'ait aucun effroy ny allarme qui l'oblige à fuyr : car d'inclination il ne s'y jouë jamais, et lors qu'il se retirera au fort, ce sera encore en y allant d'asseurance, choisissant pour y entrer, un chemin pour y faire plus commodément les ruses et retours qu'ont accoustumé les cerfs de dix-cors, et quelques faux rembuschemens, particulièrement ceux qui ont esté courus. Vous pouvez juger et connoistre par ces manières d'agir des jeunes cerfs, et cerfs de dix-cors, qu'il y a grande différence des uns aux autres, et par-là vous en pouvez faire un jugement asseuré, pourveu que vous observiez ponctuellement ce que j'en ay dit.

CHAPITRE XL.

DES FORMES DIFFÉRENTES DES FIENTES ET FUMÉES DES CERFS.

La fiente du cerf que nous appellons par nos termes, fumée, est la plus considérable et asseurée connoissance, après celle du pied, que nous ayons pour faire le discernement, non seulement du cerf d'avec la biche, mais encore de la jeunesse et vieillesse des cerfs ; elles nous arrivent aussi dans un temps ou elles nous sont très-nécessaires ; puisque c'est dans le mois de may, juin, juillet et aoust (qui est la saison où l'on en peut tirer les plus asseurées connoissances, et aussi celle où nous en avons le moins par le pied, à cause de la séche-resse qu'il fait ordinairement en ce temps), que les cerfs sont aux buissons où ils font peu de païs, en faisans leurs nuicts, à cause qu'ils ont les viandis à commandement et en quantité, et que sur la fin de ces mois ils commencent à estre rassasiez et peu affamez. La forme de leurs fumées se change aussi-tost que le printemps est venu, et que les herbes poussent ; car auparavent elles estoient dures et seiches, et en forme de crottes de chevre, et au commencement de may elles se trouvent changées dans une autre forme, puis qu'elles sont molles et en forme de bouzées de vache, plattes et rondes : c'est aussi cette pre-mière forme que nous appelons bouzars, lesquelles sont liées et en masse. La seconde forme se fait au commencement de juin, qui est le temps que les grains et le rejet du bois commence à durcir : ce qui fait que les fumées commencent aussi à prendre une autre forme qui est encore ronde, et en masse, et platte ; mais elles commencent à se détacher. C'est cette seconde forme que nous appellons platteaux, lesquels se peuvent séparer les uns des autres ; et la troisième forme se fait à la fin de juin, ou au commencement de juillet, laquelle nous appellons en torche ou demy-formée, alors elles sont toutes séparées les unes des autres, et dans la fin de juillet elles changent encor pour se mettre dans leur perfection et entière forme qui est longue et dure, où il y a aux unes au bout d'en haut, des aiguillons que nous appellons aiguil-lonnées, et celles où il n'y en a point, nous les appellons martelées ; les unes sont aussi ridées, qui est proprement des rides, et les autres ne le sont pas, estant unies. Il y en a aussi que l'on appelle les bien mouluës, et les autres mal : ce que l'on appelle les bien machées et les mal machées : il s'en trouve aussi d'entées, c'est quand une fumée est formée dans le corps, que deux n'en font qu'une, et qu'en sortant elles se joignent, et se peuvent séparer avec les mains, sans se rompre, comme font les autres. Il y en a encor qu'on appelle vaines, à cause qu'elles sont plus légères, et moins massives que les autres ; ces deux dernières connoissances ne se peuvent voir et juger qu'aux formes en torches et formées, comme les aiguillonnées et mar-tellées. Ce sont là les formes des fumées et les connoissances que j'ay voulu vous faire connoistre en ce chapitre, pour vous en mieux faire comprendre le discernement, encores que j'aye été obligé d'en parler ailleurs.

CHAPITRE XLI.

LES CONNOISSANCES QUE L'ON PEUT TIRER DES FUMÉES POUR DISCERNER LES CERFS D'AVEC LES BICHES.

Il me reste à vous donner une plus entière et particulière connoissance des fumées du cerf et de la biche, pour en sçavoir faire le discernement : et pour y réussir, c'est de bien remarquer les formes des fumées, comme je les ay dites, et selon les saisons, où vous verrez que les cerfs les jettent en forme de bouzards : car lors les grandes et vieilles biches brehaignes (qui sont les plus dangereuses pour la connoissances des fumées) les jettent formées massives, aiguillonnées ou martelées et ridées, à cause de la chaleur extraordinaire qu'elles ont, et autres raisons que j'ai déduites cy-devant, ce qu'elles continuent tout l'esté. Leurs fumées ne peuvent estre dangereuses que pour les cerfs de dix-cors et vieux cerfs, parce qu'elles sont massives, bien moulues et ridées, ce qu'on ne voit jamais aux jeunes cerfs, puisque ces trois connoissances ne dépendent que de la vieillesse, et lors que les cerfs de dix-cors les jettent formées, la forme en est également mieux faite, les aiguillons en sont aussi plus gros, plus courts et plus reglez ; mais aux fumées des biches il y a des aiguillons plus longs aux unes qu'aux autres, et aussi de moins gros : il s'y en trouve aussi d'entées, ce qui ne se voit pas aux cerfs de dix-cors, où il se voit de la graisse et venaison, ce qui ne se voit pas sur celles des vieilles biches qui sont plus seiches, joint qu'elles en jettent en cette saison deux fois autant que les cerfs : mais pour les rides, et estre aussi bien mouluës, elles le peuvent estre également, puisque ces deux connoissances viennent de l'âge qu'ils peuvent aussi avoir également : Et pour connoistre celles des jeunes cerfs d'avec celles des jeunes biches, celles du jeune cerf sont plus grosses et mieux formées et les aiguillons en sont aussi plus gros et plus courts ; il en jette aussi beaucoup moins qu'une biche ; elles sont aussi plus dorées et colorées que celles de la biche : mais pour les moulures elles peuvent estre les unes comme les autres, puisque cette connoissance dépend de la jeu-

nesse. Elles ne seront pas aussi ridées pour la mesme raison pourveu
que vous considériez toutes ces connoissances, et particulièrement
de prendre les fumées dans leurs formes, selon les différentes saisons
que je vous ay dites, et ainsi il vous sera très-mal-aisé de vous y
tromper.

CHAPITRE XLII.

COMME L'ON PEUT CONNOISTRE LE CERF DE DIX-CORS D'AVEC LE JEUNE CERF, PAR LES FUMÉES.

Aussi-tost que le printemps paroist doux, et qu'il fait pousser les
herbes, les cerfs changent de nature, ce qui se voit par le changement de leurs fumées, dont la première forme est en bouzars, elle
en est plus grosse et plus épaisse des cerfs de dix-cors que des jeunes
cerfs : ils en jettent aussi moins, elles sont ridées et bien mouluës,
ce que ne sont pas celles du jeune cerf, qui sont unies et mal mouluës.
Et la seconde forme qui est en platteaux, les cerfs de dix-cors les jettent larges, épaisses et ridées, bien mouluës, dorées et glereuses, à
cause qu'ils commencent à avoir de la venaison : ce que ne font pas
les jeunes cerfs qui n'en ont pas encores, et qui s'en chargent peu,
mettant plustost leur nourriture à croistre : ce qui fait que leurs fumées sont plus blanches et sans glères : elles n'ont aussi aucunes rides,
et ne sont pas si larges ny si épaisses, et en jettent tousjours plus : et
quant à la troisième forme qui est en torche et demy formée, lors que
les cerfs de dix-cors les jettent de la sorte, les jeunes cerfs qui ne sont
pas si avancez, les jettent encores en platteaux, et quand les cerfs de
dix-cors et les jeunes cerfs les jettent formées, celles des cerfs de dix-
cors sont plus grosses et plus lourdes, ridées et bien mouluës, les
aiguillons gros et courts, et celles qui sont martelées et sans aiguillons,
ont les mesmes qualitez : il y à ausssi a plusieurs quelques petits morceaux de graisse et de venaison, ce que n'ont pas celles des jeunes
cerfs, ny ne sont pas massives, ridées, ny bien mouluës, et quelques
unes sont entées : ils en jettent beaucoup plus que les cerfs de dix-
cors et lors qu'ils commencent à toucher aux bois (qui est le temps

que leurs fumées se défont de couleur et de forme) celles des jeunes
cerfs n'y sont pas encore, ont leurs formes parfaites, et la couleur en
est dorée, à cause qu'ils sont dans leur plénitude; et celles des cerfs
de dix-cors sont noires, celles des jeunes cerfs ne sont pas aussi ridées
ny bien mouluës.

CHAPITRE XLIII.

DES PORTÉES DES CERFS ET EN QUEL TEMPS ELLES SE FONT, ET DES CONNOISSANCES QU'ON EN PEUT AVOIR.

Nous n'avons point de connoissance si douteuse, et que l'on peut
dire trompeuse, que les portées, puis que l'on y peut tromper son
compagnon et s'y tromper soy mesme : Et neantmoins le sieur du
Foüillou, de la sorte qu'il en parle, l'estime. Ce que je vous feray voir
après vous avoir dit ce que c'est que portées, et en quel temps elles se
font, pour les bien connoistre. Les cerfs de dix-cors commencent à
faire des portées de la testes à la my-may, qui sont connoissables :
et les jeunes cerfs au commencement de juin. Les testes des uns et des
autres estans pour lors à demy-poussées et assez hautes pour tourner
les branches et les feüilles, quand ils passent dans les taillis de trois,
quatre et cinq ans, où ils font leur demeures : pour lors, à cause de
ce bois qui est tendre, qu'ils plyent aisement, obéissant à leurs testes,
qui sont molles et douloureuses : et lors qu'ils y passent, ils écartent
la pointe des branches à droict et à gauche, les poussant en avant : ce
qui fait aussi que les feüilles se tournent : et ainsi ces branches et ces
feüilles se tiennent dans cet estat quelques jours, au moins la plus part,
s'il ne vient de la pluye et quelque grand vent. Il faut que ces portées soient à hauteur de six pieds, pour estre de la teste d'un cerf :
car toutes les bestes en peuvent faire du corps. Et les biches qui doivent estre les plus dangereuses, ce sont elles qui les font les plus
hautes : pour discerner le cerf de dix-cors d'avec le jeune cerf, c'est
quand elles sont fort hautes et larges, qui est le signe évident que c'est
une haute et large teste qui les aura faites, et d'un cerf de dix-cors et non

de celle d'un jeune cerf, qui ne les peut faire que basses et étroittes, selon la forme de sa teste. C'est ce que l'on peut tirer des connoissances des portées : ce qui seroit beaucoup si elles estoient fixes et asseurées, puis qu'elles sont dans une saison où il fait mauvais revoir, ce qui oblige de s'en servir : et pour les connoistre mieux, il faut en se baissant regarder devant soy, afin d'en considérer la hauteur et la largeur, par le bois qui y est plyé et les feüilles qui en sont renversées; mais s'estans conservées (ne venant aucun temps contraire) il arrivera qu'allant au bois avec vostre limier dans ce mesme pays, deux ou trois jours après qu'un cerf les aura faites, et qu'il aurra quitté cette contrée de païs, où il peut avoir fait aussi plusieurs rembuchemens pareils ; joinct que l'ordinaire des cerfs, c'est de se rembucher par quelques petits faux-fuyans, particulièrement en cette saison, qu'ils n'ayment pas à toucher leurs testes au bois. Les biches cherchent aussi ces entrées commodes, notamment celles qui ont le corsage grand, où vous en pourrez rencontrer d'une de la nuict dont vostre limier se rabattra et vous fera connoistre, en la suivant, qu'elle a bien du pied et qu'elle poise beaucoup. La saison qui est contraire pour en revoir et en bien juger vous oblige à laisser suivre vostre chien jusques à ce que vous soyez deux ou trois longueurs de trait dans le fort, où vous voyez aussi-tost des portées hautes et larges, qui seront celles d'un cerf; mais qui les aura faites un jour ou deux auparavent, et que cette biche que vous suivez, sera rembuschée sur les mesmes voyes du cerf : l'apparence vous feroit juger par le pied, à cause de sa grandeur et de la pesanteur de la beste, que ce doit estre un cerf, non jeune cerf : et ayant veu ses portées, vous n'estes plus en doute que ce ne soit un cerf de dix-cors, et l'apprehension que vous aurez de le lancer, si vous suivez avec vostre limier, vous empesche d'entrer davantage dans le fort : ce qui seroit le vray moyen pour reconnoistre qu'à peu de temps de-là les voyes de la biche ne suivroient pas la mesme route de ces portées : et ne l'ayant pas fait, vous la briserez haut et bas, en viendrez faire vostre rapport et la laisserez courre; c'est de la sorte que l'on s'y trompe. Voyons à présent comme on vous peut tromper : l'art de la chasse a esté de tout temps ambitieux et plein de jalousie, par l'envie que les veneurs ont d'exceller sur leurs compagnons, et comme cela, vous en pouvez avoir une qui aura sa queste auprès de la vostre, ayant jalousie de longue main de ce que vostre réputation est plus grande que la sienne, pour avoir fait rapport de plusieurs cerfs qui se seront trouvez juste, et que vous aurez laissé courre : il cherchera les moyens de vous la diminuer, en se levant plus matin que vous, le jour destiné et commode pour courre : ayant eu desja connoissance qu'il **y** a une grande biche dans vostre queste, il ira pour en rencontrer et la rembuscher, après l'avoir suivi deux ou trois longueurs de traict dans le fort, et marqué les voyes avec des morceaux de papier, afin qu'après s'estre retiré et avoir attaché son limier à dix ou douze pas de-là, il vienne sur les voyes, et à l'entrée du fort, hausser les bras tout autant qu'il pourra pour écarter les branches : et s'il n'est pas assez grand, il coupera deux grands bastons qu'il tiendra en ses deux mains, les haussans le plus haut qu'il pourra, pour faire de hautes et larges portées, jusques où il aura suivy dans le fort avec son chien, et après reprendra ces petits morceaux de papier qu'il aura mis sur les voyes pour y aller juste, afin qu'il ne paroisse pas qu'il ait esté là. Il reviendra aux lieux où il aura reveu de cette beste, pour en effacer les voyes, afin que vous n'en revoyez pas auparavent que d'avoir veu ces fausses portées, qui ne manqueront pas de vous donner de la chaleur, et après il s'en ira faire sa queste : aussi-tost vous arriverez à la vostre, où vostre chien ne manquera de s'en rabattre et vous mener droit au fort, où vous reverrez des foulées qui peseront : ce qui vous obligera à lever la teste et les yeux, pour connoistre s'il y a des portées : ce que vous verrez aussi-tost, et vous contenterez d'en avoir veu huit ou dix pas dans le fort, de peur de la lancer, vous briserez haut et bas, et la détournerez, ce qu'il ne sera pas mal-aisé à faire : car les brisées ne vont pas loin.

CHAPITRE XLIV.

DU LIEU OU DOIT ALLER LE VENEUR EN QUESTE, EN JANVIER, FÉVRIER ET MARS, POUR Y TROUVER ET DÉTOURNER LE CERF.

Encores que les cerfs ne changent que trois fois de païs dans l'année, je me trouve néantmoins obligé d'y en augmenter une quatrième, en prenant un peu de chacune de ces trois, afin de les rendre plus commodes pour ceux qui servent le roy par trois mois dans sa venerie, puis que c'est le principal sujet qui me fait écrire : et pour leur en donner l'intelligence plus facile, je commenceray par le quartier de janvier, février et mars, que les cerfs sont dans les fonds de forests, où ils demeurent quasi toutes les années, si le printemps ne s'advance qui les oblige d'en sortir (qui est la saison que les cerfs de dix-cors, et de dix-cors jeunement, mettent bas leurs testes) ce qui les fait séparer et quitter les fonds de forests et aller aux buissons voisins, pour y trouver les grains, qui commencent à reverdir, afin d'y pousser leurs testes. C'est donc en ces deux sortes de païs où l'on doit aller en queste, durant ces trois mois. Le premier, qui sont les fonds de forests : c'est sous les fustayes, où il faut aller, pour avoir connoissance des cerfs qui y vont faire leurs viandis et à quelques ronssières, où se trouveront encores quelques feüilles conservées de l'hyver. Ils vont aussi aux ruisseaux et fontaines, pour y trouver du cresson et autres herbes : comme aux brandes et taillis poussez de l'année, et si le temps est assez beau, il les obligera d'aller au mois de mars aux buissons. Il y faut aller pour y quester, dans de pareils taillis de l'année, comme dans les seigles et bleds. Et pour abréger, lors qu'ils seront encore dans les fonds de forests, il faut aller reconnoistre auparavant les bois les plus forts : ce que nous appelons les belles demeures, les plus voisins de ces lieux, où les cerfs vont faire leurs nuicts, afin que le jour destiné pour courre, vous y alliez avec votre limier en prendre les devants, pour n'estre pas obligé d'en défaire la nuict, où vous seriez très longtemps, à cause qu'ils font en cette saison plus de païs, trouvans peu à viander, et que les nuicts sont longues. Vous perdriez aussi beaucoup de temps, qui vous doit estre cher, les jours estans courts, ce qui oblige de revenir de bonne heure à l'assemblée pour attaquer aussi un cerf de bonne heure, et que vous n'avez pas besoin de défaire toute la nuict d'un cerf, puis que le terrain est fort favorable pour revoir des voyes et en juger.

CHAPITRE XLV.

OÙ L'ON DOIT ALLER EN QUESTE POUR TROUVER ET DÉTOURNER LE CERF
EN AVRIL, MAY ET JUIN.

Les cerfs après avoir reconnu les buissons, les bouts et les bords de forets où sont les gaignages plus à commandement et meilleurs : comme
bleds, seigles, pois, fèves, et les bois poussez de l'année, ils y établissent leurs demeures, chacun dans son particulier, au moins les
cerfs de dix-cors, qui veulent estre ordinairement seuls : ce sont ceux
aussi qui vont le plus souvent aux buissons, à cause qu'ils ont plus de
connoissance du païs que les jeunes cerfs, et ainsi plus d'hardiesse et
d'adresse pour se parer des accidents. Ils sont, dans cette saison, faciles à trouver et à détourner, à cause qu'ayans fait choix d'un buisson, ils n'en bougent plus, si on ne les oblige d'en partir. Neantmoins
ils se peuvent réceller et demeurer quelques fois une ou deux nuicts,
sans sortir du fort, où il les faut aller quester, en y perçant avec le
limier, pour en rencontrer de la nuict : ce qu'on doit faire quand on
a eu connoissance qu'un cerf a donné au gaignage au bord de ce buisson, un jour ou deux auparavant, dans lequel y peut avoir quelque taille dérobée, qui sera deux ou trois perches de bois, qu'auront
coupé des paysans, l'hyver précédent, de peur d'estre apperçus et
repris de la justice, où un cerf peut faire sa nuict : et quand bien
vous le lanceriez, il ne faut pas apprehender qu'il quitte ce buisson,
pourveu que vous ne le suiviez qu'une longueur de traict ou deux,
pour en pouvoir revoir, juger et enlever des fumées, si vous n'en avez
suffisamment reveu du pied. Il faut aussi sçavoir discerner les demeures des cerfs en cette saison, à cause de leurs testes qui sont molles et
tendres : ce qui les oblige à aller demeurer dans les taillis de trois,
quatre et cinq ans, dont le bois obeyt : et non les vieux taillis de neuf,
dix et douze ans, où ils se feroient douleurs à leurs testes, à cause
qu'elles y trouveroient de la résistance. Il y a donc facilité à les détour-

ner en cette saison, mais ils sont aussi très difficiles à forcer, à cause qu'ils sont dans leur pleine force, ayans été renouvellés par les herbes nouvelles, qui les ont remis en bonne chair, et ont pour lors plus de force que les jeunes cerfs, qui ne sont pas encore remis de l'hyver : neantmoins il y a tousjours plus d'avantage d'attaquer un cerf de dix-cors, qu'un jeune cerf, que vous trouvez ordinairement plus éloigné du change : ce qui donne le temps à vos chiens de meute d'en prendre le sentiment, auparavant qu'il y soit ; ils les chassent aussi plus volontiers à cause de sa pesanteur et qu'il ne tourne pas tant.

CHAPITRE XLVI.

OÙ L'ON DOIT ALLER EN QUESTE POUR DÉTOURNER LE CERF, EN JUILLET, AOUST ET SEPTEMBRE.

Les deux premiers mois de ce quartier, et quelques jours dans le troisième, sont les plus commodes pour ceux qui vont au bois : car les cerfs sont encores dans les buissons et aux acuts de pays, où ils estoient le quartier passé, où ils font très peu de païs en fesant leurs nuicts : ce qui se fait quasi tousjours dans un mesme lieu, à cause qu'ils sont pleins de venaison et aussi rassassiez de viandis, ce qui les empesche de pouvoir beaucoup marcher : c'est aussi la plus douce et commode saison pour les picqueurs, pourveu que ce soit en païs où il y ait des cerfs de dix-cors, qui se chargent de venaison, et non où il n'y ait que de jeunes cerfs, qui sont pour lors en leur force. Il faut donc en cette saison plus exactement donner un cerf de dix-cors aux chiens, à cause de l'advantage que vous y aurez : car si vous attaquiez un jeune cerf dans cette saison chaude, vos chiens auroient peine à le maintenir si long-temps et à le rapprocher, s'éloignant d'eux, l'air et la terre leur estant, en cette saison fort contraires : joinct que c'est la plus dangereuse saison pour faire devenir les chiens enragez, à cause que cette maladie vient d'un sang échauffé, qui se corrompt ensuite, aussi leur faut-il faire manger peu de curée, mais plus tost force laict venant du py de la vache.

CHAPITRE XLVII.

OU IL FAUT ALLER EN QUESTE POUR DÉTOURNER LE CERF, EN OCTOBRE NOVEMBRE ET DÉCEMBRE.

Je suis contraint dans ce dernier quartier d'emprunter une partie du mois de septembre, à cause que ce dernier mois du quartier est presque tout à fait dans la saison du rut, qui fait un très grand changement à la manière d'agir qu'avoit le cerf, puis que de très facile qu'il estoit à détourner, il est devenu en huit jours, très difficile, et quasi impossible, au moins pour en estre asseuré : ce qui fait aussi que le terme duquel nous usons, en faisant nostre rapport, ainsi nous mécroyons détourner un cerf, s'il ne passe depuis nous, est fort à propos, et ne doit pas estre oublié dans cette saison, puis qu'il se rencontre presque tousjours : car du cerf qui sera avec des biches pour y ruter, que vous aurez suivy depuis le matin jusques à neuf ou dix heures (qui est le temps qu'ils se donnent ordinairement un peu de relâche, se séparans des biches pour une heure ou environ) vous prenez les devants avec vostre limier, et le trouvez demeurez dans une enceinte, où les demeures en seront assez raisonnables pour obliger un cerf à demeurer. Neantmoins aussi-tost que vous serez party la première fantaisie ou jalousie qui luy prendra, il en sortira pour aller trouver ses maîtresses qu'il fera marcher comme auparavant, sans leur donner non plus qu'à luy, aucun relâche : et dans cette saison pour en avoir connoissance, il faut aller dans les fonds de forests (qui sont les lieux où ils se rassemblent avec les biches, pour y tenir leur rut) mais pour leurs viandis, ils en prennent si peu, que l'on a peine de s'en apercevoir, se contentans de viander seulement ce qu'ils trouvent en allant dans leur extrême nécessité : car ils sont tellement preoccupez de cette fantaisie d'amour, qu'ils ne pensent ny à manger, ny à s'arrester. Et pour estre plus asseuré de courre le jour que vous avez prémédité, il faut après avoir separé les questes, donner aussi l'ordre au maistre valet de chiens, de mener vos chiens courants dans le milieu du païs, où vous envoyez aux bois, et leur donner l'ordre qu'ils y soient à huict ou neuf heures du matin, au plus tard, et que ceux qui voudront les voir chasser et faire chasser, y aillent avec eux : et mesmes le roy (s'il veut estre asseuré de chasser ce jour-là) après qu'il aura déjeuné et commandé de quoy repaistre ceux qui sont aux bois, lesquels doivent estre allez deux ensemble, pour quand ils auront rencontré d'un cerf courable, selon le païs, je veux dire des plus vieux cerfs, et qui aille de bon temps, que l'un d'eux vienne à l'assemblée préméditée pour en faire le rapport, et que l'autre demeure tousjours après le cerf, brisant par tous les chemins où il passera, en prenant ses devants, afin que s'il estoit trop éloigné pour entendre sonner ou houpper, lors que l'on l'iroit chercher, on le puisse suivre et trouver par ces brisées, et qu'auparavant de partir de l'assemblée, l'on sépare les relais pour les envoyer dans les païs, à la refuite des cerfs, hormis la vieille meute que l'on doit mener avec la meute pour sçavoir où l'on donnera le cerf aux chiens, afin de l'envoyer à la principale et plus proche refuite, cependant que ceux qui auront destourné le cerf que l'on voudra courre, déjeuneront et se botteront : vous devez avoir aussi envoyé deux hommes à cheval de différents costez pour sonner deux mots, afin d'obliger le reste de vos veneurs de venir à eux, et prendre l'ordre que vous leur aurez donné ; pour après avoir beu un doigt, s'en aller chacun à un relais, et comme cela vous donnez un cerf aux chiens dans le temps qu'il a quitté les biches sinon vous ne laissez de l'en séparer : voilà la meilleure et plus asseurée méthode pour courre durant le rut, et quand les cerfs n'y sont plus vous ferez de mesme qu'aux autres temps, et dans le reste du quartier, qui est novembre et décembre, vous irez quester les cerfs sous les futayes dans les fonds de païs, où ils viandent du gland, et quelques fruits sauvages qui y sont tombez, aux brandes et ronssiers, et aux tailles de l'année : mais pour les abréger et ne pas perdre de temps, il faut aller prendre les devants des grands forts qui sont les plus fourrez, où ils se mettent en cette saison pour y estre à l'abri et plus chaudement.

CHAPITRE XLVIII.

DE L'ORDRE QUE L'ON DOIT PRENDRE, LORS QUE LE ROY VEUT ALLER CHASSER, ET DE LA FAÇON QU'ON DOIT FAIRE LE LOGEMENT.

Je ne croirois pas vous avoir assez satisfait des connoissances et manières de chasser que j'ay données, si je ne vous faisois connoistre aussi les ordres qui se doivent observer dans les veneries du Roy; puis que c'est ce qui maintient l'union dans les corps, et qui fait que le maistre en est mieux servy, et comme il y a desja quelques années qu'elles n'ont esté pratiquées, il seroit à craindre pour ceux qui les doivent donner, qu'ils y manquassent, ne les sçachant pas, ce qui feroit naistre du mépris dans l'esprit de ceux qui les devroient exécuter, si je ne disois comme je les ay veu donner depuis quarante ans (1) sous le règne de ce grand Louys le Juste, et que j'ay aussi pratiquées par ses ordres : ce qui fait que je ne puis que les bien déduire en ce chapitre, pour les restablir dans leur première splendeur. Ces ordres se doivent prendre par ceux qui ont les premières charges dans les véneries et équipages du Roy, et ainsi des particuliers, comme quand le grand veneur se trouve auprès du Roy, lors qu'il luy prend envie d'aller à quelquesunes de ses forests pour y chasser le cerf, c'est à luy de recevoir l'ordre de Sa Majesté et de le donner au lieutenant de la venerie qui sera pour lors en quartier, ou en son absence, au sous-lieutenant, ou les susdits n'y estans pas, au plus ancien des gentils-hommes de la venerie en quartier; comme aussi tous les susdits se doivent prendre du Roy, chacun selon le dégré de sa charge, en l'absence du grand veneur, et celuy qui l'a receu du Roy, ou du grand veneur, le doit donner au mareschal des logis ou fourrier de la venerie, afin de l'obliger

(1) Il y a une grande exagération dans ce chiffre de quarante ans énoncé par Salnove. En effet, Louis XIII n'a régné que trente-trois ans, de 1610 à 1643 et de ces trente-trois ans, il faut déduire dix-huit années que Salnove a passées à la cour de Savoie, de 1619 à 1637.

à partir aussi-tost pour aller faire les logemens au lieu désigné par le Roy pour sa venerie. Il doit aussi commander qu'un des valets de chien aille avec luy pour choisir un logement propre aux chiens, ou au moins le plus comme qui se trouvera dans le lieu; où il y aura, s'il se peut, une grande cour fermée de murailles, où les eauës soient à commandement, et considérer, le logement selon les saisons, afin qu'il ne soit pas trop froid en hyver, ny trop chaud en esté, et qu'il n'y ait eu ny poulles, ny cochons, à cause que cela pourroit donner le farçin aux chiens : ce lieu doit estre nettoyé, ou après vous mettrez de la paille de froment, afin qu'aussi tost que les chiens seront arrivés, on les y puisse mettre à couvert, pour les empescher de souffrir le froid ou le chaud selon la saison : c'est le soin que doit avoir le valet de chiens puis que le mareschal des logis après avoir reconnu et marqué le logement des chiens (qui le doit estre le premier, puis que ce sont eux qui sont le principe de la chasse), doit visiter les maisons qui en sont plus proches, pour y loger le maistre valet de chiens, les valets de chiens en quartier et ordinaires et le boulanger, puisque les chiens et les susdits officiers ne font qu'un corps, pour avoir le soin des chiens, dont ils doivent respondre. Et après que le fourrier aura fait ce logement, il doit faire celuy du grand veneur, et ensuite celuy du lieutenant, sous-lieutenant, et gentils-hommes en quartier ordinaires, selon leur rang, et l'équipage qu'ils auront, et des valets de limiers; car les pages de la venerie doivent loger avec les lieutenans (comme ils avoient accoustumé) et prendre ce qui leur est ordonné du Roy pour leur nourriture, ce qui est un bon ordre, et non celuy qui s'est tenu depuis quelque temps, leur ayant esté permis de prendre leur argent pour en vivre à leur discrétion, et la pluspart du temps avec des personnes qui ne leur peuvent donner que de mauvaises habitudes : ce qui se doit considérer, puis qu'estans sous la veuë et conduite des lieutenans qui sont personnes de condition, ils y doivent apprendre les bonnes mœurs et la science de la chasse, comme ont fait ceux qui ont esté nourris du temps que j'avois l'honneur d'y estre, afin qu'ils se rendent capables de servir le Roy, pour monstrer que de la nourriture de ses pages, il a tiré ses meilleurs hommes, et les plus habiles dans la chasse. Dans ce rencontre, le mareschal des logis doit avoir réservé quelques logis pour les personnes de condition qui voudront voir courre les chiens du Roy.

CHAPITRE XLIX.

Le jour estant arrivé du commandement qui aura esté fait pour faire marcher les chiens du Roy, il faut que celuy qui commande, considère la saison dans laquelle il sera, afin que si c'est en esté, il donne l'ordre dès le soir au maistre valet de chiens, que l'on les panse et tienne prests dès le grand matin, pour les faire partir au frais, et que si c'est en hyver, s'il a gelé, l'on ne parte qu'après que le soleil aura donné sur la terre, ou pour le moins que la gelée en soit amortie, afin qu'ils ne se gastent pas les pieds, et que l'on leur donne chacun un morceau de pain devant que de partir. Il faut aussi qu'il commande au boulanger d'aller devant, et avec luy deux valets de chiens, pour leur choisir un lieu propre où on les puisse faire dîner, et si c'est en esté, que ce soit dans une grange s'il y a moyen, afin qu'il y aye de l'air, et qu'ils y mettent de la paille, à cause qu'il est besoin que les chiens y demeurent jusques à ce que le grand chaud soit passé ; et comme la marche ordinaire des chiens courans doit estre par jour de six lieuës, on en doit faire quatre le matin (particulièrement en esté) et aussitost qu'ils auront disné, il faut que le boulanger et les deux valets de chiens repartent, pour préparer ce qui leur faut. Le maistre valet de chiens ayant esté de grand matin, suivy de ses compagnons, panser les chiens, les voyans pansez et en estat de partir, il doit aller au logis du commandant, où doivent estre les gentils-hommes de la venerie, et les pages à cheval, leurs trompes au costé ; il luy doit demander s'il luy plaist qu'on couple les chiens, et ayant dit qu'ouy, il s'en doit retourner au chenil, pour les faire coupler, et après que les officiers auront beu un doigt, ils se doivent rendre à cheval, avec le commandant, devant le chenil, où arrivans, le maistre valet de chiens doit donner une houssine au lieutenant, après au sous-lieutenant, et ensuite aux gentils hommes de la Vénerie, puis aux pages, (car pour les valets de limiers, ils ne sont pas tenus de suivre et accompagner les chiens courans, mais seulement d'avoir soin de mener leurs limiers.) Les chiens estans couplez, et dans le soin que doivent avoir eu les valets de chiens de mettre un jeune chien avec un vieil, afin qu'il puisse réprimer l'ardeur du jeune, il doit marcher un valet de chiens ou deux devant eux, pour les guider et conduire, et les empescher d'aller plus vite qu'eux, ayans des houssines à leurs mains, et toutes les fois qu'ils voudront s'avancer au-delà d'eux, les en frapper, leur disant : derrière, et les nommant par leurs noms, afin de leur faire connoistre qu'ils les doivent suivre seulement. Les autres valets de chiens et les pages, lieutenans et gentils-hommes de la Vénerie doivent suivre les chiens, sans les presser, afin de leur donner le temps de se vuider, et lors qu'ils passeront en veuë de quelques bestiaux, ils s'en approcheront pour les retenir de plus court, et voir aussi s'il y en a quelques uns qui lèvent la teste, afin d'aller à eux les reprimer de la voix et de la houssine, s'ils s'apercevoient qu'ils voulussent s'emporter en leur disant : *haye,* et les nommant. Ils doivent avoir ce mesme soin lorsqu'ils passeront dans des bois, où y il aura des bestes fauves, et lors qu'ils sont arrivez au lieu où ils doivent disner et coucher, le commandant mettant pied à terre, doit aller visiter le logement des chiens, pour connoistre s'il leur est propre et bien nettoyé, si la paille que l'on leur a donné, est neufve, s'il y en a suffisamment, et alors les y faire loger, auparavant que d'aller à son logement.

CHAPITRE L.

COMME L'ON DOIT SÉPARER LES QUESTES AUX VENEURS ET VALETS DE LIMIERS QUI DOIVENT ALLER AUX BOIS, SUR LA FIN DUQUEL EST UNE BELLE INSTRUCTION POUR LES JEUNES GENS.

Les chiens estant logez selon l'ordre du roy, et quoy qu'il n'ait pas dit à celuy qui aura pris l'ordre, qu'il veut courre précisément le lendemain, afin de donner un jour de repos aux chiens, et le mesme

temps à ceux qui doivent aller aux bois, pour reconnoistre le païs, les uns à cheval sans limiers, et les autres à pied avec leurs jeunes limiers, pourtant cela se doit observer selon la saison que le terrain sera favorable, pour pouvoir rencontrer et revoir des voyes des cerfs, autrement il faudroit que tous allassent avec leurs limiers pour en avoir une plus asseurée connoissance, sans néantmoins s'arrester à abreger un cerf lors qu'ils en auront rencontré et reveu de la nuict; mais seulement d'en prendre les grands devants, afin de ne se pas fatiguer, et aussi les limiers, et de ne pas allarmer les cerfs; ce qui les pourroit faire changer de païs la nuict d'après, particulièrement dans un païs de buissons, ce que l'on ne doit faire qu'après en avoir conféré avec celuy qui commande au quartier, et en avoir reçeu l'ordre de luy, et qu'il ait séparé les cantons verbalement sans que cela puisse tirer à conséquence, ne prétendant pas de l'obliger à leur donner questes, en leur particulier, où ils trouveront des cerfs, lors qu'il les séparera par écrit, et comme cela l'on a connoissance des cerfs dans les païs où vous voulez courre, où l'on les trouvera à point nommés, le jour que le Roy veut chasser. Il faut aussi que quand ils seront venus, ils aillent rendre compte de ce dont ils ont eu connoissance au commandant, lequel doit partir aussi-tost après, pour aller trouver le grand veneur, et lui en faire la relation, s'il est auprès du roy; si non il la doit faire au roy, et sçavoir de lui en quel canton et quel jour il luy plaist de courre, et l'ayant résolu pour le lendemain, il luy doit demander s'il luy plaist de séparer les questes, y ayant préveu, pour en avoir pris la mémoire du capitaine des chasses de la forest, ou de quelques uns de ses gardes qui en ait le plus de connoissance : et si le roy luy dit qu'oüy, il tiendra du papier et une écritoire toute preste pour les écrire par billets séparez ; et après l'avoir donné au roy pour les distribuer et séparer, ainsi que bon luy semblera, si sa majesté n'en veut pas prendre la peine, le grand veneur, ou celuy qui commandera, doit revenir au quartier de la venerie, où estant il doit faire sonner deux mots longs, afin d'obliger les officiers et ceux qui doivent aller aux bois, de venir à son logement. Le capitaine des chasses, ou quelques uns de ses officiers, doit aussi venir prendre l'ordre du grand veneur, afin que si ceux qui doivent aller aux bois, ne sçavoient pas le païs, pour aller à leurs questes, il leur baille des gardes pour les y conduire, et après qu'ils seront tous venus, le grand veneur, ou commandant, qui aura écrit les questes par billets séparez, doit prendre la sienne et la donner à un gentil-homme de la venerie, ou valet de limiers, qu'il peut mener avec luy, et donner la seconde au lieutenant, qui peut aussi mener un valet de limiers : et apres au sous-lieutenant et gentils-hommes en quartier ordinaires, et aux valets de limiers : car les pages doivent aller avec les plus habiles dans le mestier pour estre instruits, si d'aventure le grand veneur, ou le lieutenant ne leur commande d'aller avec eux. Le commandement estant fait, il doit dire que l'on soit matinal, et que l'on revienne sur les neuf ou dix heures à l'assemblée, afin de ne pas faire retarder le plaisir du roy : et après il doit donner l'ordre au maistre valet de chiens de les tenir prest le lendemain au matin, et leur donner à manger sobrement : particulièrement s'il y a des chiens fort gras, ou chiens anglois, il ne leur en faut point donner en tout, à cause qu'ils manqueroient d'haleine, et qu'il prenne garde s'il y a quelques chiens fort maigres, mélancholiques ou boiteux, afin de les laisser guarir auparavant que de les faire chasser : Et pareillement où le roy veut que l'on fasse l'assemblée (si elle ne se fait dans le village où est logée la venerie) pour y mener les chiens sur les huict heures du matin. Et pour éclaircir plus parfaitement les prétentions que pourroient avoir quelques uns, de vouloir retourner à leurs questes, après estre partis de ce logement et y estre revenus, peut-estre deux ou trois jours après, l'on doit séparer de rechef les questes, ou pour le moins cela dépendra de celui qui commande au quartier, disant que chacun retourne à sa queste. Je treuve en ce rencontre une chose très nécessaire à dire, pour les jeunes gens qui se veulent rendre habiles, à ce qu'ils ne manquent pas d'aller avec les meilleurs hommes dans le mestier, les jours que l'on va reconnoistre le païs, où on a le temps que l'on veut, puis que l'on n'est pas obligé de revenir à l'assemblée, à l'heure dite, comme le jour des chasses ; ce qui fait que l'on a le temps de défaire la nuict d'un cerf et de s'instruire de sa manière d'agir, de ses ruses, et d'en lever les fumées et les considérer (si c'en est la saison) comme d'en revoir de toutes les connoissances du pied, tout autant que l'on veut, pour sur toutes ces choses instruire un jeune homme, et après l'interroger, pour connoistre s'il a eu l'impression des connoissances que vous luy avez données, pour le corriger, ou remettre sur celles qu'il aura manquées. Et quand tous les veneurs seront revenus du bois et seront rassemblés au logis du commandant, s'il y a quelqu'un de la compagnie qui ait reveu et détourné d'un pied de beste, qui le peut avoir mis dans le doute par sa grandeur, ou quelques connoissances qu'il ait remarquées estre bonnes, et d'autres douteuses : ou bien si c'est d'un cerf, sans en estre en doute, si non de l'âge et de la qualité, il doit convier toute la compagnie d'y aller, particulièrement à la considération des jeunes gens, afin qu'ils voyent là tous les habiles dans le mestier, y raisonner sur toutes les connoissances, chacun dans sa manière et sa science : et si la chose n'est résoluë, lancer la beste et la voir, afin que doresnavant l'on puisse plus parfaitement connoistre, en quoy l'on a manqué aux connoissances.

CHAPITRE LI.

CONTENANT L'ORDRE QUE L'ON DOIT TENIR, LORS QUE L'ON VA AUX BOIS
POUR Y DÉTOURNER LE CERF.

Le sieur du Foüillou a fait voir dans ses écrits et selon son sens, les bons et mauvais présages que peut avoir un veneur par les rencontres, lors qu'il va au bois, à dessein de rencontrer d'un cerf et de le détourner, que je trouve assez ridicules, et qui se pourroient glisser dans l'opinion de quelques esprits foibles, licentieux, ou peu curieux, de lire les cas de conscience, comme peuvent estre quelques chasseurs, lors que soutenant qu'au rencontre d'un prestre, le veneur s'en peut retourner, pour estre asseuré de ne trouver aucun cerf dans sa queste. Mais que s'il fait rencontre d'une femme, qu'asseurément il trouvera un cerf et le détournera. C'est dont il le faut des-abuser et croire plus tost que Dieu y est offencé, puis qu'il seroit mal-aisé, si vous aviez la créance que ce prestre vous eut porté mal-heur, de vous pouvoir empescher de murmurer contre luy : et cependant c'est une personne envers laquelle Dieu vous commande le respect : et au regard de la femme, d'en faire un jugement téméraire et scandaleux, si après l'avoir rencontrée, vous trouviez un cerf, puis que le sieur du Foüillou s'imagine et veut faire croire que c'est une femme de joye; mais il faut plus tost croire que le moyen de faire réüssir ce que nous désirons, c'est de se mettre et se maintenir dans la grâce de Dieu, en nous prosternant à ses pieds, pour y faire vostre examen et quelques prières qui luy puissent estre agréables, afin de bien rencontrer et de nous garantir de mauvais accidens, comme il se peut en chassant, d'y

estre blessez par des cheutes de chevaux, ou de la teste d'un cerf :
et aussi d'en estre tué, comme l'ont esté deux gentils-hommes de la
venerie, depuis cinquante ans : l'un à la forest de Senard, nommé
Sainct-Bon, qui avoit esté nourry page de la Venerie : et l'autre à la
forest de Livry, qui s'appeloit Clair-Bois : et que ce ne soit pas seulement pour la crainte de ces accidens, mais plus tost pour l'amour que
nous devons à Dieu, en pratiquant la chasse comme un divertissement
innocent, et afin de suivre l'exemple que nous en ont montré deux
grands personnages, sainct Hubert, et sainct Eustache, qui sont nos
protecteurs, comme ceux qui nous ont donné les premières instructions de la chasse : et ensuite ce grand roy Louis le Juste, qui encores
qu'il se fust beaucoup occupé à la chasse, elle ne l'a pas empesché
d'estre très-pieux et devot, n'ayant pas manqué un jour, tant qu'il a
vescu, à dire forces prières, ny d'entendre la messe. Je puis dire encores de Victor Amédée, duc de Savoye, qu'il a esté l'un des grands
chasseurs de son temps : ce qui ne l'a pas empêché de vivre comme
un religieux, n'ayant jamais manqué d'observer tous les jeunes commandez de de l'Église, et y adjouter tous les veilles des festes de la
vierge, un jeune au pain et à l'eauë, hormis quelques années avant sa
mort, par l'advis de son confesseur qui, en ces jours là, luy ordon-
na un peu de vin. Et je puis dire aussi, avec vérité, ne l'avoir pas entendu jurer une seule fois, en dix-huict ans que j'ay eu l'honneur de
le servir dans la guerre et dans la chasse, bien que trop d'occasions
s'y rencontrent. J'ay encore une chose très admirable à dire de ce
sage prince, qui est de ne luy avoir jamais oüy médire d'aucun :
ce qui est très-considérable, puis qu'un coup de langue d'un prince
peut ternir la réputation d'un gentil-homme. Suivons donc les exem-
ples de ces grands personnages, en prenant le divertissement de la
chasse quelques fois ; mais non pas pour nous y attacher de telle
sorte, qu'elle nous préoccupe absolument l'esprit, afin que nous puis-
sions vaquer au spirituel et au temporel selon la vacation dans laquelle nous sommes. Et après vos prières vous devez déjeuner, pour
résister au travail que vous pourrez être obligé de faire, puis qu'il se
peut que vous rencontrerez d'un cerf, qui fera beaucoup de païs auparavant que de vouloir demeurer : et ayant déjeuné, vous irez
prendre vostre limier et lui mettrez la botte au col, à laquelle vous
aurez noüé une couple pour la mettre auparavant la botte, au col de
vostre chien, afin que (s'il se l'ostoit lors qu'il suivrait un cerf) il fust
retenu par cette couple : vous luy donnerez un petit morceau de pain,
pour lui empescher les tranchées que la rosée froide luy peut causer :

ce qui le pourroit faire passer sur les voyes d'un cerf, sans s'en rabattre et vous en remonstrer : et après vous irez à vostre queste, avec intention de vous y divertir, servir vostre maistre, et de n'y pas tromper vostre compagnon, si vous estes plus matinal que luy. Ce que vous feriez en allant faire sa queste, devant que de faire la vostre, afin, que si vous y trouviez un cerf, de le lancer, pour l'obliger à aller demeurer dans la vostre : ce qui réussit très-mal, la pluspart du temps, puis qu'après l'avoir lancé, vous vous engagez insensiblement à le suivre, et s'il ne va pas dans vostre queste, il sera cause que vous ne la ferez pas : et il se peut que dans ce temps celuy qui aura sa queste de l'autre costé de la vostre, aura rencontré d'un cerf dans sa queste, qui ira de la nuict dans la vostre, et ne le trouvant pas brisé, et vous avoir houpé trois mots longs, comme il se doit faire, et qu'il n'ait aucune réponse de vous, il le peut rembucher, briser et détourner, en faire rapport, et le laisser courre devant vous dans vostre queste, sans que vous vous y puissiez opposer : cela estant, vous recevez un affront, puis que vous passez pour un négligent, ou pour un fureteur de queste, faisant celle des autres et non la vostre : et vous fera connoistre que les bonnes actions ont ce qui leur est deû, et les mauvaises aussi ; mais pour y aller avec sincérité, il ne faut pas déployer le traict, que vous ne soyez arrivé dans votre queste, où vous prendrez vostre limier par la teste, luy faisant caresse et luy crachant dans la gueule, et en le quittant, vous allongerez le traict et luy direz : *va outre*, et le nommerez : et à peu de temps de-là, vous vous servirez des termes que j'ay dit, qui est de luy dire : *ho l'amy ! holo ! holo loo !* et joüer après de la langue, pour l'émouvoir à aller gayement devant vous afin que lors qu'il rencontrera des voyes de fauves, il s'en rabatte et vous en remontre ; car les limiers des officiers de la venerie du Roy, ne doivent vouloir que les fauves ; mais ceux des seigneurs, il est bien qu'ils veüillent de toutes bêtes pour s'en servir dans l'occasion, et selon le plaisir de leur maistre : et quand vous verrez que vostre limier se rabattra, vous luy donnerez le temps de prendre la voye ; restant, il le faut tenir ferme sur le traict, et luy dire : *vay-le là,* en le nommant : et s'il demeure ferme c'est signe qu'il est sur la voye ; vous irez à luy, en raccourcissant le traict, et le pliant dans votre main, afin qu'il ne bouge de la place et qu'il n'efface pas les voyes : et après l'avoir joinct, vous le mettrez derrière vous, pour en pouvoir revoir plus facilement, et juger si c'est d'un cerf, et s'il a la teste tournée au fort, où il faut jetter une brisée à l'entrée ; et dire à vostre chien : *Tien à moy, velecy, revary,* pour l'obliger à revenir à vous et luy faire suivre le

contrepied, afin d'en pouvoir revoir des connaissances, et en lever
des fumées ; si c'est en la saison : car si vous suiviez le droict des
voyes qui va dans le fort et que ce fust un cerf, vous le lanceriez et
luy donneriez, peut-être un tel effroy, qu'il ne voudroit plus demeurer. Ce qui feroit que vous n'en pourriez venir à bout, ny le détourner ; mais après en avoir reveu (en suivant le contrepied) du pied
de la jambe et des os, si c'est dans une saison et un terrain assez
mol, pour cela, ou si c'est sur de l'herbe ou des feüilles, qu'il fasse des
foulées, il les faut considérer pour juger s'ils sont fort enfoncées, pour
connoistre si la beste qui les a faites, peze beaucoup. Et pour le sçavoir,
il faut mettre un genoüil à terre et mettre les doigts dans les foulées,
où vous connoistrez si les pinces en sont grosses et les costez, si le talon
en est large : si c'est en esté, il en faut revoir en quelqu'endroit où la
rosée ait rendu la poudre un peu ferme, sinon il en faut lever des fumées, ou vous trouveriez des connoissances telles que j'ay dites : alors
vous les mettrez dans le fonds de vostre chappeau, après avoir mis de
l'herbe dessous et dessus, afin qu'elles ne se défassent pas de couleur ny
de forme, afin que quand vous ferez vostre rapport à l'assemblée, vous
les y puissiez faire voir entières pour en pouvoir remarquer les connoissances. Il faut par ses formes et connoissances du pied et des fumées, que vous jugiez s'il est jeune cerf, cerf de dix-cors jeunement,
ou cerf de dix-cors, et que par cela vous jugiez de la qualité des cerfs
qui seront dans le païs où vous estes au bois : et si c'est un cerf courable ou non : comme si vous estes dans un païs où il y ait cerfs de
dix-cors, il ne vous faudra pas arrester à suivre et détourner un jeune
cerf : et après ce jugement d'un cerf courable, il faudra revenir à
l'entrée du fort, où vous en avez rencontré la première fois, et suivre
une longueur, ou demy de traict dans le fort, pour connoistre s'il y
entre pour y demeurer, ou bien pour y faire un faux rembuchement :
ce que vous connoistrez lors que vous verrez demeurer vostre limier
au bout de la voye et revenir à vous ; alors vous retournerez au chemin pour démêler cette ruze : et pour en trouver les dernières voyes,
vous le longerez à droict et à gauche, ce que vous ferez aussi dans le
bord du fort : et si vous avez trouvé que les dernières voyes soient
simples et non doubles dans le chemin, et qu'elles entrent dans le
fort, vous le rembucherez, le brisant haut et bas, comme j'ay dit, de
plusieurs brisées : et dans le chemin où il longera, vous rayerez derrière les voyes avec le bout du pied, et le plus dangereux des faux
rembuchements : c'est lors qu'un cerf entre dans le fort et en revient
tout court et repasse le chemin par où il est venu, sans le longer, en-

trant droict dans le fort de l'autre costé du chemin, ou bien souvent il
ne paroist aucunes voyes pour y faire trop dur, ou que le chemin
sera si estroit que le cerf l'aura peu affranchir de ses allures :
tellement que si vous n'avez suivy ce que j'ay dit, dans le fort, pour
vous faire connoistre qu'il revient, vous croyez détourner un cerf devant vous et il demeure derrière ; mais quand cela vous arrivera, et
que l'on viendra à vos brisées, ayant suivy avec vostre limier douze
ou quinze pas, voyant qu'il ne tourne ny à droict, ny à gauche,
c'est signe qu'il retourne sur ses premières voyes et qu'il vous a fait
un faux rembuchement : en ce cas, il faudra faire de nécessité
vertu, et de sorte qu'on ne s'aperçoive pas de la faute que vous avez
faite. Pour cela, il faut faire rester les chiens de la meute, et vous
prendrez avec vostre limier sur la droicte, et vostre compagnon sur la
gauche : et pour ne perdre point de temps, vous irez prendre les devants dans le fort, de l'autre costé du chemin, vis à vis de vostre
rembuchement, où vous ne manquerez de rencontrer des voyes de
vostre cerf, et de le lancer peu de temps après, prenant garde une
autre fois que cela ne vous arrive ; mais si vous trouvez vostre cerf
entrer dans le fort sans aucune feinte : après avoir conneu par les
foulées que c'est le cerf que vous voulez détourner, vous regarderez
en haut, si c'en est la saison, aux branches et aux feüilles, si elles sont
tournées, pour en juger aussi par les portées. Cela estant, vous le rembucherez, et briserez, comme j'ay dit, haut et bas, et après vous reviendrez au chemin, où vous l'avez rembuché, et y jetterez une brisée
derrière vous, le rompu devers vos talons, ce que vous ferez aussi à
tous les carrefours et changements de chemins, et en prenant vos devants vous ne laisserez aucun chemin dans vostre enceinte, si ce n'estoit que vous eussiez donné de l'effroy à vostre cerf, et qu'il y fust
sur pied : en ce cas, il faudrait prendre de plus grands devants, pour
attendre à l'abbreger et à accourcir l'enceinte encore une heure : vous
aurez tousjours vostre chien devant vous, à qui vous parlerez de temps
en temps, pour l'émouvoir à se rabattre, en cas que vostre cerf
passast. Et aussi pour vous donner connoissance des cerfs et biches
qui entreront et sortiront de vostre enceinte, pour estre certain de ce
qui y sera, afin de le dire à l'assemblée, et à vos compagnons qui seront avec leurs limiers au laissé courre avec vous, afin qu'ils soient
advertis pour ne pas changer de voyes, lors qu'ils questeront avec
leurs limiers, et vous ayderont à trouver le retour de vostre cerf.
Mais si d'aventure vous trouvez un cerf sorti de vostre queste, qui aille
de mesme temps que celuy que vous aurez rembuché, ce que vous

connoistrez par vostre chien, le voyant rabattre avec autant de chaleur : car si c'estoit du relevé de vostre cerf, ce seroit avec froideur, en négligeant ces voyes, et que si le pied estoit de mesme forme que celuy que vous avez rembuché et que vous n'en puissiez revoir que des foulées, ny juger si ce sont deux cerfs approchans d'âge, et qu'après avoir suivy deux longueurs de trait, vous n'auriez pu juger si c'est vostre cerf ou un autre cerf qui sorte de vostre enceinte, il faut le briser d'une brisée seulement, à cause du doute où vous êtes ; vous reviendrez donc au chemin où vous devez jeter cette brisée, pour ne pas hasarder de lancer vostre cerf ; mais plus tost en prendre le contrepied que vous suivrez en allongeant le trait à demy à vostre chien, afin de l'empescher de crier et l'obliger à tenir la voye juste : car si ce n'estoit pas vostre cerf que vous suivissiez, le vostre pourroit estre sur le ventre à la reposée, proche des voyes de celuy que vous suivez, et comme cela le limier en passant, s'il avoit la pleine liberté du trait, il pourroit en avoir le vent et l'aller lancer, et si vous voyez que le cerf, dont vous suivez le contrepied, tourne et fasse sa nuict dedans vostre enceinte ne perçant pas droit, c'est un signe évident d'un autre cerf qui fait sa nuict dans cette enceinte où vous en pourrez revoir et lever des fumées, pour juger s'il est plus cerf que le vostre ; mais quand cela seroit, vous devez auparavant que d'aller après achever de prendre vos devans, et du cerf dont vous avez la première connoissance, afin de vous en asseurer, en cas que ce plus cerf qui sort de vostre enceinte, ne demeurast pas dans vostre queste, et l'ayant trouvé demeuré, vous irez après le plus cerf pour essayer à le détourner, et s'il sort de vostre queste, entrant dans celle de vostre voisin, quand vous l'aurez brisé de deux brisées, l'une haute et l'autre basse, vous vous devez retirer à cent pas de là, afin de ne luy pas donner de l'effroy pour houpper un mot long et haut (et non pas dans le chapeau, comme font les fourbes) ce que vous devez réitérer jusques à trois fois, en cas que vostre compagnon ne vous entende pas. Mais s'il vous répond d'un mot, vous devez houpper de deux pour l'obliger à venir à vous, et y estant vous lui direz, j'ay suivy un cerf que je mescroy tel qui sort de ma queste, et entre dans la vostre ; vous plaist-il que je vous en fasse revoir ? Alors vous le menerez au lieu où vous l'avez brisé, et quand il en aura reveu, et qu'il sera tombé dans vostre jugement, et dans la résolution de le destourner, vous devez vous retirer et aller achever vostre queste, si vous ne l'avez faite, et s'il ne vous convie pas d'en prendre les devans avec luy : mais si son sentiment ne se rapportoit pas au vostre, et qu'il n'eust pas dessein de le destourner, en ce cas il faudroit qu'il souffrit que vous le détournassiez dans sa queste. Mais s'il a voulu aller après, et qu'il ait eu la civilité de vous prier de lui ayder à destourner le cerf que vous avez amené dans sa queste, afin d'abreger pour revenir plus tost à l'assemblée ; vous le devez faire, et prendre d'un costé, cependant qu'il prend de l'autre, et le premier qui sera au rembuchement, attendra son compagnon, ou si l'un ou l'autre trouvoit sorty le cerf, il faut qu'il houppe un mot pour obliger son compagnon de venir à luy, et luy remonstrer les voyes du cerf qu'il trouve sorty, pour juger ensemble si c'est qu'ils ont rembuché, et si ce l'est, il le faut encore rembucher, en reprendre les devants, et briser après vous à tous les changemens de chemins que vous ferez, après mesme l'avoir destourné, tant que vous soyez hors du bois, afin que ces brisées vous fassent reconnoistre et trouver l'enceinte de vostre cerf, lors que l'on viendra à vos brisées, pour le laisser courre ; et quand vous arriverez à l'assemblée, vous donnerez la déférence à celuy à qui est la queste où sera destourné le cerf, d'en faire le rapport, qui doit estre au lieutenant de la venerie, sous-lieutenant, ou au plus ancien des gentils-hommes en quartier de la venerie, luy disant, nous mescroyons destourner un cerf un tel et moy, en tel lieu, et le lieutenant luy doit demander, quel cerf est-ce? Et luy doit dire s'il est jeune cerf ou cerf de dix-cors jeunement, ou cerf de dix-cors, et si c'est un pied long ou un pied rond, ou un pied aussi rond que long, ou long derrière, ou aussi rond que long devant, et s'il a quelques connoissances, dire aussi à quel pied elles sont, et si elles sont de déhors en dedans, ou de dedans en dehors, afin que si l'on va laisser courre son cerf, les picqueurs fassent ces remarques pour en faire garder le change aux chiens et s'il a des fumées, les monstrer, et après l'officier les doit mener au grand veneur, comme les autres qui auront fait leur rapport seuls, ou accompagnez, qu'ils doivent faire dans les mesmes termes que je viens de dire, pour estre tous conduits par le commandant devant le grand veneur, lequel après les avoir entendus et sceu d'eux quels cerfs ce sont, et où ils les auront destournez, les doit mener au roy, et luy en faire les rapports, pour aviser quel cerf l'on ira courre.

CHAPITRE LII.

Le choix que l'on sçait bien faire d'un cerf, lors que l'on le veut
courre, et du lieu pour l'attaquer, en rendent la prise plus asseurée ;
c'est aussi ce que l'on doit entendre quand l'on dit qu'un cerf bien
donné aux chiens est à demy pris : il s'y doit aussi comprendre qu'il
soit bien destourné, afin que celuy qui laisse courre, soit aussi-tost
aprés qu'il est lancé dans la reposée, pour faire donner les chiens,
et ne luy pas donner le temps de se fort longer, comme il feroit, s'il
s'en estoit allé au paravant d'effroy : ce dernier est quelque chose,
mais la première disposition est beaucoup plus, quand elle est bien
meurement pensée : ce qui se doit faire par le roy et le grand veneur, le lieutenant et sous-lieutenant, et les gentils-hommes de la venerie, où doit estre aussi le capitaine des chasses du païs, et les
officiers qui sçauront le païs, ou quelques gentils-hommes, qui y
auront chassé et veu courre le cerf, afin de sçavoir leurs refuites, selon les lieux où il y en aura de destournez ; et lors que le roy en sera
suffisamment informé, il doit faire le choix du lieu où il n'y a qu'une
refuite, et qu'elle soit la plus asseurée, puis que l'on peut donner un
cerf à un bout de païs qui en aura deux, et un qui sera à l'autre bout
n'en aura qu'une, ce que l'on doit observer pour aller préférablement
à celuy qui n'a qu'une refuite, et à un cerf seul, plus tost qu'à deux
ensemble, si ce n'estoit qu'ils fussent dans un buisson de cent ou deux
cents arpens de bois, esloigné du grand païs et du change, d'une
lieuë environ, et où l'on les puist séparer, lors qu'ils sortiroient à la
plaine, auparavant que de les donner aux chiens, pourveu, toutes fois,
que ces trois cerfs soient de mesme qualité, je veux dire tous cerfs de
dix-cors : car s'il y en avait un seul dans un pareil buisson qui ne fust
que cerf de dix-cors jeunement, et que l'autre, qui seroit destourné

dans le grand païs, fust cerf de dix-cors, il faudrait aller au cerf de dix-cors jeunement, qui seroit dans le buisson, pourveu qu'il le fust ; car s'il n'estoit que jeune cerf, l'on ne le doit pas faire , puis qu'ordinairement le temps que les cerfs vont aux buissons, c'est au printemps et en esté, que les jeunes cerfs ont la force et l'haleine incomparablement plus grande que les cerfs de dix-cors, et de dix-cors jeunement, qui sont chargez de venaison, ce que n'ont pas les jeunes cerfs, et que la considération pour laquelle on doit attaquer plustost un cerf aux buissons qu'aux grands païs, c'est pour donner l'avantage aux chiens de prendre le sentiment d'un cerf, auparavant qu'il soit arrivé dans le change, et lors qu'il n'y a des cerfs détournez que dans la forest; l'on doit aller aux bouts et accust de cette forest, en cas qu'il y en ait de destournez, pour les attaquer, et faire tousjours le choix d'un cerf seul, et du plus cerf, qui est plus agréable à voir devant les chiens, dont ils gardent mieux le change, à cause de sa pesanteur qui leur donne plus de sentiment : il dresse mieux aussi qu'un jeune cerf, ce qui fait qu'il s'en fait chasser plus agréablement, et ne tient pas si souvent les grands forts, ce qui soulage les picqueurs, et oblige le maistre à tenir plus souvent la quenë des chiens, et a le plaisir de voir bien tenir la voye à des chiens, tourner, requester et parchasser quand un cerf est fort-longé, et lors qu'il donne dans le change, de le voir aussi garder avec sagesse et hardiesse. Les picqueurs les peuvent aussi mieux ayder par le jugement qu'ils peuvent faire plus asseurément d'un cerf de dix-cors, qui est plus connaissable d'avec les autres, que ne peut estre un jeune cerf, si d'aventure, il n'a quelque connoissance, ou un pied extraordinaire.

Je sais qu'il y en aura qui trouveront à redire sur ce que j'ay dit qu'il falloit attaquer un cerf aux accusts et bouts des grands païs, plus tost que dans le milieu, afin de donner le temps aux chiens de la meute d'en prendre le sentiment, auparavant qu'il soit dans le change, et qu'ils diront qu'il est mieux de l'attaquer dans le milieu du grand païs et le grand change, à cause que les chiens qui seront frais et vistes au partir du couple, le presseront et l'obligeront à s'éloigner du milieu du païs et du change, et comme cela les chiens en prendront un entier sentiment, auparavant qu'il y soit revenu, joinct que le cerf sera assez mal mené pour se faire remarquer, lors qu'il sera meslé dans une harde de cerfs frais, quand on le verra. Je l'avoüe, pourveu que ces choses reussissent ainsi, et je ne veux pas contester que cela ne puisse arriver de cinq ou six fois l'une ; mais je puis dire que c'est beaucoup hazarder vostre plaisir, puis qu'il est bien mal aisé de destourner un cerf

seul dans une enceinte, et dans un fonds de païs où sont retirez presque tous les cerfs dans l'hyver, que l'on y court le plus souvent à cause
des fortes gelées qui vous empeschent d'attaquer un cerf dans les
buissons, puis que vos chiens se désoleroient, lors qu'ils passeroient
dans les plaines, et quand bien vous y auriez destourné un serf seul,
et aussi donné aux chiens seuls, il ne manquera de s'aller mesler
aussi-tost avec d'autres cerfs, desquels il aura eu le vent, pour n'en
estre séparé que d'un chemin, puis que ce grand bruit de chiens qu'il
entendra, l'y obligera : quel sentiment donc auront pu prendre vos
chiens en deux ou trois cents pas qu'ils l'auront chassé pour en pouvoir garder le change? Puis que ce n'est que simplement le temps
qu'il leur faut, pour passer cette première ardeur qu'ils ont eu au
partir du couple : tellement que vostre cerf s'estant meslé avec d'autres aussi vieux cerf que luy, et quand il s'en séparera, vos chiens
ne manqueront à se séparer et obligeront ceux qui les suivent à en
faire de mesme de prendre party avec ceux à qui ils auront plus de
créance, et que, lors qu'ils regarderont à terre, et reverront des
fuites d'un cerf de dix-cors, ils croiront que c'est celuy que l'on a
donné aux chiens, et que les autres qui chassent avec les autres
chiens, les doivent rompre et les amener pour se rallier avec les siens,
et comme cela ils s'attendent les uns aux autres, ce qui fait bien souvent faillir un cerf, et quelquefois aussi en courre deux, ou trois, ou quatre, et avec peu de plaisir : puisque vous voyez chasser peu de chiens
devant vous, et que vous vous voyez seul, n'ayant dans la pensée
que l'ambition de prendre un cerf pour en apporter le pied au roy,
afin de vous en faire considérer, pour avoir si bien gardé le change ;
ce qui pourra faire un contraire effet, puis que lors que vous vous
présentez à luy avec un pied de cerf, croyant luy donner de la joye,
vous le mettez en colère, à cause que ce sera peut-estre le trois ou
quatrième que l'on luy aura apporté, desquels il n'aura eu aucun plaisir, et que ce sera dans un païs qu'il fait conserver avec soin ; il est
donc mieux et plus assuré de les attaquer dans les lieux les plus éloi-
gnés du grand change, afin que les chiens ayent passé leur ardeur et
en ayent pris le sentiment pour le maintenir et en garder le change,
lors qu'il s'en séparera.

CHAPITRE LIII.

L'ORDRE DE TENIR ET DONNER LES RELAIS.

Il est très-important que ceux auxquels l'on donne la conduite des relais soient entendus dans la chasse : aussi les a-t-on donné de tout temps à mener et conduire dans la venerie du roy, aux gentils-hommes, et que dans les autres équipages des princes et seigneurs, si on ne les donne à gens du mestier, il faut, au moins, qu'ils ayent quelques connoissances et pratiques de la chasse, et l'humeur natu-relle à l'aymer, ayant aussi esprit et jugement, et peu de chaleur puis qu'un relais donné à propos, rend la prise d'un cerf asseurée, comme de le donner mal, le fait faillir ; puis qu'un homme qui conduit un re-lais, le fait advancer aussi-tost qu'il entend la chasse, et auparavant que le cerf de la meute soit passé, si elle vient droict à luy : car si elle s'en esloignoit, il doit s'avancer ; mais venant à luy, il ne faut pas que ces chiens partent du relais, ny aucun de ceux qui tiennent les che-vaux, qu'il ne leur ait fait le signal avec son chappeau, où qu'il ne leur ait envoyé quelqu'un (si d'aventure il n'en peut estre veu) pour leur dire qu'ils viennent et qu'il a veu passer le cerf de la meute : car il doit après avoir placé son relais, s'avancer cinq ou six cens pas, le long de la route où il sera, pour se tirer du bruit, et avoir cet avantage, pour voir passer le cerf et entendre plus facilement la chasse, et si-tost qu'il sera passé, qu'il aille au lieu où il l'aura veu traverser la route, pour y jetter deux ou trois brisées sur les voyes, et que s'il a le temps de mettre pied à terre, pour revoir les fuites du cerf, il en considère la forme et les connoissances, afin de les dire aux picqueurs qui seront à la queuë des chiens ; comme aussi la hauteur et grosseur de corsage, le pelage et les connoissances qu'il aura remarquées à la teste, afin que par là ils puissent juger si c'est le cerf de la meute, et l'ayant re-conneu pour tel et qu'il soit seul, il peut faire donner son relais, après que les premiers chiens qui chassent, seront passez ; mais s'il estoit accompagné, il est obligé de le dire aux picqueurs qui sont à la queue

des chiens, et leur demander s'ils veulent qu'on donne les chiens du
relais, puis que c'est à eux à juger s'il en est besoin ; ce qu'ils ne doivent faire que par l'extrême lassitude des chiens, où qu'il n'y ait que
peu de chiens devant eux, et encore que ce ne soient pas de leurs
chiens sages et de change : car un relais ne se peut donner à un cerf
qui est accompagné d'autres particulièrement s'ils sont aussi cerfs que
celuy de la meute, à cause que les chiens que vous donnerez frais,
maistriseront, et iront devant ceux qui auront chassé depuis deux ou
trois heures, qui ont le sentiment du cerf, et non ceux que l'on viendra donner : mais si ce ne sont que jeunes chiens que vous ayez devant vous, et que vos bons et sages soient demeurez, vous devez faire
donner le relais, puis que de deux maux on doit éviter le pire, et espérer que les chiens du relais que vous aurez donné, maintiendront plus
asseurément vostre cerf, quoy qu'il soit accompagné, ayant le sentiment plus fort que les autres, qui n'ont que peu chassé ; ce qui est
conneu aux chiens des relais ; à cause que ce sont vieux chiens qui
chassent dés long temps ; ce qui fera que lors que le cerf de la meute
se séparera, ils en garderont plus asseurement le change que les jeunes
chiens : Et sy par l'imprudence de celuy qui meine le relais, il avoit fait
retourner le cerf de la meute, pour s'estre trop avancé avec les chiens
qui auroient crié, ne les ayant pas fait chastier, ce qui causeroit deux
maux, l'un de faire retourner le cerf, et l'autre que les chiens chassans, tomberoient en deffaut et viendroient au bruit des chiens du
relais, les croyans sur les voyes, donnans au cerf le temps de se fort-
longer, chercher le change, et de ruzer par des retours, et de se re-
mesler dans le change : en ce cas, il ne faudroit pas donner les
chiens ; mais plustost requester et chercher le retour avec les chiens,
qui l'ont desjà chassé, puis qu'il ne faut jamais relayer, s'il n'y a des
chiens qui chassent, à moins que l'on ne fust dans un grand et long
deffaut, et que ceux qui tiendront les relais, l'eussent appris par l'un
des picqueurs qui auroit eu connoissance de ce désordre, ce qui se
doit tousjours faire, lors qu'on est en deffaut. Cependant qu'une partie
des picqueurs demeure à requester, on doit aller dans la fuite ordinaire des cerfs, prendre les devants à l'œil dans les routes, et sçavoir
de ceux qui sont au relais, s'ils ont veu passer le cerf de la meute,
leur en dire le corsage, le pelage, la hauteur et la chevillure de la
teste, la forme de son pied, et de quelle qualité il est, afin que s'ils
l'ont veu passer, il luy puissent dire le lieu, pour luy faire donner le
relais sur les voyes : et s'ils ne l'avoient pas encore veu passer, et
qu'ils le vissent depuis ces connoissances qu'il leur auroit dites, cela

serviroit à se connoistre et donner les chiens du relais que le picqueur doit suivre et tenir, au moins jusques au premier relais, qui
sera donné, et qu'il envoye deux ou trois de ceux qui tiendront des
chevaux au relais, se séparer dans le païs, pour chercher les picqueurs de la meute, qui requestent, pour les joindre au plus tost avec
leurs chiens le long des routes. Voilà succinctement comme se doivent
donner les relais. Il est aussi besoin de vous advertir que, pour y
maintenir le bon ordre, il faut que ceux à qui on donne la conduite
des relais, soient les maistres, non-seulement des chiens, mais aussi
de ceux qui y tiennent les chevaux du roy. Et que ceux des princes et
seigneurs reçoivent l'ordre par le premier escuyer du roy, et les escuyers des princes, à ce qu'ils luy obéissent, sur peine de punition :
et après ils leur ordonneront qu'ils suivent celuy qui mènera les
chiens des relais, sans qu'il y ait aucun qui passe devant eux, et
qu'aussi-tost qu'ils seront arrivez à leurs relais, ils choisissent une
place, si c'est en esté, au milieu de deux ou trois grosses spées, pour
y faire mettre les chiens à couvert des mouches et aux frais, commander à celuy qui les tient, de ne bouger d'auprès d'eux, pour les
empescher de couper leurs couples, et qu'ils aient soin de leur chasser
les mouches avec un feüillard, et à ceux qui tiennent leurs chevaux,
de les attacher aussi au frais, s'ils n'aiment mieux demeurer à cheval,
et les émoucher, pour les empescher de mener du bruit ; et après cet
ordre, il faut qu'il aille où doit venir la chasse, comme j'ay dit au
commencement de ce chapitre.

CHAPITRE LIV.

DU LIEU OU L'ON DOIT FAIRE L'ASSEMBLÉE, LORS QUE L'ON VEUT COURRE
LE CERF, ET COMME L'ON DOIT SÉPARER LES RELAIS.

Ce que nous appelons l'assemblée, c'est le lieu à donner le rendez-
vous aux veneurs et valets de limiers, qui sont aux bois ; pour y venir
faire leur rapport, il faut que ce lieu soit choisi par ceux qui con-
noistront le païs où l'on veut courre, et qu'il soit justement au milieu,

afin de donner plus de facilité à ceux qui seront aux bois, et de s'y rendre avec moins de peine, après avoir fait leurs questes et à l'heure qu'il faut, pour manger, et séparer les relais, afin d'aller au laissé-courre entre dix et onze heures (particulièrement en hyver, que les jours sont courts) et s'il s'y rencontre un village, ou une ferme, pour apprester le disner, il seroit plus à propos pour y manger les viandes chaudes; si non il faut que ce soit dans un beau carrefour, où l'on portera des viandes froides, à moins que le roy fust allé aux bois et qu'il y voulust disner : en ce cas il faudroit choisir un village le plus commode et le plus proche des questes : cela estant, l'assemblée est deuë par le Roy aux veneurs, qui est une quantité de pain, vin et viande, qui sont réglez et ordonnez de tout temps dans la maison du Roy, que je leur ay fait donner plusieurs fois, estant en quartier de Maistre d'Hostel : c'est aussi ce qui rend les officiers de la venerie commensaux de la maison du Roy, puis qu'ils y ont pain et vin or-donné; c'est dans ce lieu où les chiens doivent estre conduits par les maistres valets de chiens et leurs compagnons, en quartier et ordi-naires, ayans leurs trompes au costé, dont les anguicheures soient chargées de couples, afin que si quelques chiens coupent les leurs, ils leur en mettent d'autres, et aussi pour harder et tenir les chiens, lors qu'on laissera courre : et estans arrivez à l'assemblée, il faut qu'ils choisissent un lieu commode et éloigné des chevaux, pour mettre les chiens à couvert du chaud, ou du froid, selon la saison : et qu'une partie des valets de chiens demeure auprès d'eux, pour empescher qu'ils ne se battent : que l'autre partie aille dans le bois le plus pro-che et le plus commode, couper des bastons gros comme le poulce et longs de deux pieds et demy, qu'ils pelleront, hormis la poignée qui doit avoir demy pied de long. Neantmoins à la réserve des mois d'a-vril, may, juin, juillet, et jusques à ce que l'on ait pris un cerf qui ait touché au bois, aussi ne doivent-ils pas cesser de les peler, que lors que l'on aura pris un cerf qui aura mis bas, et après en avoir coupé et fait la quantité qu'ils jugeront pour le roy et les picqueurs qui seront à l'assemblée, ils les garderont jusques à ce que l'on aille au laissé courre, et alors ils les doivent donner au maistre-valet de chiens. Il faut que ces bastons soient du bois le plus uny, comme de coudre, marselée et chastigner. Le roy estant arrivé à l'as-semblée, le grand veneur luy doit mener ceux qui ont esté aux bois, particulièrement ceux qui ont détourné des cerfs, et en son absence les lieutenans, ou ceux que j'ay dit, pour luy en faire les rapports : et après aller disner, pour ne perdre aucun temps, afin que tous les veneurs soient à cheval, leurs trompes au costé, lors que le roy sortira de son disner pour suivre les chiens, que l'on doit mener au lieu le plus commode et le plus proche, pour y séparer les relais, qui doivent estre conduits par le maistre-valet de chiens, assisté de ses compagnons en quartier, notamment les ordinaires, qui connoissent encore mieux les chiens, où le grand veneur sera présent, suivy du lieutenant et sous-lieutenant et gentils-hommes en quartier et ordinaires de la venerie, qui connoissent la force et sagesse des chiens, afin d'oster ceux qui ne peuvent pas aller de meute, pour les mettre à la vieille meute. Ceux aussi qui n'y pourront pas aller, les mettre au relais des six chiens, et ainsi des autres relais, puis que la force peut diminuer et augmenter aux chiens par l'aage, les indispositions et accidents qui leur peuvent arriver, afin de leur donner temps de se remettre. Les relais sont reglez, de tout temps de nombre, aussi bien que les chiens dans la venerie du roy, qui sont une vieille meute, et les six chiens, et trois relais où l'on peut augmenter un relais volant de chiens, qui seront tirez de la meute; mais des moins vistes et menez par un des grands valets de chiens ordinaires, qui sçaura mieux le pays que ceux qui sont en quartier, et qui est aussi plus en haleine pour faire diligence. Ce relais ne se doit faire qu'en cas que vous laissiez courre dans un pays de plusieurs refuites, afin d'y estre secouru, si vostre cerf ne donnait pas dans vos relais établis : car celuy-là ne doit avoir aucun lieu fixe, et doit suivre la chasse à vuë de païs. Il est bien pourtant de l'envoyer en lieu avancé, du costé où ne sont pas vos relais, afin de donner cet avantage à celuy qui le meine, et qu'il vous puisse plus asseurement secourir en vous suivant : car il ne faut pas donner ce relais, que les chiens de la meute ne soient las et mal-menez, et que celuy qui les meine, n'en ait l'ordre des picqueurs, qui suivent et font chasser les chiens de la meute. Ce relais se fait plus ordinairement pour les seigneurs qui courent le cerf, que pour le roy, qui court toujours dans les forests, où les refuites sont plus asseurées; mais les seigneurs courent bien souvent où ils peuvent, pour y trouver un cerf. Les chiens estans séparés et ordonnez d'aller au relais (selon leurs forces), le grand veneur doit demander au Roy, s'il lui plaist de les envoyer et s'il ne le vevt faire, il les doit envoyer faisant choix de deux gentils-hommes en quartier et de deux ordinaires, pour tenir et accompagner les chiens de la meute, et que ce soient ceux qui détournent les plus cerfs, et dans les plus belles meutes, afin que si l'on manquoit à laisser courre aux premières brisées, l'on en eust un sur les lieux pour aller aux siennes, ce qui ne fera qu'on ne perdra aucun temps : car pour le lieutenant et sous-lieutenant, ils doivent aller de meute. La vieille meute se doit envoyer la première et à la refuite la plus proche, où l'on doit donner le cerf aux chiens : et si par mal-heur, l'on manquoit à laisser courre aux premières brisées et qu'on allast laisser courre un autre cerf assez éloigné de là, il faudroit envoyer changer la vieille meute de son lieu, et la mettre à la place d'un autre relais qui soit le plus proche d'où l'on iroit laisser courre, et envoyer ce relais en sa place : Et pour l'accompagner, le graud veneur y doit envoyer deux gentils-hommes de la venerie et un valet de chiens, pour mener une partie des chiens : car l'autre doit estre menée par les valets des gentis-hommes qui la conduisent, et semblablement aux six-chiens, où il doit avoir un gentil-homme de la venerie, comme aux autres relais qu'ils feront mener par leurs valets : et s'il n'y avoit des gentils-hommes suffisamment pour conduire les relais, le mareschal des logis y doit aller. Les gentils-hommes de la venerie, qui seront de meute, doivent tenir et accompagner les chiens, au moins jusques à la vieille meute, et ceux qui en sont, jusques aux six chiens, et ainsi des autres qui tiennent les relais, sans les quitter, s'il ne leur arrive accident le capitaine des chasses du païs où l'on doit courre et son lieutenant, avec ses gardes, doivent se trouver à l'assemblée. Le capitaine ou son lieutenant, pour conduire le roy : et les gardes pour aller avec ceux qui mènent les relais, pour les guider. Le grand veneur ou commandant, doit envoyer advertir le premier escuyer du roy, pour le faire venir, et les chevaux du roy, afin qu'il les sépare et ceux de ses escuyers, et les envoye chacun avec un relais, après avoir reservé les plus vistes pour aller de meute. Il doit envoyer ceux d'après à la vieille meute, et dans cet ordre aux autres relais : et commander aux pages qui les menent, qu'ils ne s'éloignent pas des chiens, et obeissent à ceux qui menent les relais, afin que l'on puisse donner les chiens à propos, et que les chevaux du roy soient frez, lorsqu'il les voudra monter. Le grand veneur doit séparer les siens de la sorte, et ainsi les officiers et ceux qui seront à la suite du roy.

CHAPITRE LV.

DE L'ORDRE QUE L'ON DOIT TENIR LORS QUE L'ON VA LAISSER COURRE
LE CERF.

Après avoir envoyé les relais, il faut considérer le temps qu'il leur
faut pour aller aux lieux qu'on leur a destiné, et sçavoir la distance
qu'il y aura de l'assemblée à l'enceinte où est détourné le cerf que
l'on veut courre, afin de ne pas aller donner le cerf aux chiens, auparavant que les relais soient à leurs postes, à cause que si le cerf y passoit auparavant qu'ils y fussent, vous courriez risque de n'estre point
relayez : ce temps estant jugé et attendu, le maistre valet de chiens
doit avoir les bastons de chasse devant luy à cheval, et en donner trois
aux lieutenans de la venerie, pour en présenter deux au grand veneur,
afin que le grand veneur en donne un au roy : et s'il y a des princes,
le lieutenant en doit prendre du maistre-valet de chiens pour leur en
donner : et le maistre valet de chiens aux officiers et piqueurs, et à
ceux qui sont à la suite du roy, comme aux gentils-hommes de la venerie qui sont allez aux relais. Ces bastons se portent à la main, pour
empescher que les branches ne vous puissent offenser la vuë lors que
vous estes dans le fort, à la queuë des chiens. Il est aussi besoin d'y
porter de gros gans, pour empescher que les branches ne vous fassent
mal aux mains (particulièrement dans l'hyver, qu'il n'y a point de
feüilles) et de fort grosses bottes, pour conserver les jambes des mesmes accidens et des épines. Les bastons estans distribuez, celuy qui
doit laisser courre, doit marcher le premier, s'il sçait bien le païs, si
non il doit avoir prié le capitaine des chasses de luy donner un de ses
gardes à cheval à qui il dira le lieu où il a détourné le cerf, afin qu'il
l'y meine, ou pour le moins aux dernières brisées qu'il aura jettées en
se retirant ; où estant, il les suivra pour aller à son rembuchement.
Les valets de limier doivent marcher après luy, tenans leurs limiers
avec le traict denoüé à la main, et le maistre valet de chiens à cheval

après, et en suite un valet de chiens à pied, devant les chiens de la meute, tenant une houssine à la main, comme tous les autres qui suivront les chiens : et les deux pages tenans aussi chacun une houssine et les anguichures de leurs trompes garnies de couples, et de chacun une harde, pour reprendre les chiens qui se sépareront du corps de la meute, lors qu'ils chasseront; ce que fera aussi le maistre-valet de chiens : car ces trois personnes ne doivent faire autres fonctions dans la chasse, si ce n'estoit que l'on fust dans un grand et long deffaut, et qu'ils eussent trouvé des chiens qui chassassent le cerf de la meute : en ce cas, ils doivent les appuyer, sonner et parler à eux, jusques à ce qu'il soit venu des piqueurs auxquels ils en doivent remettre la conduite, et eux rentrer dans leurs fonctions : et après doivent marcher les lieutenant, sous-lieutenant, gentils-hommes de la venerie, grand-veneur et le roy : et après ses escuyers, capitaines des gardes, et les princes et seigneurs qui seront à sa suite. Et lors que celuy qui doit laisser courre, juge qu'il n'y a plus que cent pas jusques à ses brisées, et qu'il ait trouvé une belle place, comme un carrefour, il doit s'y arrester, disant au maistre-valet de chiens, faites harder les chiens : ce qu'il doit faire après avoir mis pied à terre et dit à ses compagnons, *hardons les chiens dans l'ordre,* qui est de harder les plus sages ensemble, afin de les donner les premiers. Et cependant celuy qui a fait le rapport, doit aller dire au lieutenant de la venerie, qu'il est proche de ses brisées, s'il luy plaist de le dire au grand veneur, afin que le grand veneur le dise au roy pour sçavoir s'il luy plaist (comme tous les susdits) de revoir du cerf, dont il a fait rapport : et si le roy n'y veut aller, il faut que le grand veneur y aille et qu'il meine avec luy ceux qu'il a établis pour faire chasser les chiens : puis que cela est de conséquence pour juger si le rapport qui luy a esté fait est juste : c'est-à-dire si le cerf est aussi vieil cerf que l'on l'a fait dans le rapport, et aussi pour en remarquer la forme du pied, et s'il y a quelque connoissance, et à quel pied, afin qu'ils le puissent discerner, lors qu'il se melera avec d'autres cerfs et qu'il s'en séparera; mais s'il ne se trouvoit que jeune cerf, et celuy qui en auroit fait le rapport, l'eust fait cerf de dix cors, il faudroit aller à d'autres brisées, s'il y avoit un cerf de dix cors détourné, sans considérer le temps que l'on perdroit, plus tost en apparence qu'en effect, puis que vous le recouvreriez, en ce qu'un cerf dix cors dureroit moins et se feroit mieux chasser : joinct que les chiens en garderoient plus asseurément le change, pour les raisons que j'ay dites au chapitre cy-devant : pour empescher doresnavent des rapports frauduleux, et que si le veneur l'a fait par ignorance, il se fasse instruire desormais par les habiles dans le mestier : mais si le rapport se trouve juste, celuy qui doit laisser courre, demandera au grand veneur, *vous plaist-il que je fasse approcher les chiens et que je frappe à mes brisées?* Le grand veneur doit dire au roy ce que l'on a jugé du cerf, et quel pied il a, et après luy demander s'il trouve bon que l'on frappe aux brisées ; et en ayant receu l'ordre il doit commander à celuy qui doit laisser courre, d'y frapper, et le suivre, et après luy les chiens et les picqueurs : alors celuy qui doit laisser courre doit carresser son chien sur les voyes et au rembuchement, et après luy allonger le trait, le laissant suivre et crier : les valets de limier doivent pareillement le suivre, leurs limiers derrière eux, et le trait dénoué à la main, pour estre prest à l'allonger lors qu'il les priera de luy ayder et trouver le retour de son cerf (s'il en fait un) et après il tiendra son chien un peu de temps sur ce trait, luy disant *vayla*, en le nommant, et le laissera suivre en criant *harout, harout, haly*, en regardant à terre, et lors qu'il en reverra des voyes et des foulées, il criera **velcy va avant, dy vray, velcy va avant;** et si c'est à la saison qu'il y a des portées, il se baissera un peu pour les mieux juger, si elles sont hautes et larges, comme je les ay dit, à l'heure il pourra crier **velcy va avant par les portées,** plusieurs fois et lorsqu'il aura suivy quelque temps, qu'il les considère et regarde encore pour juger si elles sont de mesme que les premières qu'il a veuës, de peur que son chien n'ait changé de voyes, et trouvant que non, il doit réiterer et dire *velcy va avant par les portées, après l'amy, après,* et le nommer par son nom, *harout, harout, haly,* et si son cerf fait un retour (comme ils ont accoustumé devant que de se mettre à la reposée) son limier luy fera connoistre lorsqu'il demeurera, ne trouvant plus de voyes devant luy : cela estant il doit dire aux valets de chiens et aux picqueurs de demeurer ferme, jusques à ce qu'il ait trouvé le retour, car s'ils bransloient, ils pourroient passer sur les voyes du cerf, et en oster le sentiment aux limiers, et pour abréger, il doit prier un de ses compagnons de prendre les devans à main gauche, cependant que luy les prendra sur la droite, et si son compagnon trouve le retour plus tost que luy, après avoir suivy deux ou trois longueurs de trait, et le temps qu'il luy faudra pour revoir et juger par les foulées et les portées, que c'est le cerf dont il aura reveu au rembuchement, il doit crier *velcy va avant,* et aussi-tost après s'arrester pour attendre celuy qui a fait le rapport, et l'ayant joint, il luy doit remonstrer des voyes du cerf, que son chien a suivy jusques-là, pour luy faire connoistre si c'est son cerf : et si ce l'est, il doit mettre son

chien derrière, pour laisser suivre la voye à celuy qui en a fait le rapport, qui doit crier *hault-a-hault*, pour faire venir le grand veneur, les
chiens et les picqueurs qui les doivent suivre, sans s'écarter dans
l'enceinte, et luy suivre sa voye avec son chien, luy parlant comme
cy dessus, et observant les mesmes formes et les mesmes termes, et
lors qu'il verra son chien hausser la teste pour évanter, il doit croire
que le cerf n'est pas loin de là à la reposée : neantmoins, de peur
que ce ne fust d'une autre beste dont il eust le vent, il faut qu'il le
tienne plus court sur le trait et plus souvent arresté et luy dire *vayla*,
et par son nom, afin de luy faire suivre la voye juste, et qu'il ne la
change pas, et aussi-tost qu'il l'entendra redoubler de voye, et le bruit
qu'un cerf fait au partir de la reposée, il doit crier *gâre*, *gâre*, afin
d'avertir les picqueurs qui suyvent les chiens, et ceux qui sont dans
les chemins autour de l'enceinte, de prendre garde à eux, pour essayer de voir le cerf, et d'en remarquer le corsage, le pelage et la teste,
et lors que celuy qui laisse courre, sera dans la reposée, il la doit considérer, en voyant si elle est longue et large, et si la forme du pied, et
les connoissances en sont du mesme que du cerf dont il a fait rapport,
et si c'est à la saison des fumées, les considérer pour juger si elles sont
semblables à celles qu'il aura levées le matin, et apportées à l'assemblée, et toutes ces connoissances se treuvans conformes, il doit crier
volcelay, car quand un cerf fuit, l'on doit parler en ce terme, et non
plus *vol cy va avant*, il doit suivre encore trois ou quatre longueurs de
trait, auparavant que de faire donner les chiens, pour obvier à une
ruze que font ordinairement les cerfs au partir de la reposée, particulièrement les cerfs de dix cors, et ceux qui ont esté courus par les
chiens courans, qui font un retour aussi tost qu'ils sont lancez pour se
deffaire des chiens qui s'emportent ordinairement deux ou trois cens
pas, après estre decouplez à cause de l'ardeur qu'ils ont dans ce temps,
joint que si un cerf avoit fait un retour, et qu'ils n'en trouvassent plus
la voye, ils pourroient lancer un jeune cerf ou une biche, et quand
ils ne lanceroient rien, vostre cerf peut aller faire partir un jeune cerf
de la reposée pour s'y mettre sur le ventre, et que lors que vous feriez
revenir vos chiens pour requester et trouver la voye de vostre cerf, ils
tomberoient sur les voyes du jeune cerf, le chasseroient sans faire
faute, puis qu'ils n'auroient pas encore pu prendre le sentiment du
cerf qui leur auroit esté donné, et ayans suivy deux ou trois longueurs
de trait, comme j'ay dit, qui vous empesche ce mauvais rencontre, et
vous donne le temps de revoir des fuites de vostre cerf, et en estre
asseuré, vous devez demander au grand veneur s'il luy plaist d'en

revoir des fuites ou s'il veut que vous fassiez donner les chiens, et s'il dit, oüy, vous devez sonner le premier en cette occasion, et le grand veneur après vous, et cela à cause que c'est vous qui avez fait le rapport, qui laissez courre, et qui devez répondre de l'évènement : comme s'il arrivoit que ce fust une biche ou un jeune cerf, et que vous eussiez fait rapport d'un cerf de dix cors : puis que c'est celuy qui sonne le premier qui laisse courre, s'il le fait de son mouvement, et que ce ne soit pas par la prière que luy aura faite celuy qui fait le rapport de sonner, n'ayant peut estre pas de trompe sur luy, où ayant mal à la bouche : car si un veneur avait fait rapport d'une biche pour un cerf, et que l'on vinst à ses brisées, et qu'en suivant les voyes, il reconnust par le pied les portées (1), et les fumées que ce fust une biche, il peut dire : *je me suis trompé à ce matin, mais pour le présent je connois que c'est une biche* et ne fesant pas donner les chiens, il ne peut estre accusé d'autre faute que du retardement au plaisir de son maistre et que s'il y avoit quel qu'un des picqueurs qui voulust raffiner et croire que ce fust d'un cerf, ou par malice qu'il sonnast pour chiens, ce qui obligeroit de donner les chiens, ce seroit luy qui auroit laissé courre et fait la faute, encore que celuy qui a fait le rapport n'eust pas fait la déclaration susdite, parce qu'il faut que ce soit luy qui sonne le premier ou qui en donne l'ordre.

(1) Les portées sont les jeunes rameaux que le bois du cerf déplace en passant ou dont il fracasse l'extrémité. La biche n'ayant pas de bois ne peut faire de portées· Salnove a voulu sans doute exprimer que quand on rencontre des portées, l'animal que l'on a rembuché, n'est évidemment pas une biche. Peut-être aussi l'auteur a-t-il voulu rendre par le mot de portée ce que nous désignons par abattures, c'est-à-dire les jeunes rameaux pliés ou cassés par les jambes ou par le corsage. En effet, dans le chapitre 66, en expliquant comment on doit requêter lorsque le cerf soit de l'eau il dit : « mais s'il y a du bois et des forts où un cerf peut faire des portées « touchant aux branches par les endroits du corps et de la teste qui n'auront pas « été mouillés. » Il est évident que l'auteur désigne ici, par la même appellation de portées, les rameaux courbés par le passage du corps que l'on appelle générale ment abattures, et ceux déplacés par la tête que l'on nomme portées.

CHAPITRE LVI.

DES QUALITEZ QU'UN BON PICQUEUR DOIT AVOIR.

J'ay creu qu'il estoit à propos de vous faire connoistre les bonnes qualitez que doit avoir un picqueur auparavant que de le faire chasser, afin qu'en vous les déduisant en détail, vous les compreniez mieux. Il est donc à propos qu'il soit homme de jugement, vigoureux et hardy, afin qu'il n'apprehende pas de franchir et sauter un fossé, et de passer une rivière dans l'occasion, ny de donner dans le fort où les branches et les épines le pourront égratigner, et s'il se rencontre bon sonneur, il s'en fera mieux entendre et en donnera plus d'émotion aux chiens; c'est une bienséance qui se peut rencontrer au piqueur; mais il n'en est pas de mesme de la science qui se doit acquérir par le temps et l'assiduité que l'on doit rendre pour se faire connoisseur, qui est la qualité que l'on doit avoir pour estre bon picqueur (puisque c'est ce qui forme et asseure le jugement en faisant chasser) : il faut aussi qu'il connoisse le nom, la force, le nez, et la sagesse des chiens qu'il veut faire chasser, et qu'il ne soit pas trop chaud, ny aussi trop timide, puis que le trop de chaleur peut faire prendre le change aux chiens, et la timidité les empesche d'y chasser : quand ils sont sages, et que dans ces rencontres le picqueur se doit conserver le jugement pour leur ayder de la parole et de l'œil, se ressouvenir de la forme du pied et des connoissances du cerf que l'on aura donné aux chiens, et qu'il n'en fasse pas un jugement en courant (comme font les étourdis), mais plus tost s'arrester, pareillement mettre pied à terre (et s'il en est besoin le genoüil), pour en mieux considérer la solle, les costez, les pinces, le talon, la jambe et les os, afin de voir si ces connoissances sont conformes à celles du cerf que l'on a donné aux chiens : car le picqueur ne doit pas être satisfait d'en avoir reveu quand il doit aller d'asseurance (encores que ce soit la forme et le temps que l'on peut plus asseurément juger d'un cerf pour sçavoir de quelle qualité il est) :

il faut aussi qu'il en revoye lorsqu'il fuit, pour s'en servir, afin de
le plus asseurément reconnoistre, puis qu'un cerf qui aura un pied
aussi rond que long, allant d'asseurance, peut, quand il court, faire
des fuites rondes : et pour le sçavoir, il faut au premier chemin
ou plaine que passera un cerf, après estre donné aux chiens, que là
les picqueurs en considèrent les fuites, et voir si elles se rapportent à
la forme du pied, lors qu'il alloit d'asseurance, pour leur en servir
dans les temps qu'il fuira, et ira d'asseurance : comme s'il arrivoit
qu'il fust fort-longé devant les chiens, et qu'il fist des ruzes, qui sont
d'aller et venir sur eux d'asseurance dans les chemins, c'est au connoisseur à qui je donne cet advis, afin qu'il ne se laisse pas emporter
par la chaleur assez ordinaire aux chasseurs et non à ceux qui n'ont
que la qualité de hardis picqueurs, qui ne sonnent et ne parlent aux
chiens que dans le temps qu'ils chassent, ou qu'il n'y a qu'à crier *our-
vary,* pour les obliger à tourner ; mais lors qu'ils arrivent dans le
change, les voyant balancer, ils demeurent interdits et hors d'œuvre,
ayant recours au ciel plus tost qu'à la terre, où ils ne connoissent rien :
ce qui me fait conclure et dire qu'il faut estre connoisseur, pour estre
bon picqueur.

CHAPITRE LVII.

COMME LE PICQUEUR DOIT PARLER ET SONNER LORSQU'IL FAIT CHASSER LES CHIENS, LA MORT DU CERF, ET LA RETRAITE.

Ceux qui doivent faire chasser les chiens, se doivent nommer picqueurs, qui sont ceux desquels j'ay parlé au chapitre précédent, vous
ayant fait voir leur capacité ; et dans celuy-cy je veux enseigner
comme ils doivent parler et sonner quand ils feront chasser, ainsi que
l'ont pratiqué de tout temps les bons et anciens picqueurs, et non
comme en usent, la plus part de ceux d'apresent, puis que c'est une
méthode qui a esté raisonnée et épurée par une quantité innombrable
d'excellens hommes en cet art, depuis deux cents ans, et qui est re-

connüe présentement par les savants pour la vraye et meilleure que l'on puisse tenir, qui est que l'on ne doit jamais sonner du cor que du gros ton, quand l'on fait chasser, et par mots coupez comme *don, don, don, don, donhon,* et ce dernier doit estre long. L'on doit aussi parler en ces termes ; *il va là, chiens, il va là,* et *s'en va là,* et quelquefois dire, *outre-vault chiens, outre-vault,* quand ils tiennent la voye, et la chasse, et parlant à ceux qui sont à la teste, les nommer en disant les termes cy-dessus ; le gresle ne se doit sonner que lors que vous voyez le cerf, où l'on doit dire d'un ton haut *tayaut,* ce qui fait connoistre à ceux qui suivent la chasse, ce que l'on y fait, et qui établit et maintient la croyance aux chiens, puis qu'il y a un réglement, et que dans la manière que l'on sonne et parle à présent aux chiens, il n'y en a aucuns, leurs termes tenant plustost du basteleur que du chasseur ; neantmoins je ne veux pas estre si regulier que je ne dise que quelquesfois en fesant chasser, quand l'on n'est pas dans un païs de change, ou que vous estes asseuré que vostre cerf est seul devant les chiens, vous ne puissiez sonner quelque ton du gresle, pourveu qu'il soit suivy du gros ton, et achevé, et que pour les autres chasses (dont je parleray ensuite du traité pour cerf) l'on ne le puisse plus souvent, comme pour loup, sanglier, renard, qui sont bestes qui ne donnent pas si souvent dans le change, estant besoin d'animer les chiens ; mais pour cerf, lièvre et chevreüil, il n'en faut pas user ainsi, puis qu'il leur faut plus tost donner de la crainte, afin de les obliger d'en garder le change, particulièrement du cerf qui le cherche et fait bondir plus qu'aucun des animaux et que lors qu'un cerf tourne (ce que vous voyez par vos chiens lors qu'ils demeurent sans crier) il faut leur dire *hourvary chiens, hourvary à moytiéhault,* et sonner, si vous voulez, le premier ton du gresle et les autres entrecouppez du gros ton en cette sorte : *ton hon, ton hon, ton hon,* pour les obliger à retourner plus promptement à vous, en trouver le retour, et lors que vous en reverrez des voyes qui seront du retour et doubles, vous leur crierez *volcy revary, volcy revary ;* et quand les voyes seront simples, vous crierez, *volcel'est là voye,* et à l'heure que vous jugerez que vostre cerf sera accompagné, afin de les tenir en crainte, et en garder le change, vous leur crierez *laylà, chiens, laylà,* et cela jusques à ce que vostre cerf soit séparé et seul, et que l'on rompe ceux qui prendront le change, que l'on les oste de dessus les voyes, en leur criant *haye,* et que le picqueur qui les remenera avec les autres qui chasseront le droit, les appelle en leur disant *à moytié à hault* et *à moy chiens, tié à hault,* et celuy qui les fait suivre, leur doit dire, *tirez chiens, tirez ;* et pour les faire requester et les obliger à se rabattre des voyes du cerf, il leur faut dire *velcy allé, mes belots, velcy allé,* et les nommer, particulièrement ceux en qui vous avez créance, où vous sonnerez encore par mots entrecoupez, et si vous avez dessein de faire venir quelqu'un des veneurs à vous, il faut sonner un mot long, et luy vous doit répondre du mesme mot, ce qu'oyant, vous sonnez deux mots longs, qui est le signal de la chasse pour le faire venir au plus tost sans aucune réponse ; et le cerf estant pris vous en sonnerez la mort par trois mots longs, comme *don, don, dooon,* et ensuite la retraite, comme *donhon, donhon, donhon, donhon,* ce dernier mot se doit sonner long.

CHAPITRE LVIII.

COMME LES PICQUEURS DOIVENT FAIRE CHASSER LES CHIENS POUR FORCER LE CERF.

Ce n'est pas assez de vous avoir donné toutes les précautions pour chasser le cerf, il en faut venir à l'exécution, en vous faisant connoistre comme on le doit forcer et prendre ; et pour n'y rien obmettre, je veux auparavant vous dire les obstacles qui s'y rencontrent par la diversité des temps et des saisons qui en peuvent diminuer le plaisir comme les vents autans et galernes qui empeschent d'ouyr les chiens, et leur oste une partie du sentiment des voyes, ce qui fait qu'ils n'en chassent pas avec tant de chaleur, ny n'en gardent pas si bien le change, qu'au printemps, pour la forte senteur des herbes qui poussent, et oppriment une partie du sentiment des voyes aux chiens, aussi s'en voit-il beaucoup moins dans cette saison qui gardent le change, que dans les autres saisons. Celles du rut fait aussi par la forte senteur des cerfs, que les chiens n'en chassent pas si hardiment, et qu'il est besoin, quand vous êtes dans le change, de les réchauffer plus tost que de les intimider, pour les obliger à maintenir ces puantes voyes. Voila les temps et les saisons que les picqueurs doivent observer, afin de

n'avoir pas une si grande confiance aux chiens que dans les beaux
temps et autres saisons, qu'après leur avoir donné un cerf, ils leur laissent passer cette première ardeur qui leur est ordinaire, et ne les approchent pas qu'ils n'ayent bien pris la voye, et qu'ils ne l'appuyent.
Vous ne sonnerez aussi dans ce commencement, que médiocrement,
afin qu'ils puissent s'imprimer le sentiment du cerf que vous leur avez
donné, auparavant qu'il se mêle avec d'autres cerfs : et y estant, qu'ils
en gardent le change, lors qu'il s'en séparera, et s'il y a quatre picqueurs commandez pour tenir et faire chasser les chiens (si c'est en
païs de grand change) que deux les tiennent assiduëment les uns après
les autres, et que les deux autres suivent sur les ailes, l'un à droit, et
l'autre à gauche, pour voir venir le change, lors que le cerf de la
meute et les chiens le feront bondir afin de l'observer, pour voir s'il
y est : et n'y estant pas, s'il y a des chiens qui chassent le change,
de les rompre et les faire rallier au corps de la meute. Les pages et
les maistres-valets de chiens doivent suivre la chasse, pour faire aussi
rallier les chiens qui suivent de loing et qui traînent, leur criant, *tirez
chiens, tirez*, et qu'au premier chemin où le cerf de la meute longera
ou traversera, les picqueurs s'y arrestent assez, pour considérer la
forme du pied par les fuites, afin que le picqueur soit muny de tout ce
qui luy est nécessaire pour s'en servir dans l'occasion, et particulièrement lors que les chiens prendront le change, afin qu'ils puissent reconnoistre leur cerf et le remettre devant eux. Il faut aussi qu'il n'y
ait que ceux qui sont à la queue des chiens qui sonnent : car si ceux
qui sont aux ailes sonnoient, ils pourroient causer du désordre. Je dy
mesmes quand ils verroient le cerf de la meute, pourveu que les chiens
chassent et en tiennent la voye : car si vous sonnez, vous ferez venir les chiens qui ne seront pas dans la voye, comme font les jeunes
chiens et les moins sages : et venant à celuy qui sonnera pour prendre
la voye, ils l'emporteront au préjudice des sages, qui viendront après
et ces étourdis ne la maintiendront que jusques à ce que vostre cerf
s'accompagne. Mais lors qu'il se séparera, ces chiens n'estans pas sages,
ils n'en garderont pas le change, et vos bons chiens venans après et
trouvans les voyes chassées, ils s'en refroidiront, et peut-estre les quitteront pour aller joindre ceux qui seront devant eux qu'ils trouveront
en defaut, ou chassans le change ; ce qui vous peut faire faillir le cerf,
ou au moins estre long-temps sans le pouvoir remettre devant les
chiens. Je diray encore plus qu'on ne doit pas sonner, quand bien les
chiens ne chasseroient pas, pourveu qu'il n'y ait que peu, et que ce
soit sur un retour que le cerf de la meute eust fait, dont les picqueurs

et les chiens en questassent le bout de la ruze ; puis que cela peut
faire deux mauvais effects ; l'un qu'il donnera une mauvaise impression aux chiens, de ne leur pas laisser achever de trouver le bout de
la ruze du cerf qu'ils chassent, et les accoustumera qu'aussi-tost qu'un
cerf tournera, ils lèveront la teste, pour écouter et oüir sonner, au
lieu de tourner et requester : joinct qu'ils peuvent, venans à celuy qui
sonnera, faire partir le cerf qui sera à la reposée, entre le lieu d'où
ils seront partis, et celuy qui aura sonné, que les chiens pourront
chasser quelque temps auparavant que vous les puissiez rompre, et
cependant vostre cerf se fort-longera et retournera au change pour
faire les mesmes ruzes : ce qui vous donnera bien de la peine, et vous
fera perdre beaucoup de temps, et très-souvent faillir un cerf. Tellement que la vraye méthode, c'est de ne sonner qu'à la queuë des
chiens, puis qu'il n'appartient qu'à ceux qui les voyent chasser, de
juger de ce qu'ils font, et que si d'avanture il y avoit quelque chien qui
eust plus tost trouvé le retour du cerf que les autres, il le faut arrester
jus ques à ce qu'ils soient venus, en luy disant, *derrière*, et non *haye*
à cause qu'il n'est pas en faute, afin de chasser dans le bel ordre et
non en bracconniers, qui ne font que couper et essayer à trouver un
chien ou deux pour dérober un cerf, et que tant que les chiens qu'ils
ont devant eux, veulent chasser, ils les suivent, et la plus part du
temps, sans sonner, pour mieux couvrir leurs finesses, mais aussi-
tost qu'il leur arrive désordre, ou par le change, ou quelque ruze
d'un cerf sur un retour, ils quittent leurs chiens et là en vont chercher
d'autres, pour faire le mesme : et si en chassant, ils passent à un relais,
ils le font donner au préjudice de ceux qui chasseront le cerf de la
meute, qui viendront après, et ne trouvans plus de relais, leurs cheins
et leurs chevaux estans recrus, sont obligez de se retirer, et cela estant, les uns ny les autres ne prennent le cerf. Il est donc mieux de
chasser dans le bon ordre, et de deffendre à ceux qui sont aux relais,
de ne les donner que lors qu'ils verront les picqueurs établis pour
tenir les chiens, et qu'ils les auront fait chasser jusques-là, si ce n'estoient les meilleurs et les plus sages chiens de la meute qui s'en seroient allés sans picqueurs, comme cela se peut ; mais s'il y a des
picqueurs, ce doit estre d'eux de qui ils doivent recevoir l'ordre de relayer, puis que ce sont eux qui peuvent juger le besoin qu'ils en ont :
comme quand un cerf est seul devant les chiens, et qu'il y ait au moins
une heure qu'ils le chassent, l'on ne peut manquer à relayer ; mais
s'il est accompagné d'autres cerfs et particulièrement s'il y en a
d'aussi cerfs que luy, ils ne doivent pas faire donner un relais, si ce

n'est dans une extrême nécessité, comme de n'avoir que trois ou quatre chiens devant soy, en qui le picqueur n'ait pas créance pour n'estre pas sages, ou bien que ces chiens soient outrez, ou très-mal menez. La raison est, que faisant donner des chiens frais, qui n'auront pas encores eu le sentiment des voyes du cerf de la meute, quoy que ce soient des chiens sages, comme doivent estre ceux des relais, ils maîtriseront vos chiens de meute, ou pour le moins s'ils vont avec eux, ce sera par un effort de leur ambition, qui les mettra hors d'haleine et les empeschera de conserver le sentiment de leur cerf, et fera aussi qu'aussitost que vostre cerf qui sera mal-mené, se sentira poussé par ces chiens frais et trop pressés, il se séparera des autres, avant que vos chiens que vous aurez donné frais, en ayent pu prendre le sentiment : car lors qu'il s'en séparera, ce sera plus-tost par bonheur que par sagesse, s'ils en gardent le change. Il faut donc plus-tost parchasser avec vos chiens sages, qui ont eu le sentiment du cerf, jusques à ce que vous l'ayez séparé ; et lors vous donnerez vos relais dans l'ordre, après les premiers chiens passez afin de leur donner cet avantage, pour estre les maistres de la voye et en garder le change, au cas que le cerf s'y remelast, ou au moins jusque à ce que vos chiens du relais en ayent pris le sentiment, pour en garder le change à leur tour. Et pour juger si vostre cerf est accompagné, c'est lors que vous verrez mollir vos chiens sages et n'aller pas si viste, qui est une prudence que les chiens prennent dans la pratique de chasser, afin que, lors que le cerf qu'ils chassent se séparera des autres, ils ayent l'haleine et le sentiment libre, pour en faire le discernement : c'est lors que vous leur devez crier *layla*, plusieurs fois, et jusques à ce que il doit estre séparé ; ce que vous jugerez, leur voyant appuyer la voye avec plus d'ardeur et de vitesse (signe que le cerf sera seul devant eux) et aussitost vous devez sonner pour chiens ; car lors qu'il est accompagné, il ne faut sonner que pour avertir les relais, puis qu'on ne sonne que pour réchauffer et réjouir les chiens et leur donner de l'émotion ; et dans ce temps, il leur faut donner de la crainte. Il faut aussi que les picqueurs ayent l'œil à terre, dans tous les lieux où ils croiront d'en pouvoir revoir, afin d'aider à leurs chiens, et s'asseurer davantage que c'est le cerf de la meute qu'ils chassent, et particulièrement lors qu'il est sur ses fins, qui est le temps que les cerfs ruzent et cherchent le change, et avoir un soin particulier de faire rompre les chiens qui le prendront pour les rallier avec ceux qui chasseront le droict : ce qui fait deux bons effects, l'un que vous chassez à plus grand bruit, et ainsi avec plus de plaisir : et l'autre, que cela rend vos chiens sages.

Il faut aussi toutes les fois que vostre cerf tournera (particulièrement dans le fort) retourner juste dans la voye : car les cerfs tournent sur leurs mesmes voyes, joint que si vous vous écartiez à gauche, ou à droict dans le fort, avec des chiens, vous feriez bondir le change, ce qui pourroient porter vos chiens à le chasser : et si cela vous arrivoit, il faudroit briser haut dans le fort, au lieu où vous vous seriez apperceu que le change auroit bondi, comme au premier chemin que vous trouverez au sortir du fort, y jetter des brisées basses, afin que vous puissiez reconnoistre le lieu où vous est arrivé ce désordre, et les dernières voyes que vous aurez chassées de vostre cerf, pour après avoir rompu vos chiens et fait prendre les jeunes et les plus fols, aller prendre les devants dans le vent, avec les plus sages, et commencer du costé de la refuite ordinaire des cerfs, pour abbreger, et neantmoins il les faut prendre entiers, par des chemins et des routes les plus proches et les plus commodes, en parlant à vos chiens, pour les faire requester. Et toutes les fois qu'ils se rabbatront, il leur faut donner le temps d'assentir des voyes, pour connoistre si c'est leur cerf, et cependant les picqueurs regarderont à terre pour leur ayder de leur jugement ; et si vous ne trouvez votre cerf passé, il faut retenir avec vos chiens dans le fort où a bondy le change, où sera demeuré vostre cerf, et vous ressouvenez de prendre d'abord ses devans; car si vous vous amusiez à requester dans le fort où auroit bondy tout ce change, et que vostre cerf s'en allast, il auroit le temps d'en aller chercher d'autres, de ruzer, et de reprendre haleine et force ; et comme cela vous vous asseurerez, puis que si vostre cerf demeure, vous le venez relancer après, et qu'autant de fois qu'il fera ces retours dans un chemin, vous regardiez par dessus la croupe de votre cheval, pour en revoir plus facilement des voyes qui retournent, et briser doresnavant à tous les chemins par où vous passerez, et s'il donne dans une plaine, faisant mine d'y vouloir aller, comme font les cerfs malicieux, particulièrement quand il fait sec, et que la poudre vole, afin d'oster le sentiment aux chiens, et de revenir sur leurs mesmes voyes dans le mesmes païs. Pour obvier à cela, il faut que le picqueur s'arreste au sortir du fort pour deux raisons, l'une pour ne pas faire emporter les chiens au delà des voyes, et l'autre pour regarder à terre et voir si le cerf retourne sur luy, afin que si cela est, il rappelle les chiens avec le cor et la voix, en leur criant, *volcy revary à moi tié à hault*, et ayant relancé vostre cerf, s'il va chercher l'eau pour la longer et battre, comme dans un ruisseau qui pourra traverser le païs où vous chasserez, y arrivant avec vos chiens, il faut observer son entrée pour voir s'il monte ou descend : car si vous vous estiez mépris, vous perdriez un grand temps, comme s'il montait et que vous dessendissiez ; et lors que vous serez asseuré où il a la teste tournée, vous longerez l'eau, et crierez à vos chiens, *il bat l'eau*, et pour en estre plus asseuré, il faut qu'un des picqueurs aille dans le ruisseau devant les chiens, pour voir si les branches et herbes qui seront dessus le bord, seront moüillées des éclabousseures qu'aura fait le cerf en entrant dans le ruisseau, et s'il y a quelque grosse pierre qui excède l'eau, d'y regarder aussi, afin de voir si elle est moüillée, et voyant ces signes, il doit crier, *il bat l'eau*, et sonner pour chiens et les autres picqueurs doivent estre avec les chiens my-partis des deux costez du ruisseau, pourtant à douze pas pourveu que ce ne soit point dans un lieu où il y ait des forts et des demeures. Car, en ce cas, il faudroit longer le ruisseau sur le bord, de peur de faire bondir le change à cause que les chiens pourroient avoir plus de sentiment dans ce lieu couvert, où le cerf feroit des portées au sortir du ruisseau, et que si c'estoit une plaine au sortir du ruisseau, les voyes du cerf en seroient élavées pour dix ou douze pas de l'eau qui descendroit le long de ses jambes, ce qui en osteroit le sentiment ; c'est ce qui m'a fait dire qu'il falloit prendre à douze ou quinze pas du ruisseau : en cas qu'il n'y eust point de bois où il pust faire des portées, vous continuërez ainsi à longer, ou monter ce ruisseau, jusques à ce que vous trouviez vostre cerf sorty ; mais s'il alloit dans un étang, il faut empescher vos chiens d'y entrer, et plustost aller prendre les devants avec eux de l'austre costé, pour connoistre s'il en sort, et les ayant pris entièrement, si vous ne le trouvez pas sorty, il faut, avec vos chiens, vous retirer à quelque ferme là auprès, pour vous y rafraischir, où vous demeurerez une heure : car si le cerf a dessein d'en sortir, il le fera dans ce temps-là qu'il n'entendra plus de bruit, et alors vous viendrez reprendre vos devans ; le trouvant, vous mettrez quelques cavaliers sur le bord de l'étang, pour l'empescher d'y revenir ; car s'il est mal mené, aussi-tost que vous l'aurez relancé, il y reviendra et s'il n'en est pas sorty, c'est signe qu'il n'a plus de force, et que s'il va sur ses fins à une grande rivière, ce sera pour tousjours s'y faire voir, s'il ne passe dans quelques isles où vous irez le relancer, en y menant vos chiens avec un batteau : car il seroit dangereux de les laisser battre l'eau après le cerf, s'il s'y opiniastroit, à cause qu'il pourroit y avoir pied en plusieurs endroits, et non pas les chiens, joint que les abords sont difficiles à monter, et que les chiens estans las, s'y pourroient noyer, mais ayant un batteau, vous l'y prenez sans aucuns risque, et le cerf estant pris, vous en sonnez la mort, comme je l'ay dit au chapitre cy-devant, et en suite la retraite, cependant que l'un des picqueurs en lève le pied droit de devant avec un couteau, en fendant la peau entre le gros nerf et l'os, la longueur de demy-pied qu'il coupera comme la peau de dessus, la levant jusqu'au premier joint du pied, et le décernant, il l'enlevera, puis fendra le nerf et la peau environ trois doigts pour y passer la main, et après le présentera au grand veneur, ou en son absence au commandant qui le donnera au roy ; c'est au gentil-homme de la venerie qui a relayé le dernier, à aller chercher une charrette pour amener le cerf, au quartier de la venerie, afin d'en faire curée aux chiens, et s'il y a un valet de limier, ce doist estre luy qui garde le cerf, jusques à ce que la charrette soit venüe, et demeurera aussi avec le mesme gentil-homme à la conduite jusques au quartier, et s'il ne se recontre un valet de limier à la mort, ce doit estre au penultième des gentils-hommes de la venerie qui aura relayé à garder le cerf (l'ordre estant ainsi étably de tout temps), car les valets de chiens doivent ramener les chiens qui se seront trouvez à la mort (au moins une partie) et les autres doivent aller par le païs d'où la chasse est venuë, sonnant la retraite de temps en temps. Afin que s'il est demeuré des chiens, de les prendre et ramener au quartier ; car sans ces diligences, il demeureroit très souvent des chiens couchez de lassitude, dans le bois à la mercy des loups, joinct qu'il y en peut avoir qui auroient chassé le change, qu'ils doivent rompre et ramener comme les autres ; et que les autres qui emmenent les chiens qui ont pris le cerf, si tost qu'ils seront arrivez au quartier de la venerie, mis les chiens dans le chenil, et beu un doigt, ils préparent ce qu'il faut pour faire la curée, comme quelques cuviers ou vases pour mettre la mouée du sein de pourceaux et du lait, si c'en est la saison.

CHAPITRE LIX.

DES LIEUX OU L'ON PEUT REQUESTER UN CERF, LORS QUE L'ON L'A FAILLY, ET COMME ON LE DOIT FAIRE.

Je vous ay fait voir comme il falloit connoistre un cerf par le pied, le corsage et la teste, le détourner, le chasser, le prendre ; néantmoins je n'ay pas assez fait, puisque la prise en peut estre incertaine, à cause de beaucoup d'obstacles qui arrivent assez souvent lors que l'on chasse, comme d'une grande nuée qui peut tomber à l'improviste qui élavera les voyes du cerf que vous courez, et qui les réfroidira, aussi bien que vos chiens de le chasser, et qu'un relais peut estre donné mal à propos, ou bien qu'un cerf s'opiniastrera à battre l'eau, ou qu'il se sera accompagné d'autres aussi cerf que luy, desquels il vous aura donné le change, et qu'après il se sera fort-longé pour avoir le temps de ruzer dans les chemins, ou autres lieux, toutes ces choses font qu'un cerf ménage sa force, puisque cela vous met dans de grands et longs défauts, ce qui fait que bien que vous ayez retrouvé ses voyes, et que mesme vous l'ayez parchassé, rapproché, et relancé, la nuit vient aussi tost qui vous oblige à le briser pour le requester le lende-main ; et pour y réüssir il faut que vous l'ayez chassé tard, et que vous soyez asseuré que c'est la voye de vostre cerf, lors que vous le brisez, et que vous jugiez si c'est dans un païs où l'on le puisse, comme en des buissons, ou que si c'est dans un grand païs, il faut qu'il y ait peu de cerfs ; car dans les grands païs (qui sont très-peuplez de cerfs, et de toute qualité d'aage) c'est ce qui ne se peut faire que par un très grand Bon-heur, puis que pour y réüssir, il faut que le cerf que vous courez, ait un pied extraordinaire aux autres, comme d'estre un grand pied long, ou un fort gros pied rond, ou que ce soit un si vieux cerf dont le pied en soit rétréci, et extraordinairement petit, ou qu'il ait un pied bot, ne donnant que du bout de la pince en terre, ou une grande connoissance que vous ayez bien remarquée, pour sçavoir à

quel pied elle est, et si elle est de dehors en dedans, ou de dedans en
dehors, du pied de devant ou de derrière, encores cette dernière
connoissance peut manquer à cause qu'elle se peut rompre en courant, particulièrement si c'est dans un païs rude et pierreux, ou que
ce soit un corsage extraordinairement grand, ou très-petit, et le
pelage aussi extraordinaire, qui peut estre fort noir ou moucheté
comme un fan, et que la teste en fust très haute, fort ouverte, et extraordinairement chevillée, comme de porter vingt, vingt-deux, et
vingt-quatre; ou que ce fust une de ces testes bizarres dont j'ay parlé :
en ce cas l'on peut requester un cerf dans ces grands païs; mais si
c'est un pied, un pelage, et une teste ordinaire, il est très mal-aisé; si
ce n'estoit un cerf qui eust tenu les abois devant vos chiens plusieurs
fois, que vous eussiez laissé à une ou deux heures de nuict, qui n'auroit pas pû s'éloigner du lieu où vous l'auriez brisé, à cause de son
extrême lassitude: car s'il n'y a quelques-unes de ces choses cy-dessus, vous ne pouvez requester un cerf dans un païs de grand change
par la science, et rarement par bon-heur; mais dans les païs où il y a
peu de cerfs, comme j'ay dit, vous le pouvez, après avoir chassé ou
parchassé un cerf le plustard que vous aurez pû, et que vous en
aurez bien considéré la forme du pied et les connoissances, pour
juger si c'est votre cerf auparavant que de le briser; c'est un avantage de le pouvoir faire sur la terre, et quand on n'est pas contraint
de laisser un cerf battant l'eau, particulièrement dans des ruisseaux :
car si c'est dans un étang, après en avoir pris les devans, vous êtes
asseuré qu'il y est, et croyez qu'il en sortira peu de temps apres que
vous l'aurez quitté, pourveu qu'il n'entende plus de bruit pour n'aller
pas loin de là demeurer, s'il est mal mené : si non il retournera dans
le païs d'où vous l'aurez amené, s'il s'est dépaysé; car dans les grosses rivieres, il ne peut demeurer : vous n'avez donc que les ruisseaux
à craindre ; car où il y en a plusieurs, un cerf peut sortir de l'un et
rentrer dans l'autre ; et s'il y a des demeures entre ces ruisseaux, il
s'y pourra mettre sur le ventre ; c'est ce qui se rencontre rarement en
France; mais fréquemment en Piémont, où je n'ay pas laissé d'en requester plusieurs par les ordres de deffuncte S. A. R. Victor Amédée,
et de monseigneur le prince Thomas son frère, qui y contribuoient
beaucoup de leurs soins, dont la bonne pratique et leur humeur généreuse ont tousjours fait reüssir ce qu'ils ont entrepris, tellement
que pour requester un cerf dans ce païs où sont tant de ruisseaux qu'ils
appelent biaillières; il y faut peiner du corps et de l'esprit, et ne se
lasser de longer ou monter ces eauës des deux costez, jusques à ce que

vous ayez connoissance que vostre cerf en soit sorty, et s'il rentre dans un autre bras, ou dans une de ces biaillères vous en ferez de mesme : et si les voyes de votre cerf alloient de trop hautes erres, et que vos limiers ne les pussent emporter et suivre, il faut, après avoir pris les devants, traverser et fouler les enceintes qui s'y rencontreront, pour en renouveller des voyes du cerf, et le relancer ; mais si vous n'en avez aucune connoissance, il faudra aller prendre les grands devants à l'œil, et avec les limiers, par ou vostre cerf est venu le jour d'auparavant : ou pour abréger, il y faut avoir envoyé dès le matin, un valet de limier et un veneur à cheval, qui ayent eu connoissance de vostre cerf, pour luy aider à prendre les devants à l'œil, et que s'ils en ont connoissance, celuy qui est à cheval, vienne avertir ceux qui requestent dans le païs ou l'on a brisé le cerf le jour précédent. J'ay voulu donner ce peu d'instruction pour le Piedmont, afin de s'en servir aussi bien qu'en France, si on en avoit besoin. Et pour sçavoir le païs où l'on est, pour y requester un cerf quand on l'a brisé, l'on doit demander au premier païsan que l'on trouve, quel païs et quel bois sont ceux où l'on est, et quel village en est plus près, afin de s'y faire mener pour y faire la retraite. Et aussi-tost que vous y serez arrivez avec vos chiens, vostre premier soin sera de les loger, et leur donner bonne et ample paille blanche, leur visiter les jambes et les pieds, pour connoistre s'ils y ont quelques épines, les tirer, et s'ils sont aggravez ou échauffez, afin de leur faire un restraintif dès le soir, et leur donner aussi du laict venant du py de la vache, s'il y en a dans le village, si non leur faire du potage en façon de moüée avec sein doux, et aussi-tost que vous serez à votre logement, vous envoyerez au roy, luy donner avis de ce que vous aurez fait, et en mesme temps au quartier de la vénérie, pour faire venir chiens, limiers et chevaux toute la nuict, afin qu'ils puissent arriver au poinct du jour, où vous estes logé, et mander qu'il demeure un relais de chiens à l'entrée du païs d'où vous aurez ommené vostre cerf et un valet de limier, pour en prendre les devants : et s'il trouve le cerf revenu, qu'il envoye aussi-tost un homme à cheval, pour vous avertir, afin que vous alliez le trouver et y meniez vos chiens, pour suivre le cerf et l'y réclamer. Je dis toutes ces choses, si c'est un cerf dépaysé ; ce qui arrive le plus souvent quand l'on requeste des cerfs, à cause qu'ils ne sont pas relayés : ainsi ils ne sont pas chassez des chiens, ny poussez si viste, ce qui les fait durer plus long-temps et jusques à la nuict ; mais si c'est dans les païs où vous avez donné un cerf aux chiens que vous ayez brisé, vous vous devez retirer au lieu où est logée la venerie, où tout le reste de l'équipage se retire aussi, et là vous adviserez ensemble des lieux et cantons où vous devez aller prendre les grands devants, qui doivent estre pris par une partie de vos valets de limiers, et par les autres, dans les plus proches chemins et routes du lieu où vous aurez brisé vostre cerf, et ordonner qu'il y en aura un qui ira prendre les voyes, qui sera accompagné d'un picqueur qui ait eu connoissance du cerf que vous avez couru, et que les autres se séparent et aillent avec les autres valets de limiers : c'est là l'ordre que l'on peut donner dans un grand païs ; et pour le cerf qui s'est dépaysé, il faut aussi-tost que les hommes, les limiers, les chiens courans, et les chevaux seront arrivez au lieu . où vous serez logez, donner l'ordre que l'on les fasse repaistre, et après qu'ils vous viendront trouver sur le païs, et au lieu où vous aurez brisé le soir vostre cerf, et leur donner un guide pour cela, afin qu'ayans renouvellé des voyes de vostre cerf, vous les puissiez avoir pour suivre les chiens que vous voudrez donner, lors que vous l'aurez relancé ; et pour les autres ils seront séparez et envoyez en relais du costé que vous verrez que le cerf aura la teste tournée, et qu'ils ayent le soin de porter à boire et à manger pour ceux qui requestent le cerf; et après ces ordres, et que vous aurez déjeuné, vous envoyerez un de vos valets de limier avec un des picqueurs connoissant vostre cerf et qui aura fait chasser les chiens le jour auparavant, afin qu'il prenne les devants derrière vos brisées, à quelque distance de là, et par le lieu où sera venu vostre cerf le jour précédent, et que deux autres aillent devant vos brisées un plus près, et l'autre plus loin, prendre de grands devans pour connoistre si vostre cerf s'en sera allé tout d'un temps dès le soir, et qu'il y ait un picqueur ou deux, si vous en avez, avec eux, la trompe au costé, puisqu'il faut que tous soient ainsi, lors que l'on requeste un cerf, et que ces picqueurs ayaient aussi eu connoissance du cerf de la meute, afin que si les valets de limier qui sont avec eux, en rencontrent, ils puissent juger ensemble si c'est vostre cerf, et que ce l'estant, ils sonnent deux mots longs pour vous avertir et vous obliger d'aller à eux : et quant à vous, vous irez avec un ou deux des limiers qui voudront des voyes qui iront de hautes erres aux brisées et rembuchement que vous aurez fait de vostre cerf, le soir auparavant, pour prendre les voyes de vostre cerf que vous suivrez jusques à ce que vous les ayez renouvellées, ou que quelques-uns de vos picqueurs sonnent pour vous faire aller à eux. Ayant trouvé passé vostre cerf, et y estans arrivez, vous prendrez la voye avec un de vos limiers, en cas qu'ils n'eussent pas renouvellé de voyes; car si cela

estoit, et que vostre cerf fust à couvert dans des forts, il faudroit le
briser au premier chemin, et en prendre les devans, si non vous prendrez la voye, comme j'ay dit, avec un de vos limiers, et les autres
vous les envoyerez à droit et à gauche prendre les grands devans, afin
d'abréger, après pourtant en avoir reveu et jugé si c'est vostre cerf, et
si ce l'est, vous envoyerez un homme à cheval faire venir vos chiens
et vos chevaux au lieu que vous leur avez destiné le matin devant que
partir, et quand vous verrez que vostre limier aura renouvellé de
voye (ce que vous jugerez quand il aura plus d'ardeur, et qu'il sera
plus gay) alors si vostre cerf entre dans un fort, et de belle demeure,
il l'y faut briser, le rembucher, et en prendre les devans; et s'il demeure, vous vous éloignerez de deux ou trois cents pas du rembuchement pour sonner deux mots, pour faire venir vos hommes,
chiens, et chevaux; et en les attendant, vous considererez les connoissances du cerf que vous aurez rembuché, pour plus asseurément juger si c'est vostre cerf, de peur d'avoir changé de voyes ce jour-là,
en suivant avec vos limiers, comme il est possible, particulièrement
si vostre cerf avoit donné la nuict avec un autre, où il aurait fait une
partie de sa nuict; et le quittant il seroit demeuré en sa place sur le
ventre, et que l'autre cerf eust percé pour aller demeurer à une enceinte ou deux au delà; en ce cas, il faudroit pour s'en asseurer observer les allures balancantes du cerf qui aura esté couru : car de
l'autre, elles iront droit fermes, et résoluës, et quant aux fumées, vous
les verrez déffaites de couleur et de forme au cerf qui aura esté
couru, et seront aussi rouges, seiches et brulées, joinct que le cerf
qui est mal-mené, appuye plus du talon de la jambe et des os, ce qui
luy fait paroistre la jambe plus large, les os s'écartans davantage, à
cause de sa lassitude qui luy fait manquer de force : et après que vous
aurez bien considéré ces connoissances, vos chiens estans venus, et
deux relais envoyez, l'un entre le lieu où vous redonnerez le cerf aux
chiens, et le païs d'où vous l'avez emmené le jour précédent; et l'autre dans le fond du païs où vous serez, et le roy estant venu, ou qu'il
vous ait mandé qu'il ne viendra pas, et après avoir donné le temps à
vos relais d'aller à leurs postes, vous frapperez à vos brisées pour relancer vostre cerf et le redonner aux chiens. C'est le terme dont vous
devez user quand vous requestez un cerf; car il n'y a que lors que
vous commencez à le courre qui se peut dire lancer, et après l'avoir
redonné aux chiens, vous le chasserez de la mesme manière qu'au
chapitre précédent. Et quand il sera pris, vous en sonnerez la mort
et la retraite de mesme, après avoir fait fouler vos chiens, et avoir

ouvert la nappe au col du cerf pour en donner à ceux qui seront à la mort, particulièrement aux jeunes chiens, afin que toutes les fois qu'un cerf qu'ils chasseront, se dépaysera (encore qu'ils ne soient pas secourus des relais) ils le maintiennent.

CHAPITRE LX.

DES PRÉPARATIFS POUR FAIRE LA CURÉE AUX CHIENS.

Le gentil-homme de la venerie qui aura esté chercher une charette, et le valet de limier qui aura gardé le cerf, le doivent faire charger, et tous les deux le doivent accompagner, puis que ce sont eux qui en doivent répondre, jusques à ce qu'il soit conduit au quartier de la Venerie et déchargé dans le chenil, en la garde des valets de chiens ; et quant au lieu destiné pour y faire la curée, ce doit estre une belle et grande place herbuë, afin que la venaison ne se gaste pas dans la poudre : et si tost que le cerf est entre leurs mains, ils doivent prendre leurs couteaux pour oster la nappe du cerf et le préparer pour en faire la curée à leurs chiens qui sont dans le chenil, où il doit avoir deux valets de chiens auprès d'eux pour les empescher de crier et se battre, à cause du vent qu'ils auront du cerf. Les valets de chiens le mettront sur le dos, soutenu de son bois ; et si c'est dans le temps de la cervaison, il faut qu'ils aient fait provision d'un crochet de bois pour y mettre et accrocher les menus droits qui appartiennent au roy, et commencer par la coupe des bouts de la teste qui en sont mols, et jusques au dur : car le reste doit servir à faire de l'eau, et mettre ces bouts de teste dans une serviette blanche ; puis ils lèveront les dintiers, le bout du mufle, et les aureilles qu'ils mettront au crochet par une fente qu'ils auront faite à la peau : cela estant, ils commenceront à luy oster la nappe, la fendant sous la gorge, et jusques où ont été les dintiers. Après ils prendront le pied droit dont ils couperont la peau alentour de la jambe, et la fendront jusques au noyau de la poitrine, et les autres valets de chiens, ou pour le moins deux, en peuvent faire de mesme à ceux de derrière, cependant que deux tiennent les deux autres pieds, et pour l'ouverture de la peau des jambes de derrière, elle doit aller le long du dedans des cuisses jusques aux dintiers, et après ils dépoüilleront les jambes, et ensuite le corps. Ce qu'estant fait, on luy doit laisser la nappe sous le corps pour lever la langue, et le reste des menus droits, coupans les quatre nœuds qui sont au deffaut des épaules et des cuisses qu'ils mettront pareillement au crochet. L'on doit fendre le cerf tout le long du ventre, et en oster la panse sans le rompre ny couper, afin de ne pas gaster la venaison de ce qui sortiroit de ce sac, que l'on doit donner aux petits ou grands valets de chiens ordinaires, et en leur absence, à ceux qui sont en quartier, pour l'aller vuider et laver où est la franc boyau, qui est encores des menus droits, qui se doit mettre au crochet, et pour le membre du cerf, il doit estre levé, dont les valets de chiens doivent avoir soin de se laver, nettoyer et le mettre tremper vingt-quatre heures dans du fort vinaigre, et après l'en tirer, pour le faire sécher au four, ou au soleil, selon la saison, pour quand il sera sec, le remettre au maistre valet de chiens, qui le doit donner au lieutenant ou au grand veneur, s'il le veut, dont la vertu est de guarir le flux de sang. Comme l'os que l'on doit tirer du cœur du cerf, que l'on appelle vulgairement, croix de cerf, qui doit estre seulement nettoyé de sa chair et seiché. Il faut donner le cœur, une partie du foye et de la ratte aux valets de limiers, pour le droict de leurs limiers, qui leur doivent faire manger par petits morceaux, après les avoir mis devant la teste du cerf, que l'on aura levé du massacre, où ils les tiendront quelque temps, les uns devant les autres pour les animer. Alors on levera les épaules, dont la droicte appartient à celuy qui a laissé courre le cerf : et l'autre aux autres gentils-hommes de la Venerie. Les petits filets doivent estre encore au Roy, et le cimier au grand veneur. Les grands filets aux lieutenant et sous-lieutenant de la venerie. Les foccilets et les nombres, aux valets de limiers, et le col aux valets de chiens ; et quant au bois du cerf, il doit estre porté au Roy. On doit avoir conservé le sang dans un sceau ou chaudron, aussi-tost que l'on a ouvert le cerf. Il faut aussi avoir fait provision de deux ou trois sceaux de laict venant du py de la vache, ou au moins qu'il ne soit pas écrémé, ny aigre, ce qui feroit mal aux chiens. Les valets de chiens ayant apporté le sac et les boyaux, bien lavez et nettoyez, ils les couperont par petits morceaux, avec le reste de la ratte et du foye, et force pain aussi, par petits morceaux et méleront le tout dans le sang et le laict, qui sera dans un grand baquet ou deux (s'il ne suffit d'un) broüilllant le tout avec les mains, et le laisseront un peu de temps, pour faire imbiber le pain : et après vous mettrez sur la nappe du cerf (qui est la peau) que vous aurez étenduë sur le drap de curée, qui doit estre de toille forte, assez grand et carré ; et peu de temps après que vous aurez mis la moüée sur la nappe, un des valets de chiens la doit oster : et les autres doivent prendre le drap de curée par les coings, pour remuer et méler la moüée jusques a ce que le pain soit imbu du sang et du laict : et dans l'hyver que l'on ne trouve pas du laict facilement, l'on doit prendre huict ou dix livres de sein doux, selon la quantité de chiens que l'on a, pour faire la moüée grosse ou petite, lequel l'on fait fondre et méler avec de l'eau et boüillir dans une chaudière, que l'on met tout chaud dans un grand bacquet, où est le pain en petits morceaux, et le dedans du cerf, que l'on remuë avec des bastons. Le maistre-valet de chiens doit avoir fait couper force houssines par ses compagnons, qui soient de bois de bouleau, ou de coudre, et non de bois puant et de rouynette, qui donne le flux de sang. Cette préparation estant faite, il doit aller dire au lieutenant de la vénerie, ou à celuy qui commandera dans le quartier, que la curée est preste : et après, il doit revenir donner le reste de ses ordres, comme de faire mettre le coffre du cerf dans une belle place herbuë, à cinquante pas de la moüée, et le forthu à mesme distance (si c'en est la saison) qui est le temps de la cerfvaison. Ce forthu sont les petits boyaux du cerf, que l'on doit mettre au bout d'une fourche de bois, dont on aura émoussé les bouts de peur qu'elle ne picque les chiens et donner ordre aux valets de chiens de se tenir partie dans le chenil, et l'autre dehors, aux aisles, pour conduire et faire aller les chiens à la moüée, et que ceux qui seront dans le chenil, se tiennent à la porte, pour l'ouvrir tout d'un temps, et la tenir ouverte, afin que les chiens ne s'y heurtent pas de la hanche en passant, où ils se pourroient étreufler, et que l'on couple et tienne les chiens qui sont trop gras, pour ne les découpler qu'après que les autres auront esté quelque temps à la moüée.

CHAPITRE LXI.

Le lieutenant de la venerie, ou celuy qui commandera en son absence, ayant receu l'advis du maistre-valet de chiens que la curée est
preste, il doit aller chez le grand-veneur, sa trompe au costé, luy donner le mesme advis, et le grand-veneur aussi en mesme estat, doit
aller en advertir le Roy, suivy du lieutenant et des officiers de la venerie, estant bien de faire les choses avec le plus de pompe que l'on
peut, puis que c'est pour honorer le plus grand roy de la chrestienté,
et que vous rendez aussi ce que vous devez au grand-veneur, qui arrivant auprès du Roy, luy doit demander s'il luy plaist de venir voir
faire la curée à ses chiens : et y venant, le grand-veneur le doit suivre
avec tous les officiers de la venerie : et Sa Majesté arrivant proche du
chenil, le grand-veneur, avec sa suite, doit s'avancer pour sçavoir du
maistre-valet de chiens si la curée est en estat, par lequel il se fera
donner deux houssines, l'une qu'il présentera au Roy, et l'autre pour
luy. Et s'il y a des princes et des ducs, le lieutenant de la venerie en
doit prendre de la main du maistre-valet de chiens, pour leur en donner : et après ledit maistre-valet de chiens en doit distribuer aux officiers de la venerie, et à ceux qui sont à la suite du Roy. Il s'observe
un ordre de tout temps que ceux qui assistent à la curée, doivent
oster leurs gants, à moins que d'estre confisquez aux valets de chiens.
Celuy qui a laissé courre le cerf, dont on fait la curée, prend la teste
devant luy, avec ses deux mains, l'appuyant le bas à terre, et la tient
droicte derrière la moüée, pour la faire voir aux chiens, lors qu'ils
viennent. Le Roy se met derrière celuy qui tient la teste, et sonne
pour chiens, si bon luy semble, le premier ; après le grand-veneur, le
lieutenant, les officiers de la venerie et assistans ; au mesme temps,
les valets de chiens doivent ouvrir la porte du chenil des deux costez :

et les chiens estans à la moüée, on leur doit parler comme en les faisant chasser, et flatter les jeunes chiens avec la main, leur donnant par les flancs, en les nommant, et continuer ainsi à sonner et parler, jusques à ce qu'ils ayent mangé la moüée ; alors l'on doit mettre les chiens gras en liberté : le Roy, s'il luy plaist, le grand-veneur et officiers, voyans la moüée presque mangée, iront au plus viste où est le coffre, y sonner encore pour chiens, et tousjours du gros ton : et ceux qui sont demeurez avec les chiens à la moüée, diront aux chiens : *tirez chiens, tirez,* et y estans, continuëront à parler de la mesme sorte qu'à la moüée, jusques à ce qu'ils aient mangé toute la venaison. Il faut que les valets de chiens ayent le soin de leur oster les os qui ne servent plus qu'à leur gaster les dents et à les faire entrebattre. Alors on doit aller (comme on a fait au coffre) où est le forthu, que doit tenir un valet de chiens en le montrant aux chiens quelque temps auparavant que de leur donner, et crier : *tayoo !* et le Roy, le grand-veneur et tous les officiers, doivent sonner du gresle, et forthuer les chiens aussi de la bouche ; ce qui se fait pour diversifier les tons, les occasions, et les temps qui se présentent dans la chasse afin d'établir la vraye créance que doivent avoir les chiens. Ensuite le valet de chiens leur abandonne le forthu : et après l'on doit sonner la retraitte, en se retirant vers le chenil, pour obliger les chiens à y aller, où le maistre-valet de chiens doit estre à la porte, pour les voir entrer et en sçavoir le compte, afin que s'il ne s'y trouvoit pas, il envoye aussi-tost des valets de chiens avec leur trompe, sonner la retraite dans les lieux où aura passé la chasse, et en aille faire la relation au lieutenant, et le lieutenant au grand-veneur, afin qu'il en puisse rendre compte au Roy, lors qu'il luy demandera.

FIN DE LA PREMIÈRE PARTIE.

LA

VÉNERIE

ROYALE

DEUXIÈME PARTIE.

A SON ALTESSE ROYALE DE SAVOYE.

Les signalez bien-faits que j'ay receu de vostre royale maison, en dix-huit
ans de mes services, ne se pouvans effacer de mon esprit, non plus que mes
reconnoissances à vous continuer mes devoirs, et correspondre au ver-
tueux divertissement de vostre *Altesse Royale*. Le présent subjet en est
un moyen trop spécieux, pour ne le vous pas offrir, puisque je ne vous
présente rien que je ne vous doive. Recevez donc, *Monseigneur*, ce second *Traicté de Chasse,* qui contient la manière de l'exercer en Piedmont,
que j'ay si longtemps et si souvent prattiquée, par les ordres et en la
présence de vostre Auguste prédecesseur; et je m'asseure qu'en voyant
cette *Venerie Royale,* elle vous agreera autant que feu S. A. R. en ay-
moit le plaisir; comme le digne successeur de ses vertus, que vous imite-
rez avec gloire, en vous formant à ces généreux exercices, qui sont les véritables et les plus dignes emplois d'une personne de votre illustre naissance, et un véritable essay des travaux de la guerre. Au reste si vous en
daignez prattiquer les enseignemens, vous en augmenterez d'autant plus
mon bon-heur, et les obligations que j'ay de me dire à juste titre,

Monseigneur,

De votre Altesse Royale,

Le très humble, très obéissant et très obligé serviteur,

DE SALNOVE.

SECONDE PARTIE

DE LA

VENERIE

ROYALE.

CHAPITRE PREMIER.

POUR CHASSER LE CERF, EN PIEDMONT.

Encore que j'aye donné dans la première partie de cette œuvre les connoissances des cerfs, et tout ce s'y qui peut faire pour en bien prattiquer la chasse en France ; neantmoins me trouvant obligé et d'inclination que cet ouvrage serve aussi en Savoye, et en Piedmont, j'en ay fait quelques chapitres, afin d'en donner une plus parfaite intelligence à son Altesse Royale de Savoye, qui a beaucoup d'affection pour cette chasse, qui pourtant ne sera que pour luy faire connoistre la manière d'agir, en faisant chasser les chiens, et les lieux où il faut chasser, selon les saisons : car pour les connoissances du pied, du corsage et de la teste, je ne luy en saurois donner d'autres que celles que j'ay exprimées cy-devant ; puis qu'elles sont de mesme en ces pays qu'en France, et que les termes et la façon de sonner, y doivent estre également observés. Mais quant à la façon d'agir, en faisant chasser,

elle est d'une autre manière à cause de la difficulté des païs, je veux
dire des lieux où l'on chasse le plus ordinairement le cerf en France ;
où il y a aussi des provinces qui sont montagneuses, dont je ne prétends pas parler ; mais seulement des païs plats et sans eaües, au
moins qui puissent incommoder les chiens ny les hommes, et où l'on
peut les accompagner partout, et voir ce qu'ils font, pour les réprimer avec facilité : ce qui ne se peut en Savoye, à cause que c'est un
pays de grandes et hautes montagnes pleines de rochers, où il se
faut contenter de cottoyer et suivre les chiens, par de bien petits chemins, et de leur parler de temps en temps, et sonner à propos, pour
les obliger de chasser comme lors qu'un cerf tourne, de tourner et requester, pour en trouver le bout de la ruze : ce qu'il faut faire avec
jugement, et par la connoissance que l'on doit avoir des chiens par la
voix, lors qu'ils chassent, puis que l'on ne les peut voir : et ainsi des
autres choses que je diray plus amplement. Le païs où l'on peut
courre le cerf en Piedmont, a plus de conformité à celuy de France
que la Savoye, à cause qu'il est plat, et que l'on y peut accompagner
les chiens de mesme ; mais il y a des torrens d'eaües qui y passent,
qui les rendent différents, où elles sont très grosses et rapides, particulièrement au printemps, et une partie de l'esté : elles viennent des
montagnes qui bornent le païs, et sont causées par la neige qui s'y
est conservée tout l'hiver (à cause des grands froids qu'il y fait) et sont
fonduës par le soleil, dans le temps que j'ay dit, qui enflent et grossissent ces rivières et torrens, lesquels vont serpentans dans le plat
païs du Piedmont, et se séparent en beaucoup d'endroits. Et de ces
torrens sortent plusieurs ruisseaux, qu'ils appellent baillières, que
ceux du païs conduisent avec grand soin et adresse, pour arroser
leurs campagnes et prairies, ce qui les rend très fertiles ; mais qui fait
un obstacle aux plaisirs que son Altesse Royale auroit plus parfaits à
courre le cerf, puis que ces torrens et biaillières passent, la plus part,
dans les païs où sont les cerfs, et où il doit chasser : neantmoins ces
eaües ne le peuvent pas empescher de les prendre, pourveu que l'on
y apporte les remèdes et précautions en suite, comme je les ay pratiquées dix-huict années que j'ay eu l'honneur d'y servir son Altesse
Royale *Victor Amédée*, son père, ayant fait prendre à ses chiens devant luy, une quantité de cerfs innombrables où estoit aussi Monseigneur le prince Thomas son frère, qui depuis ce temps là s'est rendu
très sçavant dans la chasse, et dans toutes les précautions que je diray :
ce qui m'oblige d'avoüer que s'il pouvoit tousjours chasser avec son
Altesse Royale, son nepveu, et aussi longtemps qu'il vivra, ce que je

fais présentement, seroit inutile ; mais comme il est mortel, j'ay jugé
qu'il estoit à propos que je rappellasse ma mémoire, pour annoncer à
son Altesse Royale les choses les plus essentielles que j'ay peu connoistre dans ses estats, en y chassant, afin qu'elles puissent servir à son
divertissement, à ses successeurs et à moy, en luy témoignant que je
suis tousjours dans les ressentimens de l'honneur et des bien-faits
que j'ay reçeus de cette grande et admirable princesse, madame
Royale, sa mère, et de son auguste maison. Et pour y mieux reüssir,
j'en ferai quatre chapitres, où je feray connoistre les lieux où l'on doit
courre dans les saisons : ce qui est le plus important, puis que
sans cette observance, il est très difficile de forcer les cerfs avec les
chiens-courans en Piedmont, où ils ont une différente nature et manière d'agir à ceux de France, lors qu'ils sont chassez, estans presque
tousjours dans l'eauë. Mais en France les cerfs ne battent l'eauë que
dans le besoin de s'y rafraischir, où pour y ménager si peu de force
qui leur reste ; je veux dire lors qu'ils s'y arrestent : car si un cerf,
après estre donné aux chiens, quitte son païs pour aller en un autre,
s'il trouve une rivière, ou un estang, il passe l'un et l'autre, sans s'y
arrester. Vous n'avez donc qu'à en prendre les devants par l'autre
costé, où vous ne manquerez de le trouver sorti ; et si par malice il
va à l'eauë pour se deffaire des chiens, ce sera dans quelque petit ruisseau qui se pourra rencontrer dans un païs de bois, sortant d'une
source où d'un estang, où il y aura si peu d'eauë (au moins en quantité d'endroits) qu'elle n'empeschera pas les chiens d'y chasser, y ayans
des branches pendantes, ou des herbes des deux costez, que le cerf
touchera, lors qu'il y passera et y fera des portées, où les chiens auront du sentiment : car il ne sçauroit la battre long-temps dans les
estangs, ny dans les rivières que nous avons en France, à cause qu'il
faut qu'ils nagent tousjours ; mais le païs de Piedmont n'est pas
de mesme nature, ny les cerfs de mesme humeur, puis qu'ils vont
à l'eau et la battent par inclination : ce qu'ils font connoistre dès
le matin, lors que l'on est aux bois, en les suivant avec le limier,
pour les détourner : car si-tost qu'ils ont le vent de vous et de vostre
chien, ils se jettent dans un de ces torrens ou biaillières, pour
les longer : et si vous vous opiniastrez à les suivre, ils sortiront
de ceux-là, pour rentrer en d'autres, et long-temps ainsi, sans
vouloir demeurer : et quant à ceux que vous détournez et laissez
courre, peu de temps après qu'ils sont donnez aux chiens, ils vont
s'y remettre, pour les longer, ou monter, et après l'avoir fait quel-
que-temps, ils entrent dans des isles peuplées de bois et de grands

forts, où bien souvent les cerfs font leurs demeures, pour y faire bondir le change : et s'ils ne l'y ont rencontré, ils se rejettent de l'autre costé dans le torrent, pour le battre encore ; mais pour les obliger à quitter le torrent, il faut mettre des hommes à cheval à cinq cens pas l'un de l'autre, afin qu'ils se puissent voir et s'assister à pousser le cerf, et qu'en criant, ils advertissent les picqueurs, et n'en estans pas ouïs, il faut qu'un d'eux les aille chercher, et les fasse venir avec les chiens et en ce faisant, vous obligerez le cerf à quitter les torrens, pour aller dans ces biaillières, presque aussi grandes que les petites rivières qui sont en France, où neantmoins les cerfs ont pied quasi partout, et non pas les chiens, qui sont obligez d'y nager : ce qui les lasse et refroidit, à cause que ces eauës sont de neige, et de sources, et que si le cerf sort de cette biaillière, ce sera pour rentrer dans une autre : et comme cela bien souvent il vous donne à deviner, et vous fait perdre beaucoup de temps, cependant il se fort-longe, et n'estant pas pressé, il se maintient dans sa force : ce qui le fera durer très long temps, quand bien vous le maintiendriez : et pour y obvier, il faut tous les ans, auparavant que de chasser dans ces païs, où sont ces quantités d'eauës et biaillières, que des picqueurs, qui sçauront parfaitement le païs, mesnent des paysans, qui ayent des serpes, ou coignées, pour couper des arbres des deux costez des biaillières (s'il y en a) si non de les y en faire apporter pour les jetter aux travers de la biaillière tant qu'il y en ait suffisamment pour empescher l'eauë de les emporter, et les cerfs d'y pouvoir passer, et que ces barricades soient à cinq cens pas l'une de l'autre, pour obliger un cerf, lors qu'il y sera, d'en sortir, afin que les picqueurs en ayent conniossance ; quand bien il y rentreroit, et qu'ils soient asseurez qu'il va devant eux, et que le cerf s'en voyant suivi et appuyé il soit obligé de quitter l'eauë pour aller ruzer sur la terre, où vous démélerez plus aisément ses ruzes, et avec plus de plaisir. Il y a encore d'autres choses à faire, que je diray ensuite selon les occasions qui s'en présenteront.

CHAPITRE LXIII (1).

Ce qui est le plus important pour forcer le cerf, en Piedmont, c'est de savoir faire élection du lieu où on le doit attaquer dans les saisons, comme de considérer que dans le printemps vous ne le devez, ny ne le pouvez, dans le païs plat (qui est le grand païs) ny aussi dans les buissons voisins, puis que la pluspart des cerfs qui y sont, viennent du grand païs en cette saison et où ils s'en retourneroient aussi-tost que vous les auriez donné aux chiens : et ces buissons, sont Stupigny, les montagnes de Rivole et de Rivalte; les Isles d'Harpignan, Givou-let, les Riziers ; et les buissons qui sont entre Ligny et Vulpian, puis que tous ces lieux n'ont autre refuite que le grand païs où passent ces torrens et biaillières, qui sont en cette saison, si pleins d'eau, qu'il est impossible de les passer ; mais vous avez la montagne de Pioussas-que qui en est éloignée de quatre à cinq lieuës ; joinct que les cerfs qui y sont, n'en viennent pas, venant une partie des montagnes qui sont aux pieds des Alpes, et l'autre est née dans cette montagne, qui est belle et assez commode, ayant le village de Trasne au pied, pour faire le logement de la Venerie, et aussi l'assemblée ; les relais y sont justes, et que l'on peut donner avec facilité voir souvent les chiens, lors qu'ils chassent, et les oüir tousjours. Vous les pouvez aussi secourir de temps en temps, en coupant au devant d'eux, par des petits che-mins, qui descendent dans des gorges, qui y sont, pour revoir des voyes du cerf, afin d'estre asseuré de ce qu'ils chassent, et aussi que les picqueurs peuvent estre, les uns au pied de la montagne, et les autres sur le haut, où il y a un chemin où son Alttesse Royale peut

(1) On se conforme ici à la manière dont sont numérotés les chapitres dans l'édi-tion de 1665 bien que cet ordre ne paraisse pas logique : ce chapitre devrait être numéroté deuxième de la seconde partie, mais c'est l'ouvrage de Salnove tel qu'il existe, qu'on veut reproduire avec une scrupuleuse exactitude.

aller et galoper partout, en les faisant élaguer tous les ans, d'où il peut oüir tousjours les chiens chasser ; vous y avez un torrent que l'on appelle le Sangon qui passe au pied de cette montagne, et l'allonge d'un costé, où il faut mettre des gardes à cheval, depuis le grand rocher de Trasnes jusques au pont de Javannes, à deux cens pas l'un de l'autre, pour voir entrer le cerf dans l'eauë et le suivre, au moins de l'œil, pour prendre garde s'il ira dans les isles qui y sont ; car comme l'eauë est fort haute et rapide en cette saison, il ne la peut battre long-temps. Il faut mettre aussi un relais et un picqueur sur le bord de l'eauë dans un pré qui y est, et ne donner ce relais que lors que le cerf en sera sorty ; pourtant en cas que le cerf n'eust pas percé la rivière, sans s'y arrester pour quitter la montagne ; car en ce cas, il le faudroit donner, mais revenant à la montagne, ce seroit pour maintenir le cerf, jusques à ce que les chiens de la meute les ayant joints puisqu'ils peuvent estre demeurez, dans les isles à battre l'eauë et à requester. Vous mettrez vostre vieille meute aux Quatre Chemins, ou à Liveloux, qui sont les refuites les plus asseurées ; néantmoins vous en ferez distinction, comme aux Quatre Chemins, lors que l'on laissera courre sur le penchant de Trasne, où du costé du pont de Javannes, et quand vous laisserez courre sur le penchant de Pioussasque et de Cumiane, l'on la doit mettre à Liveloux, et les autres relais qui seront dans la Montagne, au Campet et à l'Espraize, et lors que vous donnerez vos relais, vous pouvez faire reprendre des chiens qui chasseront, et les aller faire raffraichir à des fontaines et des petits ruisseaux qui sont en beaucoup d'endroits dans la montagne, pour après les ramener au lieu où ont esté donnez les relais pour les redonner quand le cerf y repassera ; car dans les montagnes il faut souvent donner des chiens frais, à cause qu'ils y peinent beaucoup plus que dans la plaine. Vous mettrez aussi deux autres relais, l'un à la montagne de Rivole, et l'autre à celle de Rivalte, en cas que vostre cerf y voulust aller, et donnerez l'ordre à ceux qui les meneront, qu'après y avoir demeuré deux heures, et que la chasse n'y aille pas, ils s'en reviennent dans la montagne de Pioussasque, par le chemin que les cerfs ont accoutusmé d'aller à ces montagnes, afin que si celuy de la meute y alloit, ils le rencontrassent en leur chemin, et vous relayassent ; car l'on peut faillir à laisser courre aux premières brisées, ce qui vous obligeroit d'aller à d'autres joint que l'on est ordinairement long-temps à lancer un cerf dans cette montagne, à cause que l'on ne le peut abréger, y ayant peu de chemins ; tellement que comme cela, ces deux relais ne peuvent manquer de vous secourir puis qu'ils reviendront assez tost dans la montagne pour y donner leurs chiens, estant la saison où les cerfs ont plus de force ; et si vous ne trouvez assez de cerfs dans cette montagne pour vous occuper, jusques à ce que les eauës soient écoulées dans les païs que j'ay nommez, il faut aller en queste aux montagnes de Pragelas, et du col Marion, ou vous trouverez des cerfs qui viendront, après estre donnez aux chiens en la montagne de Pioussasque, n'ayant point d'autre refuite, si ce n'est quelques-uns qui pourront aller à des buissons qui sont au delà de Vigon, où il y a aussi ordinairement des cerfs.

CHAPITRE LXIV.

DES BUISSONS DU PIEDMONT OU L'ON DOIT COURRE LE CERF EN ESTÉ.

Le mois de Juillet estant venu (qui est le temps de la cervaison) et que les neiges seront fonduës aux montagnes, et les grandes eauës écoulées dans la plaine, les torrens et les biaililères y seront guayables, ce qui fera que l'on y pourra courre le cerf, au moins à la pluspart des buissons, afin de laisser le grand païs pour chasser l'hyver, pour les considérations que j'ai desjà dites : joint que les plus vieux cerfs qui y sont l'hyver, sont allez aux buissons pour y pousser leurs testes, et y trouver les viandis meilleurs et en plus grande quantité, qui les auront chargez de venaison, ce qui vous en facilitera la prise, et les empeschera aussi de pouvoir venir jusques à ce grand païs qui est pour lors encore plein d'eauë, particulèrement ceux qui sont allentour de Vulpian, où je suis d'avis que l'on aille planter le piquet, avec les chiens et l'équipage pour y loger. Au partir de la montagne de Pioussasque, le païs en est très-beau, et les eauës y sont en cette saison si basses, qu'elles se trouvent favorables pour les chiens, plustost que nuisibles, puisqu'ils se raffraichissent dans la grande chaleur de cette saison, et qu'ils y peuvent avoir aussi par tout le sentiment d'un cerf, et que si vous y attaquez un cerf de dix cors, il se fera prendre dans e païs où vous mettrez vos relais, horsmis un qu'il faut mettre dans les riziers de Ligny, où le cerf pourroit venir sur ses fins, n'ayant point d'autre refuite, et si c'est un jeune cerf, il pourra quitter le païs, où vous mettrez seulement la vieille meute, et le plus fort relais, d'après au milieu des Riziers de Ligny, qui sera tenu par un picqueur, pour relayer et secourir les chiens qui chasseront : car bien souvent les picqueurs ne les peuvent accompagner dans ce païs qui est très-marescageux, ce qui les oblige à aller chercher quelques ponts, qui y sont, et des passages; mais quand on court un cerf de dix-cors, ils y peuvent suivre les chiens : car un cerf de cet âge ne passe en aucuns lieux, que le picqueur n'y puisse passer, joinct qu'il ne s'opiniastre pas à s'y faire battre et tourner : mais seulement ils le percent pour aller en courtasse; comme font aussi les jeunes cerfs, où vous devez mettre un bon relais et un picqueur, et que ce soient vos chiens les plus sages, puisque c'est l'entrée du grand païs et du grand change, ou au moins un buisson qui n'en est séparé que d'un chemin, et que le prince aille passer par les anciens chemins qui vont de Ligny à Turin; et quand vous aurez pris cinq ou six cerfs à ces buissons, vous pourrez aller à Casenauve, qui est un païs fort éloigné du grand change et des eauës, et après aller aux buissons de Rivole et de Rivalte, c'est où leurs Altesses de Savoye ont une maison de plaisir qui porte le nom de Rivole dans laquelle, entre autres beaux logemens, il y a un sallon considérable pour sa grandeur et les belles peintures qui y sont, au bout du quel est une grande et longue galerie, où sont les testes les plus considérables des cerfs que les ducs de Savoye ont pris, y en ayant une entre les autres, qui est haute, large et extraordinairement chevillé, portant vingt-quatre, dont j'en laissai courre le cerf devant S. A. R. *Victor Amedée,* et Monseigneur le prince Thomas son frère. Ce cerf avait beaucoup vieilly pour avoir un pied extraordinairement petit, et qu'aussi en vieillissant il luy estoit retressy, ce qui avoit fait passer les veneurs qui en avoient eu connoissance plusieurs fois, les voyes, sans en considérer les connoissances, les prenant plustost pour estre d'une biche que d'un cerf, joinct qu'il s'estoit rendu si fin et si malicieux, qu'il estoit très-mal-aisé (encores que l'on en eust rencontré aller de bon temps) d'en pouvoir venir à bout pour le détourner, et encore pour le laisser courre, mesme qu'après l'avoir lancé, il alloit aussi-tost faire partir un autre cerf pour se mettre en sa reposée, et le faire courre en sa place : ce qui m'a fait expérimenter quelquefois auparavant que de pouvoir le faire chasser aux chiens. Il fut pris dans le grand païs devant son Altesse Royale, et Monseigneur le prince Thomas; Son Altesse voulut qu'on l'apportast à Thurin pour en faire la curée à ses chiens, devant madame Royale, et les Serenissimes Infantes ses sœurs, après que le pied droit en fut levé et donné à Son Altesse Royale, qui voulut que les connoissances en fussent considérées par ses veneurs, afin de leur faire connoistre que ce n'est pas seulement aux grands pieds de cerfs où il se faut arrester ; mais encores aux connoissances d'un vieil cerf, et comme je les ay dites au traité cy-devant, et que pour les connoistre, il se faut faire assez longtemps instruire par les habiles dans le mestier, et non comme ceux qui croyent qu'après avoir esté dix ou douze fois au bois avec un maistre, ils en sçavent autant et plus que luy, voulans aller aussi-tost après seuls, où par hazard ils détournent un cerf, et le laissent courre, et voyans qu'ils ont si bien reüssi, ils croyent qu'ils peuvent passer par tout pour très-habiles, quoy qu'ils ne le soyent pas, car pour se dire connoisseur, il faut avoir esté long-temps au bois, et avec des personnes qui soient expérimentées au mestier, et pratiquer encores plusieurs années en son particulier pour s'établir dans les connoissances, et apprendre les ruzes des cerfs : car ce qui est ordinaire, reüssit volontiers, comme à voir un grand pied de cerf où sont toutes les connoissances, il est aisé d'en juger pour peu de pratique que l'on ait, comme aussi (quand le cerf fait sa nuict) de le détourner, et quand il se rembusche sans faire aucune ruze ny faux rembuschemens, et qu'il se va mettre à la reposée dans le premier fort qu'il trouve. Mais lors que les veneurs peu instruits rencontrent des pieds de cerfs, comme celuy dont je viens de parler, et qui fasse les mesmes ruzes, ils le laissent et l'abandonnent, dans le doute qu'ils ont que ce soit un cerf, joint qu'ils ne peuvent sçavoir où il demeure, n'en pouvans trouver les dernières voyes, tellement que telles gens ne font jamais rapport, si ce n'est de ces grands pieds de cerf, encore faut-il que le livre aux asnes soit ouvert, qui sont les temps qui fait mol et beau revoir. Je reprens mon sujet, disant que les buissons de la montagne de Rivalte ont trois refuites qui sont Stupigny, Pioussasque et les montagnes de Rivole ; mais Rivole est la plus asseurée où vous devez mettre vostre vieille meute, lors que vous y courrez, et un relais dans les isles d'Arpignan, un autre à l'entrée du grand païs au canal, et un autre dans la montagne de Pioussasque, au grand rocher ; que si vostre cerf y va, vous envoyerez quérir vostre vieille meute, et le relais des isles, qui viendront aux quatre chemins pour vous secourir dans Pioussasque, et quand vous laisserez courre à la montagne de Rivole, vous mettrez un relais à Pierregrosse, qui est au milieu de

la montagne, et la vieille meute aux isles d'Arpignan, avec un picqueur; il faut mettre aussi des gardes à cheval le long de la Doire,
pour prendre garde où ira le cerf, et s'il fera bondir le change dans les
isles qui y sont remplies de bois, où demeurent souvent des cerfs :
et au delà de la Doire il y a une biailliere qui va à Arpignan, où vous
mettrez encore un relais de chiens. Il faut que le picqueur se tienne
au-dessus de la biailliere, et en lieu qu'il puisse voir dans les isles
et la rivière, pour connaistre ce qui en sortira, et s'il voit venir
un cerf à luy, qu'il le remarque, pour juger si c'est le cerf de la
meute par le rapport qui aura esté fait à l'assemblée devant luy,
et s'il est haslé et moüillé, et quand il sera entré dans la biaillière, il se remettra sur l'éminence, et fera avancer ses chiens du costé
d'Arpignan, si le cerf n'a pas percé la biaillire aussi-tost qu'il y sera
entré; car bien souvent il l'allonge, et n'en sort qu'auprès d'Arpignan, pour se dérober dans les isles : celuy qui est à ce relais, doit
avant que de faire donner ses chiens, dire à un de ceux qui tiennent
des chevaux, d'aller avertir les picqueurs qui sont en défaut dans les
isles, s'ils ne l'ont entendu sonner, afin qu'ils viennent, cependant que
luy fera donner ses chiens sur les voyes du cerf, pour le maintenir
jusques à l'entrée du grand païs qui est au canal de ce costé-là; où il
y doit avoir un relais de chiens sages, et un picqueur qui le doit faire
donner, après que les chiens de la meute seront passez, puis que dans
les païs où il y a du change, ils se doivent donner ainsi : car au
premier retour que fera vostre cerf, les picqueurs et les chiens de la
meute pourront joindre la chasse. Vous avez encore la montagne de
Givoulet, où se trouvent ordinairement dans cette saison de vieux
cerfs, qui sont venus du grand païs pour y faire leurs testes, et qui y
retourneront aussi-tost qu'on les aura donnez aux chiens; ce qu'il
faut faire avec six chiens seulement, et tenir la meute dans le bas de
la montagne, et à l'entrée de la plaine au-dessus d'Arpignan, pour la
donner, lors que le cerf passera, sans attendre les chiens, qui le chasseront, et mettre la vieille meute au canal, et les autres relais dans
le grand païs, et pour l'empescher de descendre dans les isles d'Arpignan, il faut qu'il y ait deux ou trois hommes à cheval sur le penchant, entre les isles et la montagne qui sonnent et menent du bruit,
pour l'obliger d'aller où l'on tiendra les chiens de la meute.

CHAPITRE LXV.

DES BUISSONS OU L'ON DOIT COURRE LE CERF DURANT L'AUTOMNE EN PIEDMONT.

Je tiens qu'il y a plusieurs raisons qui vous doivent obliger d'attendre la saison de l'automne pour courre le cerf aux buissons de Stupigny, à cause que c'est un païs marescageux de soy, et qu'en ce temps les chaleurs de l'esté précédent, l'auront desseiché, ou qu'au moins les picqueurs y pourront passer et tenir les chiens, et qu'aussi la récolte sera faite dans cette grande et fertile plaine, qui est entre Thurin et Rivole, où vous n'auriez pu passer auparavant, sans y faire un grand dégast, et que Dieu n'y eust esté offensé : car c'est là qu'un cerf passe aussi-tost qu'il est donné aux chiens, pour aller aux bois de Colin, où l'eau de la Doire sera assez basse pour y passer, comme les biaillieres qui le traversent, où pour lors vous pourrez tenir vos chiens, ce que vous n'auriez pu faire si vous y aviez chassé au printemps et dans l'esté, à cause des grandes eauës, et que le cerf estant sorty du bois de Colin, il va, sans y manquer, au grand païs, où vous trouverez aussi les eauës abaissées : mais la dernière et plus forte raison est, que c'est le temps que leurs Altesse Royales vont à une de leurs maisons que l'on appelle Mille-Fleurs, et plustost de Mille-Plaisirs, pour luy faire justice, puis que tous ceux que l'on peut souhaiter dans une maison de campagne, s'y rencontrent au sortir de la porte, comme les promenoirs, les belles eauës et la chasse, qui sont dans deux grands parcs, l'un en la face de la maison, au bout duquel il y a une grande plaine extrêmement unie, et peuplée de lièvres, faisants et perdrix, bornée d'un costé d'une petite rivière, qu'on nomme le Sangon, où il y a force oyseaux de rivière, que l'on peut voler avec plaisir, à cause que cette rivière est remplie de sources, qui est ce que les oyseaux de rivière ayment. Il y a aussy une futaye sur le bord, où il se nourrit des hérons, qui passent incessamment sur cette plaine, que l'on peut attaquer au passage, avec des oyseaux de proye. Et au bout de cette plaine, du costé de Thurin, ce sont force belles maisons, que l'on appelle Cassines, séparées les unes des autres, de mille ou douze cens pas, qui font de petites plaines, où il y a tousjours du couvert, à cause des vignes qui y sont plantées par rangées, distantes d'environ trente pas et soutenuës par de petits arbres et quelques pieux, qui font des couverts agréables, où vous pouvez courir tousjours au frais, et où sont force petits ruisseaux, qu'on y fait couler, pour arroser les héritages : c'est où l'on peut chasser et forcer le lièvre avec les chiens-courans, tout l'esté et avec beaucoup de plaisir; parce que le sentiment de la voye du lièvre s'y conserve, et que les chiens s'y raffraischissent souvent : joint que ceux qui sont à la chasse, ont un double plaisir, de la faire à la vuë des dames de Thurin, qui paroissent aux fenestres de leurs cassines, où elles vont dans cette belle et agréable saison. Et derrière la maison, et l'autre parc, qui est aussi planté par allées et abbaissé de cinquante à soixante pieds du logement, dont l'assiette est aussi platte que de l'autre; lequel abbaissement se fait tout à coup par la nature qui s'y est heureusement rencontrée, comme je vous feray connoistre, après vous avoir dit qu'auparavant d'entrer dans ce parc, l'on descend à un grand parterre, qui est devant, par un escallier double, revestu de balustres de marbre blanc, dont est aussi revestu un grand et large canal, plein d'eau merveilleusement belle, d'où sortent à l'envy plusieurs sources coulantes dans des canaux, qui ferment ce parterre et ce parc, dont quelques uns qui le traversent, sont bordez de grands arbres, qui font des allées et des couverts à perte de vuë, où l'on se promene avec delices dans des barques qui y sont très enjolivées et tousjours au frais. Ce beau parc est achevé de fermer par cette petite rivière que j'ay dite; et de l'autre coste il y a un grand païs aussi plat que celuy de devant la maison; mais de différente nature, puis qu'il est diversifié par de petites plaines et de grands buissons, peuplés de bestes fauves et bestes noires : et ce sont ces beaux buissons de Stupigny, dont je veux parler, d'ou l'on peut souvent ouïr et voir la chasse dés l'appuy des fenestres de Mille-Fleurs, où le cerf vient quelque fois se raffraischir dans les canaux, et mesme s'y faire prendre. C'est aussi le lieu que les ducs de Savoye ont de tout tems destiné pour le divertissement de la chasse, aux princesses desquelles ils se sont alliez, où chacune a paru dans sa façon d'habits et manière d'agir; ce qui a fait connoistre que celles venuës de France, ont l'action et l'agréement au dessus des autres, ayant paru à cheval avec une vigueur et une adresse admirable, sur toutes Madame Royale, et Madame la princesse de Carignan, qui ont bien voulu montrer par leur humeur généreuse, le peu d'estime qu'elles font des chasses où vont les autres princesses, pour faire choix de celles du cerf, où elles ont fait voir encore qu'elles surpassoient leur sexe en force, conduite et courage, et ne le cedoient pas mesmes au nostre, en ces nobles qualitez, s'estans trouvées à la mort de quantité de cerfs, que je leur ay veu mesmes pousser, lors qu'ils estoient aux abois, estans suivies de douze ou quinze de leurs dames, advantageusement vestuës et montées sur des chevaux de prix dont les housses et brillans harnois, richement étoffez, n'estoient pas de moindre valeur, ce qui augmentoit de beaucoup le plaisir des chasseurs qui les accompagnoient et en rendoit la prise certaine : car cette admirable troupe prenoit partout où elle paroissoit. J'aurois à parler à l'infiny de ces augustes et aymables personnes, n'estoit qu'en reprenant mon sujet, où elles ont une très loüable inclination, je me sens obligé de satisfaire aux curiosités de leurs Altesses Royales. Je diray donc que toutes les fois que vous laisserez courre dans les buissons de Stupigny, il faudra donner seulement six chiens, pour obliger le cerf a sortir et débuscher du païs, pourveu que ce soit un cerf de dix cors, ou de dix cors jeunement, qui ne manquera pas aussi-tost après estre donné aux chiens de venir à la plaine, où vous mettrez vostre meute à l'entrée, vis à vis la maison de Stupigny, sur une éminence, qui est fort proche du Sangon; d'où vous pouvez voir tous les buissons et venir le cerf à vous : et aussi-tost qu'il sera passé, vous ferez donner les chiens de la meute sur ses voyes, sans attendre ceux qui le chassent, que vous ferez reprendre par un valet de chiens, lors qu'ils viendront. Vous devez aussy avoir tiré huict ou dix chiens de vostre meute, des moins vistes, et les envoyer au chemin qui va de Thurin à Rivole, à cause qu'il y a loin de Stupigny au bois de Colin, où doit estre vostre vieille meute à l'entrée, et un relais au débuché de l'autre côté, tenu par un picqueur, pour en cas que vostre cerf y fist bondir le change; et qu'après l'avoir fait il se jettast à l'eau, la battre et la longer dans la Doire qui y passe, et dans quelques biaillieres, qui sont difficiles à passer pour les picqueurs, à cause qu'ils ont de haults bords, et peu d'abords; ce qui les peut empescher d'accompagner les chiens et connoistre ce qu'ils font. Il y auroit à craindre que le cerf ayant battu l'eau, ne se derobast des chiens pour aller au grand païs, qui est la refuite ordinaire des cerfs : et si cela arrivoit, il faudroit que ce picqueur donnast son relais aussi-tost qu'il seroit passé pourveu qu'il n'entendist aucuns chiens qui chassassent les voyes du cerf, et qu'il eust conneu que c'est le cerf de la meute, où aussi-tost il envoiera avertir les picqueurs de ce qu'il a fait, afin qu'ils le suivent avec leurs chiens, cependant qu'il maintiendra le cerf, et le menera à l'entree du grand païs, où doivent estre vos six chiens, comme les plus sages et les plus forts, après vostre vieille meute, que vous ne devez donner, qu'apres qu'il y aura des chiens passez sur les voyes, et qu'il soit hors d'un torrent qui y est, le conduisant de l'œil durant qu'il y sera : et que celuy qui menera les chiens, l'allongera du costé du grand païs, où vous devez tenir le relais : car il ne faut jamais relayer, quand un cerf est à l'eau, pourveu que vous ayiez des chiens devant vous, si ce n'estoit qu'il rendit les abois, et que vos chiens ne le pussent plus perdre de vuë ; vous devez aussi avoir mis un relais dans le grand païs, particulièrement si vous attaquez un jeune cerf.

CHAPITRE LXVI.

J'ay fait connoistre par la description que j'ay faite au chapitre précédent, comme la maison de Mille-Fleurs est parfaitement accomplie, et commode pour y chasser, et comme sont les lieux et buissons que j'ay nommez auparavant. Il ne me reste plus qu'à vous faire voir ce que c'est du grand païs, que j'ay été obligé de vous nommer plusieurs fois, à cause que c'est la refuite de tous les buissons desquels j'ay parlé, et l'origine des bestes fauves, chevreüils et bestes noires, et encores de toutes sortes de gibiers, y en ayant une quantité assez grande pour fournir au plaisir et au goust des ducs de Savoye. Ce païs est composé d'environ quatre à cinq mil arpens de bois taillis, qui se coupent tous les neuf ou dix ans ; qui sont séparez en quantité d'endroits par des fermes, ou cassines, qui ont leurs héritages alentour, semez et remplis de toutes sortes grains ; tellement que cette quantité de bois,

qui se coupe tous les ans et en plusieurs endroits, à cause que tous
ces bois sont à des particuliers, c'est-ce qui donne une grande nourriture par tout le païs aux bestes qui y sont : aussi s'y plaisent elles si
parfaitement, qu'elles multiplient beaucoup plus qu'en France, et le
païs ne s'en peut déserter, pour le peu de soin qu'on aye de les conserver, y en ayant veu prendre de toutes ces sortes de bestes, en dix
huict années, une quantité incroyable : et après tout ce temps il s'y en
voyait autant qu'auparavant. Mais encore, une commodité admirable
s'y rencontre fort à propos, c'est que le païs est au sortir des portes
de Thurin, au moins n'en est-il éloigné que d'une petite lieuë. Et cette
ville est d'autant plus considérable, qu'elle est la demeure ordinaire
de leurs Altesses Royalles : et qu'aussi tous ces buissons que j'ay nommez n'en sont qu'à deux ou trois lieuës, excepté la montagne de
Pioussasque, qui en est à quatre : tellement qu'en quelque lieu que le
duc de Savoye veüille aller attaquer un cerf, il le peut chasser et
prendre, et venir, sans s'incommoder, coucher dans son palais à Thurin. Ce païs est très-commode pour y picquer et tenir les chiens, lors
qn'un cerf se fait chasser sur la terre, à cause que le bois qui y est, plie
et obeït aux chevaux ; mais la quantité des eauës rapides qui y passent,
par des rivieres et biaillieres, le rend difficile et pénible aux hommes
et aux chiens, lors que les cerfs s'y font chasser, et les oblige, aussi
bien que les cerfs, de s'y habituer et accoustumer, pour y pouvoir résister du corps et de l'esprit, puis qu'il faut que l'un et l'autre travaille
sans discontinuer pour y maintenir et chasser un cerf de pres, et ne
luy pas donner le temps de s'éloigner et se fortlonger devant les
chiens : car quand cela arrive, il est très mal aisé de le pouvoir ra-
procher et relancer, à cause des ruzes et changemens qu'il fait dans
ces biaillieres, sortant de l'une pour rentrer dans l'autre : et pour y
obvier, après avoir fait faire les barricades que j'ay dites aux autres
chapitres, lors que vous avez donné un cerf aux chiens, et qu'il vient
à l'eauë, il faut exactement observer son entrée, afin de sçavoir, sans
y manquer s'il descend, ou s'il monte pour longer une riviere ou une
biailliere des deux costez, et que les picqueurs et les chiens soient my-
partis, et faire le plus de diligence que vous pourrez, en conservant
seulement le temps qu'il faut à vos chiens pour se rabatre des voyes
de votre cerf, lors qu'il en sortira : car il leur faut permettre le moins
que vous pourrez, d'entrer dans ces torrens et biaillieres d'eauës rapides et froides, venans de neiges fonduës et de sources, qui leur
refroidiroient les jambes et les lasseroient, à cause qu'il leur seroient
obligez d'y nager, et qu'ils y feroient aussy moins de diligence : et

observer aussi de ne les pas prendre si près du bord, à cause qu'un cerf qui en sort, porte de l'eauë sur son poil, qui luy coule le long des jambes et des pieds, et tombe dans ses voyes; ce qui les élave et en oste le sentiment aux chiens, et seulement jusques à ce qu'elle soit toute tombée. Mais si sur le bord de ces torrens et biaillieres, il y a du bois et des forts, où un cerf peut faire des portées (1), touchant aux branches par les endroits du corps et de la teste, qui n'auront pas esté moüillez, ou les chiens pourront avoir du sentiment; en ce cas il faut prendre des devants, plus près de la biailliere, à cause qu'il seroit dangereux, si vous vous écartiez dans le fort avec vos chiens, de faire bondir quelqu'autre cerf, qui y seroit à la reposée, que vos chiens chasseroient, peut-estre long-temps auparavant que vous les peussiez rompre et oster de dessus les voyes; ce qui donneroit le temps à votre cerf de se fort-longer et de ruzer : joinct qu'après qu'ils auroient assenti de ces bonnes voyes, ils auroient peine à se rabatre et par chasser celles de vostre cerf, qui iroient de hautes erres, et quand vous arriverez à ces retranchemens et barricades, il faut qu'un picqueur mette pied à terre, pour en revoir et connoistre s'il en sort, et aussi s'il rentre dans la biailliere au de-là de la barricade, ou s'il la quitte tout à fait, à cause du peu de sentiment que peuvent avoir les chiens, lors qu'un cerf sort de l'eauë pour les raisons que j'ay dites; et s'il y rentre, il faut qu'un picqueur le suive, si l'eauë n'est pas trop haute, sinon qu'il aille sur le bord, pour connoistre aux branches des arbres qui pendront sur le bord de la biailliere, si elles sont moüillées : car si vostre cerf y a passé, il n'aura pas manqué d'y faire sauter de l'eauë, comme sur des pierres (s'il y en a qui excèdent) que vous verrez moüillées par endroits, ce qui est plus ordinaire dans les rivières et torrens, à cause qu'il y en a beaucoup plus et de très-grosses : c'est ce qui se doit appeler éclaboussures, et les voyant vous devez crier : *il bat l'eau*, et sonner pour chiens, pour avec les picqueurs, les obliger de venir à vous. Vous continuerez ainsi jusques à ce que vous le trouviez sorti, et alors qu'il enfoncera dans le païs, pour chercher le change et vous le donner, vous observerez vos chiens, qui tiendront la teste, pour les connoistre de nom, afin de sçavoir s'ils sont sages assez pour conserver le sentiment de vostre cerf, s'il est accompagné et le maintenir lors qu'il s'en séparera, afin que si vous n'y aviez une parfaite créance, vous ayiez soin de leur crier très-souvent, *layla, layla, layla, chiens*, pour les obliger à avoir de la crainte et n'aller

(1) Voir la note de la page 120.

pas si viste, afin que vos chiens sages qui seront après eux, puissent
devant passer et que quand vostre cerf se séparera des autres ils en
aient pris le sentiment et le maintiennent : car c'est une chose asseurée que les chiens qui commencent à estre sages, ou au moins qui
sont obeïssans, ont de la méfiance d'eux aussi-tost que vous usez de
ce terme *layla,* et que vous ne sonnez plus. Ce qui se doit faire dans
ces occasions, est seulement pour avertir ceux qui suivent la chasse et
les relais; et cela fait que cette méfiance les oblige à laisser passer les
sages devant eux, à cause qu'ils leur ont veu garder le change d'autres fois : et si vostre cerf ruze et fait des retours dans le fort, retourner juste sur les voyes, afin d'obliger vos chiens de vous suivre, pour
trouver le retour et le bout de la ruze, et ne pas faire bondir le
change : que si, par malheur, vos chiens l'avoient pris, il les faudroit
aussi-tost oster de dessus les voyes, en leur criant *haye,* et briser
haut en ce lieu : et au premier chemin que vous trouverez, vous y
jetterez vos brisées, afin qu'après avoir pris les devants, si vous ne
trouvez vostre cerf passé, vous puissiez revenir et connoistre le lieu
où vos chiens ont pris le change, pour y requester et y relancer vostre
cerf, puis que vous ne l'avez pas trouvé passé, apres avoir fait reprendre
les jeunes chiens et ceux qui ne sont pas sages, pour requester avec
ceux qui sont sages; mais il vous faut ressouvenir de prendre tousjours
ces grands devants, auparavant que de vous arrester à requester dans
le fort (pour les conséquences que j'ay dictes au Traicté pour Cerf) et
si vostre cerf revient à l'eauë, et s'il a encore de la force vous en use-
rez comme j'ay dit; mais s'il en manque, il faut que les picqueurs le
poussent, pour achever de l'outrer : car les chiens peuvent estre re-
butez de battre l'eauë : joinct que le cerf peut rendre les abois en des
lieux où ils ne peuvent pas aller, à cause de la rapidité des eauës, ou
bien qu'il y ménageroit le reste de sa force jusques à la nuict.

FIN DE LA PREMIÈRE PARTIE.

LA
VÉNERIE ROYALE

DE LA CHASSE DU LIÈVRE

ET DU CHEVREUIL.

CHAPITRE PREMIER.

CONTENANT LES TERMES DESQUELS ON DOIT USER EN FAISANT CHASSER
LES CHIENS POUR LE LIÈVRE, ET LES REMARQUES QUE
L'ON DOIT FAIRE DU TERRAIN ET DU TEMPS,

Encore que la taille du lièvre et celle du cerf, soient les plus esloi-
gnées de proportion, des bestes courables (des quelles je parleray cy
après) néantmoins ce sont celles où il se rencontre plus de conformité, dans le sentiment qu'en ont les chiens : ce qu'ils nous font connoistre, lors que nous commençons par les faire chasser le lièvre
quelque temps, pour leur imprimer une plus parfaite obeyssance, et les
laisser prendre force, afin qu'aussi-tost après que l'on leur donne un
cerf, ils le chassent de mesme. C'est aussi ce qui a obligé ceux qui
ont introduit les termes, de les rendre semblables, au moins peu differens, sans considérer l'inégalité du pied, ny les connoissances, puis

qu'il n'y en a point au lièvre ; mais au sentiment et à la manière qu'ils se font chasser, puis que ce sont les deux animaux qui font le plus de ruzes et de retours, et qui se trouvent les plus semblables, selon pourtant la nature des païs differens où ils les font : car le lièvre les fait dans la plaine presque tousjours, ou dans quelques bocqueteaux, et cela à cause qu'il y est né et nourry, et le cerf les fait dans de grands païs de bois, pour les mesmes raisons de la naissance et de la nourriture, et tous deux la plus part du temps dans les chemins, et tousjours sur leurs voyes, ce que ne font pas ordinairement les autres bestes. Ces raisons m'obligent à parler de la chasse du lièvre, immédiatement après celle du cerf, afin de mieux et plus facilement faire connoistre ce que j'en diray, sans interruption des termes : ce que j'observeray ensuite des chasses dont je parleray.

La chasse du lièvre est beaucoup plus facile à comprendre que celle du cerf, puis que ce n'est, à proprement parler, qu'une pratique et routine à faire chasser seulement, et que celle du cerf est une science où il faut estre bon connoisseur pour estre bon picqueur. Elle se peut aussi apprendre en bien moins de temps, pourveu que ce soit par des personnes qui ayent esprit et jugement, à cause que c'est la plus délicate pour le sentiment et la plus sujette aux terrains et aux temps de toutes les chasses; car lors qu'il fait grand chaud, la poudre vole dans les terres, les herbes sont bruslées, ou au moins, si seiches, que le lièvre y passant, n'y laisse, ny dans l'un, ny dans l'autre, que peu de sentiment ; et s'il vient une pluye dans ces chaleurs ; elle fait fumer la terre, ce qui la rend puante, et offusque le sentiment du lièvre, et ne peut estre bonne qu'après trois ou quatre heures de là ; s'il gèle le sentiment en est aussi moindre, à cause de la terre qui est dure et empesche que le pied du lièvre n'y peut entrer et s'y imprimer, et aussi que le froid le concentre ; que s'il a dégelé, les lièvres pastent et emportent la terre avec leurs pieds qu'ils ont fort pleins de poil, et comme cela, laissent peu de sentiment à la terre. Il y a aussi les vents de bise, galerne, et autan ; mais particulièrement les deux premiers sont si aigres et essuyans, qu'ils emportent le sentiment des voyes. Toutes ces choses doivent estre connuës et observées de celuy qui fait chasser les chiens pour lièvre, pour quand il s'en aperçoit, ne pas aller ce jour-là à la chasse, puis qu'il n'y peut donner aucun plaisir à ses chiens ; mais plustost du refroidissement à son maistre pour la chasse, s'il n'en avait pas encore la parfaite connoissance, et puis qu'il se peut imaginer que ce sera le mesme toutes les fois qu'il ira, et aussi que la chasse est seulement établie pour le plaisir.

Les termes pour faire chasser le lièvre, sont que lors que vous aurez découplé vos chiens et qu'ils auront passé leur première ardeur, vous leur devez crier : *à moy chiens, tié hault,* et sonner un ton du gresle, et trois ou quatre du gros ton entrecoupé, pour les obliger à revenir à vous, et y estans revenus, vous leur devez dire : *bellement mes bellots,* plusieurs fois, et nommer ceux en qui vous avez le plus de créance, afin de les obliger à quester, et pour cela vous leur direz : *holo, holo, holo, loo,* et lors que vous verrez qu'ils rencontreront des voyes de la nuict d'un lièvre, vous irez à eux, et les nommant, vous leur direz *velcy allé,* plusieurs fois, pour les obliger à tenir la voye du lièvre, ce que vous reïtererez de temps en temps, et jusques à ce qu'ils l'ayent lancé. Il faut aussi que le jugement de celuy qui les fait chasser, leur ayde, en considérant la saison et le lieu où il est, pour connoistre où peut demeurer un lièvre, afin d'y aller avec ses chiens; et pour les obliger à le suivre, il leur doit crier, *à moy tié haut,* et en nommer quelques-uns des plus sages qui peuvent faire suivre les autres, et s'ils ne le font, ceux qui suivent la chasse, leur doivent crier : *tirez, chiens tirez,* et faire claquer leur foüet : car on en doit estre muny à la chasse du lièvre, ou d'une grande houssine, encore plus commode, en ce qu'elle ne sert pas seulement à chastier les chiens, mais aussi à battre sur les hayes et les buyssons pour faire partir et repartir un lièvre, lors qu'il y est au giste et relaissé ; et pour obliger mieux vos chiens à vous suivre, vous devez sonner du gros ton par mots entrecoupez, comme : *Ton hon, ton hon,* et aussi pour les faire tourner, quester, et requester ; celuy qui le verra au giste, doit crier : *Ho loo je le voy,* et lors que le lièvre est lancé, celuy qui le verra, doit crier : *velle la,* et quand les chiens en auront pris la voye, le picqueur leur doit crier : *s'en va, chiens, s'en va,* et sonner pour chiens comme pour cerf, quelques mots du gresle, pourveu que l'on finisse du gros ton : car l'on ne doit jamais finir du gresle, si on ne void la beste que l'on chasse, et lors que le picqueur revoit des voyes du lièvre fuyant ; il se peut servir, s'il veut, du terme que l'on use pour le cerf, qui est *vol ce l'est,* pour faire différence de celuy qu'il auroit dit en faisant parchasser, lors que le lièvre faisoit sa nuict, et alloit d'assurance, qui est *vel cy allé.*

CHAPITRE II.

DE CE QUE LA NATURE ENSEIGNE AUX LIÈVRES.

La réflexion que j'ay faite plusieurs fois sur la manière d'agir du lièvre, selon les saisons et les temps, lors qu'il se releve le soir du bois, ou du lieu où il s'est mis au giste le jour, pour s'y reposer, et cacher, et comme il fait sa nuict, et de la façon qu'il se retire et rentre au matin, m'a fait connoistre qu'il avoit une plus parfaite connoissance de la mutation des temps que les astrologues qui en ont écrit, ce qui doit estre appris par ceux qui le veulent chasser et forcer, puis que, comme j'ay dit au chapitre précédent, cette chasse est la plus dépendante des temps, de toutes ; et pour le sçavoir sans y manquer, il faut que celuy qui fait chasser les chiens pour lièvre, aille le soir auparavant au relevé du lièvre, et le matin à la rentrée, d'où il connoistra à point nommé, le temps qu'il fera ce jour-là, afin qu'il en puisse estre asseuré, et du lieu où il pourra trouver un lièvre ; je ne dy pas qu'il doive estre exact à suivre et remarquer où un lièvre se mest au giste, mais seulement qu'il remarque le matin s'il rentrera dans le bois d'où il l'aura veu sortir le soir, où s'il s'est mis dans quelque hallier, ce qui sera un signe évident qu'il ne pleuvera pas ce jour là ; car le lièvre ne se met jamais dans le fort, lors qu'il doit pleuvoir, à cause qu'il seroit moüillé dans son giste, et qu'il y auroit de continuelles allarmes quand l'eauë des branches et des feuilles tomberoit dessus, et allentour de luy. Il choisira plustost sa demeure sur le penchant d'un fossé qui sera à l'abry de la pluye et du vent, et où l'eauë pourra s'égouter sans venir sur luy, où aux lieux eminens dans la plaine, comme sur quelque meurier ou tas de pierres (1) ; et lors qu'il doit faire de grands vents et froids, il

(1) En Champagne et en Brie, on donne le nom de *murjet* ou de *murger* aux cailloux, que le vigneron extrait du sol en cultivant et qu'il accumule dans une partie du champ de manière à en former des tas quelque fois fort élevés. Ces petites élévations se couvrent de broussailles et de ronces qui servent, le plus souvent, de retraite au gibier.

rentre au bois pour y estre à couvert ; mais quand il demeure au giste dans les guerets ou bleds, c'est un signe asseuré d'un beau temps, ce que vous connoissez le matin, les attendant à la rentrée sur le bord du bois et que vous n'y en voyez venir aucun, ces remarques se doivent faire selon les saisons, l'âge, et le naturel des lièvres : car les levraux et les jeunes lièvres n'ont pas encore toutes ces adresses et habitudes, eux qui demeurent dans les lieux où ils ont esté nez et nourris jusques à ce qu'ils soient forts ; c'est aussi à l'exception des lièvres qui sont ladres, qui font leurs demeures dans des lieux humides et marescageux, comme dans quelques petites isles, et aux queuës des estangs sur des buttes de joncs, ou dans les bas des terres auprès des prez, y ayant ordinairement de l'eauë dans leur giste. Il y a aussi des temps que les lièvres sont en amour, et lors ils ont un tel déreiglement en leur façon d'agir, que l'on n'y peut faire aucun jugement, à cause qu'ils sont tousjours sur pied, courans les uns après les autres jour et nuict ; mais ils n'ont pas leurs saisons de chaleur si reglées que les autres bestes ; et ce qui nous le fait connoistre, c'est que nous voyons des levraux presque en tout temps ; neantmoins ils ont les mois de décembre et janvier pour leur principale et plus asseurée chaleur, et que je croy estre réglée pour les vieux lièvres ; car ceux qui peuvent estre en chaleur dans les autres temps, sont des levraux qui naissent dans les autres saisons extraordinaires, et qui viennent en âge et en chaleur dans un temps déréglé, n'ayans bougé d'ensemble, où se rencontrent d'ordinaire masle et femelle. Les hazes peuvent faire jusques à trois levraux, ce qui se peut connoistre lors que vous en prenez un qui aura une estoille au front ; il n'y a aucune connoissance par le pied entre le masle et la femelle , mais l'on en peut faire des conjectures, lors qu'on en défait la nuict avec des chiens courans, puis que le masle fait beaucoup plus de païs que la femelle qui ne fait que tourner allentour du lieu où elle veut se mettre au giste, et qu'aussi lors que vous les chassez, la femelle tourne plus que le masle et tient moins de païs, et ne s'éloigne pas aussi tant des chiens, et en les voyant, l'on y peut remarquer que le masle a ordinairement la teste plus courte et plus carrée, le corsage plus petit, et le poil plus rouge, ce sont les signes qui peuvent faire conjecturer que c'est un masle.

CHAPITRE III.

DES PROPRIETEZ DU LIÈVRE.

Les proprietez du lièvre se rencontrent beaucoup plus aux gousts qu'à la santé, neantmoins la cervelle en est bonne pour attendrir les gensives aux petits enfants, et leur faire plus promptement percer les dents, en leur en frottant, et le pied de devant du lièvre est propre pour ceux qui sont sujets à la colique : si c'est le pied droit, il le faut porter au costé droit, et le pied gauche au costé gauche, c'est ce que j'ay veu expérimenter à un gentil-homme de condition, et cela sans tirer à conséquence, ny blesser notre religion catholique, apostolique et romaine. Le poil est aussi propre à étancher le sang; mais pour le goust, on le peut mettre en plusieurs apprests, desquels il n'est pas besoin de parler, mais seulement de deux qui semblent estre les plus commodes aux chasseurs, à cause de la facilité et promptitude à les apprester : le premier, c'est de se servir du foye et du sang pour le mesler avec des œufs, et en faire une omelette, et le second s'en est un que j'ay inventé ; après avoir tué un lièvre un jour de caresme-prenant, qui étoit si vieil et si dur, qu'il nous fut impossible de luy séparer les aureilles avec les mains, quoy que nous l'eussions repris à plusieurs fois ; je m'avisay pour éprouver si on le pourrait attendrir de le faire vuider seulement, et aussi-tost après l'embrocher sans l'écorcher, faisant rougir deux pesles à feu : et pour ménager le lard, j'en coupay deux tranches, comme pour faire des lardons, et les attachay avec du fil à deux lattes, passant le fil entre la coüenne et le gras, afin qu'il ne se bruslast pas ; et quand mon lièvre eust le poil assez sec, j'y mis le feu avec un tison flamboyant : le poil estant bruslé, je pris une des pesles rouges et appuyay mon lard contre icelle, le faisant dégouter sur le lièvre, et continuay avec ces pesles, qui rougissoient l'une après l'autre, jusques à ce que je vy que la peau se séparoit du corps, et que je la pû oster facilement avec des pincettes (ce qui se peut faire aussi avec la main) et après estre détachée et ostée, je l'arrousay encore une fois avec le lard, et après avec du fort vinaigre : et le voyant cuit, l'on y fit une saulse qui se peut faire douce, où à la poivrade, selon le goust : ce vieil lièvre et dur qu'il estoit auparavant d'estre cuit, se trouva plus tendre qu'un levraut gardé de trois jours, d'où il sortoit du jus en le coupant, comme d'un gigot de mouton, qui sont les deux choses contraires qui rendent les lièvres rostis mauvais : joinct la dureté, et qu'ils sont alors fort secs. Et après y estre tout à fait experimenté, le deffunct roy Louis XIII me commanda un jour des roys à Versaille, de luy en faire apprester un qui venoit d'estre pris, et propre pour en faire l'expérience, estant très-vieil et très-dur. Il eut aussi la curiosité de vouloir le venir voir rostir à la bouche (ainsy s'appelle la cuisine des roys de France) sa majesté le trouva si tendre et si excellent, et ceux qui avoient l'honneur de manger avec elle, qu'il n'y demeura que les os. J'ay voulu mettre cet apprest, pour servir aux chasseurs, lors qu'ils auront pris un lièvre à la campagne, et qu'ils iront pour repaistre dans un mauvais cabaret, où ils ne trouveront rien : et par cet advis, ils pourront faire promptement leur disner, et retourner incontinent à la chasse.

CHAPITRE IV.

DES SAISONS OU IL FAUT CHASSER LE LIÉVRE.

Ce n'est pas assez de vous avoir fait connoistre les vents et les temps qui sont contraires à la chasse du lièvre, il faut que je vous donne encore la connoissance de la terre et des saisons propres, et celles qui y sont contraires, comme sont les gelées, à cause que cette chasse se fait presque tousjours dans la plaine, où les chiens se pourroient dessoler, et en seroint long-temps boiteux ; ce n'est pas que l'on ne puisse chasser dans l'hyver, pourveu que l'on fasse choix des lieux propres pour cela, comme dans les plaines, où il y a des brandes et dans des fonds de sable, où le soleil aura paru un peu de temps, pour amortir la plus grosse gelée, comme en d'autres païs, où il a dégelé, et en suite dans le printemps, jusques à ce que les grains soient grands à les pouvoir gaster, et qu'en ce temps les hazes ont leurs levraux très-petits. Toutes ces considérations vous doivent retarder de chasser le lièvre, jusques à ce que la récolte soit faite au moins à ceux qui habitent les plaines, et d'attendre jusques au mois de septembre propre à dresser les jeunes chiens. La terre en est fraische, le lièvre y fait des portées dans les chaumes et regains ; ce qui augmente le sentiment aux chiens. Il y a de grands levraults que vous pouvez prendre et forcer en une heure, quelque fois moins; c'est ce qu'il faut à vos jeunes chiens. J'ay dit au traicté pour cerf, comme il falloit accoustumer les jeunes chiens dans le chenil, et les apprendre à aller au couple : vous en devez user ainsi des chiens pour lièvre, sinon que vous les pouvez faire chasser deux mois plus jeunes, à cause qu'ils ne sont pas obligez à faire de grandes traittes, comme les chiens pour le cerf, parce qu'on les peut reprendre, quand on veut, puis que cette chasse se doit faire dans la plaine, n'estant pas encores en cecy dans le sentiment du sieur du Foüillou, qui veut que l'on commence à faire chasser les jeunes chiens pour lièvre, dans les bois et païs et couverts, et mesme que l'on les y découple : ce que je n'approuve pas, parce que cette methode ne peut produire que de mauvais effets, à cause qu'il s'y peut trouver un renard, une foüine, un chat et d'autres bestes, selon les païs, et que ces jeunes chiens peuvent chasser longtemps auparavant que vous puissiez voir ce qui est devant eux ; joinct qu'il est difficile aux picqueurs de les suivre dans des païs fourrez où se font chasser ces animaux qui ne font que tourner, où il vous seroit mal aisé de les oster de dessus les voyes de ces bestes et les y chastier : et aussi que si vous donnez des jeunes chiens dans des païs couverts, où le sentiment est bien plus grand du lièvre, que dans la plaine, ce que j'ay dit, leur fait prendre une mauvaise impression d'abord, et fera que toutes les fois qu'un lièvre viendra à la plaine, ils en mépriseront les voyes, à cause du fort sentiment qu'ils auront eu dans ces païs couverts ; et c'est cela qui leur fait mépriser les voyes, ou au moins, les chasser mollement : ce qui donne le temps à un lièvre de se fort longer et ruyer devant eux, et fait que les voyes s'amoindrissent tousjours dans les sentimens des chiens, et qu'en peu de temps de-là, ils ne les veulent plus chasser, allans plus-tost chercher d'autres voyes dans les païs couverts : joinct qu'après les avoir accoustumé à aller chercher et quester un lièvre dans les bois, et qu'en suite vous les

voulez mener quester à la plaine, pour lancer un lièvre, ils ne le feront que très-négligemment, et ne penseront qu'à trouver du couvert ; et quand bien ils y auront lancé un lièvre, s'il ne va bien-tost
dans ces païs couverts, ils ne l'y maintiendront pas, si ce n'est par un
temps fort propre à chasser. Vous estes aussi dans ces païs couverts,
privé de la moitié du plaisir que vous pouvez avoir à chasser le lièvre,
d'entendre seulement vos chiens, et de ne les pas voir ; mais dans la
plaine, vous avez le plaisir entier, y voyant tout ce que font vos chiens,
estant en vostre pouvoir de les chastier, et ainsi les rendre à commandement en bien moins de temps, puis-que vous leur pouvez donner d'abord, sans y manquer la connoissance de ce que vous voulez
qu'ils chassent, en envoyant deux heures devant, reconnoistre par un
homme ou deux, à cheval, dans le païs où vous désirez chasser, pour
voir un lièvre au giste si vous ne voulez donner la peine et la patience de le faire quester avec des chiens dressez ; vous leur donnerez ce lièvre remarqué, dans un païs où il y en ait peu : car s'il y en
avoit beaucoup, ils en feroient partir souvent et en prendroient le
change ; et les voyant, cela les obligeroit à faire des efforts, et leur
donneroit une mauvaise habitude de lever le nez aussi-tost qu'ils rencontreroient de bonnes voyes, où qu'ils entendroient un chien crier.
Je ne voudrois pas aussi que l'on attendist à faire partir le lièvre que
l'on auroit veu au giste, à la veuë des chiens ; mais que ce fust un peu
auparavant, et qu'après on les menast sur les voyes, et que vous eussiez choisi aussi une belle journée exempte de ces vents, que la terre
soit bonne, comme s'il avoit pleu le soir auparavant, et non d'une
heure ou deux pour les raysons que j'ay dites cy devant.

CHAPITRE V.

DE LA QUALITÉ DES CHIENS QUE LES GENTILS-HOMMES DOIVENT AVOIR
POUR FORCER LE LIÈVRE, ET COMME L'ON LES DOIT TENIR.

La chasse du lièvre est celle qui convient le mieux aux gentils-hommes, à cause qu'elle est de moindre dépense pour les hommes et pour les chevaux, et où il n'est pas besoin que les chiens soient grands pour y reüssir : ce qui fait qu'il leur faut moins de pain, et aussi qu'ils peuvent faire cette chasse dans leurs petites terres, en leur particulier ; et quand ils voudront chasser à plus grand bruit, ils se pourront assembler et joindre leurs petites meutes ensemble : ce qui les entretient dans la société et bonne intelligence, et leur oste la jalousie qui règne ordinairement parmy les chasseurs, ne pouvants souffrir que leurs voisins chassent sur leurs terres ; mais comme cela, tout est en commun ; ce qui est doit estre, et ne faire pas comme quelques uns qui croyent que leurs voisins qui ont sur eux fait lancer un lièvre par leurs chiens, ne le peuvent suivre sur leurs terres ; mais qu'aussi-tost qu'ils y entrent, ils doivent rompre leurs chiens, c'est où ils se trompent ; veu que ce respect n'est deu qu'aux roys, encore ce ne doit estre que dans quelques unes de leurs terres ; qu'ils réservent pour leur plaisir particulier : car pour leurs autres terres, ils ont eu de tout temps la bonté de les donner aux plaisirs des gentils-hommes ; ce qui doit estre permis aux gentils-hommes et aussi aux terres d'Eglise, l'ayant veu juger et décider ainsi au deffunct roy Louis LE JUSTE, estant à Sainct Germain en Laye qui voulut avoir la bonté de prendre connoissance d'un pareil different meu entre deux gentils-hommes qui estoient de ses domestiques, où toutes les particularitez cy dessus furent déduites. Cette société, que les gentils-hommes doivent avoir inviolable, fait aussi qu'ils ne s'emportent pas dans la présomption de vouloir tenir des meutes au de là de leur revenu, afin de chasser avec plus grand bruit que leurs voisins, en quoy plusieurs ont incommodé leurs familles, les uns par ostentation, et les autres par un très grand attachement à la chasse, n'ayans point d'autre pensée, où Dieu peut estre offensé, puis que nous devons avoir le s temps et les heures réglées, pour vacquer au spirituel et au temporel, et après il veut bien que nous ayons celles de nostre divertissement. Vous observerez que les chiens pour lièvre, ne doivent estre ny grands, ny petits, pour plus généralement estre bons : car, comme j'ay desja dit, les grands chiens y reüssissent peu, à cause qu'ils sont haut de terre, et qu'ils en ont moins de sentiment du lièvre : joinct qu'ils n'ayment pas à tant tourner, pour employer mieux leur vitesse et la faire paroistre ; les petits chiens sont aussi plus vigoureux, et se tiennent en meilleur corps et sont de plus grande fatigue pour chasser. Ils doivent estre taillez dans leur proportion, comme les chiens pour cerfs : et pour le poil, si ce n'est pour les princes et grands seigneurs : je tiens qu'il est mieux de ne s'y pas attacher ; mais seulement n'en prendre pas de ces poils élavez, dont j'ay parlé au traicté pour cerf. Vous les devez loger à proportion de vos conditions et de la quantité de chiens que vous aurez dans des chenils, afin de les tenir enfermez, si vous en voulez avoir tout le plaisir : car si vous les laissez vagabons, ils vont le matin chasser à la rosée : ce qui leur gaste le nez et fait qu'ils ne veulent plus chasser dans la chaleur, ny pour vostre plaisir, ayant desja pris le leur dans leur particulier, ou s'ils vous obéissent, ce sera avec négligence, peu de vitesse et de force, estans si pleins de quelque beste morte, qu'ils ne pourroient plus aller. Il faut avoir le soin de les panser, au moins deux ou trois fois la semaine, particulièrement le lendemain de la chasse, pour leur abbattre la poudre et la sueur qu'ils y pourront avoir pris, et leur visiter les jambes et les pieds.

CHAPITRE VI.

OU L'ON DOIT TROUVER LES LIÈVRES DANS LES SAISONS.

Je commenceray par l'automne, à vous faire voir où se trouvent les lièvres et levraux, puis que c'est la saison la plus propre pour dresser les jeunes chiens; vous devez donc aller chercher, lors qu'il fait sec, les lièvres dans les chaumes de bled et d'avoine particulièrement où il y aura des chardons : et quand il aura pleu, les quester dans les terres nouvellement labourées ; les lièvres ne se plaisans pas dans ces chaumes, lors qu'ils sont moüillez, et les levraux dans les hayes et buissons, comme dans les clos de petites maisons, à l'écart : et durant l'hyver dans quelques petits bois et gros halliers, où il y aura quelques tas de pierre, et aussi sur le haut d'un fossé, et quand il fera une belle journée, dans les bleds verds, où vous pouvez avoir connoissance qu'il sont au giste par une vapeur de leur haleine, qui paroist comme une petite fumée, c'est la pratique qui vous peut donner cette connoissance. Ils se mettent aussi volontiers dans quelque maison ruinée, où il se trouvera des épines et des ronces, pour estre en ce lieu à l'abry du vent ; et au printemps, dans les terres nouvellement labourées, et quand il fait chaud, au pied de quelque petit buisson ou genests, proche d'un gagnage pour se mettre à couvert des mouches.

CHAPITRE VII.

Les lièvres, quoi que les plus petits de tous les animaux desquels je parle dans mon traicté de chasse, ne sont pas les moins rusez, particulièrement les vieux et ceux qui ont esté courus avec les chiens courans, que l'on peut connoistre quand ils se font voir dans le giste, d'où ils ne veulent partir qu'en leur donnant de la houssine : et aussi quand ils se mettent au milieu d'une plaine, et au lieu le plus éminent ; et que lors qu'ils en sont partis, pour commencer à courre, ils se font petits, et estans entrez dans un chemin, le longeant, ils secoüent le jarret de temps en temps; par ces signes, vous vous pou vez asseurer qu'ils sont de grande vitesse et haleine, et que c'est un masle : car les femelles (comme j'ai desja dit) ne s'ecartent pas si loin de leurs demeures, joint qu'elles sont ordinairement dans les buissons, ou sur le bord de quelque fossé; si ce n'est par un jour extraordinairement beau. Ce lièvre donc pourra longer un chemin demy lieuë ou plus, et jusques à ce qu'il ait trouvé un carrefour, où il y ait plusieurs chemins pour faire ses ruses, en les longeant et revenant sur luy, courant presque de sa force afin de maintenir l'avantage qu'il a d'estre fort-longé et éloigné des chiens, et les oyant venir, s'il y a quelque grande piece de terre labourée, que nous appelons guerets, il y entrera, faisant encore le petit, de peur d'estre apperceu : et s'il fait chaud, et que la terre soit fort seiche, il la traversera, ayant l'adresse et la ruze de voir qu'il fait voler la poudre partout où il passe, qui recouvre ses voyes, et oste une partie du sentiment aux chiens qui le chassent, et s'il a pleu quelque petite lavasse, il l'allongera dans les rayes où l'eau aura un peu couru, et où il fera gâcheux, afin qu'il emporte de cette terre détrempée avec ses pieds, qu'il a très garni encore de poil : et comme cela, il oste le sentiment aux chiens, qui trouveront aussi ses voyes aller de hautes erres, à cause du temps qu'il leur aura fallu à demesler ces retours et ruses, et se voyant fort longé des chiens, et qu'il a le temps de chercher le change, il le va trouver, et comme il est l'ancien, il fait partir le jeune lièvre de son giste en le battant, s'il n'en veut sortir, et se met en sa place. Ce lièvre nouveau qui entend sonner le cors, et venir les chiens, s'en va; les chiens arrivent où le lièvre de la meute est relaissé, qui ne bougera, si un chien ne le fait partir du nez ou de la dent : et cela n'estant pas, vos chiens trouvent les voyes du lièvre frais, qui vont du mesme temps, puis qu'il est party quand celuy de la meute est demeuré, et ainsi il vous donne le change, et si cette ruze ne luy reüssit, estant relancé et echapé des chiens (car j'en ay veu faire si fort les fins, qu'ils se laissoient enveloper, et prendre au milieu de huict ou dix chiens) mais s'il en échappe, vous les verrez faire des diligences très grandes pour regagner son avantage, et s'éloigner encore des chiens pour chercher quelqu'autre occasion de ruser, puis que celles-là ne luy ont pas reüssi. Comme s'il voit un troupeau de vaches, ou de bestial blanc, qui en paissant soit épars, il aura l'adresse d'y aller doucement en se faisant petit, pour ne les pas espouvanter et rassembler, afin qu'il y puisse faire deux ou trois ruses auparavant que de se flastrer au milieu d'eux, ou il attendra les chiens, qui estans venus, peuvent courre après le bestial, et par leurs fuites auront passé sur les voyes du lièvre, et les auront effacées, ce qui en ostera le sentiment : et s'il est relancé, il s'en ira encore de sa force droit à quelque hameau, pour y ruser allentour des maisons, dans les chemins battus du bestial : et après s'il y a quelques maisons ruinées de long-temps, il montera huit à dix pieds sur une muraille, pour s'y relaisser : et s'en voyant relancé, il s'en ira dans quelque petit bois, faisant feinte de le passer, et reviendra sur ses voyes, demeurer à dix pas d'où il est entré sur le haut d'un fossé, ou sur quelque tocque de bois, et allant dans une plaine, sur ses fins, il se mettra dans quelque trou qu'aura fait un chien dans la terre, pour y chercher un mulot, ou sous quelque rocher, ou le long des hayes, sur quelque fossé, après avoir fait un élan et un saut extraordinaire afin que les chiens n'en ayent pas le sentiment jusques-là. Ce n'est pas qu'un lièvre fasse toutes ces ruses que j'ay dites cy dessus toutes les fois qu'il est chassé, mais elles peuvent arriver en plusieurs chasses : et si c'est un lièvre ladre, vous le pouvez connoistre aussi tost qu'il sera sorti de son giste, que vous trouverez dans les lieux marescageux, et bien souvent pleins d'eauë. Ce lièvre

fera ses ruses contraires au premier dont j'ay parlé : car celuy-cy se
fera chasser dans des lieux humides, et battra l'eau aussi quelques
fois quand il la rencontrera commode à sa taille, en gardant les lieux
marescageux, qui est le centre de sa demeure. J'ay voulu vous faire
connoistre toutes ces ruses, comme je les ay pratiquées, auparavant
que de vous montrer comme il les faut exercer en chassant, afin
que vous en ayez une plus parfaite connoissance.

CHAPITRE VIII.

COMME L'ON DOIT FAIRE CHASSER LES CHIENS POUR FORCER LE LIÈVRE.

J'ay fait connoistre dans les chapitres précédens les ruses des
lièvres, et des temps qu'il les falloit attaquer pour les forcer selon les
saisons, puisque ces précautions font le fondement de cette chasse
comme de sçavoir connoistre les lieux qui sont les plus avantageux aux
sentimens des chiens, et qu'il falloit que ce fust en des païs découverts
pour y pouvoir tousjours les chiens chasser, tourner et requester, afin
que le plaisir en soit entier, pourveu que ce ne soit pas dans les plaines où il y ait beaucoup de lièvres, comme font celles que les princes
et seigneurs conservent, où vous auriez bien moins de plaisir, puisque vous verriez souvent partir le change et le prendre à vos chiens
qui ne le peuvent pas garder comme d'un cerf. Ce n'est pas qu'il n'y
en ait quelques uns des vieux, qui après avoir chassé une demy-heure
un lièvre, ne donnent quelques connoissances aux picqueurs, lors que
le change est party, et va devant eux en les voyant chasser plus froide-
ment, et aussi qu'en ces païs où les chiens voyent souvent les lièvres,
ils en contractent de mauvaises habitudes telles que je les ay desja
dites ; vous vous ressouviendrez aussi de ne les pas faire chasser,
quand il y aura de la rosée sur la terre, si ce n'est quelquefois dans
les extrêmes chaleurs, en ce cas il faut faire de nécessité vertu, comme
d'observer les vents ; neantmoins s'il ne fait que le vent autan, vous

ne laisserez de chasser, pourveu que vous observiez de n'attaquer pas, pour ce jour là, le lièvre dans une grande plaine, où il peut plus essuyer les voyes que dans les lieux couverts, et aussi vous peut moins incommoder à ouyr les chiens, et vous entendre les uns les autres. Et après vous estre ressouvenu de ces choses que j'ai voulu vous dire encore une fois toutes ensemble, afin de vous en rafraischir la mémoire dans l'occasion nécessaire, il faudra préparer vos chiens avec soin, afin qu'ils en paroissent plus beaux et agréables à vostre maistre et à ceux qu'il aura conviez de les voir chasser, et en aller recevoir le commandement de luy le jour auparavant, pour en advertir ceux qui seront sous vostre charge, afin qu'ils se levent du matin pour aller bouchonner et peigner les chiens, leur visiter les jambes et les pieds, pour voir s'ils n'y ont point d'épines ou de dentées, et s'il y en a quelques-uns qui ayent les pieds échauffez ou dessolez, il les faut laisser ce jour-là au chenil, et jusques à ce qu'ils soient guaris : et s'il y en a de maigres, qui peuvent estres quelques jeunes chiens qui auront trop d'ardeur à la chasse, en prenant au delà de leurs forces, ceux là ne se doivent faire chasser que de deux chasses ; l'une afin de leur donner le temps de reprendre leurs forces ; car autrement vous les mettriez si bas, qu'ils deviendroient étiques. Vous pouvez voir mieux toutes ces choses lors que vous les menerez à l'ébat, et prendrez le compte de ceux qui pourront chasser pour le dire au commandant à l'équipage, ou à vostre maistre, et leur donnerez peu à manger pour le repas, particulièrement aux chiens gras et aux chiens anglois. Ayans fait ces diligences, vous devez déjeuner et faire dejeuner vostre monde, et aussi tost après commander aux valets de chiens qu'ils aillent coupler, où le commandant doit aller aussi, afin qu'il ordonne de ceux qu'il faut laisser au chenil, et après leur avoir donné l'ordre du lieu où ils doivent aller à la chasse, il doit monter à cheval, et aller trouver son maistre, pour luy dire que ses chiens vont au rendez-vous, et la quantité qu'il en aura ce jour là, pour chasser, et luy direz les causes pourquoy les autres sont demeurez, et voyant son maistre à cheval, et qu'il ait reçeu le second ordre, pour aller au lieu où il veut chasser, il doit s'en aller au galop joindre ses chiens pour les y mener, et y estant, il doit prendre son mouchoir par un coin, levant la main aussi haut qu'il pourra, pour voir d'où vient le vent, afin d'y découpler et y mener ses chiens quester, pour leur donner plus de sentiment et de facilité à démêler la nuict d'un lièvre lors qu'ils en auront rencontré, en parchasser et tenir la voye jusques à ce qu'ils l'ayent lancé ; son maistre estant arrivé, il luy doit donner une houssine, pareillement à ceux qui seront avec luy, pour battre les hayes et les buissons, afin d'en faire partir le lièvre et repartir, lors qu'il y sera relaissé, et aussi pour chastier les chiens quand ils seront en faute, et les faire rallier au corps de la meute, et après il doit demander à son maistre s'il lui plaist qu'il fasse découpler, et s'il dit ouy, il doit mettre pied à terre, et passer les resnes de la bride de son cheval dans le surfais, ou les sangles, pour l'empescher qu'il ne s'en aille, afin d'ayder à tenir les chiens et les découpler. Il doit commencer par les plus sages, et s'il y a des jeunes chiens qui n'ayent pas encore chassé, les faire prendre et tenir par un valet de chiens à qui il ordonnera de ne les donner que jusques à ce que les autres ayent lancé un lièvre, et qu'ils l'ayent chassé un quart d'heure, à cause qu'il les pourroit faire emporter en questans, courans et crians après les chevaux et les oyseaux, ce qui les peut lasser si l'on est long-temps sans trouver un lièvre, et afin que cela leur donne aussi une meilleure impression quand vous les donnez d'abord dans les voyes d'un lièvre et une vraye connoissance de ce que vous voulez qu'ils fassent. Cela ne doit estre que pour les deux ou trois premières fois que vous les faites chasser : car après il les faut donner d'abord avec les chiens dressez pour les accoustumer à quester et parchasser des voyes de la nuict d'un lièvre. Les chiens estans donnez, et le picqueur à cheval, il doit demeurer ferme pour laisser passer cette première équipée que font ordinairement les chiens françois au partir du couple (car les chiens anglois en ont peu) et après les appeler en leur disant, *à moy chiens tié hault*, et ne revenans pas, il faut qu'il sonne par mots entrecoupez, et le premier ton du gresle, pour les obliger à revenir plustost. Estans revenus, il doit les mener quester au lieu destiné, et dans le vent, en leur disant *bellement mes bellots*, par plusieurs fois, et pour les obliger à quester, il leur faut dire *holoo, holoo, hololoo* et sonner de temps en temps par mots entrecoupez du gros ton, leur criant aussi *au lict, au lict chiens*, et s'il en voit quelqu'un à qui il doit avoir créance, se rabattre des voyes de la nuict d'un lièvre, et en crier, il doit aller à luy et luy dire *velcy allé*, plusieurs fois, le nommant, et sonner afin de faire venir les autres, pour luy aider à démêler et parchasser ces voyes et si elles alloient de trop hautes erres, et que vous vissiez qu'elles ne fissent que tourner, c'est signe que ce lièvre s'ira mettre au giste loin de là, et que c'est le lieu où il aura fait sa nuict et son viandis. Alors le picqueur doit appeler ses chiens et aller prendre de grands devans dans le vent, et considérer la saison dans laquelle il est, et le temps qu'il fait ce jour là, comme si la terre est humide, ce lièvre ira demeurer dans un lieu sec, sur une petite éminence où il y aura quelque murjer ou tas de pierre, ou sur le haut d'un fossé relevé, ou s'il n'y en a dans ce lieu, ce sera dans la terrre la plus élevée, pourveu qu'il ne fasse pas grand vent; et s'il fait fort sec, il sera dans les bouts et culées des terres où le chaume est grand, proche les prez et dans les endroits, où il y aura force chardons, si c'est dans un païs dont les terres soient en friche, ce sera sous quelques genests et petits buissons, pour se parer du grand chaud et des mouches. Cependant que le chasseur le questera avec ses chiens, ceux qui sont à cheval doivent estre séparez les uns des autres de cinquante à soixante pas, regardant à terre pour essayer de voir le lièvre au giste : ce qu'arrivant, ils doivent crier d'abord *holoo je le voy*, et marcher tousjours, afin de ne pas faire partir le lièvre, et après faire signe du chapeau au picqueur, s'il en peut estre veu, sinon jetter son mouchoir à terre en lieu où il le puisse retrouver, aller faire venir le picqueur|et les chiens, et venir devant pour faire partir le lièvre afin que les chiens ne le voyent pas pour les raisons que j'ay dites, et parce que cela les oblige à faire des efforts, et les empesche de si bien prendre la voye, au moins si tost, à cause qu'ils n'ont pas le sentiment libre, lors qu'ils sont hors d'haleine. Le lièvre estant party du giste, il faut que ceux qui sont à la chasse le considèrent, pour remarquer s'il est grand ou petit, ce qui peut se juger dans sa proportion par ceux qui sont expérimentez en cette chasse, comme s'il est rouge, ou gris, blanc, ou gris brun, afin que lors que le change partira, ils le puissent reconnoistre, et le dire aux picqueurs, qui ne doivent pas presser les chiens à cette chasse, particulièrement du commencement, ne les devant approcher d'un bon quart d'heure, que de cent pas, et après de cinquante, et tous ceux qui sont à la chasse, les doivent suivre, sans s'écarter à droit ny à gauche dans la plaine, où ils pourroient rompre les voyes du lièvre qui tourne très souvent, ce qui empescheroit les chiens d'en pouvoir reprendre le bout du retour, et les feroit tomber en défaut : ils ne doivent pas aussi sonner qu'à la queuë des chiens, et après le picqueur quand bien ils verroient le lièvre, pourveu que les chiens chassent, puis qu'ils feroient venir ceux qui ne seroient pas dans la voye, et leur apprendroient à couper, joint qu'il faut tousjours maintenir les chiens ensemble pour chasser à plus grand bruit et en rendre le plaisir plus parfait; car s'il y en avoit quelqu'un qui emportast la voye du lièvre, cent pas, ou plus, devant les autres, il le faudroit arrester, en luy disant *derrière*, et non *haye;* car ce mot de *haye* ne se doit dire qu'aux chiens qui sont en faute, comme quand ils chassent le change; mais si les chiens es-

toient en défaut, que les sçavans dans la chasse vissent le lièvre de la
meute, le jugeant tel par les remarques que j'ay dites, et que la terre
estant humide, il fust moüillé et crotté, et par la chaleur, qu'ils le
vissent echauffé et dehaslé, en ce cas ils doivent sonner pour faire
venir les picqueurs et les chiens, afin de relever le défaut, et si le
lièvre enfile et longe un chemin, et qu'il ait desja quelque avantage
devant vos chiens, estant fort-longé ; en ce cas ne les pressez pas afin
de donner le temps à ceux qui sont les moins avancez, d'en trouver
le retour, comme il arrivve le plus souvent, spécialement quand c'est
un chemin qui confine à des terres nouvellement labourées que nous
appellons guérets, où le lièvre se plait à les traverser, particulièrement
s'il a esté chassé d'autres fois, ayant l'adresse de connoistre que c'est
où les chiens ont le moins de sentiment. Et lors que vous verrez vos
derniers chiens prendre la voye du retour dans le gueret, ne voyant
point partir de lièvre, et que vos premiers chiens soient demeurez,
vous sonnerez pour chiens, et leur parlerez pour les obliger d'en
maintenir la voye : car c'est un signe évident que c'est vostre lièvre
qui a tourné et ruzé pour aller dans ce gueret où le chassent vos derniers chiens. Vous remarquerez aussi à quelle main il aura fait ce
premier retour, pour y tourner toutes les fois, puisque de trente il en
fera au moins vingt-cinq à cette main. Il faut encore moins presser vos
chiens dans ces guerets, où ils ont le moins de sentiment, et par conséquent plus de peine à tenir la voye, et que si vous les pressiez, vous
les obligeriez à l'outrepasser ou les faire aller à droit ou à gauche, et
lancer un autre lièvre : car c'est en ces lieux que les lièvres gistent
plus volontiers ; et si vostre lièvre et fort-longé, et que ces terres
soient seiches, le lièvre ayant fait voler la poudre en courant, qui peut
recouvrir une grande partie des voyes et en oster aussi du sentiment ;
ou s'il a pleu, faisant gâcheux, le lièvre qui a le pied plein de poil, em-
portera cette terre détrempée avec ses pieds, ce que nous appellons
paster, ce qui diminuë aussi beaucoup le sentiment. Cela estant, il faut
appeler vos chiens, et aller avec eux prendre de grands devans, et
jusques à des terres plus fermes et vieilles labourées, où il y ait des herbes et du frais, où le lièvre peut faire des portées en quelques endroits
(car ce qui touche aux jambes et au corps se doit appeller portés 1),
ce qui augmente le sentiment aux chiens ; ou bien vous irez par rencontre en quelque terre en friche, où il y a plus d'herbe et plus de
sentiment, où il se conserve aussi plus long-temps : vous menerez vos

(1) Voir la note de la page 120.

chiens en ces lieux prendre les devans, les faisant requester doucement, en vous servant des termes et des tons pour sonner, que j'ay
dit, afin que lors que vostre lièvre passera, ils s'en rabattent et le
chassent ; et si après en avoir rencontré les voyes, vous rencontreriez
dans ces terres nouvellement labourées, sans les avoir renouvellées, il
faudroit reprendre encore vos grands devans, pour chercher d'autres
terres fermes et herbuës, et les ayans pris, si vous ne trouvez vostre
lièvre passé, il faudra les reprendre plus courts jusques à trois fois,
les raccourcissant à chaque fois, en y allant très doucement, pour
donner assez de temps à vos chiens de s'en pouvoir rabatre, et leur
ayder aussi de l'œil ; et si vous ne le trouvez passé c'est un signe évident qu'il s'est flastré et relaissé, alors il faudra aller avec vos chiens
où vous avez quitté les dernières voyes, les y rechauffer (en leur parlant et sonnant, comme j'ay dit) pour les obliger à tenir la voye,
au moins que ce soit de temps en temps, et ceux qui sont à cheval,
prendront garde à terre pour découvrir et voir le lièvre relaissé, et
que les picqueurs mettent pied à terre pour regarder en se baissant
aux lieux les plus favorables, et essayer d'en voir des voyes, et si l'on
voit partir un lièvre, n'aller pas après, qu'auparavant on n'ait veu le
lieu d'où il est party, pour juger si c'est un giste, où une flastrure ;
car si c'est un giste, il sera enfoncé et fort battu, ce qu'ils font avec
leurs pieds auparavant que de s'y mettre, comme le lieu qu'ils choisissent pour y demeurer le jour, et y estre plus cachez ; et si c'est une
flastrure il n'y paroistra que peu, puis qu'ils s'y mettent seulement
sur le ventre, n'ayant pas le temps de la façonner ils s'y razent seulement le plus qu'ils peuvent ; et si c'est une forme, c'est un signe évident que c'est un lièvre frais : il y peut avoir aussi quelque doute,
quand bien ce ne seroit qu'une flastrure, et que vous n'eussiez pas
jugé au lièvre qui en sera party, les remarques que j'ay dites, pour
voir que c'est celuy de la meute, puisque ce peut estre un lièvre qu'un
berger ou un mâtin peut avoir fait partir, il y aura peut-estre une
heure ; il est vray que cela se peut, ce que vous pouvez connoistre à la
flastrure qui en sera plus battuë que celle d'un lièvre qui est couru, et
l'ayant relancé, il ne manquera d'aller chercher d'autres lieux et de
différente nature (puisque ces guerets ne luy ont pas reüssï) et d'allonger le jarret, s'il en a encore la force, pour faire diligence et se fort-
longer encore devant les chiens, afin d'avoir le temps de ruzer d'une
autre manière, particulièrement si c'est un masle, à cause qu'il saura
plus de païs qu'une femelle : il ira chercher un carrefour, où se trouveront force chemins, dans lesquels il ira et viendra de toute sa force,

pour avoir le temps d'aller et venir dans tous : et après il se relaissera sur le haut d'un fossé ayant fait un saut, ou un élan de toute sa force, pour s'esloigner de ces dernières voyes, afin que les chiens n'aillent pas jusques à luy en le chassant. Et lors que vous arriverez à ce carrefour, et que vous verrez vos chiens chasser dans tous ces chemins, il faut les appeler, en leur sonnant et parlant comme cy-devant, pour les faire venir à vous, requester et les mener prendre les devants autour de ses chemins, et au de là du lieu où le lièvre aura fait ses retours, pour y trouver ses dernières voyes ; en cas qu'il s'en aille, et ne le trouvant passé, après avoir pris vos devants entiers au de là de toutes ces voyes pour estre asseuré qu'il demeure, il faut que les picqueurs rameinent leurs chiens requester allentour de ce carrefour, dans les hayes et buissons, s'il y en a, et les réchauffent en leur parlant, pour les obliger à y entrer, et battent avec leurs gaules comme tous ceux qui sont à la chasse et sur le haut des fossez, qui sont entre les terres labourables et ces chemins où il se peut relaisser : et l'ayant relancé, il faut encore pour estre plus asseuré, que c'est le lièvre de la meute, aller voir au lieu d'où il est party, pour juger si c'est une forme ou une flastrure : et dans le temps qu'ils voyent le lièvre, juger s'il fait comme celuy qu'ils ont chassé jusques là, et s'il va donner dans un troupeau de bestial blanc ou à corne. Auparavant que vos chiens y soient meslez, il faut les rompre et aller prendre de grands devants avec eux, afin de trouver les voyes de vostre lièvre seules, et sans estre effacées de ce bestial, si d'avanture il perce, si non vous reviendrez requester de l'œil et avec vos chiens, dans vostre enceinte, où le bestial aura esté. Il faudra aussi observer si vostre lièvre n'auroit point esté jusques au bestial, et qu'il s'en fust retourné ; et pour cela, il faut prendre vos devants plus grands par le lieu d'où vous estes venu ; et l'ayant relancé, s'il va dans ces enclos, où il pourroit avoir eu connoissance de quelques levraux, dont il vous auroit donné le change vous le connoistrez, voyant chasser vos chiens qui ne feront que tourner. Cela estant, vous romprez vos chiens et prendrez avec eux les grands devants de ces jardinages, pour sçavoir si après que vostre lièvre vous aura donné le change, il s'en est allé, et ne le trouvant passé, vous viendrez requester avec vos chiens au lieu d'où est party le change ; et s'il y a quelque mazure, ou quelque maison ruinée, où il soit venu quelques ronces ou épines, vous irez battre et quester sans y rien obmettre : car il y peut estre allé jusques au haut pour s'y flastrer : et si après s'estre relancé il se va mettre dans quelque trou de blereau ou de renard, ou dans un trou, sous quelque rocher ce que vous pourrez juger par vos chiens, qui le chasseront jusques-là, et aussi à la voye du lièvre, qui est longue et étroitte (celles du renard et du blereau, estans rondes et beaucoup plus larges) vous l'en pourrez tirer avec un églantier, qui est une forme d'épine, qui a ses pointes un peu larges, longues et crochuës, que vous mettrez dans le trou à rebours; et lors que vous sentirez que le bout touchera le lièvre, vous appuyerez et tournerez l'églantier, qui s'attachera au poil, et comme cela, vous le tirerez. Mais si c'est un lièvre ladre que vous chassiez, il ne manquera d'aller chercher les lieux marescageux, comme les queuës d'estangs, où il se pourra relaisser sur des buttes de joncs qui y sont, et lors que vous y arriverez et que vos chiens ne chasseront plus, il faut les appeller pour retourner, afin de reconnaistre s'il n'auroit point été jusques là, et seroit revenu tout court sur luy; et ayant veu que cela n'est pas et qu'il entre dans l'estang, pour y demeurer, ou en percer la queuë, il en faut prendre les devants; et ne le trouvant sorti, vous viendrez où vous l'avez trouvé entré, pour y aller avec les chevaux et obliger les chiens d'y requester si le fond en est assez bon pour cela, si non Il faut faire entrer les valets de chiens à pied, pour faire le mesme et relancer vostre lièvre : il pourra aussi après battre et longer l'eauë dans quelques petits ruisseaux, dont il faudra observer l'entrée, pour estre asseuré s'il la monte ou descend pour aller avec les chiens et les picqueurs, des deux costez, et le trouver sorti : ce qui ne tardera pas long temps, ne s'opiniastrant pas à battre l'eauë, comme un cerf. Il peut aussi aller passer un bras de rivière à nage, pour entrer dans une isle où il aura esté d'autres fois, pour y manger de l'ozeille, de quoy ces lièvres sont fort friands, et qu'ils s'en sont fort bien trouvez, à cause de la chaleur extraordinaire qu'ils ont; ils s'y peuvent aussi relaisser sur quelque teste de saule, qui ne sera élevée que de trois ou quatre pieds, où vous pouvez entrer avec vos chiens, pour le requester, relancer et le prendre. Toutes ces choses n'arrivent pas autant de fois que l'on court le lièvre; mais cela peut arriver en plusieurs fois que vous le courez. Le lièvre estant pris, il faut que le picqueur soit diligent de l'oster aux chiens, et de remonter aussi tost à cheval, pour en estre le maistre; et y estant, leur montrer en criant : *velleloo*, plusieurs fois : et après il doit sonner, et ceux qui sont à la chasse aussi, du gresle, pour obliger les chiens qui traïsnent de venir; et s'il y a de jeunes chiens, leur montrer le lièvre, particulièrement après que l'on aura fait retirer les autres : cela estant fait, vous en sonnerez la mort par trois mots longs, comme pour cerf, et la retraitte

en suite et emporterez vostre lièvre jusques à ce que vous ayez trouvé
un pré, où une belle place, pour en faire curée à vos chiens, prenant le pain qui est coupé par petits morceaux (ainsi qu'il doit estre
dans les gibecieres des picqueurs) et s'ils n'en ont, qu'ils en aillent
prendre à la première maison, pour le broüiller et méler dans le sang
du lièvre, après luy avoir osté la peau ; ce qu'il ne faut pas manquer :
car elle feroit rendre gorge aux chiens, puis vous l'ouvrirez et melerez
ces petits morceaux de pain avec le sang et les dedans, qu'il faut
aussi mettre en pièces, et une partie des épaules et des cuisses : et
l'autre vous les garderez pour les jeunes chiens en leur particulier.
Après la curée faite, et pour le corps, vous leur donnerez, après leur
avoir fait manger la moüée en forme de fortiiu, en sonnant le gresle,
et du gros ton à la moüée, que vous étendrez après estre faite,
comme j'ay dit, assez large, afin que les chiens en ayent tous. Pour
ces formalitez, elles s'y peuvent observer de mesme que pour cerf,
puis que ce sont les mesmes termes. Et après vous recouplerez vos
chiens et les compterez, afin de voir s'il en manque, pour envoyer un
ou deux de vos valets de chiens sonner la retraitte par les lieux où
vous aurez chassé ; et puis vous prendrez vos jeunes chiens, pour leur
donner ce que vous aurez gardé du lièvre et de la moüée, et leur faisant manger, vous leur frapperez de la main par les costez, en les
nommant, et leur disant les termes qu'il faut pour les faire chasser.
Cela se doit faire sans y manquer, à cause qu'ils n'ont pas encore la
connoissance de ce que l'on veut d'eux, afin de leur donner et les
obliger à aller à la curée doresnavent avec les autres, et aussi d'y
chasser.

LA CHASSE DU CHEVREUIL.

CHAPITRE PREMIER.

DES QUALITEZ QUI SE RENCONTRENT AU CHEVREÜIL.

Il semble que ceux qui ont écrit cy-devant de la chasse, n'avoient pas encore l'entière connoissance du plaisir que l'on peut avoir à forcer le chevreüil avec les chiens-courans, ny l'adresse de le faire, puis qu'ils en ont dit si peu de choses : et neantmoins c'est la plus considérable après celle du cerf, et elle s'y peut parangoner en plusieurs choses : le pied, le corps et la teste, ayans beaucoup de ressemblance dans leurs proportions. Ils font aussi leurs viandis de mesmes nourritures et dans les mesmes païs, où il faut agir de mesme façon, lors que l'on va en queste pour les détourner, et mesme quand on les donne aux chiens : et lors qu'ils y sont donnez, ils tiennent les mesmes païs, et font les mesmes ruses que les cerfs, si non qu'ils ne s'éloignent pas tant, et ne se dépaysent pas si ordinairement que les cerfs : ce qui n'en est pas moins agréable, puis que les relais en sont plus justes, et que la retraitte en est plus facile : elle est aussi moins pénible et de beaucoup moins de peine, n'estant pas obligé de tenir tant d'hommes, de chevaux et de chiens, ny de si habiles gens dans le mestier, puis que l'on n'est pas tenu dans ce rapport, de discerner le masle d'avec la femelle : ce qui neantmoins est mieux, quand on le peut faire, à cause qu'il y a plus de plaisir à voir un chevreüil avec son bois devant les chiens qu'une chevrette qui n'en a point, et que l'on en peut mieux garder le change, aussi bien que la race. Il se fait aussi mieux chasser, et ne tourne pas tant que la chevrette : ce qui se peut

connoistre quand on rencontre d'un vieil chevreüil, qui a ordinairement plus de pied que la chevrette. Il y a aussi de la différence à leur
façon d'agir, lors qu'ils font leurs nuicts (ce que je feray voir cy-après)
vous y avez aussi grande facilité à rencontrer des chiens pour mettre
à la main et chasser le chevreuil : car c'est l'animal qui a le plus de
sentiment et qui donne le plus d'ardeur aux chiens, lors qu'ils le
chassent : ce qui fait qu'ils n'en gardent pas si hardiment, ny si communément le change que d'un cerf. Il y a aussi plus de difficulté à le
donner aux chiens seuls, à cause que le masle et la femelle sont ordinairement ensemble.

CHAPITRE II.

COMME IL FAUT QUE LES CHIENS SOIENT TAILLEZ POUR CHASSER LE CHEVREÜIL.

Les chiens pour chasser et forcer le chevreüil, doivent estre d'entre-
deux tailles et bien rablez, ayans dans leurs proportions les qualitez
que j'ay dites au chapitre des chiens pour cerf, et qu'ils soient de race
de vrais chiens courans, puis qu'il faut à cette chasse des chiens d'une
parfaite obeyssance, à tourner et requester très-souvent dans les forts,
où les chevreüils font plus ordinairement leurs ruses et retours que les
autres bestes, et que si les chiens n'y tournoient justes sur les voyes,
ils feroient bondir souvent le change, qui leur est plus difficile à garder
que des autres grandes bestes. Il ne faut donc pas de ces clabots à
grandes aureilles, qui rebattent les voyes plusieurs fois, puis qu'ils
trouveroient à cette chasse, de quoy exercer leur reverie, à cause que
les chevreüils tournent plusieurs fois dans un païs. Il n'y faut pas
aussi de ces chiens corneaux, qui sont hauts d'aureilles et à demy
mâtins, qui ne tournent pas volontiers : et encore quand cela leur arrive, ce n'est pas dans la voye ; mais plus tost en prenant un grand
tour : ce qui est tres dangereux à faire bondir le change ; et encore
qu'ils ne le fissent pas, ils peuvent rencontrer les voyes du chevreüil,
que vous courrez, et l'emporter sans crier : car tels chiens crient or-

dinairement peu, et ne sont jamais sages n'estans propres qu'à mettre
dans un vautrait pour chasser le sanglier. Et pour le choix du poil des
chiens, desquels on se peut servir à chasser le chevreüil, cela dépend
de l'humeur de ceux qui les voudront, pourveu que ce ne sont pas de
ces poils élavez, dont j'ay parlé au Traicté pour cerf.

CHAPITRE III.

DES LIEUX OÙ LES CHEVREÜILS FONT LEURS VIANDIS, SELON LES SAISONS.

Lors que le printemps est venu, et que le bois qui a esté coupé l'hyver auparavant, a poussé quelque reject, et que les seigles et bleds
commencent à venir, et autres menus grains, les chevreüils y vont faire
leurs nuicts et leur viandis ; choisissant en cette saison, aussi bien que
les cerfs, les accuts des païs, et les buissons, pour y aller et les y avoir
plus à commandement. Ce que pourtant ils ne font pas si-tost, et tant
qu'ils auront de ces bois nouveaux, dans les païs où ils sont, et jusques
à ce qu'ils en soient rassassiez, ou au moins, qu'ils en ayent passé leur
premier appetit, qui leur est si grand, et en mangent de telle sorte, que
leur estomach en estant si plein, n'en fait la digestion qu'avec beaucoup de peine : ce qui est cause qu'il s'élève force vapeurs à leur cer-
verveau, qui ne peuvent estre que fortes, à cause de la force qui se
rencontre en ce bois nouveau, poussé de telle sorte, qu'ils en sont
comme troublez, pour trois semaines, ou un mois, se laissans voir et
approcher durant ce temps, avec facilité ; et lors que l'esté est venu,
ils vont aux gagnages, pour y viander et faire leurs nuicts, qui sont
les bleds, avoines, pois, feves et vesses, les plus proches des acuts de
païs et buissons où ils demeurent, et y seront encore à l'automne, si
on ne les en chasse, faisans leurs nuicts et leur viandis dans les taillis,
et aux regains des prez et des avoines, de quoy ils sont encore fort
friands. Et l'hyver estant venu, ils quittent tous ces lieux et se retirent dans les fonds des forêts et plus grands païs, où ils font leurs

nuicts et leurs viandis aux ronciers et aux fontaines ou il y a des herbes toujours vertes, et aux brandes et taillis les plus jeunes. Ce sont
là les lieux où les veneurs doivent aller en queste avec leurs limiers,
pour les rencontrer et les détourner.

CHAPITRE IV.

EN QUEL TEMPS LES CHEVREÜILS ENTRENT AU RUT.

Le chevreüil en ce rencontre, a beaucoup d'avantage sur le cerf,
puis qu'il fait son rut dans une espèce de mariage, et réciproque
amour avec sa femelle, en sorte qu'ils ne s'abandonnent qu'à la mort;
mais le cerf le fait comme dans un concubinage perpétuel. C'est ce qui
fait que lors que la mort de l'un ou l'autre arrive, ils ont beaucoup
de peine à se rassocier; à cause qu'il faut qu'il arrive un mal-heur
égal à d'autres, ou bien qu'une chevrette ait fait trois fans d'une ven-
trée (comme il arrive quelque fois) où il y aura deux masles et une
femelle, ou deux femelles et un masle, et qu'après avoir esté chassez
du père et de la mère : l'un des deux masles, ou l'une des femelles, se
trouve sortable pour s'accoupler avec celuy ou celle qui est deparié.
Et cela n'estant pas, le survivant demeurera comme dans une perpétuelle viduité, et quand à ces trois jumeaux, ils feront leur rut ensemble, et y demeuront aussi jusques à ce que le temps soit venu, que la
chevrette sera preste à faire ses fans : car en ce temps, il faut que l'un
des deux masles quitte, et que l'autre aille chercher compagnie, et
ainsi quand il y a deux femelles. Leur rut commence dans le mois
d'octobre, et ne dure que douze ou quinze jours, à cause qu'ils en ont
la jouissance toutes les fois qu'ils la veulent, n'estans contrariez d'aucun chevreüil, comme font les cerfs de leurs compagnons. Ils ne se
font pas voir aussi comme les cerfs, ny ne meinent pas tant de bruit,
lors qu'ils crient et rayent, le faisant d'un ton gros et court, et sans
éclat. Ceux qui rayent le plus gros et le plus court, ce sont les plus

vieux chevreüils. Ils vont se raffraischir aux mares et aux ruisseaux, assez souvent dans le temps de leur rut. Ils grattent aussi quelquefois du pied en terre ; mais peu en comparaison des cerfs, ils font aussi des hardois selon la proportion de leurs testes et de leurs forces, la gorge leur enfle ou le poil leur noircit, et mesme sous le ventre ; mais non pas si fort qu'aux cerfs.

CHAPITRE V.

EN QUEL TEMPS LES CHEVREUILS METTENT BAS LEURS TESTES ET LES BRUNSISENT.

Le chevreüil n'est pas reiglé, ny si asseuré de la saison qu'il doit mettre bas, que le cerf : car nous voyons des chevreüils en toutes les saisons, qui ont la teste veluë ; néantmoins la pluspart mettent bas à la fin du mois d'octobre, ou au commencement de novembre, saison assez désavantageuse pour pousser leurs testes puis que c'est l'entrée de l'hyver, et le temps qu'ils sortent du rut ; aussi la poussent-ils si lentement, qu'encore qu'ils en ayent peu, elle n'est pas en sa perfection, dans quelques années plus tost que celles des cerfs ; mais l'ordinaire, c'est en avril, et après ils brunissent leurs testes ; ce qu'ils font de la mesme manière que les cerfs, comme de toucher au bois, si non qu'ils ne se frottent qu'à de petits brins de bois fort plyans, qui sont à la hauteur de leurs testes et selon leurs forces ; aussi n'y peut-on avoir aucune connoissance, que pour discerner le masle d'avec la femelle, à cause qu'ils ne touchent jamais leurs testes à aucun bois qui resiste et se tienne droict, ce qui fait voir la hauteur du corsage et de la teste. L'on n'en leve pas aussi le fréoüer, comme l'on fait d'un cerf. Ils mettent bas aussi par une mesme cause, ayans une démangeaison causée par des vers aux mesmes endroits, qui les oblige de mesme à toucher au bois, pour ebranler et faire tomber plus tost leurs testes. L'on en trouve peu de muës, à cause qu'elles sont petites et qu'ils arrivent à mettre bas dans les lieux où il va peu de monde.

CHAPITRE VI.

EN QUEL TEMPS LES CHEVRETTES METTENT BAS, ET FONT LEURS FANS.

L'amour descend aussi bien en l'animal qu'en l'homme, ce que nous fait voir la chevrette, puisqu'elle a vescu jusques là avec le chevreüil, sans l'abandonner d'un pas, s'il ne l'a voulu ; mais lors que ses fans sont prests à sortir de son ventre, elle s'en sépare par l'amour qu'elle a plus grand pour eux que pour luy, par un instinct de nature qui enseigne à la chevrette, que si elle en donnoit si tost la connoissance au cheveüil, il ne pourroit souffrir qu'elle leur fist caresse devant luy, puisque l'amour qu'il a pour elle, est si grand, qu'il lui est impossible de souffrir qu'aucun animal l'approche, et cela seulement, jusques à ce qu'elle luy ait fait connoistre qu'ils sont de luy ; ce qu'elle ne fait qu'après que ses premières ardeurs sont passées de les caresser, et qu'ils sont assez forts pour marcher, car si elle en usait autrement, il les tuëroit : c'est ce que veut dire le sieur du Foüillou, quand il écrit que les chevrettes se vont cacher lors qu'elles veulent faire leurs fans, à cause que le chevreüil les mangeroit : ce qui ne peut estre, attendu qu'il ne mange d'aucune chair ny charnage, puisqu'il est un des plus propres et des plus délicats de tous les animaux dans son manger ; ce qui se voit en ceux que l'on nourrit : la chevrette ayant usé de ces précautions, elle va choisir un lieu commode pour y faire ses fans, hors du danger des hommes, des loups et des renards, et pour ne donner pas ce déplaisir tout à coup à son masle, elle s'en derobe cinq ou six jours auparavant, seulement deux ou trois heures le jour, afin de l'accoustumer peu à peu au séjour qu'elle fera sans le voir, luy faisant ainsi espérer qu'elle le viendra retrouver après sa délivrance, afin qu'il ne s'éloigne pas de ce païs là, et qu'elle l'y puisse rejoindre : ce qui se fait dans le mois de may, et quand elle a fait ses fans, elle les garde cinq ou six jours, qu'il leur faut pour avoir la force de marcher et s'esquiver du chevreüil, lors qu'elle les luy monstre ; alors elle le va chercher et le meine où ils sont, les luy monstrant avec indifférence, et toute fois l'observant, pour si d'avanture la jalousie et

la colère le prenoit, qu'elle se peut mettre au devant d'eux, auparavant qu'il les pust offenser, et après les luy avoir fait connoistre et
aymer, il les gardent ensemble, jusques à ce que les fans les puissent
suivre, et qu'il soient grands ; mais rentrant au rut, ils s'en dérobent,
et si leurs fans les viennent retrouver, ils les chassent en les
battant, tant que leurs petits font une société particulière, et demeurent ensemble. La chevrette en peut avoir jusques à trois, en des années.

CHAPITRE VII.

DES CONNOISSANCES QUE L'ON DOIT AVOIR DES JEUNES CHEVREÜILS D'AVEC LES
VIEUX PAR LA TESTE.

Les connoissances que l'on doit avoir aux testes des chevreüils,
sont pareilles à celles des cerfs, comme les termes et les noms pour en
juger les connoissances ; ce qui se doit commencer par les meules,
pour connoistre si elles sont près du test, et si elles sont larges, la
pierrure grosse, les gouttières creuses, les perlures grosses et détachées. Il faut aussi considérer la grosseur du marrain, et la quantité
des andoüillers qui y seront attachez, afin de juger que s'il y en a
beaucoup, le marrain n'en peut pas estre si gros, et regarder à l'em
paumure si elle est large et renversée, puisque toutes ces connoissances doivent estre à la teste d'un vieil chevreüil, et s'y peuvent connoistre aussi bien qu'à celle d'un cerf, après avoir considéré la qualité
et proportion des animaux, et que la hauteur, largeur, et grosseur de
la tête d'un chevreüil dépend (aussi bien que du cerf) des bons et
mauvais païs où ils sont nourris, joint que les jeunes chevreüils ont
aussi les mesmes connaissances que les jeunes cerfs, ayans les meules
hautes et éloignées du test de deux doigts, et que les vieux chevreüils
ne les ont que d'un petit doigt, les pierrures petites et peu détachées,
les perlures de mesme, peu de goutières, et sans aucune empaumure,
ayans seulement un ou deux andoüillers par amont. Les chevreüils
qui sont nourris dans ces bons païs, peuvent porter jusques à douze bien
ou mal semé : ce terme se doit dire aux chevreüils comme aux cerfs.

CHAPITRE VIII.

Je sçay que ceux qui vont aux bois pour le chevreüil ne sont pas obligés de faire le discernement du masle d'avec la femelle par le pied, et aussi que l'on n'a pas deu les obliger à en faire le rapport, qui auroit été très-souvent frauduleux, à cause du peu de connoissance qu'il y a dans la généralité des pieds des chevreüils et des chevrettes, où l'on peut néantmoins particulariser, en y prenant de la peine, et s'y attachant l'esprit par une louable ambition de se tirer du commun et pour en rendre le plaisir plus parfait, et en conserver la race, l'on en peut aussi mieux garder le change, lors qu'on en revoit et aussi quand on le voit. Il s'en fait aussi mieux chasser : et pour y réüssir, il faut observer, lors qu'on va au bois, de certains pieds de chevreüils (qui sont connaissables d'avec ceux de chevrettes, pour avoir plus de pied) et remarquer leur manière d'agir, quand ils se débuchent du fort, font leurs nuicts, et qu'ils s'y rembuchent, et bien considérer les connoissances qui sont aux pieds de plusieurs chevreüils que vous trouverez semblables dans leurs proportions, à celles des cerfs. Ce qui me fait dire que ceux qui sont connaisseurs pour cerfs, ont un grand avantage sur les chasseurs des autres bestes, qui ne sont pas connaisseurs pour cerfs; mais ceux qui le connoissent, se peuvent rendre plus habiles dans toutes les autres chasses, lors qu'ils s'y veulent appliquer, et en moins de temps, que celuy qui n'aura esté enseigné par un homme qui n'aura esté au bois que pour chevreüil; car il ne sçaura que discerner le pied des chevreüils d'avec les autres bestes, et comme cela le maistre et l'escolier n'auront jamais autre curiosité ny ambition que de sçavoir détourner des chevreüils et les lancer, sans jamais pouvoir connoistres le masle d'avec la femelle : ce qu'ils

font selon leur sens, n'ayans aucunes connoissances, sans les quelles
on ne peut faire aucun discerment des pieds. Je commenceray à dire
que les masles ont ordinairement plus de pied devant que les femelles,
que le tour des pinces en est plus rond et le pied plus plein que celui
des chevrettes, qui les ont ordinairément creux, et les costez moins
gros que les masles, qui ont aussi le talon et la jambe plus larges, et
les os plus gros et tournez en dedans ; mais les femelles les ont en déhors, et moins usez que les chevreüils, qui ont leur quatrième, cinquième, et sixième teste, et au dessus ; car les chevreüils qui sont
au dessous de cet âge donnent peu de connoissance, si ce n'est aux
allures : car le chevreüil se juge comme le cerf, mettant tousjours les
pieds dans une mesme distance. Il y en a aussi qui vont l'emble naturellement, comme quelques cerfs qui font de grands et longs corsages,
de grande haleine et force ; mais à ces connoissances il y faut regarder
de pres, et les bien observer, ce qui se peut quand il fait bon revoir,
joint que vous avez tousjours un pied de chevrette, auprès de celuy
de chevreüil pour les confronter, puis qu'ils vont ordinairement ensemble ; aussi y a-t-il difficulté de donner un chevreüil seul aux chiens ;
mais lors qu'ils se séparent, vous vous pouvez servir de ces connoissances pour discerner le masle d'avec la femelle et y rallier vos chiens.
Vous les pouvez aussi discerner par la manière qu'il font leurs nuicts ;
ce qui vous servira à en remarquer le pied et le connoistre, pour
quand vous les courrez et les separerez vous observez que lors qu'ils
relevent, le masle sort le premier, et s'avance aussi le premier dans le
gaignage, afin de reconnoistre s'il y a quelque danger pour en exemp-
ter la chevrette ; et y estans tous deux, le masle est toujours plus
avancé dans la plaine ; et quand ils se retirent au fort pour y faire leur
demeure, il marche le dernier. L'on se peut servir de ses connoissances et remarques pour en préjuger ; mais non pas pour en faire un
rapport asseuré, qui pourroit estre incertain dans des saisons de l'année, à cause des grandes seicheresses qu'il fait dans l'esté, où il seroit
mal aisé d'en pouvoir juger. Je ne doute pas que ce que j'ay dit cy-
dessus ne soit censuré des faineans, qui diront qu'il n'est pas nécessaire
de vouloir raffiner et examiner si c'est un masle où une femelle, puisque l'une et l'autre se peuvent courre, pour n'estre pas obligez en
l'apprenant de peiner de l'esprit et du corps. Ce n'est pas aussi pour
eux que j'écris, mais pour ceux qui aiment le mestier et l'honneur.

CHAPITRE IX.

Les termes et la façon de sonner pour faire chasser et requester les
chiens, lors qu'on court le chevreüil, sont de mesme que ceux que
je vous ay dit au traicté pour le cerf, et aussi pour parler aux limiers
quand on les meine aux bois pour le détourner; il faut agir de mesme
façon lors que l'on dresse un jeune chien pour en faire un limier, afin de
l'obliger à se rabattre d'un chevreüil, à en vouloir, et le suivre juste dans
la voye, comme de lui faire perdre le caquet par les suites, et aussi de
luy permettre de crier quand on laisse courre un chevreüil; mais
pour le détourner, la méthode en est différente à celle du cerf, qu'il
ne faut jamais lancer (si l'on peut) le matin ; mais pour le chevreüil, il
le faut lancer toutes les fois que vous le pourrez, à cause que les chevreüils se retirent de bonne heure des gaignages, ou des taillis coupez
de l'année, pour aller à ceux qui auront un an de rejet, où ils achèvent
de faire leurs nuits, faisans beaucoup de tours, ce qui doit obliger le
veneur, après en avoir rencontré de les suivre avec son limier, jusques
à ce qu'il les ait lancés, et fait partir d'où ils seront au ressuy, afin
d'oster la difficulté que l'on aurait à desmeler toutes ces voyes, qui
iroient serpentans dans les tailles d'un an ou deux, où ils vont achever
leurs nuits, et où l'on seroit longt-temps à les demesler, puisque l'on
doit estre asseuré qu'après les avoir lancez, ils iront se rembucher au
premier fort, où ils demeureront; mais comme cela votre limier l'ira
lancer plus facilement, lors que vous le voudrez donner aux chiens, à
cause que les voyes iront droit et de meilleur temps, et que si vous
les voulez faire aller querir et lancer avec vos chiens courans, les de-
couplans aux brisées sur les voyes, vous le pourrez aussi; ce qui est
bien à propos, puisque cela les accoustume à vouloir des voyes qui
iront de deux ou trois heures, afin que quand il arrivera qu'ils seront

tombez en défaut d'un chevreüil, qui leur peut avoir donné le change,
et à quelque temps de-là ils en rencontrent les voyes, ils les reprennent, et les parchassent; ce qu'ils auroient peine à faire, si l'on ne les
y avoit accoustumé. L'on doit aussi détourner le chevreüil dans la
mesme méthode que le cerf, et en faire le rapport dans les mesmes
termes, si non qu'on n'est pas obligé de discerner le masle d'avec la
femelle; et neantmoins si vous l'avez pû, y ayant veu les connoissances
que je vous ay dites, vous pourrez dire : *j'y mecroy un masle.*

CHAPITRE X.

DU CHOIX QUE L'ON DOIT FAIRE DES PAÏS POUR ATTAQUER UN CHEVREÜIL,
ET LE COURRE A FORCE, SELON LES SAISONS.

Il n'est pas moins important de sçavoir bien attaquer un chevreüil
qu'un cerf, puis qu'il est aussi sujet à en donner le change, et encore
plus difficile aux chiens à le garder, vous en ayant dit les raisons. Il
faut donc, selon les saisons, attaquer les chevreüils aux lieux les plus
éloignez du change, comme en esté, aux buissons, où ils vont pour y
trouver les viandis meilleurs, et en plus grande quantité, le masle pour
y achever sa teste et la femelle pour y choisir un lieu propre à y faire
ses fans, et qu'il y ait des viandis pour la faire bonne nourriture. C'est
donc en cette saison qu'il les faut attaquer aux buissons, et se bien
estudier à ne courre que les masles, afin d'en rendre le plaisir plus
agréable, et en maintenir la race, puis que c'est le temps que les chevrettes sont prestes à faire leurs fans où à en estres délivrées. Ils sont
aussi plus aisez à voir, et séparez dans ces buissons, d'où ils sortent
aussi tost après estre donnez aux chiens, à la plaine, pour aller aux
grands païs où est l'origine de leur naissance ; et quand mesme le
masle ne sortiroit pas si tost, il est plus facile en cette saison de le donner seul aux chiens, à cause qu'il se rembuche seul, et qu'aussi tost
qu'on l'aura lancé, il sortira de l'enceinte, pour empescher que l'on
n'ait connoissance de la chevrette qu'il sçait estre pleine et pesante,

ou qu'elle a des fans; cela fait que vos chiens passent leur première ardeur auparavant qu'ils soient entrez dans le grand païs où est le change, et qu'ils ne s'écartent pas à droit ny à gauche, demeurans dans la voye du chevreüil qui leur a esté donné, et qu'après l'avoir maintenu ainsi seul, ils en auront pris le sentiment pour le conserver, lors que le chevreüil de la meute fera bondir le change pour le garder, ou au moins en donner connoissance aux picqueurs, s'ils ne le gardent absolument. Et en hyver, qu'ils sont retirez dans les fonds des forests, il les faut attaquer aux bouts des acuts de païs, comme les plus éloignez du change, afin de les pouvoir voir auparavant qu'ils y soient, et donner ce peu d'avantage à vos chiens, pour leur en donner le sentiment, laissant passer leur première ardeur; et pour la refuite, elle est presque toujours asseurée, pourveu que ce ne soit pas un chevreüil passager, qui ayant perdu sa femelle, cherchera à s'accoupler, pouvant estre venu de sept ou huit lieües de là, de buissons en buissons, où il s'en pourroit retourner, après que vous l'auriez donné aux chiens. Ceux-là, sont ordinairement de grands coureurs ayans esté mis en haleine par des mastins et chiens de bergers, en passant dans la campagne : comme aussi par quelques chiens de gentilshommes, allans quester un lièvre. Tellement que leur refuite ne se peut connoistre que par l'adresse et diligence de celui qui l'aura détourné : et le connoissant venir seul de campagne, il en doit prendre le contre-pied, et le suivre quelque temps, pour connoistre le païs et les buissons d'où il vient, pour le dire à l'assemblée, afin que l'on y envoye deux relais, et que l'on en mette seulement un dans le païs, en cas qu'il y demeurast, pour secourir les chiens de la meute, jusques à ce que l'on ait fait venir ceux de la refuite. Il faut aussi que le maistre-valet de chiens ait préparé des bastons de chasse, selon la saison, de mesme que pour le cerf, et que l'on y observe toutes les mesmes formalitez, comme je les ai veu pratiquer au capitaine de la venerie du Roy, pour le chevreüil, particulièrement à monsieur le chevalier de la Fontaine, qui est très-capable de sa charge, et qui a esté aimé et considéré du deffunct roy, non-seulement pour cette chasse, mais aussi pour celle du cerf.

CHAPITRE XI.

COMME L'ON DOIT CHASSER ET FORCER LE CHEVREÜIL AVEC LES CHIENS-COURANTS.

Je vous ay fait connoistre cy-devant les formalitez qui se doivent observer au partir de l'assemblée de la chasse pour chevreüil, et comme il falloit séparer les relais, et aller au laisser courre ; lesquelles aussi bien que les termes et manières de sonner, ne diffèrent en rien de celles du cerf. Partant, il me reste à vous en faire voir l'effet ; et pour cela vous dire qu'estant au rembuchement du chevreüil que vous devez courre, celuy qui en fait le rapport, doit avoir son limier à la main, le trait dénoüé, et demander à son capitaine s'il lui plaist qu'il frappe aux brisées, et qu'il donne le chevreüil avec son limier aux chiens de la meute, ou s'il veut qu'on les découple sur les voyes pour le lancer, ce que le capitaine doit demander au roy, ou doit luy avoir demandé, afin de ne faire aucun retardement à son plaisir. Je vous ay desja dit l'effet que cela fesoit aux chiens, de leur faire lancer le chevreüil. Et icy je dis encore que le plaisir en est plus agréable, pour le grand bruit de quantité de chiens, que d'un seul limier ; outre qu'ils le vont lancer avec plus de diligence, dont l'un et l'autre accroist le contentement. Vous pouvez donc commencer à découpler les chiens aux quels vous avez plus de créance, afin qu'ils prennent la teste, et soient maistre de la voye, pour la tenir juste, et tourner aussi tost que le chevreüil tournera (ce qu'il fait ordinairement, après estre party de la reposée) et après qu'ils seront découplez, il leur faut crier : *bellement, mes bellots, bellement*, et nommer les chiens en qui vous aurez confiance, en leur disant : *vel-cy-allé, vel-cy-allé*, pour les obliger à donner dans la voye et la tenir juste, regardant à terre de temps en temps, pour leur ayder de l'œil ; et lors que vous en reverrez, vous crierez : *vel-cy-va-avant*, et ainsi jusques à ce qu'il soit lancé. Après quoy (quand vous en reverrez des fuites), vous crierez : *volce-l'est*. Vous sonnerez aussi du gros ton, par mots entre-coupez,

comme pour faire chasser et requester, et cela, jusques à ce qu'il soit
lancé : et si vostre chevreüil tourne auparavant (ce que vous jugerez
lors que vous verrez vos chiens qui demeureront) alors il faut tourner
par où ils sont venus, afin de les obliger de vous suivre, et de ne pas
s'écarter, où ils pourroient changer de voyes ; mais seulement trouver
le bout de la ruze de vostre chevreüil afin de le lancer seul, et que
vous soyez asseuré que c'est luy ; et pour cela il faut crier à vos
chiens : *l'ayla chiens*, quand vous les entendrez, redoubler de voye, de
peur que ce ne fust une autre beste qu'ils eussent lancé : ce qui les tiendra en crainte, et leur fera connoistre que vous voulez qu'ils ne chassent que du chevreüil. Et après ces termes reïterez, les voyant appuyer et chasser la voye, vous devez croire qu'ils chassent un chevreüil ou des chevreüils : et pour en estre plus certain, et aussi pour
faire le discernement du masle de la femelle, par les connoissances
que j'ay dites, il faut qu'au premier des chemins qu'il passera, le picqueur, qui est à la queuë des chiens, descende et mette un genouil
en terre, pour en mieux reussir, et juger si c'est le masle, et s'il est
seul devant les chiens : et y trouvant les connoissances nécessaires, il
doit crier : *volce-l'est,* et sonner pour chiens, quand bien la chevrette
y seroit jointe ; et aussi-tost qu'il verra les autres picqueurs qui suivent la chasse à droit et à gauche, leur dire qu'il y a deux chevreüils
devant les chiens, afin que le premier qui verra le masle seul, il sonne
et crie *Tayoo,* afin que les autres rompent les chiens, et les ostent de
dessus les voyes de la chevrette, pour les amener sur celles du chevreüil, pour ne faire qu'un corps, et chasser à plus grand bruit : et
si d'avanture il n'en estoit entendu, il doit briser sur les voyes, et
après les aller quérir, et leur dire le corsage, le pelage du chevreüil,
et la hauteur de sa teste, et s'il le juge vieil ou jeune, afin que quand
il fera bondir le change, ceux qui sont à la chasse, le puissent connoistre, et discerner d'avec les autres : et lors qu'il sera seul, les picqueurs doivent parler et donner davantage à leurs chiens, pour animer et donner de la créance à ceux qui ne l'ont pas encore parfaitement.
Pour cela, il faut qu'ils observent de ne pas confondre les termes, ny
la manière de sonner, et d'en faire la distinction selon les temps et
les occasions, afin de rendre leurs chiens à commandement. Ce que
l'on doit faire, particulièrement à la chasse du chevreüil, qui fait le
plus de retours et le plus de ruzes sur ses fins, de tous ceux qui
ont le pied fourchu ; aussi faut-il que les picqueurs tiennent exactement les chiens pour leur ayder à tourner, requester et les tenir en
crainte, quand le chevreüil donnera dans les lieux où ils croiront

qu'il y ait du change, ou il faut sonner peu, et y chasser sagement, ayant
tousjours l'œil sur les chiens sages, afin de pouvoir juger par leur manière d'agir, quand le chevreüil de la meute est accompagné, et lors
qu'il est séparé, de les en voir prendre la voye, et la chasser. Ce qui se
fait quand vous voyez mollir vos chiens sages : car c'est un signe évident que votre chevreüil est accompagné ; et aussi tost qu'il est séparé, et que les chiens en ont trouvé la voye, vous les voyez renouveller de jambes, et redoubler leurs voyes ; alors vous pouvez sonner
pour chiens, comme auparavant, et vous ressouvenir quand il se rac-
compagnera, d'user de la même precaution, et de parler à vos chiens
avec les mesmes termes, pour les faire chasser sagement, et les tenir
en crainte, puis que c'est par eux, et par la prudence que vous
aurez à les faire chasser, que vous devez maintenir vostre chevreüil dans le change, à cause du peu de connoissance que vous
y pouvez avoir par le pied, et que vos chiens ont peine à en discerner le sentiment, pour ce qu'il est presque tousjours dans une
égalité, quoy qu'ils ayent couru, par leur naturel qui est chaud ;
ce qui fait qu'ils n'en peuvent pas si bien garder le change, comme
des cerfs, dont le sentiment s'augmente en courant ; parce que de
leur tempérament ils sont plus froids que les chevreüils, et aussi
qu'ils s'échauffent davantage en courant, à cause de leur plus grande
pesanteur. Ce sont là les raisons pour lesquelles il se voit peu de chiens
qui gardent le change du chevreüil, avec la mesme hardiesse que pour
cerf ; mais seulement ils donnent la connoissance aux picqueurs, lors
que le change du chevreüil bondit devant eux, et s'accompagner avec
le chevreüil de la meute ; tellement que ce doit estre de la prudence
et jugement de ceux qui font chasser les chiens, de les maintenir
dans cette sagesse, s'ils veulent connoistre du change, puis que les
chiens ne le peuvent garder d'eux-mesmes ; et s'il arrivoit qu'ils
l'eussent pris, il faut rompre vos chiens, et les tirer hors du fort
après y avoir brisé haut et bas, et au chemin par lequel vous sortirez,
pour reconnoistre le lieu, afin d'y revenir requester vostre chevreüil,
quand vous aurez pris vos grands devants, ne l'ayant pont trouvé
passé ; encores que les chevreüils demeurent plus volontiers que les
cerfs ; néantmoins il en faut toujours prendre les devants, afin d'en
être assuré. C'est pourquoy j'ay dit qu'il falloit que les picqueurs,
qui font chasser pour chevreüil, teinssent plus exactement leurs chiens
que pour les autres grandes bestes, pour connoistre ce qu'ils font et
leur ayder à tourner et requester, à cause qu'ils doivent sçavoir où
sont les dernières voyes du chevreüil que les chiens ont chassé, lors

que le change a bondi, où ils doivent briser : ce qu'ils feront aussi
aux chemins qu'ils passent après leurs chiens, lors que le chevreüil
est mal-mené et de différente manière, en y faisant des brisées, les unes
fort hautes, les autres un peu plus basses : et pour celles qu'ils jette-
ront en terre, qu'il y en ait de plus grosses les unes que les autres,
pour les discerner et en faire connoistre les dernières jetées : et
comme cela ils sçauront les dernières voyes de leur chevreüil, pour y
mener leurs chiens requester, toutes les fois qu'ils tomberont en deffaut : car le chevreüil tourne beaucoup plus que le cerf et en bien
moins de païs, ce qui fait doubler ses voyes : joinct que pour requester dans le change et faire parchasser ces dernières voyes, il faut que
ce soit avec les chiens les plus sages, et faire reprendre ceux qui ne le
sont pas, pour les faire suivre et les redonner, lors que vos chiens
sages auront rapproché et relancé votre chevreüil : ce qui fait deux
bons effets, l'un que vous en chassez avec plus grand bruit, et l'autre
que cela fait les jeunes chiens sages, en ne leur permettant pas de
chasser d'autres bestes, que celles que l'on leur aura donné de
meute : et lors que le chevreüil est fort mal-mené, il faut rendre
presque les mesmes assiduitez que si vous chassiez un lièvre, à tourner et requester dans les hayes et dans les forts, et où il y a aussi de
vieilles maisons, et mesme regarder sur des rameaux que les bûches
rons auront laissé, ayans bien la malice de s'y jeter, en faisant un élan,
pour oster le sentiment aux chiens. Il peut aussi aller traverser un
étang ou une rivière, battre l'eau, et la longer dans des ruisseaux,
où il faut observer les mesmes reigles que pour cerf, prenans de
grands devants aux estangs pour le trouver sorty, et de mesme dans
les rivières et dans les ruisseaux, observer son entrée avec soin, pour
voir où il a la teste tournée, afin d'y descendre ou monter des deux
costez, avec les chiens, jusques à ce qu'ils l'ayent trouvé sorty : et
l'ayant pris vous en sonnerez la mort, comme pour cerf, et la retraitte,
et en ferez la curée avec les mesmes choses, soins et cérémonies.

FIN DE LA SECONDE PARTIE.

TROISIÈME PARTIE

DE LA

VENERIE

ROYALE.

DE LA CHASSE DU LOUP, DU SANGLIER, DU RENARD
ET DES RECEPTES POUR LES CHIENS.

CHAPITRE PREMIER.

DU NATUREL DES LOUPS.

Les autres chasses dont j'ay parlé, n'ont pour objet que le plaisir ; mais outre qu'il se rencontre en celuy-cy, l'homme a besoin de cette chasse, pour détruire son ennemy ; aussi est-elle établie de temps immémorial pour cette nécessité, par nos premiers roys, et maintenuë par leurs successeurs, spécialement par ce grand roy Louis le Juste, qui n'a eu autre attention en toute sa vie, que de faire la guerre aux ennemis de son estat, quoy que ce fussent les moindres de ses exploits ; neantmoins on a connu depuis sa mort, le bien que cette chasse apportoit dans toute la France. Notamment dans la province de Gastinois, où les loups ont tué plus de trois cents personnes de toute sorte d'âge et de sexe. Il se donne quelques fois des batailles où il n'y en meurt pas davantage : joinct que cette mort est beaucoup plus déplorable au sentiment humain. J'ay veu arriver les mesmes choses en Piedmont, ensuite de la guerre ; ce qui fait que ces animaux trouvent des corps morts et les mangent avec tant de goust, qu'ils ne veulent plus se repaistre d'autre chose que de l'homme, qu'ils n'apprehendent plus. Au contraire, ils le vont espier pour le surprendre, afin de l'estonner davantage, le terrassant, auparavant qu'il se soit apperceu qu'ils l'ayent attaqué : et comme cela, ils s'en rendent les maistres aisément. C'est ce qu'ils prattiquent à toutes les bestes, quand ils les prennent par différentes ruses : car si c'est un chien, de peur d'en estre mordus, ils le prennent par la gorge, et aussi pour l'empescher de crier, à qui vous n'entendez faire qu'un cry, et encore très bas et fort enroüé. Et si un loup prend un mouton, ce sera par dessus le col, afin de le charger plus aisément sur son dos, et pour l'empescher de crier et de se deffendre, en luy ostant le vent, apprehendant aussi que s'il le traisnoit, il n'épouvantast les autres, afin que quand il l'aura tué et mis dans un bois, il en aille prendre un autre. Et s'il attaque à un cheval, ce sera par le devant, où il y aura moins de danger, et à une vache, par le derriere, la prenant par son pis, comme à ce qu'elle a de plus sensible pour la faire aussi tost tomber. S'il attaque un grand pourceau, il le prendra par l'oreille et en compagnie d'un autre, cependant que son compagnon luy percera la gorge : car ils sont ordinairement en compagnie, pour estre plus hardis et plus forts. Ils sont aussi très friands des asnes et poulins : joinct qu'ils y trouvent peu de résistance. Les louveteaux commencent par la prise des poules, poulets-d'Inde et des oyes, dont ils sont très friands : et en suite, prennent des petits chiens, quand ils les ont attirez un peu loing des maisons, se servans de l'adresse qui est née en eux, de se rouller, jusques à ce qu'ils soient à portée pour les prendre, devant qu'ils puissent se sauver dans les maisons. Toutes ces raisons cy dessus sont assez pertinentes, pour me permettre de dire que les roys sont obligez d'entretenir cet équipage ; puis que nous sommes sous leur protection : joinct que leurs plaisirs sont beaucoup diminuez par ces animaux ravisseurs, qui prennent les bestes fauves, chevreüils et bestes noires ; comme tous les gibiers se rendans pour les chasser à force, aussi adroits que des chiens-courans. Quand ils ne les peuvent surprendre, sçavoir les bestes fauves et chevreüils à la reposée, et les bestes noires à la bauge : je veux dire les bestes de compagnie : car pour les grands sangliers, ils sont trop fins pour s'y attaquer ; pour y mieux réussir, ils s'associent trois loups ensemble, afin de se relayer et de se raffrai-

chir les uns après les autres, dont il y en aura un qui prendra la voye
et poussera la beste, et les deux autres iront à droict et à gauche,
gaignans et prenans les devants, pour quand ils verront la beste passer,
essayer de la joindre, ou pour le moins l'outrer, en luy diminuant sa
force, afin de la prendre en moins de temps. Celuy qui a fait ce rencontre, en prend la voye et la chasse : et celuy qui vient sur les
voyes, ayans connoissances qu'elles sont suivies par un de ses compagnons, il la quitte et coupe, prenant des devants et haleine, et fait ce
que son compagnon vient de faire à la premiere rencontre de la beste,
et tousjours ainsi jusques à ce qu'ils l'ayent prise ; ce que j'ay conneu
plusieurs fois, estant au bois, pour exercer de jeunes limiers, et entre
autres d'une biche, que je trouvay envasée sur la glace d'un des
étangs de Porches-Fonteines, près de Versaille, après l'avoir suivie
assez long-temps, et avoir reveu en plusieus endroits de trois loups
qui la suivoient, que je trouvay cantonnez allentour de l'estang, espé-
rant qu'elle en sortiroit ; mais pour cette fois ils chassèrent en vain pour
eux, puis que la beste fut pour nous. Les loups qui sont accoustumez
à cette chasse, sont de plus grande vitesse et force que les loups qui
ne sont nourris que des bestes mortes et de tripailles qu'ils vont chercher sur le bord des rivieres. Tels loups sont taillez et faits comme de
grands et gros mâtins, mais ceux desquels j'ay parlé auparavant, qui
sont nez et nourris dans les forets et grands païs des bestes fauves
chevreüils et bestes noires, sont faits comme de beaux et grands levriers, bien arpez et estricquez, en ayant veu qui s'en alloient sans
tour ny atteinte devant les levriers de l'équipage du roy, qui estoient
parfaitement vistes. Le loup est le plus fin et le plus méfiant de tous
les animaux, et qui a le nez meilleur ; car si vous ne le prenez à bon
vent, il est impossible de l'approcher avec l'arquebuze, ny le prendre
avec les lévriers, et si vous luy faites une traînée d'une partie d'une
beste morte pour lui en donner la connoissance et l'obliger à venir au
lieu où vous l'aurez mise pour le tirer, il ne sera pas besoin que
vous vous y mettiez le premier jour : car il n'y viendra pas, quelque faim qu'il aye, avant que de connaistre que les mâtins y ayent
esté comme à une chose abandonnée, ce qui se fait dans les grandes gelées et les neiges, que les loups sont affamez, ne trouvant
rien à la campagne, à cause que la terre est couverte, et que l'on tient
le bestial à l'étable ; ils n'iront donc pas ce premier jour, ny quelquefois le second ; mais bien au troisième, encore ce ne sera que par
échappée : et si vous n'avez picqué vostre curée avec des pieux
et des crochets, ils l'emporteront par morceaux, n'y allant qu'en

courant de toute leur force pour en prendre une goulée ou un quartier ; car ils ont une force incroyable devant ; mais derrière une atteinte d'un lévrier leur fait donner du cul à terre, et après avoir pris leur morceau, ils le vont manger à deux ou trois cens pas de là, ce qu'ils font avec une grande diligence ; car c'est le plus goulu, et le plus carnassier de tous les animaux, aussi est-il le plus sujet à la rage, et à faire de grands maux, lors qu'il en est atteint, à cause de sa grande force et vitesse. Ce qui fait que rien ne se peut sauver devant luy, et ce qu'il prend, il le déchire de telle sorte qu'il y a peu d'espoir de guarison, joint que la morsure en est de soy venimeuse. Nous avons remarqué en plusieurs loups, après les avoir pris et ouverts, qu'il s'engendre un serpent dans leur corps, le long de leurs reins, qui en grossissant et se trouvant contraint, remuë incessamment ce qui leur donne de l'inquiétude et les fait tenir sur pied, sans prendre aucun repos et ensuite il en nait une douleur qui les fait devenir maigres, une partie du poil leur tombant, et enfin les fait mourir étiques ou enragez. L'on en trouve assez souvent de morts, ce qui doit faire croire qu'ils ne vivent pas ordinairement bien vieux. Le sieur du Foüillou dit qu'ils ne vivent que douze ans, néantmoins c'est ce qui ne se peut sçavoir précisément ; car depuis que les loups ont passé six ans, on n'y connoist plus rien ; ils sçavent les remèdes qui leur sont propres, lorsqu'ils se sentent dégoustez, et se purgent comme les chiens, avec de l'herbe ou du bled en vert ; ils mangent aussi d'une certaine terre qu'on appelle glaise, qui leur sert de médicament quelques fois ; et quelques fois d'aliment : ils ont aussi cette adresse, que lors qu'ils se voyent chassez dans le bois par des chiens courans, pour les faire sortir à la plaine, s'ils sont pleins de carnage, ils se font rendre gorge, en s'y mettant la patte pour s'exciter à vomir, afin d'en estre plus légers, et d'en mieux courir, en cas qu'ils y soient obligez ; néantmoins, dans toutes ces mauvaises qualitez, il s'y trouve quelque vertu, puisque les grosses dents en sont bonnes à polir, et aussi pour frotter les gensives aux enfants pour les attendrir et faire sortir leurs dents avec plus de facilité : et le grand boyau sert aussi, après estre degressé et bien nettoyé, tant qu'il n'y demeure que la simple peau, pour la rendre déliée et seichée comme un ruban de soye, estant un remède infaillible à ceux qui ont la colique, en se le mettant alentour du corps, sur la chemise. Il faut aux hommes celuy de la louve, et aux femmes celuy du loup.

CHAPITRE II.

DES LIEUX OÙ L'ON DOIT ALLER EN QUESTE AVEC LE LIMIER, POUR TROUVER ET DÉTOURNER LES LOUPS.

Les loups ont leurs mangeures selon les temps, et aussi leur façon d'agir en faisant leurs nuicts, aussi bien que les autres bestes desquels j'ay parlé dans ce traité ; mais elles sont différentes, parce que toutes les autres ne vivent que de ce que pousse la terre, et les loups vivent de chair ; et néantmoins ils ont beaucoup de rapport dans la nourriture, selon les saisons, aussi bien que les viandis et mangeures aux autres bestes, dont elles sont friandes au printemps, à cause de leur nouveauté et tendreur, qui en esté sont plus nourrissantes par leur maturité, et dont ils ont aussi en plus grande abondance ; et en hyver, ils sont moins bonnes et en plus petite quantité comme j'ay fait voir ; il en est ainsi de mesme pour les loups, puis que au printemps le bestial commence à entrer en chair ; il va aussi dès le matin aux champs : ce qui leur donne plus de temps pour l'épier et en faire leur proye ; et l'esté, ils en ont encore plus d'occasion, puis que les campagnes sont des forests pour eux, à cause que les grains y sont grands où ils peuvent estre à couvert tout le jour pour y épier et prendre encore plus facilement le bestial, qui est en ce temps-là en pleine gresse et bonté : Et dans l'hyver, il est resserré dans l'étable, leurs gardes ne les faisans sortir que pour le promener et le faire boire, joint que les jours sont courts, et les campagnes découvertes : ce qui les empesche d'y oser paroistre, si ce n'est par quelques grands brouillarts, où que l'extrême faim les y contraigne et aussi que tout ce qu'ils y peuvent trouver, n'est qu'une vieille vache morte de faim, ou une brebis de pourriture ou du claveau, et encore n'en ont-ils que le reste des mâtins qui y vont le jour. Il est donc vray que dans cette saison leur nourriture est beaucoup moindre en qualité et quantité, aussi bien qu'aux bestes fauves : ce qui les oblige aussi à faire beaucoup plus

de païs que dans les autres saisons, pour trouver à se repaistre, joint
qu'ils se sont retirez dans les fonds de forests ou grands païs, ayans
quitté les buissons, peu de temps après que la campagne a esté découverte, à cause qu'ils y sont trop tourmentez des paysans et de
leurs mâtins; il faut donc aller en queste aux queuës de ces forests où
ils se retirent, après avoir battu la campagne pour en estre plus près,
afin d'y retourner avec plus de commodité, et aussi qu'ils y peuvent
plus tost espérer quelque proye par une belle journée, qui oblige le
laboureur de mettre son bestial aux champs, dans le bord des bois, à
l'abry du vent, pour y trouver quelques herbes qui s'y conservent.
Ils peuvent aussi demeurer quelques fois dans un buisson au milieu de
la campagne, par un jour qui sera fort obscur, comme quand il neige,
et qu'il fait un grand broüillard, et mesme demeurer sur pied dans
la campagne, n'ayant pas encore trouvé de quoy se repaistre; mais
après si vous les trouviez entrez et demeurez dans un buisson, il faut
estre diligent à les venir courre; car ils n'y demeurent que jusques à
ce qu'ils jugent l'heure que l'on mettra le bestial aux champs, et pour
les obliger à demeurer, il sera bon d'y mettre quelques hommes alentour, pour quand ils paroistront dans la plaine, les huer et crier; ce
qui les obligera à rentrer, et donnera le temps à vos chiens-courans
et à vos lévriers de venir : et quand bien vous les auriez détournés
dans ces bouts et acuts de païs, vous les y pouvez faire voir et courre
à vos lévriers, pourveu qu'il y ait une taille de l'année qui sépare
l'enceinte, où ils seront détournez du costé du grand païs, où vous
mettrez des deffenses, qui doivent estre des hommes distans les uns
des autres de dix ou douze pas de mesme hauteur, ou vous pouvez
tendre aussi des panneaux, et que le vent soit propre dans la
plaine pour y faire le courre, et y mettre vos lévriers, c'est en
cette raison que le loup et la louve qui en ont de jeunes s'en def-
font en les battant et les mordant pour les obliger à les quitter :
alors ces jeunes loups se tiennent encore ensemble sept ou huict mois,
et jusques à ce qu'ils se sentent le courage et la force d'aller chercher
leur proye, et après ils se mettent deux ensemble, et pour leurs mangeures, ils vont la nuict dans les villages pour y chercher quelque
reste de bestes morte (n'estans pas encore si fins ny meffians que les
vieux loups) et pour y prendre quelques petits chiens qui sont si peu
fins que de sortir pour courre après eux, et s'ils n'ont pas eu leur
proye la nuict, ils vont faire leurs demeures dans quelques garennes
ou petits bois, le plus proche du village, pour en sortir et se coüler le
jour le long d'une haye, afin d'y prendre une poule, ou une oye qui

se sera écartée du village; c'est aussi en cette saison qu'ils heurlent, et font leur musique, puis qu'ils mettent leur patte dans leur gueule quand ils crient, pour en faire le tremblement : ce qui fait paroistre quatre loups, comme s'il y en avoit douze. Les jeunes loups font souvent cette musique, peu après qu'ils sont chassez des vieux loups, afin de les obliger à leur répondre, et les pouvoir aller trouver; ce que pourtant ils ne font pas, à cause que c'est le temps qu'ils entrent en chaleur, et que le vieil loup ne veut pas avoir de compagnon, ce qui arrive au commencement de janvier.

CHAPITRE III.

DES LIEUX OÙ L'ON DOIT ALLER EN QUESTE POUR LE LOUP DANS LE PRINTEMPS.

Il faut que je prenne cette saison dès le mois de janvier, afin de faire voir le rut des loups, et pour oster l'erreur de quelques autheurs qui ont en écrit. Je diray donc que dans le mois de janvier les vieux loups commencent à se chercher pour se joindre, et dans ce temps il est facile d'en rencontrer et en avoir connoissance; mais très-mal aisé d'en venir à bout pour les détourner, puis qu'ils sont quasi tousjours sur pied; c'est aussi celui qui tombe dans les dernières voyes, qui est le plus heureux, puis qu'en cette saison l'on en détourne plusieurs ensemble, en ayant veu demeurer et donner aux chiens dans un buisson proche d'Angu, jusques à quatorze, desquels il en sortit huit à la courre, tout d'un temps, et de la seconde fois les six autres ; ce qui apporta une telle confusion aux levriers qui couroient chacun le leur, qu'ils n'en purent prendre qu'un à chaque fois; les cavaliers qui estoient à la courre pour secourir les lévriers, avoient peine à les discerner d'avec les loups ; aussi sont ils tous des chiens, les uns apprivosez par les hommes et les autres sauvages, à cause qu'ils se nourrissent dans les bois ; mais tout le reste de leur nature est semblable à nos

chiens domestiques, bien qu'il y ait une inimitié entr'eux irréconci-
liable ; ce qui se voit après avoir nourry un jeune loup dix ou douze
mois en compagnie d'un jeune chien, avec lequel il se jouëra bien
souvent, et toutefois le tenant un jour à l'ecart, il le tuëra et le mangera ; neantmoins ils ont les mesmes complexions et les mesmes infirmitez. On pourra dire que les loups ne vivent que de chair qu'ils prennent : aussi diray-je que les chiens en feroient de mesme, s'ils ne
craignoient le chastiment ; les mâtins ne se jettent-ils pas sur les bestiaux ? et ne les mangent-ils pas quand ils sont morts ? Et s'ils ne le
font pas, c'est à cause qu'ils sont nourris avec eux, et que dans leur
jeunesse on leur en empesche par le chastiment ; ce que feroient aussi
es grands lévriers s'ils n'estoient enfermez, veu que toutes les fois
qu'ils s'échappent, et qu'ils rencontrent des bestiaux, ils y courent,
les estranglent s'ils peuvent et les mangent ; et mesmes les chiens-courans, si tost qu'ils sont en liberté, courent aux troupeaux de moutons,
les prennent et les mangent s'ils en ont le temps. Quant à la chair
humaine, s'est-il pas veu des chiens gratter la terre, déterrer des corps
et les manger ? Les petits chiens ne prennent-ils pas des poules, des
oyes et autres volatiles ? Et ne les mangent-ils pas aussi bien que les
jeunes loups ? Et pour les maladies, les ont-ils pas de mesme ? Le loup
est sujet à devenir étique aussi bien que le chien, et à avoir la galle, le
roux-vieux, du farcin, des dartres, des fils, la cacquescendre, et flux
de sang ; ce qui se voit par leur laissées, et tout le reste aussi, quand
on les a pris, sans en excepter la rage, le plus facheux de tous les
maux ; et si la dent d'un loup est venimeuse, celle d'un chien l'est aussi,
ce qui est causé à l'un et à l'autre par leur haleine. Et le seul avantage
qu'a le chien sur le loup, est le naturel et l'amitié qu'il a pour son
bien-faicteur, mais le loup n'en a jamais, car quelque bien que vous
luy fassiez, il ne vous paye que d'ingratitude ; c'est en quoy je voy que
le sieur du Foüillou se méprend dans ses écrits, disant que l'on ne
peut nourrir de loups ; il devoit plustot dire qu'il n'en falloit pas nourrir, puis que la nourriture n'en vaut rien. Il dit aussi une particularité du
rut et chaleur des loups que j'ai observé très-longtemps, et fait remarquer par ceux qui ont esté aux bois pour loup, sous ma charge, afin
d'en pouvoir connoistre la vérité, où je n'en ay veu aucune apparence ;
ce qui me fait croire qu'il l'a empruntée de quelques naturalistes qui
se sont aussi trompez, disans que la louve après s'estre fait suivre pendant plusieurs jours et nuicts par plusieurs loups, et qu'elle les a lassez
jusques à ce qu'ils ayent été contraints de se coucher et de dormir,
alors elle éveille celuy qu'elle trouve le plus à sa fantaisie et s'en fait

couvrir, et que les autres estans eveillez, le trouvans couplé et tenu avec elle (comme font les chiens) ils le tuent : si cela estoit, il faudroit que ce secret eust été revelé par les loups du temps d'Ésope : car c'est ce qui ne se peut scavoir qu'en le voyant. Or de le voir, il est impossible, puisque ces choses arrivent dans le milieu des bois : car des loups ne s'endormiront pas dans une plaine, estans les plus méfians de tous les animaux, et qui ont le sommeil le plus tendre et le nez le plus fin, pour ne se pas laisser approcher des hommes. Ce que nous voyons, quand nous allons lancer un vieil loup qui est détourné, puis qu'au premier aboy que fait le limier, il sort de son licteau n'attendant pas de plus près que de deux ou trois cens pas. Outre qu'il faudroit que les loups se mangeassent les uns les autres, et qn'ils en avallassent les os et le poil, puis que l'on n'a jamais eu connoissance d'aucune de ces choses en les suivant le matin avec le limier, ny aussi le haut du jour, en les laissant courre. Je vous ai fait voir la ressemblance et fait connoistre la comparaison qu'il y a entre le loup et le chien. Il est encore à croire que les louves se font couvrir de mesme que les chiennes vagabondes; elles attirent les chiens après elles, et s'en font suivre quelque temps, n'estans pas encore dans leur pleine chaleur, pour souffrir qu'ils les couvrent. C'est dans cette suite que les chiens se battent souvent, et qu'il y en a un qui se trouve plus fort et plus hardy que les autres, et les fait demeurer à l'écart, qui est celuy, quand la chienne est tout à fait chaude, qui la couvre. Il en est de mesmes des loups, puis que nous voyons, en les suivant dans cette saison, qu'ils font force vire-voultes, et que mesme il y en a qui ont esté portez par terre : ce qui nous doit faire juger et croire, qué celuy qui se trouve le plus fort, c'est luy qui couvre la louve : et aussi se voit-il toujours un grand loup avec elle, quand elle a des louveteaux gros et rablez, ayans la teste fort grosse, qui sont les plus forts et les plus mal-aisez à abattre pour les levriers : de sorte que ce loup, après l'avoir tenuë, ne la quitte plus, au moins jusques au premier rut : et encore il se trouve le plus fort, il continuë de demeurer avec elle, et les autres la quittent à peu de temps là, se mettans deux ou trois ensemble, pour en estre plus forts et hardys à la proye. Comme aussi avec quelques louves, qui n'entrent pas en chaleur dans cette année : car elles ne portent pas tous les ans; alors ils vont et viennent des forêts aux buissons, les mois de février et mars, et en avril, ils quittent tout à fait les grands païs, au moins ceux qui ne se nourissent pas de bestes fauves. Et les louves, quoy qu'elles soient pleines des louveteaux, elles les y font et les y nourrissent. Le goust de la chair de ces bestes leur est trop agréable pour le quitter, outre que ces loups lors qu'ils ne peuvent plus prendre les grandes bestes qui sont remises dans leur force, ils prennent les fans et les marcassins, à quoy ils sont encore plus friands, et les autres qui sont allez aux buissons, comme la louve et son masle, ils chosiront un beau buisson, où il y aura de grand forts fourrez d'épines et quelques trous (comme où l'on a tiré des meules de pierre) qui sera au milieu de trois ou quatre villages, et sur le bord de quelque rivière, ou un ruisseau, afin d'y avoir leurs mangeures plus à commandement, pour s'y mieux nourrir avec leurs louveteaux. Cette chasse suspend son exercice à la my-may, ce que l'on appelle la muë dans la venerie pour le loup du roy, à cause des bleds qui commencent à estre grands, où les levriers ne pourroient voir les loups, et qu'aussi ils sont tousjours sur pied, et qu'on auroit peine à en faire un rapport asseuré, joint qu'ils demeurent la pluspart du temps dans les bleds.

CHAPITRE IV.

DES LIEUX OÙ L'ON DOIT ALLER EN QUESTE DU LOUP, EN JUIN, JUILLET ET AOUST.

Ces trois mois, l'équiqage pour loup doit demeurer en repos, au moins les levriers, à cause que les grains sont grands dans la campagne, où sont ordinairement les loups, ce qui les rend très-difficiles à détourner : joint qu'on ne peut faire de courre pour les faire voir aux levriers ; c'est aussi le temps que les louveteaux sont très-petits, desquels vous n'auriez pas plaisir en les prenant. Il faut plustost les laisser fortifier, afin de les faire chasser aux jeunes chiens pour les dresser ; vous y pouvez aussi dresser ceux dont vous voulez faire des limiers avec beaucoup plus de facilité, et en moins de temps qu'aux autres saisons, à cause qu'après avoir eu connoissance d'une portée de jeunes oups dans un buisson ils n'en bougent plus, s'ils n'en sont chassez ; où les vieux sont aussi, qui vont et viennent deux fois le jour, dans la campagne, le matin et le soir, pour se nourrir et leurs petits : ce qu'ils font reglement et hardiment, à cause qu'ils sont affamez dans cette saison, se sentans encore de l'hyver, joinct que la louve nourrit ses petits de laict, ce qui l'amaigrit et la rend plus affamée, outre le grand amour qu'ils ont pour leurs petits ; ce qui leur fait prendre et leur apporter incessamment la proye, et arrivant auprès d'eux, ils se font rendre gorge, pour leur faire manger, en se mettant la patte dans la gueule, et lors qu'ils sont un peu plus forts, ils leur apportent des pièces entières de chair morte : et en suite de la vive, comme une oye, une poule, un agneau, un petit cochon, ou un petit chien, pour les apprendre à les tuer, aussi bien le loup que la louve. Encore que le siuer du Foüillou dise que le loup est gras dans ce temps, à cause qu'il ne donne rien de ce qu'il prend à ses louveteaux, et que c'est la louve seule qui les nourrit, et qu'à cette considération, elle est très-maigre dans ce temps. Elle ne peut estre autrement, puis qu'elle peut avoir nourry cinq, six et jusquesà sept louveteaux ; mais dans l'ordinaire c'est cinq, joint que dans ce temps, elle ne se pourvoit pas, à cause de l'amour qu'elle a pour eux, par le soin qu'elle prend de les allaicter, et n'estoit que le loup lui apporte à manger, au moins pour les premiers jours qu'elle a fait ses petits, elle pâtiroit, et par conséquent ses louveteaux, à cause qu'elle n'auroit pas du laict, ne se pouvant résoudre à les quitter, jusques à ce qu'ils voyent clair (ainsi que font les chiennes de leurs petits) pendant les premiers jours. Et quand ils commencent à marcher, alors ils les gardent l'un après l'autre, et le loup a autant d'amour pour eux que la mère ; mais comme il n'a pas tant contribué à leur nourriture jusques-là, et qu'il a mangé une partie des bonnes chairs qu'il a prises, comme moutons, agneaux, poulains et volailles, cela l'a rendu gras plustost que de ces bestes maigres, mortes de maladie qu'il mangeoit l'hiver, qui luy faisoient souvent plus de mal que de bien, et encore la plus part du temps n'en avoit-il que la moitié son saoûl, ayant aussi dans cette saison toutes les occasions favorables pour y surprendre le bestial qui est dès le matin à la campagne, et depuis trois heures après midy jusques à la nuict. Et lors que les louveteaux commencent à estre forts, et qu'il leur faut plus de carnage, le loup et la louve vont ensemble à la chasse, pour s'ayder l'un et l'autre, afin d'y prendre davantage : c'est dans ce temps qu'ils font plus d'abatis de bestiaux, c'est là la chasse de ceux qui font leurs petits dans les buissons : car ceux qui les font dans les fonds de forests, c'est aux fans de biches, chevreüils et marcassins, et aussi aux mères, s'ils les peuvent surprendre, à qui ils s'attaquent.

CHAPITRE V.

DES LIEUX OÙ L'ON DOIT ALLER EN QUESTE ET COURRE LE LOUP EN OCTOBRE
NOVEMBRE ET DECEMBRE.

L'ordre doit estre donné aux officiers de la Venerie du roy pour le
loup, lors que l'on les envoye à la muë, de venir avec leurs limiers et
levriers, joindre les chiens au rendez-vous, qui leur aura esté désigné
par le grand louvetier, ou lieutenant de la vénerie, au premier jour du
mois de septembre, pour relever la muë, et faire deux ou trois
chasses, afin de mettre les chiens-courans et les limiers en haleine
et en curée, auparavant que d'aller trouver le roy, qui ne doit
manquer en cette saison de chasser le loup ; puis que c'est la plus belle
et plus favorable de toute l'année, l'air y est tempéré et la terre bonne
pour les chiens : les jeunes loups sont assez forts pour durer une
heure et plus : et si l'on veut courre ceux de l'année auparavant (qui
peuvent avoir en ce temps-là seize mois) on le pourra, et avec beaucoup de plaisir. Les vieux loups sont aussi dans leur plus grande
force et vitesse pour se bien deffendre des levriers ; puis qu'ils ont fait
bonne chère tout l'esté ; ils ne sont pas aussi si affamez, ce qui fait
qu'ils ne font pas tant de païs et qu'ils en sont plus aisez à détourner,
et n'en changent pas si volontiers, particulièrement ceux qui ont des
jeunes loups : car vous vous pouvez asseurer que quand vous en aurez eu connoissance dans un buisson, vous ne manquerez de les y
trouver, quand vous les voudrez courre, pourveu que ce ne soit pas
d'un trop longtemps ; mais si vous les chassez, et que vous ne les
preniez pas, ils changeront aussi-tost après de païs, le loup et la louve
contraignant les louveteaux d'en sortir, la louve allant devant pour les
guider, et le loup après, qui les chasse en les mordant, pour les faire
suivre : ce que nous connoissons, lors que nous en rencontrons et
suivons avec le limier. Ils les meinent ordinairement à un buisson qui

leur est conneu, pour y avoir de grands forts : ou s'il n'y a aucun buisson à leur fantaisie, pour les y mettre en seureté, ils les meineront dans quelque marais, ou dans la queuë d'un grand estang, où il y aura force buttes de joncs, où vous ne laisserez après les y avoir détournez, de les courre ; mais avec plus de peine, pour les hommes et les chiens. Ce sont là les lieux où vous devez aller en queste pour loup, comme aux autres saisons cy-devant nommées, et que l'expérience m'a fait connoistre.

CHAPITRE VI.

DE LA TAILLE QU'IL FAUT QUE LES LEVRIERS AYENT POUR PRENDRE LE LOUP.

Il faut que les levriers, pour joindre et attaquer le loup soient vistes et vaillans, et pour y plus asseurément rencontrer, il est besoin qu'ils soient tirez de race expérimentée : car autrement il s'en rencontre peu qui le veüillent attaquer : pour les avoir ainsi, il faut faire couvrir une grande levrette pour lièvre, par un levrier compagnon grand et bien déchargé, et qui ait toutes les qualitez requises dans sa taille, afin que les levriers qui en viendront, soient grands, longs et déchargez, horsmis deux lesses, qui doivent estre plus renforcées, que l'on doit mettre au fond de courre, pour coëffer et arrester le loup, lors que ceux des flancs leur ont donné tour et atteinte. Les meilleurs que j'aye veus dans la Venerie du Roy pour le loup, estoient venus de Bretagne et donnez par Monseigneur le duc de Montbazon, qui avoit eu le soin d'en proportionner la taille, en faisant couvrir une levrette, si elle estoit un peu époisse et grande, par un levrier fort déchargée et, si la levrette estoit déchargée, par un levrier un peu plus épais. C'est ce qui se doit faire, si vous voulez estre parfaitement bien en levriers : et après estre nourris, faire le choix seulement de ceux qui sont deschargez, comme j'ay dit : et des autres, vous vous en servirez à prendre le sanglier, à quoy ils seront propres ; puis qu'il n'est pas nécessaire qu'ils ayent tant de vitesse, mais plus tost de la force et valeur. Il faut que ceux que l'on choisira pour le loup, ayent les qualitez en suite, dans leur taille sçavoir la teste un plus longue que large, l'œil gros et plein de feu et bien coëffé, et que le col en soit long : c'est signe de vitesse, comme estre déchargé d'épaules, de reins hauts et larges, avoir les hanches larges et bien gigotées, le jarret droit, la jambe seiche et nerveuse, et le pied petit, les ongles gros, et qu'il n'y ait aucuns argots ; pour le poil, cela dépend de la fantaisie, en ayant veu de bons de touts poils, mais particulièrement de gris tisonnez, noirs, rouges, vifs et à gros poils. Ils n'en sont pas si beaux, mais ils sont plus durs à la fatigue : quand il pleut, ou qu'il tombe de la neige l'on ne les void pas trembler comme les autres, et sont aussi plus ordinairement vaillans. Ce sont là les tailles et les poils que j'ai veu le mieux réüssir : car pour les gros levriers doguistes, ils n'y sont nullement propres, à cause qu'ils ont ordinairement peu de vitesse, et sont moins vaillants pour le loup, que les tailles que j'ay dites cy-devant. Ils ne sont pas aussi de grande fatigue, et sont plus difficiles à gouverner, se mangeans les uns les autres, si l'on n'en a grand soin, et si vous les laissez aller hors lesse, ou que les tenans ils s'échappent, le premier bestial qu'ils rencontrent, ils l'attaquent et le tuent. Tels levriers ne sont bons que pour le sanglier, et à combattre contre le taureau et les ours, pour ceux qui aiment ce divertissement ; et si vous voulez maintenir la race de ces bons levriers, il faut faire choix de deux ou trois levrettes bien taillées, que vous laisserez ouvertes, les voyant larges de coffre, et qu'elles ayent toutes les qualitez dans leurs tailles que j'ay dites, et lors qu'elles seront dans leur chaleur pour souffrir le chien vous les ferez tenir par de vos plus beaux et meilleurs levriers, qui ne passent point quatre ans, qui soient les plus vistes et vaillans, point querelleurs, ny pillards, et considererez les tailles du levrier et de la levrette, comme j'ay dit, afin que les levriers qui en viendront, soient comme vous les devez souhaiter, pour servir d'étrique, de flancs et de teste, selon le besoin que vous en aurez. Après qu'ils auront fait leurs levrons, il faut en avoir un soin particulier, en nourrissant fortement la mère : et si vous en voulez faire nourrir plusieurs d'une portée, vous vous pourvoirez quelques jours auparavant d'une mâtine, pour les allaicter, au soulagement de leur mère (comme j'ay dit au chapitre des chiens courans pour cerf) et les nourrirez trois mois chez vous, auparavant que de les donner aux laboureurs, qui seront en païs où il ne vient que des fromens propres à nourrir de jeunes chiens, comme je l'ay dit, en les recompensant : car ils ne les peuvent bien nourrir de laict, potage et pain qu'il ne leur en couste beaucoup. Et ainsi estans nourris chez ces laboureurs, ils s'accoustument avec les matins et le bestial, avec qui ils sont tous les jours ; et comme cela, ils en sont moins pillards. Et a un an vous les retirerez, qui est le temps que le cœur leur vient et l'envie de chasser, qui leur fait chercher l'occasion dans la campagne, où ils pourroient trouver un lièvre, qui leur feroit faire des efforts, en le courant long-temps, à cause qu'ils ne prennent pas avec la mesme facilité que fait un petit levrier, où ils se pourroient effiler : joinct que c'est l'usage de les mettre à la lesse, pour les y accoustumer, et à la nourriture que l'on leur veut donner ; et qu'ils se rendroient vicieux en atta-qant les bestiaux et les mâtins, des quels ils se pourroient faire tuer ou estropier. Il faut aussi que vous teniez les levrettes, que vous au-rez choisies pour en tirer race, en quelque maison particulière, afin qu'elles n'ayent aucune communication avec les levriers, à cause qu'elle leur causeroit force querelles, particulièrement dans l'équipage et vé-nerie du Roy pour loup. C'est ce que j'ay tousjours observé, et celles que vous voudrez couper, il les faut faire couvrir : et les voyant noüées et pleines de trois semaines, ou un mois, vous les ferez couper, ou cener par un homme habile et bien expérimenté en cet art.

CHAPITRE VII.

COMME L'ON DOIT TENIR ET NOURRIR LES LEVRIERS DANS LA VENERIE DU ROY, POUR LA CHASSE DU LOUP, LA QUANTITÉ QUE L'ON EN DOIT AVOIR, ET LA QUALITÉ DES LEVRIERS.

Dans l'équipage et la Venerie du Roy pour le loup, il y doit avoir huict lesses de levriers, taillez, comme j'ay dit au chapitre cy-de-vant ; mais de différente force et hauteur, pour tenir chacun leur poste, qui sont deux lesses d'estrique, pour pousser et faire enfoncer le loup dans la courre, et le faire aller à quatre lesses de flanc, et en suitte aux fonds de courre à deux autres lesses de teste : les levriers des estriques doivent estre les plus petits et les plus légers, et comme de grands levriers pour lièvre : ceux des flancs un peu plus forts et advantageux, et ceux des testes encore plus forts qui sont ceux qui doivent arrester et retenir le loup. Chaque lesse doit estre de trois levriers, conduite et gouvernée par un homme qui porte la qualité de valet de levrier, qui est (comme ses compagnons) officier du roy, jouissant des droits et exemptions qui leur ont esté de tout temps donnez, comme aux autres officiers de la dite venerie, commensaux de la maison du roy. Ces huict valets de levriers servent le roy dedans cet équipage. Mais il n'y en a que quatre qui soient dans la dépendance et nomination du grand louvetier : car les quatre autres sont sous la nomination des premiers gentils-hommes de la chambre du roy, et sont seulement sous l'obeïssance du grand louvetier et du lieutenant de la dite venerie, durant le temps qu'ils sont dans l'équipage : ces valets de levriers doivent avoir soin de leurs levriers, parce qu'ils sont obligez d'en répondre ; je veux dire des accidents qui leur seroient arrivés par leur faute, comme s'ils leur donnoient de mauvais pain, ou qu'ils ne leur en donnassent pas assez (ce qui les feroit maigrir peu à peu, et diminuer de force) ou de les avoir mené à des carnages de vieilles bestes mortes de maladie (ce qui leur pourroit causer le flux de sang, les faire mourir, ou au moins les dégouster) pour après n'estre pas en la force et vitesse qu'ils doivent avoir pour servir, et ne les pas bouchonner et peigner pour les tenir nets, et qu'à faute de ce, il leur viendroit la galle, et quand ils sont dégoustez, s'ils ont manqué de leur donner du potage en hyver, et du laict en esté venant du py de la vache, et s'ils ont esté blessez du loup ou de leurs compagnons en se battant, qu'ils ne les ayent pas etuvez et pansez avec le soin et la capacité qui y est requise (qu'ils doivent avoir) et ne l'ayent pas dit au commandant pour les luy faire voir, et qu'ils n'ayent pas eu le soin de leur donner de l'eauë, et la changer en hyver tous les jours, et en esté deux fois chaque jour, ou de les avoir mal-établez, en les mettant dans un lieu où il aura eu des cochons et des poules : ce qui leur peut donner une galle, que nous appelons le roux-vieux, ou le farcin, et de n'avoir pas pris garde si la porte du lieu où ils les auront logez n'estoit pas bonne ny bien fermante, tant qu'ils fussent sortis et perdus, et si en les promenant ils les laissoient aller hors lesses sans les tenir, et qu'ils allassent attaquer un bœuf, une vache, ou un taureau, qui les pourroit tuer, ou un mâtin qui les put estropier, ou qu'il vint à passer un chien enragé dont ils auroient été mordus, et devenus enragez, sans en avoir donné advis par leur négligence affectée ; car s'ils manquent à toutes ces choses, ils méritent punition, comme de ne les pas tenir en bon corps, puisque les lévriers y doivent estre, si vous voulez qu'ils ayent vitesse et force pour résister au travail qu'ils ont à souffrir dans cet équipage, quand le roy y prend plaisir, à cause qu'il faut déloger et marcher souvent : car quand vous avez fait deux chasses en un lieu, s'il y reste des loups, et si ce sont vieux loups, ils s'en vont ; il faut donc bien nourrir les lévriers en leur donnant du pain de bon orge, et bien fait, qui soit cuit de deux ou trois jours ; c'est ce que j'avois étably dans la dite venerie, leur ayant fait donner un cheval pour porter leur pain ; car auparavant ils mangeoient le pain tel qu'il le trouvoient dans les villages où ils logeoient, et de toutes sortes de grains, et quelquefois au sortir du four, ce qui les faisoit couler selon ces changements de pain ; aussi estoient-ils maigres dans ce temps, sans force ny vitesse et depuis cet ordre ils furent toujours en bon corps, vitesse et en force.

CHAPITRE VIII.

ÇOMME IL FAUT QUE LES CHIENS-COURANS SOIENT POUR CHASSER LE LOUP.

Il faut que les chiens courans, pour chasser le loup, soient d'une nature extraordinairement hardie, puisqu'à tous les autres, bien loin de le chasser, aussi-tost qu'ils en ont le vent, le poil leur dresse, se mettans la queuë entre les jambes, et derrière les chevaux des picqueurs, encore qu'ils soient sur les voyes d'une beste qui est dans leur sentiment, et qui leur plaise : ce que font aussi les limiers qui ne sont pas dressez pour le loup, revenans derrière celuy qui les meine, ou du moins se serrent-ils contre luy, ne voulans pas aller de quelque temps après devant, pour la crainte qu'ils ont de cet animal ; c'est pourquoy quand l'on est bien en race de chiens pour loup, il la faut conserver avec grand soin. Ce n'est pas qu'il ne s'en puisse rencontrer quelques-uns qui le chassent, quand vous les donnez avec d'autres au lancé d'un loup, encore qu'ils ne soient pas de race ; mais ce ne sera que jusques à ce qu'ils ayent rencontré une autre beste dont le sentiment leur soit plus agréable : ce que j'ay expérimenté plusieurs fois, et ce qui me fait dire que les chiens qui ne sont pas descendus de la race, chassent seulement par obeyssance, et non pas par inclination. Il est donc très-important de la conserver, et d'en sçavoir bien choisir la taille, comme je l'ai décrite aux autres traictés, et d'observer la nature des chiens et des lyces, afin que ce soient ceux qui auront le nez plus fin, puisque le sentiment du loup est le plus délicat, et qui se perd le plus tost, à cause de la quantité de poil qu'il a sous les pieds, qui empesche que la solle et la peau ne portent en terre, au moins si fortement que les autres grandes bestes : ce qui en diminue beaucoup le sentiment aux chiens, et qui fait qu'ils sont naturellement enclins à le chasser hardiment, comme beaux chasseurs et requesteurs ; et qu'ils ne soient pas journaliers : il faut aussi qu'ils ayent l'œil plein de feu, ce qui signifie hardiesse, bien déliberez ; mais pour pillarts, ce n'est pas un défaut pour loup ; car ils le sont presque tous par le grand courage qu'ils ont ; enfin ils doivent estre grands et bien taillez, et avoir toutes les qualités que j'ay dites au traicté cy-devant. Il faut aussi que les lyces soient ainsi taillées, ayans les mêmes qualitez, lesquelles vous ferez couvrir aussi de mesme et quand elles auront fait leurs chiens, vous en aurez le mesme soin, et en ferez les mesmes nourritures chez vous, comme après chez les laboureurs. Vous les en devez retirer à dix mois, comme les autres, pour les mesmes raisons ; mais il ne les faut pas faire chasser, qu'ils n'ayent quatorze ou quinze mois, qui est l'âge que le cœur et la force sont venus aux chiens, car si vous les faisiez chasser auparavant, il y aurait à craindre que vous les rebutassiez et qu'ils ne voulussent plus chasser le loup.

CHAPITRE IX.

COMME IL FAUT TENIR ET NOURRIR LES CHIENS-COURANS POUR LE LOUP.

Les chiens-courans pour chasser le loup se doivent tenir dans un chenil, comme je l'ay décrit au Traicté pour le cerf, les garder et observer jour et nuict, y ayant un valet de chiens couché auprès d'eux,

à cause que ce sont chiens pleins de feu et de courage ; ce qui les
rend querelleurs, et fait qu'ils se battroient souvent, si on n'y estoit
pour les réprimer et chastier de la houssine, en les nommant, et leur
criant *haye.* Car, manque d'avoir ce soin, l'on en trouveroit souvent d'es-
tranglez, ou au moins d'estropiez ; il faut avoir un soin particulier de leur
donner de l'eauë, et leur changer souvent, après avoir nettoyé les vases
dans lesquels vous la mettrez : car comme ces chiens sont pleins de feu,
ayans le sang très-chaud, ils ont besoin d'estre rafraischis souvent,
autrement ils deviendraient enragez, à quoy ils sont enclins plus que
les autres par leur chaleur extraordinaire ; il les faut aussi bouchonner,
peigner, et gresser quand ils en ont besoin ; et quand vous les verrez
maigrir, leur donner du potage fait avec le sein de cochon et du cretor
que l'on prend chez les bouchers, outre leur nourriture ordinaire qui
doit estre de pain d'orge, plus particulièrement pour ces chiens ; ce
qui les rafraischit et les maintient en bon corps ; et si l'on juge que
cette maigreur vient d'une grande et longue course qui les peut avoir
échauffés, il leur faut donner du laict venant du py de la vache, quelque temps, et jusques à ce qu'ils soient en bon corps, et non des breu-
vages avec de l'huile, qui les échauffe et les rend si malades, que
quelquefois ils en meurent.

CHAPITRE X.

DE LA SAISON QU'IL FAUT CHOISIR POUR DRESSER LES JEUNES CHIENS
POUR LE LOUP.

Les mois de juin, juillet, et aoust, le roy ne voit pas chasser son
équipage pour le loup, par les raisons que j'ay dites cy-devant : il
faut donc l'employer à dresser les jeunes chiens que vous aurez nourris, afin de renouveller les vieux qui seront dans vostre meute, et la
fortifier, si elle est foible. La saison vous en est assez avantageuse, puis
qu'après avoir eu connoissance des jeunes loups, et du lieu où ils sont,
vous les y trouvez quand vous voulez, aussi bien que les vieux ; outre
que la campagne est couverte : ce qui fait que le sentiment en est meil-

leur pour les chiens, puis que les loups touchent partout de la jambe et du corps, et y font des portées ; ce qui en augmente le sentiment aux chiens, et fait qu'ils chassent avec plus de chaleur, et en tiennent plus facilement la voye : il faut du commencement, avec ces jeunes chiens, attaquer des jeunes loups, plus tost que des vieux, quoy que le sentiment n'en soit pas si grand, mais aussi ils ne s'éloignent pas d'eux, et ne bougent de dedans le fort, où le sentiment des voyes est encore plus fort ; il y fait aussi plus frais pour les chiens dans cette saison, qui est ordinairement très-chaude. Et quand vous voudrez estre asseuré où il y aura des jeunes loups, il faut s'enquérir des bergers et laboureurs où ils voyent aller et venir souvent des vieux loups dans un buisson, afin d'y envoyer un valet de limier, où il ne manquera pas de trouver les jeunes loups qui serviront pour dresser vos jeunes chiens, et jeunes limiers. Il y doit aller avec un chien dressé pour en avoir connoissance, qu'il aura après avoir trouvé entrez et rembuchez les vieux loups, allant avec son chien dans le buisson par les chemins et faux-fuyans et s'il n'en rencontre là, il considérera l'enceinte où sont les plus grands forts, et d'où il aura trouvé sortis et entrez les vieux loups, et peut-estre ressortis ; car ils ne demeurent pas volontiers avec leurs jeunes loups, s'ils ne sont très-petits. Il percera cette enceinte jusques à ce qu'il trouve les abbatis qu'auront fait les jeunes loups, qui sont des herbes abbatues comme des petits sentiers, où ils se promenent, et vont au devant des vieux qui leur apportent à manger ; car quand ils sont fort petits, ils ne sortent pas de l'enceinte, et aussi-tost qu'il en aura eu connaissance, il se peut retirer, et s'asseurer, qu'ils sont dans cette enceinte, quand bien ce n'auroit pas esté de la nuict, pourveu qu'il ait eu connaissance des vieux de la nuict, néantmoins il en peut prendre les devans pour estre plus asseuré, et ne les ayant trouvé passez, revenir au quartier de la Venerie, en faire son rapport au lieutenant ou commandant, pour y aller, après avoir déjeuné, avec les jeunes chiens, et quatre ou six des vieux, pour les émouvoir à chasser, et s'attacher à la voye, lors qu'ils auront lancé les jeunes loups, que l'on trouve ordinairement dans une enceinte séparée des vieux, qui ne veulent pas demeurer avec eux, pour n'en pas donner connoissance à ceux qui la pourroient avoir d'eux plus facilement, joint qu'ils pourront estre allez chercher de quoy les repaistre.

Vous devez donc aller découpler vos vieux chiens dans l'enceinte où sont les jeunes loups et faire tenir vos jeunes chiens dans le chemin le plus proche de l'enceinte, par des valets de chiens et un picqueur qui sera à la teste, pour les conduire et mener aussi-tost que les jeunes

loups seront lancez, à celuy qui fera chasser les vieux chiens, l'ayant
entendu sonner pour chiens : ce qu'estant, il doit entrer, et faire entrer ces valets de chiens dix ou douze pas dans le fort, avec les jeunes
chiens, avant que de les découpler, et il faut qu'il y ait aussi un vieil
chien pour les guider, et leur montrer à suivre le picqueur, qui doit
onner, et les mener le plus viste qu'il pourra, pour joindre les chiens
qui chassent et les rallier avec eux en les réchauffant, pour les obliger
de prendre la voye et la chasser ; et ce qui m'a fait dire qu'il fallait
découpler les jeunes chiens dans le fort, plus tost que dans le chemin,
c'est qu'en les découplant dans le chemin, ils le pourroient longer ou
entrer dans l'enceinte de l'autre costé, où ne seroient pas les jeunes
loups, et où ils pourroient rencontrer et lancer quelqu'autre beste, et
la chasser : ce qui leur donneroit une mauvaise impression, et les re-
tarderoit peut-estre assez long-temps, à ne vouloir pas chasser le loup,
dont le sentiment leur plaist moins que des autres bestes. Le picqueur
ayant joint les vieux chiens qui chassent, et celuy qui les fait chasser, il doit parler à eux en ces termes : *Velescy allé,* et les nommer
par leurs noms, et leur crier : *harlou, mes bellots, harlou,* et sonner
pour chiens : mais médiocrement pour ce commencement, afin de ne
les pas estonner, et les obliger à prendre la voye avec les autres, et la
chasser, ou au moins les suivre : car en ces commencements ils ne
chassent pas volontiers. Il faut que l'un des picqueurs ait le soin de
les appeller de temps en temps, pour les remettre sur les voyes, et
l'autre de les faire suivre, en leur disant : *tirez chiens, tirez,* et ayant
joint celuy qui fait chasser, il leur doit crier encore : *harloup mes
bellots, harlou, rali chiens, rali.* Et comme il verra qu'ils chasseront, ou suivront les autres, crier : *s'en va chiens, s'en va;* et s'ils
vont dans les chemins aux valets de chiens il faut qu'ils les reprennent en les flattant pour les premières fois : car il est plus dangereux
de les rebuter pour loup, que des autres bestes, et les redonner après
les autres, qui chasseront lors que le loup passera un chemin, sinon
qu'ils entrent dans le fort, la chasse estant près d'eux : car il ne les
faut pas donner de loing, à cause qu'ils pourroient revenir à eux. Et
si les jeunes loups commencent à estre un peu forts, il faut avoir
mené un relais de quatre ou six chiens dressez, pour secourir les
chiens que vous avez donné de meute : car pour prendre un jeune
loup, il les faut tous mettre à bout, à cause qu'ils se relayent les uns
les autres, ne faisant pas beaucoup de païs : ce qui fait qu'ils se rencontrent plus souvent, et qu'ils en durent davantage. Et voyans vos
chiens mal-menez, vous donnerez vostre relais ; ce qui rechauffera vos

jeunes chiens; lorsqu'ils verront ceux-là chasser avec plus d'ardeur, vous continuerez à leur parler et à les r'allier avec les chiens chassants, et aussi les valets de chiens, et jusques à ce que vous ayez forcé et pris un jeune loup : ce qui doit suffire pour une fois, afin de les ménager pour faire plusieurs chasses, et servir à mettre vos jeunes chiens à la voye : joinct qu'il ne les faut pas lasser de ces premières chasses. Le loup estant pris, vous le ferez fouler à vos vieux chiens, pour obliger les jeunes à s'y mesler par quelques atteintes : car en ces commencemens, ils ne les foulent pas volontiers; et après qu'ils l'auront foulé quelque temps, et que vous les aurez flattez et touché de la main aux flancs en le foulant, et leur parlant comme quand vous les aurez fait chasser, le picqueur doit prendre le jeune loup et monter à cheval, pour le montrer encore aux chiens, sonnant le gresle (comme il a deu faire dans le temps qu'ils le fouloient) et leur crier : *voyla le mort, à moy, chiens, tiéhault :* et il faut que l'autre picqueur les fasse suivre, leur disant : *tirez chiens, tirez, acoule à luy*, et quand vous serez au premier chemin, le faire fouler encore aux jeunes chiens seulement; si vous avez quelques morceaux de loup cuit, leur en donner; cela fait, vous les couplerez et reprendrez le loup, à cheval, devant les chiens, sonnant pour lors la mort par trois mots longs; et ensuite la retraite; et quand vous serez arrivez au quartier et logement des chiens, vous ferez cuire le loup, si vous n'en avez un de cuit, pour leur en faire la curée, de la façon que je le diray dans un chapitre particulier : et y mettrez deux vieux chiens avec les jeunes, pour leur montrer le chemin d'aller à la mouée et au forthu, et encore auront-ils assez de peine à y aller pour cette première fois, et à manger du loup, qui est d'un goust naturellement désagréable aux chiens : ce qui fera qu'il s'écarteront çà et là : il les faudra appeler pour les obliger à y aller, sinon les prendre avec des couples et les y amener, en les carressant leur en faire manger dans la main, et les mener au forthu, qui est le coffre, où vous les découplerez, cependant que l'un des picqueurs sonnera le gresle et criera : *velle-loo.*

CHAPITRE XI.

DES TERMES QUE L'ON DOIT TENIR POUR PARLER AUX CHIENS QUAND L'ON
LES FAITS CHASSER LE LOUP.

Je me suis trouvé obligé pour ne donner point l'interruption au lecteur, de mettre en suite du Traicté pour cerf, celuy du lièvre et du chevreüil, à cause que les termes en sont semblables, comme en beaucoup de choses, les manières de faire chasser et de sonner; mais les termes pour loup sont différents, et ont de la consonance avec le sanglier et le renard, dont je traiteray cy-après : car sans cette régularité, à laquelle je me suis voulu attacher, et que j'ai creu estre nécessaire pour estre plus intelligible au lecteur, j'aurois mis le Traicté de la chasse pour le loup directement après celuy du cerf, puisque dans cet équipage et venerie il y a un grand louvetier : outre c'est un corps séparé des autres, n'estans pas mesme payez par les thrésoriers des chasses, toiles et fauconnerie comme les autres ; mais par les thrésoriers de l'espargne, et que dans les autres équipages (excepté la grande venerie pour cerf) il n'y a que capitaines et lieutenans. Je commenceray à parler des termes dont ont doit user, et des connoissances du loup. Quand on en revoit on doit dire, *voicy la trace ou piste du loup*, et les os qui sortent de son pied, se doivent appeler ongles : et la fiente les laissées, et lors qu'il marche au pas et d'asseurance, alleures, et quand il court, fuites du loup ; les alleures se connoissent allant d'asseurance, quand le pied du loup est serré, et les fuites quand il louve. Ce qui se fait par l'effort qu'il fait en courant, et lors qu'il a gratté cela s'appelle galies ou déchausseures ; où il s'est déchaussé, selon le rencontre qui se fait dans la façon de parler quand le veneur fait son rapport, et le lieu où il se couche le jour, se nomme litteau. Car quand on le court et que lors il se repose et se met sur le ventre, ce lieu s'appelle flattreuse, et quand le veneur est aux bois et que son chien a rencontré la voye d'un loup, après en avoir reveu, il doit dire à son limier *vel-cy-allé,* si le loup va d'asseurance, le suivant, comme quand il le laisse courre : mais l'ayant lancé, voyant qu'il fuit, il doit dire alors *velescy-allé, velescy allé,* qui est le terme significatif qu'il va fuyant. Il doit dire aussi à son chien qui fuit pour lancer le loup, *après l'amy, après harout, haly, hou, hou, harlou, harlou ;* et après estre donné aux chiens, le picqueur leur doit crier, *s'en va, s'en va, chiens mes belots, harlou, harlou, outre vault chiens, outre vault,* et sonner pour chiens, et pour requester à veuë la mort et la retraitte, comme pour les autres chasses cy-devant : mais quand on le voit il faut crier : *velleloo.*

CHAPITRE XII.

COMME LE VENEUR ET VALET DE LIMIER, DOIVENT DRESSER LES JEUNES LIMIERS POUR LE LOUP.

Le valet de limier pour loup, doit plus exactement prendre garde à faire choix d'un chien bien fait, que les autres, et qu'il ait non seuement les qualitez que j'ay dites au traicté pour cerf ; mais encore quelque augmentation, comme d'estre plus traversé, qu'il ait la teste plus carrée, l'œil gros (1), flamboyant, et naturellement ardent et furieux, l'ayant veu plusieurs fois se piller avec les autres, et s'il se rencontre à gros poil, il en sera mieux, et de poil vif, comme s'il est rouge, que ce soit un rouge de feu, ou brun, et s'il est gris, que ce gris soit d'un gris brun et non élavé, ou tout noir, et qu'il soit plus court que long ; la taille s'en peut connoistre en le voyant, comme tous ces signes et qualitez que j'ay dites. Mais pour savoir s'il sera bôn, il en faudra faire l'épreuve, et pour cela, il fera bien ne le mettre dans le chenil, pour estre encore plus asseuré de son ardeur et courage, où il

(1) « Il faut pour que le chien soit limier de loup, qu'il vienne de vraie race à « chasser loup, qu'il ait la tête carrée, l'œil gros et plein de feu, et généralement qu'il « soit ardent et pillard. » (Le baron le Couteulx de Canteleu, chap. X, *la Chasse du loup.*)

se domestiquera avec les autres, et apprendra à aller au couple : il s'en rendra aussy plus fier et hardy, le faisant chasser trois ou quatre chasses en compagnie : ce qui luy fera prendre d'abord la connaissance du loup, et en ira plus volontiers devant celuy qui le menera, comme de s'en rabattre, pourveu qu'il aille de bon temps, ou que vous l'ayez fait lancer par un chien dressé afin de lui donner de bonnes voyes, comme celles qu'il a desjà chassées, et le continuer dans cette bonne volonté et première chaleur : car aux limiers pour loup, vous ne leur en sçauriez trop donner, pour les considérations que j'ay dites ; et commençant à les mener, il faut continuer avec grand soin, pour bien reüssir à la chasse du loup, puisque c'est le principal sujet ; car si les lévriers n'en sont bons, il est très mal-aisé que les chiens courans le puissent estre : que si un chien est froid et melancholique, après en avoir tiré les preuves, comme de l'avoir mis plusieurs fois sur les voyes d'un loup, venant d'estre lancé, et qu'il n'en veüille que par manière d'acquit ; ce que vous verrez en le tenant sur le traict, et s'il ne sent et qu'il ne morde pas la branche que vous luy présentez, où a touché le loup, vous le devez remettre au chenil, où il pourra mieux reüssir pour courre avec les autres chiens qui lui donneront de l'émotion ; vous en prendrez un autre, en observant qu'il soit de la vraye race pour loup ; car autrement, il seroit mal-aisé qu'il pust réüssir : ce qui est plus important à cette chasse qu'aux autres, pour ces raisons que l'on peut aller lancer les autres bestes à la trolle, à cause que pour peu d'habitude que vous ayez dans un païs, vous sçavez où doit demeurer un cerf, un chevreüil, et une beste noire, ce que vous ne pouvez sçavoir des vieux loups qui n'ont point de louveteaux, sans lesquels ils n'ont point de demeure assurée. Tellement que vous pourriez, peut-estre quester trois jours, sans rien trouver, où vous lasserez vostre équipage : et encore que vous l'eussiez lancé par hazard à la troolle, vos lévriers n'estans pas placez, vous ne leur pourriez faire voir le loup qui a accoustumé aussi-tost qu'il est lancé, de s'en aller, sans tourner dans un buisson, trois et quatre lieuës de là, et sans s'arrester : et par conséquent vous ne le pourriez pas prendre ; tellement que le fondement du plaisir de cette chasse dépend des bons limiers : et pour les dresser avec moins de peine et plus promptement, il faut que ce soit dans les mois de juin, juillet, aoust et septembre, qui est le temps des louveteaux, que vous trouverez à poinct-nommé. Après avoir eu connoissance du lieu où ils sont, où vous pourrez aller tous les deux ou trois jours avec vostre jeune chien, les luy faire suivre et lancer, sans qu'ils s'en aillent du pays où ils seront : et lorsque vostre chien en voudra

bien, vous pouvez attendre les vieux loups, qui reviennent de la cam
pagne, pour apporter à manger à leurs louveteaux, les faire suivre, ou
attendre quelque temps, ce qui se doit faire selon l'ardeur de vostre
chien à suivre ; et comme il est avancé en science, vous en avez tout
le loisir, comme de luy faire suivre le contrepied, puis qu'en cette
saison l'on ne court pas. Si vostre jeune chien n'a point encore
chassé, n'ayant pas eu connoissance de loups, il faudra pour les premières fois, prier un de vos compagnons d'aller avec son chien dressé
avec vous, pour lancer les jeunes loups et ne donner connoissance à
vostre jeune chien, et jusques à ce qu'il en veüille parfaitement, brisant devant luy et prenant des devants : et après les avoir trouvez demeurez, les aller lancer avec vostre jeune chien : et lors qu'il en
voudra bien, vous le ferez suivre les vieux loups, qui viendront de la
plaine, dont les voyes iront de plus hautes erres et dresseront mieux
que d'un jeune loup : et comme cela vous l'accoustumerez à vouloir
des voyes qui aillent de la nuict, à perdre le cacquet et à se taire à
force de suite : car il ne faut point battre les limiers, crainte de les rebutter : et surtout observez quand vous dressez un limier pour loup,
de ne le mettre que sur des voyes de loup, jusques à ce qu'il en veüille
parfaitement : car autrement il courroit risque de se refroidir et de
n'en vouloir plus ; et les premières fois que vous irez aux bois, vous
porterez des petits morceaux de loup rosty, afin de luy en donner de
temps en temps, sur les voyes, et de faire en sorte de l'avoir tout à fait
dressé dans les mois que j'ay dit ; car la saison de l'hyver y est toute
contraire, pour plusieurs raisons. Premièrement, que la terre est la
pluspart du temps gelée, ou couverte de neiges, et dans ce temps l'on
ne doit pas mener des jeunes limiers aux bois (pour les raisons que j'ay
dites au Traicté pour cerf), secondement les nuicts y sont longues. Et
troisièmement, les mangeures pour les loups, sont mal-aisées à trouver ;
ce qui les oblige à faire un grand païs, et vous seroit difficile de rencontrer un loup qui allast de bon temps au moins qu'un jeune chien en
peust emporter les voyes : et comme cela vous irez plusieurs fois aux
bois, sans pouvoir donner aucune connoissance de loup, ny plaisir à
vostre jeune chien et quand par bonheur vous lui en auriez donné un
jour vous serez longtemps après sans en trouver l'occasion : et ainsi vous
estes toujours à recommencer, et en hazard de donner connoissance,
plusieurs fois d'autres bestes à vostre jeune limier : et partant je tiens
qu'il est très-difficile de dresser un limier pour loup, si ce n'est en
juin, juillet, aoust et septembre.

CHAPITRE XIII.

DES CONNOISSANCES PAR LESQUELLES L'ON PEUT CONNOISTRE LE LOUP D'AVEC LA LOUVE ET LE GRAND CHIEN, ET AUSSI LES VIEUX LOUPS D'AVEC LES JEUNES.

Je vous ay dit que les loups sont d'une nature des chiens sauvages, et qu'ils avoient pour l'ordinaire de grandes ressemblances dans leurs manières d'agir avec les domestiques. Ils en sont de mesmes dans les parties du corps, sinon qu'ils les ont plus fortes ; ce qu'ils font voir quand les levriers qui sont plus hauts qu'eux, ne les peuvent arrester, s'ils ne sont plusieurs. La raison est, qu'ils ont les membres plus nerveux et mieux joincts ; ce qui nous fait discerner le loup d'avec le chien par le pied, pour grand qu'il soit. C'est ce que je vous feray connoistre, après vous avoir dit les lieux où l'on en peut plus asseurément juger, selon les saisons. Dans l'hyver l'on en peut revoir presque partout pourveu qu'il n'ait pas gelé extraordinairement : car si ce n'est qu'une gelée blanche les loups font des foulées aussi bien que les autres bestes lors qu'ils passent sur l'herbe, où vous en pouvez juger, pourveu qu'elle obeysse au pied, tant qu'il s'y imprime ; et que ce soit aussi auparavant que le soleil ait paru sur les voyes : car il fait fondre la gelée et oste la forme du pied, ou pour le moins la diminuë si fort que l'on y peut avoir aucune connoissance. L'on en peut aussi revoir sur la neige, pourveu qu'elle soit nouvelle tombée et qu'il ne dégèle pas, le pied s'y peut imprimer et donner connoissance ; mais lorsqu'elle est fort gelée et que le loup y passe, elle est gromeleuse et retombe ainsi dans les voyes qui les couvre et en oste la forme : et que s'il dégèle, pour en pouvoir juger sur la neige, il faut qu'un loup ne fasse que d'aller : car les voyes sont élargies peu de temps après qu'il est passé. Et lors qu'il n'a pas gelé et que la terre est découverte, c'est dans les chemins où elle est ferme et non gailleuse, comme aux autres lieux, où l'on en peut juger : car dans la terre molle, aussi-tost qu'un loup y est passé, les voyes s'effacent, ou au moins se retrecissent beaucoup. Et dans l'esté c'est aussi dans les chemins, le matin que la rosée a battu la poudre et luy a donné assez d'humidité pour la rendre plus massive et plus ferme, où la forme du pied s'imprime tout entière, et vous donne occasion d'en pouvoir juger ; comme aussi dans les terres nouvelles labourées, où la rosée fait le même effect ; et cela seulement jusques à ce que le soleil ait séché cette humidité : car après la poudre vole par tout et est trop seiche pour souffrir une parfaite impression du pied, et donner lieu d'en faire un jugement asseuré ; mais s'il avait pleu, vous en pourriez juger tout le jour. Ce sont les lieux où vous pouvez voir les connoissances que je vous vay enseigner, non seulement du loup, différentes du chien ; mais aussi du loup d'avec la louve, et du vieil loup d'avec le jeune. Je commenceray par la plus essentielle et celle dont les valets de limiers pour loup, sont obligez de sçavoir le discernement, puis qu'ils en doivent faire le rapport, qui est du loup d'avec le chien, et non pas de la louve d'avec le loup. Premièrement il faut remarquer qu'au vieil loup, quand il va d'asseurance, vous voyez tousjours le pied très serré, dont la forme ou l'empreinte (qui est le bout des doigts) en est mieux joincte et mieux faite que celuy du chien qui va le pied épatté et ouvert, et a le talon moins gros et large que le loup, et les deux grands doigts plus gros que le loup, dont les ongles sont aussi plus gros que du chien, et entrent plus avant dans la terre que ceux du chien qui ne font que l'effleurer à cause des doigts qu'il a beaucoup plus gros et plus pleins et qu'il n'a pas aussi les liaisons si fortes : ce qui fait qu'il ne peut pas appuyer si fortement du bout du pied que fait le loup, joinct que le talon du loup en est plus gros, et comme j'ay dit plus large, qui forme dessous trois petites fossettes, ce qui ne se voit pas au chien ; il l'a aussi plus détaché et éloigné du reste du pied, outre qu'il a plus de poil sous le pied que le chien, et que les alleures en sont plus longues, mieux réglées et asseurées, encore que le chien soit grand ; mais il ne s'entend point allant au pas comme fait un loup. Bien que je vous aye dit que l'on n'estoit pas obligé de discerner la louve pour en faire le rapport d'avec le loup ; neantmoins il est tousjours mieux de le sçavoir, puis qu'il s'en peut connoistre en la pluspart, en considérant que la louve est mieux chaussée (ainsi que nous appelons) c'est à dire qu'elle a le pied plus étroit et plus long, et les ongles, moins gros que le loup. Et pour le reste des connoissances, elles y sont de mesme dans leur proportion de pieds. Et pour connoistre des jeunes loups d'un et deux ans (car passé cet âge ils se doivent nommer vieux loups, mais non pas grands vieux loups) il faut regar-

der et considérer que les liaisons des pieds des jeunes, ne sont pas
encore si fortes que celles des vieux loups; ce qui fait que les jeunes
vont le pied plus ouvert; ils ont aussi les ongles plus petits et pointus
que les vieux, et n'ont pas les allures si réglées ny si longues. Pour
les restes des connoissances, elles y sont de mesme. Vous les pouvez
aussi connoistre dans la façon de faire leurs nuicts, à cause que les
vieux loups font beaucoup plus de païs que les jeunes; joinct que
dans les grandes plaines, les vieux loups vont faire leurs nuicts, et les
jeunes la font allentour des villages, et le long des ruisseaux : ils n'ont
aussi jamais leurs fientes (que nous appelons laissées) si dures que les
vieux loups, et de cette connoissance entre le vieil loup et la vieille
louve, c'est qu'ordinairement la louve les jette au milieu d'un chemin
et molles : et celles d'un vieil loup sont dures, les jette quasi tousjours sur une pierre, une butte ,ou un petit buisson, et quand il gratte
(que nous appelons se déchausser), il le fait avec plus de violence
que la louve, ny que les jeunes loups creusant davantage en terre et
les jette aussi plus loin.

CHAPITRE XIV.

COMME LE VALET DE LIMIER DOIT ALLER AUX BOIS POUR LE LOUP, LE DÉTOURNER ET EN FAIRE LE RAPPORT.

Il faut que le valet de limier pour loup, soit d'un bon tempéramment
afin qu'il ait bon pied bon œil pour en revoir dans les saisons seiches,
et en pouvoir juger, à cause qu'à cette chasse il faut aller souvent aux
bois, quand le roy y prend plaisir joinct que les loups font beaucoup
plus de païs en faisant leurs nuicts, que les autres bestes, n'ayant pas
leurs mangeures asseurées et établies comme elles, qui les ont au sortir d'un fort; mais les loups vont au hazard toute la nuict pour y rencontrer quelque beste morte particulièrement dans l'hyver, tellement
que cinq ou six hommes iront aux bois en différens lieux, qui neantmoins
auront tous connoissance d'un mesme loup, et quelquefois pas un ne le
détournera, à cause qu'après avoir percé cinq ou six buissons, où il

n'aura pas été repeu, il ira demeurer dans un fonds de forest, ou s'il fait broüillard, ou qu'il tombe de la neige, il demeurera dans la campagne derrière une haye ou buisson pour y épier quelque bestiaux. Il n'est pas besoin que celuy qui va au bois pour loup, dans un buisson, en fasse les dedans comme pour les autres bestes, car le loup sert à la campagne pour aller chercher ses mangeures ; mais quand c'est un grand païs où il y a des bestes fauves et autres dont les loups se peuvent repaistre; il faut faire les dedans, et particulièrement dans la saison qu'il y a des jeunes loups, pour en avoir connoissance, à cause qu'ils ne sortent pas, s'ils ne sont desja grands ; et pour connoistre qu'il y en a dans le bois où vous allez, c'est quand vous trouvez deux vieux loups en sortir et entrer plusieurs fois, et de tout temps, c'est un signe évident qu'ils y ont leurs jeunes loups. Quant à la manière de mener le limier au bois, le mettre devant, et le faire quester ; c'est la mesme que pour le cerf et le chevreüil : et aussi quand il se rabat, où vous luy devez dire, *vel-cy-allé*, tant que le loup ira d'asseurance, et pour échauffer vostre chien, et l'obliger à suivre, vous luy direz *hou, l'amy, hou après*, et quand vous le rembuchez, vous le flatterez, en brisant haut et bas : et si vous en voulez prendre le contrepied, vous luy direz de mesme, *tien à moy, velcy re vâry*, si ce n'est que vous eussiez rencontré un loup dans la plaine, où vous l'eussiez suivy pour en revoir, et le juger par les connoissances que j'ay dites au chapitre précédent, et après avoir fait les grands devants de vostre queste, et n'avoir de rien rencontré vous devez considérer le païs pour voir de quel costé pourroit venir un loup qui pourroit estre demeuré encore dans la campagne, pour n'avoir pas trouvé de quoy se repaistre, afin de vous y mettre et y attendre une heure, en écoutant si vous entendrez crier les laboureurs ou bergers pour aller à eux, en cas que le loup ne vienne à vous, et estant tombé sur les voyes avec vostre chien, les suivre jusques à ce que vous l'ayez trouvé entré dans vostre queste s'il y va ; sinon ne laisser de le suivre jusques à ce que vous l'ayez mis à couvert dans un fort où vous le briserez, encores qu'il entre par un chemin (ce que font ordinairement les loups) qui ne font point de retours sur eux, comme les autres bestes, si ce n'est rarement. Vous irez prendre les grands devants du buisson, afin de ne le pas presser : car il pourroit estre demeuré à vingt pas dans le bois pour écouter, sans estre entré dans le fort : et quand vous avez pris les devants du buisson, vous devez revenir où vous l'avez brisé, pour en suivre la voye le long du chemin, le rembucher dans le fort, et après l'avoir fait, vous reprendrez vos devants, que vous commencerez

par où vous les avez achevez, pour changer le vent à vostre limier, et
luy faciliter le sentiment. Et si vous le trouvez sorty (car si c'est un
loup qui soit affamé, il ne demeurera pas s'il n'y est contraint par la
peur) vous le devez suivre jusques à ce que vous le trouviez brisé : Et
encores que cela soit, il sera bien pour l'affection que vous devez avoir
au plaisir de vostre maistre, de houper vostre compagnon, afin que
s'il a besoin de vous et de vostre chien pour en venir à bout et le
détourner, vous le secouriez, puisque ce loup qui aura esté desja holé
par ces bergers, et peut-estre couru par leurs chiens, et qui aura aussi
eu le vent de vous et de vostre chien, aura peine à se résoudre de demeurer, joint la faim qu'il peut avoir, ou s'il le fait, ce sera après avoir
fait beaucoup de tours, en longeant les chemins les uns après les
autres : ce qui peut embarasser un homme seul, et le tenir beaucoup
de temps, et cependant les voyes vieillissent, et le limier ne les peut
plus emporter ; mais quand l'on est deux, cependant que l'un demesle
des voyes pour en trouver le dernier rembuchement, l'autre doit
prendre les grands devants pour reconnoistre s'il ne sort point du
buisson afin que par là ils soient éclaircis de tous les faux rembuchemens : car les loups en font aucunes fois trois ou quatre, et assez
souvent au premier carrefour qu'ils trouvent, ils se déchaussent, qui
est un signe évident qu'ils ne veulent pas demeurer, au moins si tost ;
mais celuy qui prend les grands devants, abrege et asseure son compagnon si le loup demeure, où s'il s'en va : car s'il ne l'a pas trouvé
sorty, encore que vous ne l'eussiez pas pu rembucher, vous ne laisserez d'en faire le rapport, pourveu que ce soit dans un buisson qui n'ait
que quatre ou cinq cents arpents : puisqu'en découplant les chiens
courrans à la trolle, ils le peuvent aller quérir et lancer, à cause qu'un
vieil loup sort du litteau aussi-tost qu'il entend du bruit : et l'ayant
ainsi détourné ensemble, celuy à qui sera la queste fera le rapport à
l'assemblée, au lieutenant de la Venerie luy disant : *Nous mécroyons
un tel et moy* (en nommant son compagnon) *détourner un loup ou
deux, vieux ou jeunes : ou, le loup et la louve en un tel lieu.* Et après
le lieutenant le mènera au grand louvetier, pour en faire le rapport au
roy. J'ay dit dans le chapitre où je parle du naturel des loups, qu'ils
sont fort sujets à la rage, et ce qui en est la cause : Et icy je vous
monstrerai comme le valet de limier peut connoisre si un loup est
enragé lors qu'il en a rencontré le matin, et qu'il le suit ou, au moins en
avoir de grandes conjectures, c'est quand il rencontre un loup qui tra-
verse les champs, et qu'il en voit aller la piste balançant : ce qui vient
de la foiblesse que le mal luy donne, ne s'apercevant pas mesme qu'il

ait rien pris pour se repaistre, encore qu'il soit allé et venu à l'entour des villages, qu'il y soit passé, et qu'après tous ses tours, il entre dans une talope de bois, comme une grosse haye, ou dans un petit bocqueteau (qui peut estre le temps que son accez est passé) où il demeurera jusques à ce qu'il lui reprenne, ou qu'il se mette dans des roseaux à la queuë d'un estang qui soit esloigné des bois. Tous ces signes sont d'un loup malade de la rage, ce qui oblige le valet de limier à en faire le rapport dans ce doute, afin que l'on y aille en estat de le tuer, et non de le chasser avec les chiens-courans, ny le faire prendre aux lévriers, car ce seroit perdre vostre équipage.

CHAPITRE XV.

COMME IL FAUT CHOISIR LA COURRE POUR Y PRENDRE LES LOUPS.

Il est aussi important à un grand louvetier de sçavoir bien choisir la courre, et y placer les lévriers pour prendre le loup, qu'il est à un général d'armée de sçavoir prendre un poste avantageux pour mettre son armée en bataille et y battre son ennemy ; c'estoit ce grand roy Louis LE JUSTE qui sçavoit tous les deux parfaictement : il a fait connoistre l'un à toute la chrestienté, et l'autre à ceux qui ont eu l'honneur de le voir chasser ; c'est aussi de luy que je l'ay appris, et qu'il falloit, auparavant que de mettre la courre, aller la reconnoistre, quand on ne la sçavoit pas ; aussi-tost après que le veneur a fait son rapport, et que le roy est résolu d'aller à ses brisées, il faut s'enquérir des gentils-hommes du païs qui voyent aller et venir les loups d'un buisson à un autre, où des laboureurs, afin d'en sçavoir la refuite, et si vous ne voyez pas qu'ils en parlent pertinemment, il faut demander où sont les grands païs de bois qui sont les plus proches du lieu où est détourné vostre loup, afin de faire vostre courre dans cette refuite, si le vent y est bon. Et après en estre instruit, vous devez aller visiter le buisson pour juger le lieu le plus propre pour faire la courre, et y placer les lévriers, après avoir connu d'où vient le vent; car pour estre bon et propre, il faut qu'il vienne du costé du buisson, et non du costé de la courre, à cause que le loup, qui est un animal fin et défiant, et qui a le nez excellent, auroit le vent de vos lévriers, et ne sortiroit pas de ce costé là. Il faut après, considérer l'assiette du lieu où vous voulez faire la courre, afin qu'il ne soit pas bossu ; mais qu'il soit en païs plat, et non de colline, et qu'il n'y ait aucun buisson dedans ; puisque c'est ce qui fait ordinairement faillir le loup par des détours qu'il fait alentour de ces buissons où les lévriers le perdent de veuë, au moins pour quelque temps : ce qui le fait esloigner d'eux, et qu'après ils ne le peuvent plus joindre. Il ne faut pas aussi mettre la courre la teste en bas, à raison de l'avantage qu'ont les loups sur les lévriers, lors qu'ils courent en descendant, à cause que toute la force du loup est sur le devant, ce qui le fait plus fortement soutenir en courant à la vallée que les lévriers ; joint qu'ils ne peuvent prendre le loup sans courre risque de tomber et faire la culbute, et si vous estes contraints de faire vostre courre où seront ces collines et ces buissons, à cause que c'en est la refuite, et que le vent y est bon, laissez cette teste avallante dans vostre enceinte, la faisant deffendre de mesme que le buisson où sera vostre loup et placez vos premiers lévriers au commencement du pied montant, et le reste en suitte. Et encore qu'il se rencontrast un païs plat pour faire la courre, et qu'il y eust des buissons dedans, s'il n'y en avoit que peu, et qu'ils fussent fort petits, il les faudroit faire couper, et s'en servir à faire des buttes pour cacher les lévriers ; mais s'il y en avoit beaucoup, faites vostre courre au delà des buissons, où vous mettrez des deffenses, jusques au bout où seront vos lévriers d'estricques ; et si vous n'en avez suffisamment, vous mettrez seulement des cavaliers à gauche et à droict de ces buissons, pour y deffendre et pousser le loup dans la courre, tirant quelque coup de pistolet en l'air, afin de l'obliger à percer plus viste, et qu'il n'ait pas le temps de reconnoistre la courre. Ce qu'estant bien reconnu et pensé dans toutes ces circonstances, vous envoyerez vos deffenses par un picqueur de l'équipage qui aura esté avec vous reconnoistre le buisson, la courre, afin qu'il soit instruit des lieux où il les faut mettre : et si c'estoit dans une queuë de forest ou grand païs, qu'il n'y eust pas une taille de l'année qui séparast l'enceinte où est détourné le loup, d'avec le grand païs, mais seulement un chemin, il faudroit y tendre des panneaux et y mettre des cavaliers derrière pour les deffendre.

CHAPITRE XVI.

COMME L'ON DOIT PLACER LES DEFFENSES AUTOUR DE L'ENCEINTE
OU EST LE LOUP ET LES LÉVRIERS A LA COURRE.

Lors que l'on veut aller courre un loup, qui est détourné dans un buisson, où dans une queuë de grand païs, il faut envoyer placer les deffenses et tendre des panneaux, s'il en est besoin, et presque en mesme temps, aller placer les lévriers à la courre. J'ay marqué dans le chapitre cy-devant les lieux où il falloit tendre les panneaux, mais non pas comme il les faut, ny comme il les falloit tendre. Les panneaux pour loup, doivent estre de cinq pieds de haut, quand ils sont tendus, et que le fil dont ils seront faits soit une fois aussi gros que de ceux pour renard, et que les mailles en soient aussi plus grandes : et quand vous les tendrez, vous leur donnerez beaucoup de morfil : je veux dire qu'il faut retirer du panneau, en le tendant assez pour estre lasche, afin que le loup s'y maille et s'y embroüille; car s'il estait trop tendu, en donnant contre, il s'en retireroit, et pourroit après y revenir et sauter par dessus ; car le loup saute facilement cinq et six pieds de haut : et que la corde qui commande le panneau soit assez grosse pour ne pas rompre lors que le loup y donnera : je veux dire pour prendre ; mais pour deffendre, il n'importe pas. Et afin de les faire durer davantage, il faut les teindre avec du tan. Pour les autres deffenses, à pied et à cheval, il faut qu'elles soient alentour du bois où est détourné le loup, du costé que vous ne voulez pas qu'il aille, pour l'obliger à aller aux lévriers. Il faut que les gens de pied soient à six pas l'un de l'autre, la teste tournée aux bois, avec chacun un baston à la main (car il y a quelquefois des loups qui les veulent forcer) et qu'ils soient éloignez du bois de dix ou douze pas, pour n'en estre pas surpris, lors qu'ils en sortiront, et avoir le temps de crier, faire du bruit et montrer leurs bastons pour les empescher de passer et les faire retourner dans le bois : et pour cela, que chacun demeure à sa place; car s'ils couroient après le loup il reviendroit par derrière eux et s'échapperoit. Les cavaliers doivent estre un peu plus éloignez du bois à cause de l'avantage qu'ils ont, et que les deux qui sont voisins, où le loup sortira et les voudra forcer, se secourent ; car il ne faut pas que les autres branlent, de crainte d'un pareil accident. Quant aux gens de pied, vous les mettrez à quinze pas l'un de l'autre la teste tournée au bois ; et si vous avez plus de monde, vous les mettrez plus près les uns des autres. Les cavaliers tireront des coups de pistolets de temps en temps, pour divertir le dessein que pourroit avoir le loup de venir passer à eux, pour l'obliger d'aller à la courre. Dans le temps que l'on place vos deffenses, il faut placer vostre courre, à cause qu'un loup en peut avoir le vent et s'en aller : les valets de lévriers y estans arrivez, ils doivent avoir des cerpes : ou que leurs épées taillent assez bien pour couper des branches, qui serviront à faire les huttes, afin de s'y mettre à couvert avec leurs lévriers : c'est ce que l'on apppelle loges, hormis les deux qui tiennent les lévriers d'estricques, qui n'en ont pas besoin, puis qu'ils doivent estre dans un fossé, ou s'il n'y en a, se mettre à couvert au bord du bois, de peur d'estre apperceus du loup, qui ne manque jamais de sortir la moitié du corps hors du bois et s'arrester, pour considérer dans la plaine s'il n'y voit rien qui luy donne de la crainte, devant que d'y entrer et enfoncer dans la courre. Il faut aussi que ces valets de lévriers ayent chacun un baston à la main, de grosseur et longueur raisonnable, pour s'en servir quand le loup est arresté et porté à terre par les lévriers, et le luy mettre dans la gueule, afin qu'il ne les estropie pas et pour les faire démordre. Mais si l'on vous a fait rapport d'un de ces grands loups, qui font ces coureurs et preneurs de bestes fauves, et qui sont extrordinairement vistes, il faut tirer deux lévriers de vos estricques, les plus forts et les plus vaillans, pour en faire une lesse, et les placer au milieu de vos deux premiers flancs : car il n'y a rien qui embroüille en embarasse un loup comme cette lesse, qui le pince et l'oblige à tourner, au moins à demy ; ce qui lui fait perdre du temps, et en donne, aux lesses des flancs, pour le joindre : et de cette sorte, vous ne pouvez faillir un loup pour viste qu'il soit. La courre doit estre nette, comme je l'ay dit, sans aucun buisson, que personne n'y passe, quand les lévriers y seront placez, et qu'il soit plus large auprès du bois que dans le fonds, en plaçant les lévriers sur deux lignes et dans leurs distances, comme je le diray. Les estriques (qui sont les deux lesses qui doivent pousser le loup et le faire aller dans le fond de la courre aux autres lesses) doivent estre aux deux ailes de l'entrée de la courre sur le bord du bois et cachées (comme j'ay dit) proche des dernières deffenses, et à chacune un cavalier, qui sera aussi caché dans le bois, pour pousser après les lévriers, quand ils seront cachez, afin d'obliger le loup à tenir le milieu de la courre ; et les deux premières lesses des flancs doivent estre mises à cent pas des estrciques sur deux lignes et de distance égale. Et pour cette lesse que j'ay dit, que l'on tiroit des estricques, il la faut mettre au milieu de ces deux flancs et les deux autres flancs sur les mesmes lignes et en mesme distance, à soixante pas des premiers flancs : et les deux lesses de teste au bout des deux lignes et au fond de la courre, à distance aussi égales, à cinquante pas des derniers flancs ; et cela toutes fois en cas que vous ayez assez de place, si non les mettre à proportion, pour les distances seulement, car il faut que la courre soit tousjours disposée, comme je l'ay dit. Il faut aussi qu'il y ait des cavaliers cachez au fond de la courre, qui ayent de la pratique pour animer et secourir les lévriers. Vous ordonnerez aux valets des lévriers, de lascher à propos, qui est que ceux qui tiendront les estricques, ne laschent pas que le loup se soit avancé dans la courre quarante pas, sortant après de leur hutte avec leurs lévriers, la lesse à la main, dénoüée pour leur faire voir le loup, auparavant que de les lascher. Ce que doivent faire tous les autres, sur peine de punition : car autrement c'est manquer, puis que s'ils laschoient auparavant, ils pourroient aussi-tost aller d'un autre costé, qu'au loup, et que les premiers flancs, ny la teste qui sera au milieu, ne lasche pas que le loup ne les ait passé et avancé dans la courre de huict ou dix pas, pour ne le pas faire retourner dans le bois, et que les seconds flancs laschent quand ils verront le loup vis-à-vis d'eux ; et qu'aussi-tost que les valets de lévriers qui tiendront les testes, verront les seconds flancs laschez, ils s'avancent avec leurs lévriers et aillent au devant du loup, pour lascher en teste, et auparavant qu'il soit à iceux. C'est ce qui fait qu'on les appelle lévriers de teste qui doivent estre les plus grands et les plus forts pour faire arrester le loup. Ces ordres estans donnez par le roy, s'il en a voulu prendre la peine, sinon par le grand louvetier, ou le lieutenant, l'on doit aller donner les chiens pour lancer le loup, si vous ne le voulez faire lancer par le limier ; mais si vous voulez qu'il le soit plus promptement, afin de ne pas donner de l'impatience au roy, vous découplerez vos chiens de meute au rembuchement que l'on aura fait du loup, pourveu qu'il ne soit pas du costé de la courre : car autrement il faudroit les aller découpler à la troole du costé où l'on a mis les deffenses ; et si c'est dans un païs où il y ait force autres bestes ;

il ne faudra donner que les chiens qui veulent du loup seulement,
pour le lancer, faisant tenir les autres, que vous ferez donner, après
qu'il le sera. Et si c'est dans un buisson de deux ou trois cens arpens,
il ne faut donner que six ou huict chiens, afin qu'ils ne pressent pas
le loup, crainte de l'obliger à forcer les deffenses ; et estant venu à la
courre, et lasché dans l'ordre que j'ay dit, couru et arresté des lévriers, il faut attendre le roy, pour luy demander s'il le veut tuer, sinon que ce soit quelqu'un qui en ait la pratique, prenant son espée
des deux mains, afin qu'il y en ait une pour conduire la lame, et luy
donner le coup au deffaut de l'épaule, bien posément, pour n'en pas
frapper les lévriers, à causent qu'ils branlent tousjours. Le loup estant mort, les valets de lévriers doivent faire demordre les lévriers,
avec les bastons, et que ce soit avec adresse, pour ne leur pas rompre
les grosses dents : et s'il y a un autre loup dans l'enceinte, il faut
qu'ils se remettent promptement à leurs places, pour lascher de
mesme et le prendre. Quand il viendra, les picqueurs doivent aussi
r'appeler les chiens-courans et les remener dans le bois quester le loup,
le chasser et le faire aller à la courre.

CHAPITRE XVII.

COMME L'ON PEUT PRENDRE LES LOUPS A FORCE, AVEC LES CHIENS COURANS,
ET QUELS LOUPS IL FAUT ATTAQUER POUR Y REÜSSIR.

Il semble qu'au plaisir de la chasse, comme en toute autre chose, le
changement n'en est pas désagréable puis que ce qui ne se rencontre
pas au gré de l'un, le peut estre à l'autre. C'est ce qui se trouve à la
chasse du loup, puisqu'après en avoir veu courre et prendre avec les
lévriers, vous en pouvez aussi courre et forcer avec les chiens-courans ; il y a encore plusieurs autres adresses pour les prendre, dont je
me tairay ; mon dessein n'estant que de parler des chasses nobles et
d'esprit ; et où il faut avoir de la science et une longue pratique, pour

y bien reüssir. Il faut aussi estre nay avec esprit, et que l'inclination y
soit comme la complexion forte : car il y faut beaucoup peiner. Et celuy
qui va au bois le matin, pour les détourner, ira quelquefois dans cer-
taines saisons, trois et quatre jours de suite, auparavant que de rencontrer un loup qui aille d'assez bon temps pour le faire suivre à son
chien, ou s'il en rencontre qui aille d'assez bon temps, il ira si loin
qu'il n'en pourra venir à bout pour le détourner : et quand vous l'avez
détourné et donné aux chiens, il faut aussi que le picqueur qui les fera
chasser, soit dans une agitation, sans aucun relasche d'esprit et de corps;
de l'esprit pour faire que les chiens en maintiennent la voye; à cause de
la délicatesse de cette chasse, par le peu de sentiment qui est au loup,
et du corps pour le travail continuel qu'il est besoin qu'un picqueur
fasse, à cause que si-tost que le loup est donnë aux chiens, il est
tousjours sur pied devant les chiens ; car lors que les loups tournent,
c'est seulement à droict et à gauche, et non sur les voyes, comme les
autres bestes : cependant ils ont la mesme habitude, puis qu'au premier retour et à la main qu'ils le feront, ce sera presque tousjours de
ce costé là : ce qu'il faut observer : tellement que si les chiens s'at-
tachent bien à la voye, ils y sont tousjours chassans, et comme cela,
vous n'estes jamais en deffaut, ce qui en rend la chasse plus belle et
plus aymable, c'est aussi où l'on a plus de chaleur : et pour reüssir à
les forcer, il faut en sçavoir faire le choix, comme de n'attaquer pas un
vieil loup, dont la force et l'haleine est indomptable, puis qu'après les
avoir couru cinq ou six heures, s'ils trouvent de l'eauë, ils sont aussi
frais qu'auparavant, particulièrement ces grands loups qui sont de la
taille des limiers, desquels j'ay parlé, qui ne vivent, la pluspart du
temps, que de bestes fauves et autres, qu'ils prennent à la course, ou à
force. C'est ce qui les maintient en haleine, joinct que ces vieux loups
scavent plusieurs païs où ils ont esté se pourvoir et chercher les louves
en chaleur; ce qui rend leur refuite incertaine. Il se peut rencontrer
quelque gros loup de taille de mastin, qui ne vit que de bestes mortes, qu'il va chercher proche des villes, des bourgs et le long des rivières; de ceux là, il s'en peut forcer : car ils ont ordinairement peu
d'haleine, puis qu'aussi-tost qu'ils sont repeus, le premier bois qu'ils
trouvent, ils s'y mettent au liteau, d'où ils ne bougent jusques à ce
qu'il leur faille retourner à la proye. Mais pour estre plus ordinairement asseuré de la prise, ce sont les jeunes loups qu'il faut attaquer,
depuis l'aage de six mois jusques à dix-huict ou vingt, qui ne sont pas
encores en pleine force, ny en haleine, n'ayans fait aucune course,
s'estans contentez de demeurer et vivre dans leur païs natal. Ils n'ont

pas aussi encores estés en chaleur pour aller chercher les louves en
d'autres païs, ce qui en rend la refuite asseurée, pour y mettre vos relais et en estres secourus ; et comme cela, vous les pouvez prendre en
trois, quatre et cinq heures, selon l'aage dans lequel vous les atta-
querez. L'assemblée se doit faire au lieu le plus commode pour les
questes, et dans la mesme forme et maniere que pour cerf, si non que
les bastons doivent estre pelez toute l'année, hormis la poignée, et les
relais separez dans les mesmes considérations, la quantité desquels
vous en mettrez, selon les âges et forces des loups que vous attaquez.

CHAPITRE XVIII.

COMME L'ON DOIT CHASSER ET FORCER LE LOUP AVEC LES CHIENS-COURANS.

Je convie ceux qui auront naturellement peu d'inclination pour la
chasse, et à qui elle peut estre necessaire, pour se tirer d'une humeur
melancholique, qui leur pourroit causer de longues et ennuyeuses in-
commoditez de commencer par voir chasser le loup ; puis que c'est
celle qui est la plus chaude et la plus animante, par l'aversion qu'on a
naturellement contre cet animal, et qui se fait chasser de plus près que
les autres bestes : ce qui anime les chiens et les oblige à redoubler
leurs voyes et mener plus de bruit, lequel continuë ordinairement
jusques à la prise, puis que c'est la chasse où il arrive le moins de
deffauts, pourveu que la meute en soit bonne et que les picqueurs
qui la servent, soient habiles dans le mestier. Vous les pouvez donner
avec le limier, si non avec les chiens courans, que vous découplerez
au rembuchement, sur les voyes ; neantmoins vous ne devez pas pré-
tendre d'eux qu'ils le puissent lancer tenans toujours la voye, comme
il se fait des autres bestes ; puis que le sentiment de loup ne s'y conserve pas si longtemps. Il faut donc aussi tost que vous aurez découplé vos chiens, percer et fouler l'enceinte, le plus habilement que vous
pourrez à cause que le loup a le sommeil fort tendre ; ce qui fait qu'au
premier bruit, il sort aussi-tost du litteau : et comme cela, il se pourroit esloigner et fort-longer, auparavant que vous eussiez tombé sur

les voyes avec vos chiens, si vous ne faisiez diligence, autrement ils
auroient peine à le rapprocher, au moins pour les vieux loups : car
quant aux jeunes, qui sont au-dessous d'un an, il les faut quester
avec plus de modération, pour donner le temps à vos chiens de les
pouvoir lancer : et si vous ne les trouvez dans le milieu de vostre enceinte, après avoir foulé les plus grands forts et les plus fourrez, où
ils demeurent ordinairement, il faut aller quester aux rives et sur le
penchant d'un fossé, qui ferme le bois, où ils ont desja la malice de se
mettre pour voir si dans la plaine il y a quelques menus bestiaux,
qu'ils puissent prendre : et aussi-tost que quelques-uns de vos chiens
se récrieront, il faut aller à eux, pour sçavoir quels chiens ce sont, si
vous ne les avez conneus par la voix, afin que si ce sont des chiens
de créance, vous sonniez pour chiens, pour obliger les autres à venir
à vous; ce qui ne vous doit pas empescher de regarder à terre, au
premier chemin que passera le loup. Car comme j'ay dit que cette
chasse estoit subjecte au temps, vos chiens le peuvent estre aussi, et
en ayans reçeu, et tous les chiens s'estans r'alliez, vous devez leur
laisser bien empaumer la voye auparavant que de sonner et leur parler beaucoup, ne les pressant pas, afin que quand le loup tournera, ils
ne s'emportent pas au delà de la voye; mais plus tost qu'ils y trouvent avec luy, à ce qui n'ait aucun temps pour le fort-longer devant
eux; mais quand vous les verrez parfaittement dans la voye, vous
devez sonner souvent et du gresle, et leur parler aussi souvent en
leur criant : *harlou, mes belloos, harlou, s'en va chiens, s'en va :* car
il leur faut à cette chasse donner de l'émotion, le change n'estant pas
à craindre de ces animaux comme des autres bestes, à cause qu'ils ne
tiennent (la pluspart du temps) que les chemins, les lieux clairs et les
plaines, si ce ne sont les jeunes loups, et les vieux loups, quand ils
sont sur leurs fins. S'ils se rencontrent dans des païs fourrez, l'on a
peine à les en tirer; ce qui les fait durer davantage, et fait qu'ils vous
contraignent quelquesfois d'aller chercher une harquebuze pour les y
tuer; et s'il vous arrivoit que dans le temps que vostre loup auroit
encore beaucoup de force, vous tombassiez en deffaut par vos chiens,
qui se seroient emportez au delà de la voye, où une nuée qui les auroit
élancé, il faut, sans perdre aucun temps, que le piqueur appelle ses
chiens et qu'il aille prendre de grands devants de la refuite ordinaire
des loups, comme d'un grand païs de bois, le plus proche où il sera, et
s'il ne le trouve passé, par ces premier devants, il en faut prendre
d'autres plus courts, en considérant les lieux plus favorables aux sen-
timents des chiens : comme où il pourra y avoir des portées de la

jambe ou du corps, ou au moins plus de fraischeur. Il aura aussi l'œil
à terre, à tous les chemins qui entreront dans les bois ; et après avoir
pris ces devants, si ses chiens ne le trouvent passé, il doit revenir au
lieu de son deffaut, où il doit avoir brisé, pour en reconnoistre les
dernières voyes, et y requester avec ses chiens, leur parlant souvent,
pour les obliger à se rabattre de la voye du loup, et la parchasser, jusques à ce qu'ils l'ayent relancé ; et s'ils ne la peuvent tenir, il les faut
mener requester sur le bord des fossez, ou dans quelques vieilles ma-
zures, s'il y en a dans les bois, et dans les plus grands forts : ou si c'est
dans des plaines, où il y ait un estang à demy sec et force rozeaux et
cela seulement dans l'enceinte d'où vous aurez pris vos devants ; car
si vos chiens ne luy mettent le nez dessus il ne partira pas : et l'ayant
relancé, s'il va dans un ruisseau pour se longer et y battre l'eauë, vous
observerez son entrée comme toutes les autres choses (ainsi que je les
ay dites pour cerf et pour chevreüil) mais cela n'arrive pas si souvent
pour loup et s'il donne dans le change vous parlerez aussi de mesme à
vos chiens pour les tenir en crainte, et observerez ceux en qui vous
avez plus de créance. Et encore qu'ils n'en puissent pas garder le
change comme de cerf, néantmoins il s'y trouve tousjours quelques
chiens qui vous font connoistre le change en le chassant plus froide-
ment, joint que les loups audessus d'un an estans sur leurs fins, ne le
vont pas chercher comme le cerf et le chevreüil ; mais seulement ils
vont devant les chiens, sans autre dessein que de s'en éloigner et
dans les lieux où ils se rencontrent, sans en avoir d'affectez ; puisque
j'en ay veu bien souvent se faire prendre dans des villages, et mesme
dans des maisons. Le loup estant pris, vous en sonnerez la mort, et
si vous le voulez conserver en vie, vous le baillonnerez avec un morceau de bois et une corde, pour le faire chasser à vos jeunes chiens,
choisissant un lieu propre comme un petit buisson, où il n'y aura
point d'autres bestes, afin qu'ils soient obligez de le chasser ; et pour
l'empescher de s'éloigner des chiens, il luy faut couper un nerf au ja-
ret, et le leur abandonner, mettant avec eux deux ou trois vieux
chiens pour les maintenir dans la voye, et l'ayant pris, vous le leur
ferez fouler, en les caresseant, et usant des termes comme pour
chasser.

CHAPITRE XIX.

COMME L'ON DOIT FAIRE MANGER LE LOUP AUX CHIENS COURANS ET LEUR EN DONNER CURÉE.

La chair de loup est la plus difficile à digérer ; car si un chien la mange, sans estre cuitte, il ne manque pas d'avoir le flux de sang. Elle est capable aussi de le faire mourir, elle n'est pas encore bonne cuitte et boüillie avec de l'eauë, mais rostie dans le four, elle se digère, et ne leur fait aucun mal. C'est de la sorte qu'il la faut préparer pour leur en donner curée, et pour cela, la couper par quartiers, levant les épaules et les gigots, et laissant le coffre entier, faire chauffer un four comme pour cuire du gros pain, et le mettre dedans ; et quand il est bien cuit, l'on doit couper les gigots et les épaules par petits morceaux, pour les mettre dans la moüée que l'on doit faire avec du laict et de la graisse, selon les saisons (comme je l'ay dit au traicté pour cerf) et le coffre, vous le mettrez à vingt ou trente pas de là, afin de le leur faire manger après la moüée, en les fort-huant de la voix et du corps sonnant le gresle ; et afin que vous donniez plus proptement curée à vos chiens, quand ils auront pris un loup, il faut en avoir un cuit d'avance, réservant celuy que vous avez pris, que vous ferez cuire pour la première chasse. L'on doit tenir la teste du loup devant la moüée quand les chiens viennent la manger, et après l'on en leve la peau que l'on emplit de foin pour la mettre aux portes : l'on leve aussi les quatre grosses dents pour servir aux enfants, et le boyau de loup que l'on apprestera, comme j'ay dit, l'on y doit observer les mesmes formalitez et ceremonies qu'à la curée pour cerf, et avoir les mesmes soins des chiens.

LA CHASSE DU SANGLIER.

CHAPITRE PREMIER.

DES QUALITEZ DU SANGLIER.

Le sanglier est le plus vaillant et le plus dangereux de tous les animaux que nous chassons en France, particulièrement pour les chiens, donnant la mort à plusieurs, et faisant à d'autres de grandes blessures : c'est ce qui me fait vous promettre un moyen pour en garantir au moins les lévriers. Ils pourroient aussi mal traitter les hommes, s'ils ne l'attaquoient à cheval : je prétens parler du sanglier qui est à son tier an ou en son quart an : car pour les layes, et les bestes de compagnie, elles ne peuvent pas blesser, mais elles font d'autres maux par leurs mangeures et gourmandises qu'elles ont plus que les autres bestes, puis qu'elles peuvent en une nuict ruyner une famille qui n'aura qu'un arpent de bled prest à en faire la dépoüille, tellement que cet animal ne peut estre bon qu'après sa mort, encore y a-t-il des saisons qu'il ne l'est pas, particulièrement lors que les sangliers sont au rut et jusques à ce qu'ils ayent mangé des grains et du glan. Il y a donc (outre le plaisir qu'on a de les chasser) du mérite à les prendre : ce que l'on peut faire de quatre façons, comme je vous feray voir ci-après: je veux dire des chasses que les princes et gentils-hommes peuvent exercer avec beaucoup de contentement, et en donner aussi aux dames, où ils peuvent aller en carrosse, et se mettre au fonds de la coarre, pour les voir prendre avec les lévriers, et quand on les mettra dans

les toiles (car pour les deux autres façons de chasser, qui est le vautret
et à force, ce sont chasses trop pénibles pour elles). Cette chasse est
considérabe et belle de soy ; mais encore à cause qu'elle se peut changer et diversifier : aussi a-t-elle estée de tout temps considérée par nos
roys qui ont tousjours eu grand et bel équipage pour ces quatre manières de les chasser.

CHAPITRE II.

DE LA TAILLE QU'IL FAUT QUE SOIENT LES CHIENS-COURANS POUR CHASSER NOIR.

Les chiens-courans pour chasser les bestes noires, y comprenant
toutes celles qui sont de ce genre comme je l'ay dit au chapitre
cy-devant, doivent estre grands, traversez, et plus épais pour cette
chasse que pour les autres ; puis qu'ils sont pour suivre des bestes
qui se font chasser dans les plus grands forts et les plus épineux,
ayans la peau et le poil à l'épreuve, ce qui fait que les chiens à gros
poil y sont plus propres ; et pour la taille, il les faut comme au traicté
des chasses cy-devant, pour ne pas faire des redittes ; et quant au
poil, cela dépend de la fantaisie de celuy qui les veut. Je tiens qu'à
cette chasse, il est bien de ne pas s'y attacher, ny d'avoir beaucoup
d'affection pour les chiens, afin de se tirer du déplaisir de les voir
tuer assez souvent ; l'on y peut néantmoins trouver quelque conso-
lation, en ce que tous les chiens veulent du noir, ce qui les rend plus
faciles à recouvrer ; vous les devez tenir dans le chenil comme les autres chiens, leur donner la mesme nourriture, comme les panser, apprivoiser et aller à couple et de les faire chasser ; mais il ne faut pas
du commencement les donner sur les voys d'un grand sanglier qui les
tueroit, n'ayans pas encore l'adresse de s'en esquiver.

CHAPITRE III.

COMME IL FAUT QUE LES LEVRIERS SOIENT FAITS POUR
PRENDRE LE SANGLIER.

Les lévriers pour prendre le sanglier doivent estre grands, bien traversez, la teste large, l'œil gros, plein de feu, les épaules et le poictrail large, les reins hauts et larges, et le reste des qualitez comme celles que j'ay dittes au chapitre des levriers pour loup. Pour le poil, il s'en rencontre de bons de toutes les sortes; mais particulièrment les gris-noir, rouges de feu, tizonnés, tous noirs, et à gros poils; les valets de levriers les doivent tenir enfermez deux à deux comme quand ils doivent aller en lesse. Et pour les jeunes lévriers, il faut pendant quelques jours les pourmener seuls pour leur apprendre à aller en lesse, et s'en faire connoistre et craindre, car de tels chiens il en faut estre le maistre, et avoir soin de les bien loger, et d'y aller de temps en temps, et ne s'en éloigner pas pour quelques jours jusques à ce qu'ils ayent pris amitié l'un pour l'autre; et lors que vous les entendrez gronder, il faut aller à eux avec un fouet ou une houssine à une main, et un baston à l'autre; l'un pour les chastier, et l'autre pour faire démordre celuy qui aura le dessus; car il estrangleroit son compagnon, ou avoir un sceau d'eau tout prest, pour leur jetter dessus, n'y ayant rien qui les sépare plustost, et quand ils auront couru ensemble, et qu'ils seront tout à fait dans l'obeyssance, vous ne laisserez pourtant de les tenir tousjours enfermez; car ces levriers le doivent toujours estre. Il faut les pourmener ensemble deux fois le jour, les tenans en lesse : car ils pourroient se causer du mal s'ils estoient en liberté, et en faire beaucoup, en se jettant sur les bestiaux qui se rencontreroient dans leur chemin, y en ayant peu qui se puissent deffendre de deux grands et furieux levriers comme sont ceux-là; joint qu'ils peuvent courre après des mâtins, et s'en faire estropier; outre bien d'autres accidens que j'ay dits au chapitre des levriers pour loup. Ce qui

servira aussi pour leurs soins et traictements, qui doit estre de mesme :
ce qu'il y a de plus en ceux-cy, c'est qu'ils sont sujets à estre blessez
par de grandes décousures que leur font les sangliers avec leurs deffenses, dont les valets de levriers les doivent sçavoir panser : et pour
cela, qu'ils n'aillent point à la chasse sans avoir une grosse éguille et
du fil propre pour les recoudre, et des lardons pour servir à leurs
playes, et en empescher la mouche.

CHAPITRE IV.

COMME L'ON PEUT CONNOISTRE LES MASLES QUI ONT LA QUALITÉ DE SANGLIER.

Ce que nous appelons sangliers, ce sont les masles qui commencent
à prendre ce tiltre, lors qu'ils ont quitté les compagnies que nous appellons bestes noires, qui ne se séparent jamais, si non les layes prestes
à faire leurs marcassins et depuis qu'elles en sont délivrées, jusques
à ce qu'ils soient assez forts pour se mesler avec les autres; mais les
sangliers ne s'y rejoignent que quand ils sont en rut, et aussi-tost
qu'ils ont ruté, ils les quittent. L'âge dans lequel ils prennent ce nom
de sanglier, ne doit commencer qu'à trois ans, quoy qu'à deux ans et
demy ils ayent quitté les autres bestes : ce qu'ils ne font pas tout à
coup, s'en éloignans quelquefois, et jusques à ce que le courage leur
soit venu, qu'ils se sentent assez forts pour estre seuls. Durant ces six
mois l'on les doit appeler ragots : à trois ans, l'on les doit qualifier de
sanglier à son tier an, et à quatre ans sanglier en son quart an. Alors
il est en sa haute qualité et pleine force : et après ce temps on le peut
dire aussi grand vieil sanglier : et comme je vous ay fait voir pre-
mierement les connoissances de la teste des cerfs, avant que celle du
pied, je veux faire le mesme à la hure des sangliers qui ont quatre
grosses dents, deux à chaque costé, les deux d'en bas se nomment
deffenses, et ceux d'en haut grès. Ce qui a esté bien pensé par
celuy qui a esté le parrain, puisque celles d'en bas sont proprement
leurs deffenses, et bien souvent très offensives : celles d'en haut sont

aussi nommées fort à propos gres, à cause qu'elles touchent et frottent contre les deffenses, qui semblent les aiguiser, sans s'appuyer l'une contre l'autre ; ce que l'on void faire à un sanglier lors qu'il est en furie, et qu'il tient devant des chiens puis qu'il fait comme s'il mâchait, faisant mener du bruit à ses quatre dents ; ce que j'ay veu et ouy plusieurs fois. Quant à la différence des jeunes et des vieux sangliers, c'est qu'au ragot les deffenses n'excèdent les gres que d'un petit doigt, et du sanglier en son tier an de deux doigts, et lorsqu'il est en son quart an de trois doigts. De ces trois âges les deux derniers peuvent faire plus de mal, à cause que leurs deffenses sont plus longues et fort trenchantes et qu'ils sont aussi plus vaillants pour avoir plus de force et de cœur : ce qui n'est pas encore au premier, et quand ils viennent plus dans l'âge, ils ne peuvent plus faire de mal, à cause que leurs deffenses se tournent en trompe, la pointe s'approchant de l'œil, de laquelle ils ne peuvent plus offenser ; il n'y a donc que le choc à craindre de ceux-là, car ils ont tousjours dessein de mal-faire : ce sont ceux que l'on appelle sangliers mirez : les deffenses n'en sont pas aussi trenchantes, ny si blanches, à cause de leur vieillesse et des pierres et racines qu'ils ont rencontré toutes les fois qu'ils ont fouïllé, vermillé et fait leurs boutis, ce qui leur émousse et leur use les deffenses : l'on les peut nommer aussi grands vieux sangliers.

CHAPITRE V.

COMME L'ON PEUT CONNOISTRE ET DISCERNER LES SANGLIERS DONT JE VOUS
VIENS DE PARLER, PAR LE PIED.

Je vous viens de faire voir ce que c'est qu'un ragot, un sanglier en son tier an, un autre en son quart an, et un grand vieil sanglier par les deffenses. Cette connoissance est très-satisfaisante pour la curiosité, ne pouvant servir qu'à cela, puis qu'elle ne paroist parfaictement qu'après la beste prise : Il est vray que l'on les peut voir et juger en chassant, pourveu que ce soient gens du mestier ; mais s'il est lancé

et devant les chiens, n'estant pas une beste que vous vouliez prendre
à force comme les cerfs, au moins ne le devez-vous pas, si vous ne
voulez vous deffaire de vos chiens, et n'ayant pas ce dessein, cette
conoissance ne vous est pas nécessaire, puisque vous n'en devez pas
garder le change comme d'un cerf. C'est donc celle du pied ou de la
trace qui se peut dire nécessaire pour le détourner et en faire le rapport. Et voicy la différence qu'il y a entre la trace du sanglier et de la
laye qui se sépare des autres bestes, quand elle est fort pleine et va
seule (comme fait le sanglier dont je viens de parler) pour choisir de
belles et fortes demeures, afin d'y faire ses marcassins : il y a aussi la
saison qu'elles sont au rut avec les sangliers : ce que le veneur est
obligé de sçavoir, pour en faire le discernement et rapport asseuré,
à cause du danger qu'il y a pour les chiens, et pour cela il faut remarquer que les layes en la saison qu'elles sont fort pleines, pesent beaucoup; mais cette pesanteur les fait aller les quatre pieds ouverts, dont
les pinces sont aussi moins grosses que d'un sanglier qui va la trace
serrée; les gardes en sont aussi plus larges du sanglier, et la sole
aussi plus large, les costés plus gros et usez et le talon plus large, les
alleures en sont aussi plus longues et plus asseurées, mettant les pieds
plus reglément dans une même distance. Il fait aussi beaucoup plus
de païs en faisant sa nuict que la laye, à moins de rencontrer son
mangis proche de sa demeure : ce n'est pas que laye ne soit en aussi
bon appetit que luy, ayant ses marcassins à nourrir; mais elle aura
bien l'adresse d'avoir choisi un buisson où il aura ses mangeures, très
peu loin de là, et de l'eau dans le buisson (pour s'y mettre au soüillé)
comme tout ce qui luy est nécessaire, pour sa seureté, et pour n'estre
pas obligée à l'aller chercher loin, se mesfiant de ses forces, à cause
de sa pesanteur. Et dans la saison du rut, quelques-unes peuvent avoir
les alleures aussi longues qu'un sanglier, ayant les membres plus libres
que quand elles sont fort pleines, et se peuvent aussi mieux juger, à
cause du déreglement des sangliers en la saison du rut; mais la forme
de la trace du sanglier est plus ronde et mieux faite, comme les autres connoissances que j'ay desja dites. Il y a une autre différence
entre le sanglier en son tier an, et le sanglier en son quart an. Le sanglier en son tier an, a la sole moins pleine que celuy qui est en son
quart an et a les costés de la trace plus tranchans, les pinces en sont
aussi moins grosses et plus tranchantes. Le sanglier en son quart an a
les gardes plus larges et plus usées, la jambe en est aussi plus large et les
gardes plus près du talon : les alleures en sont plus longues, et son pied
de derrière demeure plus esloigné de celuy de devant, au lieu que le

sanglier en son tier an rompt une partie de sa trace, et va les pieds plus
ouverts; et les vieux sangliers mirez ont encore les gardes plus larges
que ceux-là, plus grosses et plus usées, elles sont aussi plus près du
talon et plus bas joinctées, et vont les quatre pieds plus serrez : il y a
aussi connoissance à leur foüille où l'on y peut voir la grandeur et grosseur par la largeur et longueur du soüille, et en estant sorty, entrant
dans le fort, s'il en crotte et moüille les branches, on en connoist la
hauteur par ses portées, qui se peuvent appeler ainsi, comme des lais-
sés, si elles sont longues et larges, et quand l'on les a lancé, en considérer la bauge si elle est creuse, longue et large ; tous ces signes sont
de grands et vieux sangliers.

CHAPITRE VI.

COMME IL FAUT CONNOISTRE LA BESTE NOIRE D'AVEC LES POURCEAUX PRIVEZ.

Il est encore nécessaire de vous faire voir les connoissances que l'on
peut avoir entre les bestes de compagnie et les pourceaux privez,
puis que ceux-cy vont aussi dans les bois y chercher le gland, et y
demeurent quelquefois cinq et six jours, et dans les grands fonds de
forests, quelquefois deux et trois mois, pour y engraisser ; et qu'après
estre bien saouls de ce gland, qui les échauffe, il vont se mettre au
soüille, à la première mare ou eau qu'ils trouvent; et en estans sortis,
ils se vont mettre à la bauge dans un fort, pour y estre plus en repos.
Les bestes noires font le mesme. Il faut donc, pour les discerner, que
ce soit par les connoissances que l'on doit tirer des pieds des uns et
des autres, et considerer que les pourceaux privés vont tousjours les
quatre pieds ouverts et les pinces pointuës et sans rondeurs. Mais les
bestes noires vont les pieds plus serrez, particulièrement ceux de
derrière : ils ont les pinces plus rondes et mieux faites, et le pied plus
creux que ceux des porcs privés, qui l'ont ordinairement plein et
n'appuyent pas du bout de la pince, comme les sauvages, qui ont le
talon, la jambe et les gardes plus larges, et qui s'écartent beaucoup
plus que ceux d'un pourceau, qui a les gardes petites et piquantes,

droict en terre : il ne se juge pas par les alleures comme les bestes
noires, les faisans plus courtes et plus déréglées, le vermillis en est
aussi plus petit que les bestes noires, et qui ne se suit pas, traversant
les seillons qu'il rencontre : ce que ne fait pas la beste noire, qui suit
son vermillis très long, sans discontinuer, mais le pourceau le fait en
un endroit, et puis en un autre.

CHAPITRE VII.

DES LIEUX OÙ LES SANGLIERS VONT CHERCHER LEURS MANGEURES, SELON LES SAISONS.

Pour suivre l'ordre que j'ay entrepris, je commenceray par l'hyver,
afin de faire voir où les sangliers vont faire leurs nuicts et chercher
leurs mangeures, pour en donner l'avis à ceux qui doivent aller au
bois les détourner. Je commenceray donc par la plus difficile saison,
au moins pour les sangliers qui entrent au rut dans le mois de décembre, quelques années à la moitié, et d'autres au commencement ; ce
qui leur dure environ trois semaines, et manquans de trouver des
layes, ils vont quelque fois chercher des truyes, et s'en est veu plusieurs fois les suivre jusques dans leurs estables, et les autres, qui
les ont tenues dans les bois. C'est en ce temps là qu'il faut aller après
les bestes de compagnie, pour les détourner et les courre ; car elles sont
bonnës à manger, et les sangliers ne valent rien, la chair en estant
rouge, maigre et de mauvaise odeur, ce qui se fait en trois semaines :
car auparavant que d'estre au rut, ils sont gras et en porchaison, aumoins est elle peu diminuée. En ce temps ils sont dans les fonds de
forest, faisans leurs nuicts et leurs mangeures, sous les fustayes, où il
y a du gland, de la faine et quelques fruicts sauvages, qui sont cachez la plus part sous les feüilles, qu'ils treuvent en vermillant, et
quelques racines d'herbes : et aux fontaines, du cresson et autres herbes ; c'est lors qu'ils font plus de païs, faisans leurs nuicts, ne trouvant que peu de mangeure en un endroit ; si bien qu'ils marchent
toute la nuict pour se rassasier, à cause que cet animal gourmand ne
se contente pas de peu.

CHAPITRE VIII.

DES LIEUX OÙ LE VENEUR DOIT ALLER EN QUESTE ET CHERCHER LES SANGLIERS, AU PRINTEMPS ET L'ESTÉ.

Il est à propos que je joigne dans ce chapitre le printemps et l'esté puis que ce sont les deux saisons où les sangliers, les layes et les bestes de compagnie, sont en mesme païs, où elles demeurent tout ce temps, si on ne les oblige d'en sortir, où qu'elles manquent de nourriture : et s'ils le font, ce sera pour aller à un autre païs de mesme nature, particulièrement les sangliers et les layes, qui vont chercher les buissons les premiers pour y trouver leurs mangeures à propos : le sanglier, pour s'y refaire de la maigreur de l'hiver et du rut, et la laye, pour y choisir un beau buisson, où il y aura de grands forts, pour y faire ses marcassins d'où elle ne bougera, si on l'y laisse en repos : et pour le sanglier, il ira et viendra à trois ou quatre buissons, de temps en temps pour reconnoistre, en faisant chemin, les mangeures qui luy plairont le plus, qui sont les bleds, et bien que verds, il ne laisse pas de les pasturer, foüiller et vermiller, y mangeant des racines de chiendant, de pissanlis, de bassinets, de naveaux sauvages et de senez : et aussi-tost que les pois, fèves et lentilles s'avancent, les sangliers, layes et bestes de compagnie, y vont très-volontiers ; mais les layes pleines sortent peu à la campagne, ne voulant pas donner connoissance d'elles, se contentans de vermiller dans les clairiers et chemins de leurs buissons et sous les fustayes, s'il y en a, pour déterrer quelques glands qui seront tombez de l'hyver auparavant, et quelques racines que le printemps aura poussé. Il est juste de leur laisser faire leurs marcassins, et de chasser plus tost les bestes de compagnie, pour après attaquer les sangliers : et lors qu'ils auront mangé des grains en leur maturité, les raisins venant à estre meurs, quand ils y peuvent aborder, ils en mangent tant qu'ils s'enyvrent, en ayant trouvé à la bauge dans des vignes, et s'ils en sortent, c'est pour aller peu loing de là demeurer dans quelque hallier. Les layes et les bestes de compagnie y vont aussy et non pas si hardiment; mais le sanglier vaillant, quand il se sent en bon corps, il va où le fantaisie le prend, sans rien craindre.

CHAPITRE IX.

DES LIEUX OÙ L'ON DOIT ALLER EN QUESTE L'AUTOMNE, POUR Y TROUVER LE SANGLIER.

Les sangliers, layes et bestes de compagnie, voyant la récolte faite, et après avoir encore glané un peu de temps, ils se retirent dans les fonds de forests, où ils font leurs mangeures de pommes, poires sauvages, d'herbes et de racines à leur goust; et lors que le gland commence à tomber, ils en mangent et s'en donnent tant, qu'ils achèvent d'emplir leur peau; ce qu'ils ont desja bien commencé par les grains qu'ils ont mangé. Il les faut donc aller quester et chercher en ces lieux, et où il y a des mares et ruisseaux, autrement ils n'y pourraient pas subsister; car le grain les ayant desja eschauffez, le gland acheve de leur metsre le feu dans le corps : tellement qu'il faut qu'ils boivent et se mettent au soüille deux ou trois fois le jour, pour s'y raffraischir. Ils ne font pas grand païs en cette saison, ayans toutes leurs mangeures sur le lieu ; ce qui fait qu'ils sont tous bons et qu'il n'en faut faire aucun choix pour les détourner et courre avec plaisir et moins de peine et qu'il y a grand goust à les manger, quand l'on les a pris.

CHAPITRE X.

DES TERMES DESQUELS L'ON SE DOIT SERVIR POUR FAIRE CHASSER LE SANGLIER,
ET ALLER AUX BOIS.

Les termes pour faire chasser loup et sanglier, ont bien du rapport ; mais dans les façons d'aller aux bois, ils sont différents en beaucoup de choses ; ce qui m'oblige à les faire suivre, selon les occasions, et les dire toutes, afin que le lecteur les puisse mieux entendre, et n'ait aucune interruption. Je diray pour cela, que le pied du sanglier se doit nommer la trace : et les os dont je vous ay parlé au traicté pour cerf, qui sortent du derrière de la jambe, se doivent appeler gardes, es ce reste du pied comme pour cerf, la sole, les costez et les pinces, le talon et la jambe : et quand il se rencontre une des pinces plus longue que l'autre, cela se doit nommer pigache, qui est ce que l'on dit au cerf, connoissance ; et quand ils foüillent, l'on doit dire, boutis ; et lors qu'ils ne font que pousser du bout du boutoy, la superficie de la terre, faisant comme une petite raye, suivant les traces des mulots, pour trouver leur magazin, qu'ils ont fait de glands ou de noisettes, cela s'appelle vermiller ; où ils se couchent dans la bourbe, se doit nommer le soüille ; où ils se couchent et demeurent le jour, se doit nommer la bauge ; et la fiente, les laissées. Ce sont là les termes qui doivent servir aux veneurs qui vont aux bois pour détourner les bestes noires ; et aussi quand ils en font le rapport, lors qu'on les interroge ; et le picqueur qui fait chasser les chiens, lors que le sanglier leur est donné, il doit sonner pour chiens comme à veües, lors qu'il le voit ; et pour faire requester, la mort, et la retraitte, de mesme qu'aux chasses précédentes : et pour parler aux chiens lors qu'ils sont dans les voyes et qu'ils la chassent, quand le picqueur revoit de la beste qui fuit, il doit user de ces termes *velescy-allé fuyant,* plusieurs fois ; et après *s'en va chiens, s'en va, hou hou, chiens, hou hou,* et quand il voit le sanglier, crier : *voyle-là* : et lorsqu'il tourne crier : *hour-vary,* à ses chiens, pour les obliger à tourner.

CHAPITRE XI.

COMMENT LE VENEUR ET VALET DE LIMIER DOIT FAIRE CHOIX D'UN CHIEN, POUR LUY SERVIR DE LIMIER, ET COMME IL LUY DOIT PARLER POUR NOIR.

Le valet de limier doit faire choix d'un jeune chien, pour luy servir de limier, d'entre deux tailles, assez court et traversé, et à gros poil, s'il se peut, à cause qu'il faut qu'il soit souvent dans les forts épineux; ce qui les rend plus hardis et fait qu'ils ne se rebuttent pas : car il n'y a que cela à craindre pour les limiers que l'on veut mettre au noir, puis que tous les chiens le chassent d'inclination, à cause qu'il a le sentiment plus fort que les autres bestes. Je vous ay dit pour la taille et le poil comme il les fallait, aux Traitez des chasses cy-devant. Il faut observer dans ces qualités celles qui font connoistre la hardiesse d'un chien, afin de le choisir tel, pour ne se pas rebuter des bourades des sangliers, lors qu'il les lancera et fera partir de la bauge : et pour la maniere de le mener, afin de l'obliger à aller devant se rabattre et suivre les voyes, en prendre les devants et suivre le contrepied : et pour le donner aux chiens ce sont aussi les mesmes méthodes, comme pour cerf, chevreüil et loup. Les termes, je vous les ay dits, sinon que quand le sanglier va d'asseurance, il faut dire : *vel-cy-allé :* et quand vostre chien fuit, lui dire : *hou, hou;* et quand il est lancé, crier : *velescy-allé.*

XII.

COMMENT LE VALET DE LIMIER DOIT ALLER AUX BOIS, POUR DÉTOURNER LA BESTE NOIRE.

Le valet de limier doit estre plus matinal, pour aller aux bois pour bestes noires, que pour autres bestes à cause qu'elles se retirent au fort de meilleure heure, si ce n'est en deux saisons, sçavoir au temps du rut, et lors que les bleds sont en maturité, où ils sont à couvert en faisant leurs mangeures, joint qu'ils ont peine à les quitter : cela leur arrive aussi quelque fois quand les raisins commencent d'estre meurs. Et horsmis ces deux saisons ils vont faire leurs nuicts dans les lieux que j'ay dit, y faisant beaucoup de païs : ce qui fait que si vous n'usez de précaution, en vous enquérant des lieux où sont leurs demeures ordinaires, qui sont les plus grands forts, pour en aller prendre les grands devants avec vostre limier, vous courrez risque bien souvent, encore que vous ayez rencontré des voyes de la nuict, si vous voulez vous opiniastrer à les suivre et en deffaire la nuict, de perdre beaucoup de temps, à cause qu'ils font force tours et beaucoup de païs dans les longues nuicts, où vous consommeriez le temps qu'il faudroit à les détourner et venir en faire vostre rapport, vous lasser et vostre limier, en laissant vieillir les dernières voyes, qu'il ne pourra plus emporter, quand bien vous en auriez connoissance. Vous devez donc aller droit où sont les demeures, en prendre les grands devants et quand vostre chien se rabattra sur la beste noire, jetter une brisée à l'entrée du fort et en prendre le contre pied, pour en revoir suffisamment et en juger par les connoissances que j'en ay dites, et de la beste que vous aurez dessein de détourner, selon l'ordre que vous en aurez : et ayant trouvé par les connoissances du pied, de la jambe et des gardes, que ce sont bestes conformes au dessein que vous avez, vous reviendrez où vous avez jetté cette brisée, pour en rompre trois ou quatre autres et le rembucher, et ferez suivre les voyes à votre limier deux longueurs de traict, pour obvier au faux rembuchement, particulierement si c'est un sanglier après **qui vous**

estes, qui est un animal très fin et méfiant, et après estre asseuré
qu'il entre, vous vous retirerez au chemin et en prendrez les devants,
comme des autres bestes ; et quand vous trouverez des bêtes noires
sorties de vostre enceinte, après en avoir reveu, si vous estes en
quelque doubte, il en faut prendre le contrepied, pour en le suivant,
percer vostre enceinte, et voir si ce sont les mesmes bestes que vous
avez rembuché, par les mesmes manières et précautions que j'ay
dictes au traict pour cerf : et lors que vous les aurez détournées, vous
devez venir à l'assemblée en faire le rapport à vostre capitaine, qui
vous doit mener au roy, où vous reïtererez ce que vous luy avez dit,
disant : *Je mecroy détourner un sanglier en son tieran, ou en son
quartan*, où ce qu'il sera, *qui a une grande et grosse trace :* et vous
direz s'il a quelque connoissance (qui s'appelle une pigasse) on doit
dire aussi s'il a peu ou beaucoup de pied, ou s'il a la teste ronde, ou
aussi longue que ronde ; et tout cela, en cas que le roy voulust le
courre à force, afin que s'il donnoit le change aux chiens, l'on le peust
discerner d'avec d'autres ; mais si l'on le veut courre avec des levriers, ou avec le vautraict, cela n'est pas nécessaire.

CHAPITRE XIII.

COMMENT L'ON DOIT CHASSER ET PRENDRE LES GRANDS SANGLIERS.

Les sangliers qui sont en leur tieran et leur quartan, ne se doivent
pas chasser à force avec chiens-courans ; mais seulement il en faut
découpler six ou huict des plus vieux, qui sont les plus adroits à s'esquiver de leurs coups : encore seroit-il bien de leur mettre un collier,
où il y ait des grelots, pour obliger le sanglier à fuir, et ne pas tenir
et tourner à eux : cela fait aussi qu'il sort du bois et vuide plus
tost pour aller à la courre. Ces grands sangliers se peuvent aussi
courre et forcer avec le vautraict, ce que je feray voir dans un chapitre en suite, celuy-cy n'estant que pour donner l'instruction de les
prendre avec les lévriers d'attache, que l'on doit jacquer, pour les
cõserver et empescher d'estre blessez et mesme d'en estre tuez. Car la

perte seroit grande d'un bon lévrier, qui vous auroit beaucoup cousté
à nourrir, dix-huict ou vingt mois, qui est le temps que l'on doit commencer à les faire courre ; ce qui peut arriver à la première chasse,
pour ne sçavoir coëffer un sanglier à propos, afin d'en esquiver les
coups : et vous le pouvez empescher avec une assez petite despence,
en faisant faire des jaques, qui peuvent durer douze ou quinze ans,
pourveu qu'on les fasse estendre et seicher, après les avoir ostées de
dessus les lévriers. Vous ne vous en devez servir que pour prendre
les sangliers : car pour les bestes de compagnie, les lévriers n'en ont
que faire, puis qu'elles en diminueroient la vitesse, en ayant besoin
pour ces bestes qui sont très vistes, pour sept ou huict cens pas. Ces
jaques doivent estre faites de toile de chanvre ; vous les pouvez faire
aussi de deux façons : l'une d'y mettre cinq ou six toilles picquées ensemble et fort dru, avec du fil, sinon deux toilles seulement et au milieu du crin ou du cotton ; mais le crin seiche plus aisément, puis les
joindre et attacher sur le chien, par dessus le dos, pour couvrir le
ventre entièrement ; en sorte que le poictrail en soit couvert, le col
et la gorge, dont le bout sera attaché au collier, qui doit estre large et
de deux ou trois doubles de cuir : car ils sont sujets à avoir la gorge
coupée. Ces sangliers que j'ay nommez cy-dessus se doivent prendre
par ces lévriers, qui seront mis à la courre ; quand ils se rencontrent
détournez dans un buisson, ou à quelques bouts de forest, les pouvant
faire venir à la plaine, en gardant le grand païs, comme s'il y a une taille
de l'année, pour y mettre des deffenses et les empescher d'y aller ;
vous le pouvez faire aussi sous des fustayes pourveu que les arbres n'y
soient pas plantez drus, et qu'il n'y ait aucun buisson. Ce sont là les
lieux où vous pouvez faire vos accoures. Les deffenses se doivent
mettre comme pour loup, ou un peu plus près l'un de l'autre, et
vostre courre aussi de mesme, y placer vos leuriers de mesme et selon leur taille, si non qu'il la faut faire plus courte et plus estroite, à
cause **que** les sangliers ont beaucoup moins de vitesse que les loups ;
et aussi que vos leuriers se mettroient hors d'haleine, s'il falloit qu'ils
vinssent de si loing les joindre : ce qui les empescheroit de les si bien
prendre et tenir. Il faut aussi observer le vent, car cet animal n'est
pas moins méfiant que les loups ; et si une fois il a entré à la courre,
et qu'il ait entré dans le fort, il ne faut plus espérer qu'il y revienne :
et cela estant, il faudra mettre vostre courre en un autre lieu, où vous
replacerez vos lévriers de la mesme manière, et donnerez l'ordre à vos
valets de lévriers de se bien hutter et cacher, et ne donner les estriques, que le sanglier ne soit entré dans la courre, au moins à trente

pas. Les flancs se doivent donner quand il est vis-à-vis d'eux : car le sanglier retourne peu quand il est si advancé, se confiant à sa force et valeur. Les valets qui tiennent les lévriers de teste, se doivent avancer la lesse à la main, pour les lascher, pour coëffer le sanglier et secourir ceux des flancs. L'on doit avoir estably des cavaliers, qui soient cachez derrière les estricques, pour secourir les lévriers, et que ce soient personnes qui ayent de la pratique et des épées bien pointuës et fermes, pour picquer et faire mourir promptement le sanglier, luy donnant le coup à quatre doigts au dessous de l'épaule. Il faut aussi scavoir prendre le poil et appuyer la lame sur la main gauche, pour la conduire et tenir plus ferme, afin de ne pas blesser les lévriers, après avoir mis pied à terre, puis qu'il n'y a aucun péril, lors que les lévriers ont coëffé le sanglier : car ils ne démordent jamais, s'ils ne sont blessez ou tuez, pourveu qu'ils soient nombre suffisant à le tenir. Vostre courre estant ordonnée et lors que vous avez dit aux gens de cheval de n'y laisser passer personne, vous irez frapper à vos brisées avec un limier, sinon vous découplerez vos chiens-courans aux brisées, pour l'aller quérir et lancer, sonner et parler, pour les faire quester ; et quand il sera lancé, leur crierez : *hou, hau, hou, s'en va, chiens, s'en va*, et sonner fort souvent, afin de donner chaleur à vos chiens et presser le sanglier, pour l'obliger à aller à la courre, sans se reconnoistre : et y estant entré luy donner les lévriers dans l'ordre que j'ay dit, le prendre et l'emporter, et faire curée des dedans et des épaules à vos chiens, et le reste, gardez le pour vous.

CHAPITRE XIV.

COMME L'ON DOIT CHASSER LE SANGLIER AVEC LE VAUTRAICT.

L'on peut prendre encore les sangliers dont je viens de parler, comme toutes les bestes noires avec le vautraict dont la chasse n'est pas moins plaisante que celle que je viens de nommer, et encore plus facile à exercer, puis qu'il n'est pas nécessaire de nourrir des chiens-

courans, ny d'aller aux bois pour les détourner, mais seulement de
faire recherche dans les fermes chez les laboureurs, des jeunes,
grands et beaux mastins, et qu'ils ayent dans leur taille une partie des
qualitez que j'ay dites pour les chiens-courrans, qu'ils soient bien
déliberez, et y mettre (si vous les avez) demy-douzaine de chiens
bastards, engendrez de chiens-courans et mâtines lesquels crieront
mieux sur la voye, et la tiendront aussi plus juste que les mâtins ; ce
seront aussi eux qui les remettront dans la voye, lors qu'il l'auront
perduë. Cette chasse se doit commencer au mois de septembre, lors
que toutes les bestes noires sont en bon corps, joint que la récolte
est faite ; elle se peut continuer jusques à la fin du mois de mars,
particulièrement des bestes de compagnie : car pour les sangliers et
les layes, depuis le temps qu'ils ont donné au rut, ils sont maigres,
joint que de chasser plus avant dans la saison, ce seroit en destruire
la race, à cause que les layes sont pleines : et pour avoir des mastins
dans le temps que j'ay dit, il faut aller en juillet et aoust visiter les
fermes pour y trouver et faire élection de ceux qui vous seront propres, comme je les ay représentez cy-dessus, et dont l'âge en soit
depuis un an jusques à deux, et la quantité que vous desirez en avoir,
qui doit estre pour les grands de quarante-cinq ou cinquante, à cause
qu'il s'en fait une grande diminution, pour estre souvent blessez et
tuez alors qu'ils rencontrent de grands sangliers ; et après avoir fait
cette remarque, il faut les faire emmener par les paysans à qui ils sont,
un mois devant que vous vous en vouliez servir pour chasser, et les
enfermer dans un grand lieu où il y ait dequoy les mettre à couvert,
et en avoir les mesmes soins que des chiens-courans, leur donnant
les mesmes nourritures, et y establir deux picqueurs et deux valets
de chiens pour les soigner, apprivoiser et s'en faire connoistre :
comme de les apprendre à aller au couple, s'il se peut, et leur donner des couples, comme aux épaigneuls pour les empescher qu'ils ne
les coupent ; parler et sonner quelquefois où ils sont, comme quand
vous les ferez chasser, afin de leur donner de l'émotion, car tels
chiens en ont besoin pour les obliger à chasser, lors que vous le voudrez : et pour les mettre plus parfaitement ensemble, il faut leur faire
courre et tuer un asne d'un an ou dix-huit mois, et après leur en
faire curée. Vous devez après vous enquérir des païs où vous voulez
aller chasser, et mesme y aller reconnoistre les plus grands forts, et
les demeures les plus ordinaires des bestes noires selon les saisons,
comme je les ay dites, afin d'y aller avec vos mâtins, et mener sept
ou huit chiens courans pour quester et lancer les bestes noires, qui

seront conduits par l'un des picqueurs, et que l'autre, et les deux autres valets de chiens qui ont esté tousjours auprès des mâtins, dont ils seront connus, demeurent avec eux et les tiennent dans les routes, jusques à ce que les chiens-courrans ayent lancé des bestes noires, et que le picqueur qui le fait chasser en ait reveu pour en estre plus asseuré, et qu'il ait sonné pour les chiens : alors on doit découpler les mastins, et le picqueur qui est avec eux, doit pousser son cheval, et crier : *à moy tié à haut*, et les valets de chiens leur doivent dire : ***tirez chiens tirez***, en faisant claquer leur foüet. Alors le picqueur doit joindre le plus tost qu'il pourra celuy qui fait chasser les chiens-courrans, afin de mettre les mains sur les voyes, leur criant : ***hou, hou, hou, hou***, et sonner pour chiens pour les animer à chasser la voye, ou au moins la tenir de temps en temps et rider (1), qui est ce que font tels chiens, et avoir le soin que toutes les fois qu'ils s'écarteront, un des piqueurs les aille faire revenir aux chiens-courrans qui tiennent la voye, qui sont accompagnés par l'autre piqueur qui doit sonner et crier : *à moy tié à haut*, et parler aussi pour chiens, pour les obliger à venir à luy et dans la voye : et s'ils vont aux valets de chiens dans les chemins, il faut qu'ils fassent claquer leur foüet, et leur disent : ***tirez chiens, tirez***, et quand la beste noire aura tenu deux ou trois fois devant eux, s'ils ne l'ont coëffée, il la faut tuer d'un coup de fuzil, qui doit estre porté pour cela afin de ne les pas faire chasser trop long-temps pour cette première chasse, et leur asseurer la curée, et comme cela trois ou quatre fois; car lorsqu'ils seront bien à la voye, et qu'ils chasseront un sanglier, pour grand qu'il soit, ils le coëfferont, pourveu qu'ils y arrivent ensemble dix ou douze : et pour les bestes de compagnie, tout aussi-tost qu'ils les tiendront devant eux, et mesme qu'elles ne partiront pas assez tost de la bauge, ils les coëfferont et arresteront ; il faut que les picqueurs soient munis de bonnes épées et de mousquetons pour tuer les grands sangliers, lors qu'ils les verront tenir devant les mâtins : car autrement ils en estropiroient et en tueroient beaucoup, et après leur avoir tiré du mousqueton, y aller avec l'espée : car on ne sçauroit trop tost secourir les chiens ; ce que j'ay expérimenté long-temps en Piémont, où S. A. R. de Savoye VICTOR AMÉDÉE avoit un beau et grand vautrait, et de quoy le bien exercer; car il se trouve-là une très-grande quantité de bestes noires. Il faut que les picqueurs à cette chasse portent des aiguilles et du fil, et du lard pour coudre et mettre dans les playes des chiens qui seront

---

(1) *Rider* se dit des chiens qui suivent le gibier aux cries.

blessez et faire suivre une petite charette attelée d'un cheval pour les
emporter avec les bestes noires que l'on prendra ; cette chasse est
chaude et animante, en y mettant comme j'ay dit cinq ou six corneaux qui crieront et obligeront les màtins à crier de temps en temps
sur les voyes. Vous ne sauriez ainsi perdre la chasse et quand bien ils
ne crieroient pas bien souvent ; cette quantité de grands màtins qui
s'écartent ça et la dans le fort, cottoyant la voye, fait qu'ils tiennent
demy-arpent de bois en largeur, et qu'ils menent beaucoup de bruit :
cette chasse se peut faire à moins de frais, quand l'on veut, ayant
moins de màtins, et par conséquent moins de monde : et la saison
etant venuë de ne plus chasser, pour les raisons que j'ay dites, il faut
garder vos mastins, où les faire conserver par les mesmes laboureurs
que vous récompenserez, afin que le temps de chasser estant venu,
ils vous servent à en dresser d'autres.

CHAPITRE XV.

COMMENT L'ON DOIT METTRE LES BESTES NOIRES DANS LES TOILES.

Cette façon de chasser et de prendre les bestes noires, de laquelle
je vay parler, n'appartient qu'aux grands princes, à cause du grand
attirail qu'il faut pour conduire les toiles et les officiers pour les tendre et garder ; le divertissement en est très-agréable de soy, et qui se
peut augmenter en y menant les dames, y ayant apparence qu'elle a
ete inventée plustost pour elles que pour les hommes, au moins celles
qui ont inclination de chasser. Ce qui est, à proprement parler, faire
courre par des chiens après une beste pour la forcer, la laissant dans
sa liberté, en tenir la voye, et luy voir faire ses ruzes d'elle-mesme :
et non comme celles-cy que l'on met dans les toilles, qui sont forcées
plustost par l'emprisonnement que l'on leur donne, que par la science
et sagesse des chiens ; mais pour les hommes, il ne faut pas qu'ils en
manquent, non plus que d'expérience, pour les y mettre asseurement ; et pour y reüssir, il faut que ceux qui vont aux bois pour détourner les bestes noires a mettre dans les toilles, aillent deux ensemble, et qu'arrivans à leurs questes, ils se séparent pour en prendre les

grands devants, et que s'estant rencontrés et dit l'un à l'autre qu'ils
n'ont eu acune connoissances de bestes noires de la nuict, ils se separent de rechef pour aller faire le dedans de leurs questes, et que le
premier qui rencontrera de beste noire, houpe a son compagnon pour
l'obliger à venir à luy. L'ayant joint, il luy doit remonstrer des bestes
qu'il aura rembuchées desquelles ils doivent prendre les devans ensemble, pourtant séparez, prenant l'un à droite, l'autre à gauche,
pour se rencontrer dans le mesme chemin où ils auront fait leur rembuchement ; et s'estans rencontrez, n'ayans rien trouvez sorty de leur
enceinte ils doivent s'outrepasser en se croisant, et reprendre encore
leurs devants, pour changer le vent à leurs limiers, comme j'ay dit
autrefois, et n'ayans rien trouvé sorty de leur enceinte, celuy qui a le
meilleur chien, doit demeurer, afin que si ces bestes sortoyent de leur
enceite pour avoir eu le vent d'eux, ou effroy d'autre chose, il les
brisast, et en prist les devants, comme aussi à tous les changemens de
chemins où il passera, afin que son compagnon venant, il le puisse
suivre et le trouver, en cas qu'il fut trop loin pour l'entendre houpper,
et que l'autre aille à l'assemblée où sera le capitaine des toiles pour luy
en faire le rapport ; lequel capitaine doit avoir donné l'ordre dès le soir
au commissaire des toilles, et aux archers de se tenir prests pour marcher avec l'attirail, aussi tost qu'ils en auront le commandement, avec
le lieutenant, sous-lieutenant, picqueurs, et valets de limiers, lors
qu'ils seront revenus du bois : et ayant sceu la quantité de bestes qu'ils
mécroyent détourner et quelles bestes ce sont comme d'un an et deux
ans, et s'il y a une laye et des marcassins, il en doit faire le véritable
récit, et comme s'il avait un masle que nous appellons ragot : car les
sangliers en leur tieran et en leur quartan, ne se meslent pas avec les
bestes de compagnie, si ce n'est à la saison du rut ; mais pour lors
ils sont très-mal aisez à mettre dans les toilles, à cause qu'ils sont
presque tousjours sur pied. Le rapport estant fait au capitaine, ou lieutenant en son absence, il doit commander au commissaire et aux
archers de faire marcher les toiles qui doivent estre portées sur un
chariot, que tous les susdits suivront, et le valet de limier qui a fait
le rapport. Le lieutenant ou sous-lieutenant, doit aller avec eux,
pour voir et juger le lieu où il faudra tirer les toilles, et faire haster et
mesurer le circuit de l'enceinte, ou le faire luy-mesme, pour en estre
plus asseuré, afin de sçavoir s'il y aura assez de toile pour l'enclorre
et aussi le parc ; et l'ayant fait, il doit demander au commissaire combien il y a de pans de toilles ; ce qu'il doit sçavoir, et s'il ne s'en trouve
pas assez pour enclorre l'enceinte, il faut qu'il fasse reprendre les

devants par le valet de limier, pour découvrir quelque faux fuyant, qui passe par un coing de son enceinte, venant à sortir au chemin par où il prend ses devants, et l'ayant trouvé, y faire aller doucement le valet de limier, avec son chien devant luy, pour connoistre si les bestes qu'il a rembuchées, le passeront. Et ne les y trouvans passées, il doit faire tirer les toilles par là, et commencer à bon vent, afin que les bestes n'en ayent pas le vent, et faire continuer à prendre les devants par les valets de limiers, cependant que l'on les tirera, et jusqu'à ce qu'elles soient levées ; car le bruit que l'on fait, pourroit donner de l'effroy aux bestes noires et les obliger à s'en aller. Il arrive assez souvent que ces ragots les quittent et qu'aussi quelquefois une partie des bestes sortent de l'enceinte, puis qu'il se peut que deux compagnies seront entrées dans une mesme enceinte, dont l'une demeurera, et l'autre sortira ; c'est à quoi les veneurs qui les auront détournés, doivent regarder, pour sçavoir combien il y en est entré et sorty, se donnant la patience de suivre assez longtemps leurs voyes avec leurs limiers, pour les pouvoir bien compter : et après en estre asseuré, il faut tirer et lever les toilles et les pieux plantez de deux costez, de douze pieds en douze pieds, et crochetées par en bas. Le capitaine ou le lieutenant en son absence, doit aller faire le rapport au roy, et luy demander s'il veut les voir prendre ce jour-là. J'ay tousjours veu que le deffunct roy envoyoit savoir de la reyne si elle y vouloit aller (ce que j'ay veu faire aussi par S. A. R. de Savoye, à madame Royale, qui ne manquoit pas d'y aller et d'y mener toutes ses dames) et si le roy dit qu'il veut aller, ce jour-là les prendre ; celuy qui a receu cet ordre, doit laisser de ses officiers auprès du roy, pour le conduire où sont les toilles, et luy s'en aller au galop, pour faire tout préparer, et choisir le lieu plus propre à faire le parc, où l'on doit faire venir les bestes, et les prendre devant le roy, observans qu'il soit à bon vent ; car autrement l'on auroit beaucoup de peine à les y faire venir. Ce lieu doit estre une des rives de l'enceinte, et où il y aura le moins de bois, pour l'avoir plus tost coupé et éplané ; car il faut que la place en soit nette, et faire faire un échaffaut au bois et en teste de la courre pour y mettre les dames, le faisant couvrir de feüillages, si c'est en esté ; et en hyver de toilles, que l'on ait le soin de faire apporter des tapis pour mettre sur l'appuy, et des chaires pour le roy et la reyne, des siéges pour les dames, et une bonne collation que le maistre-d'hostel du roy commandera de porter, après avoir eu le plaisir de la chasse, pour satisfaire à l'appetit des dames. Voylà comme je l'ai veu pratiquer en Piedmont. Et après ces ordres, il faut faire tirer et lever les

toilles du parc et retranchement, où il doit y avoir une toille qui sépare
l'enceinte et le parc, que l'on puisse abbaisser quand on veut que les
bestes y entrent : et au pied de ces toilles, trois ou quatre archers seront couchez et cachez, pour les lever et tendre aussi tost qu'il y aura
quelque beste entrée dans le parc, et jusques à ce qu'on l'ait prise ou
tuée. L'on les peut faire encores d'une autre façon en levant le bord
de la toille ; et aussi tost que les bestes y sont entrées, la rabaisser. Les
archers des toilles, doivent couper des bastons, un peu moins gros que
le bras, longs de quatre pieds, qu'ils doivent donner aux seigneurs et
gentils-hommes, que le roy fait entrer dans le parc à pied, au cas qu'il
n'y ait point de sanglier dans les toilles ; car s'il y en a, il n'y en faut que
cinq ou six à cheval, l'épée à la main, et y mettre des levriers, si l'on
veut ; sinon les laisser tuer à ces cavaliers, à qui il en coustera quelques chevaux. Tout estant préparé, et après avoir veu à l'entour de
l'enceinte si ses toiles sont bien tenduës en bas, et crochetées de petits crochets de bois, fichez en terre le crochet, prenant le maistre
d'en bas de la toille, éloignez de six pieds en six pieds, pour empescher
que les bestes noires n'y passent, en levant la toille avec leur boutoy.
Et pour cela, commandez aux archers de faire bonne garde derrière la
toille, où ils se mettront de distances égales, selon qu'ils seront de monde, et d'y frapper avec des bastons de temps en temps, particulièrement
quand ils entendront les bestes s'allonger, pour essayer à la lever,
lors qu'elles seront lancées et chassées. Les toilles étant toutes levées et
crochetées, le capitaine doit faire entrer un valet de limier, avec son
limier, dans les toilles, pour aller lancer les bestes, afin d'estre plus
asseuré qu'elles y sont. Ce qu'ayant fait, il doit aussi-tost se retirer,
sans leur donner plus d'effroy. C'est ce que l'on doit tousjours prattiquer, afin de ne pas faire venir le roy à faute. Alors le capitaine doit
retourner au roy, luy asseurer qu'il y a des bestes noires dans les toilles,
luy en disant le nombre : et comme quelques fois le temps et les affaires du roy ne lui permettent pas d'y aller ce jour-là : en ce cas, il faut
que toute la nuict il fasse faire bonne garde, par les commissaires et les
archers, qui pourront faire du feu au dehors des toilles, s'ils en ont besoin, et les battre souvent ; car les bestes feront ce qu'elles pourront
pour en sortir, et s'il y avait un sanglier, il seroit dangereux qu'il ne
fist le passage aux autres bestes, avec ses deffenses, en fendant la
toille ; mais quand il y a un grand sanglier, si l'on a des toilles assez,
on les doit tendre doubles. Le roy et la reyne étans venus s'il n'y a
point de sangliers, mais seulement des bestes de compagnie, le roy se
peut mettre dans le parc, et faire mettre la reyne et les dames sur l'é-

chaffaut. Le roy y doit estre à cheval, pour y estre plus seurement. Je ne dis pas pour le danger des bestes noires, mais plus tost de quelque coup de baston dans la meslée, par l'ardeur qu'ont ceux qui courent les bestes, pour les assommer, y en ayant veu plusieurs en recevoir. Le roy a accoustumé de faire entrer les seigneurs et gentils-hommes à pied dans le parc avec luy. Pour cela, le capitaine doit avoir donné le baston au roy et aux princes, s'il y en a : le lieutenant aux seigneurs : et les commissaires aux gentils-hommes. Et après le capitaine doit demander au roy, s'il lui plaist de placer les princes et gentils-hommes dans la courre, et s'il n'en veut prendre la peine, c'est à luy de les placer, après en avoir jugé la quantité, les séparer par cantons, et les cacher dans le parc, pour quand les bestes y entreront et qu'elles passeront à leurs postes les frapper. Le coup mortel est sur le nez, que nous appelons le boutoy. Ainsi, le tout préparé dans le parc, et les dames placées, l'on doit abbaisser ou hausser la toille, qui sépare le parc et l'enceinte, pour faire entrer les piqueurs et les chiens dans l'enceinte, qui doivent aller lancer les bestes, pour les faire venir à la courre ; et aussi-tost qu'une de ces bestes sera entrée dans la courre, il faut qu'il y ait des archers cachez pour la lever ou abbaisser, afin que la beste ne puisse retourner dans l'enceinte et aussi-tost qu'elle sera prise, la lever ou l'abbaisser, pour en laisser entrer une autre dans la courre : et tousjours ainsi tant qu'il y aura de bestes dans l'enceinte, et toutes les fois qu'elles y viendront, les seigneurs et gentils-hommes les doivent frapper, quand elles passeront à leurs postes. Il y en a tousjours à qui ils font faire quelques cullebuttes, venans à eux les cercquer et leur passer entre les jambes, ce qui fait rire les dames, au moins celles qui n'y ont point d'intérest, car ce sexe est sensible à ce qui le touche. Toutes les bestes estant ainsy prises on doit faire faire collation à la reyne et aux dames, et après se retirer, sonner la retraitte et emporter les bestes. Quant à celles que le capitaine des toilles jugera les meilleures pour le roy et la reyne, il les doit envoyer à la bouche du roy et à la cuisine de la reyne, et des autres en envoyer aux seigneurs qui auront esté de la chasse. Faire faire bonne curée aux chiens qui auront chassé, et commander aux valets de chiens de leur visiter le corps, les jambes et les pieds, pour leur en tirer les épines : ce qui ne sera pas sans besoin.

CHAPITRE XVI.

COMMENT L'ON DOIT PRENDRE LES BESTES NOIRES A FORCE.

Je vous ay fait voir comme l'on devoit prendre les sangliers avec les levriers et avec le vautraict, comme dans les toilles, il ne reste plus qu'à vous faire connoistre comme on les doit chasser pour les prendre à force, et quelles bestes il faut attaquer pour cela. Je ne trouve pas qu'il soit à propos que ce soit un sanglier en son tier an, ny en son quart an, mais si d'avanture vous avez fantaisie d'attaquer des sangliers, que ce soit de ces grands vieux mirez (desquels j'ay parlé) pour la seureté de vos chiens, s'ils sont bons, et que vous vous en vouliez servir à plusieurs chasses, comme doivent faire les gentils-hommes, auxquels je prétends parler et non aux princes, qui peuvent tout hazarder pour leur plaisir; comme recouvrer des chiens facilement, ou bien d'attaquer les bestes depuis un an jusques à deux, pour les masles : car pour les femelles on le peut tousjours, hormis celles qui se trouvent pleines, ou qui ont des petits marcassins, si vous en voulez conserver la race ; joinct qu'il y a de la supercherie d'attaquer ces bestes, qui sont en ces temps très-pesantes et qui dureroient peu devant les chiens. Vous les pouvez discerner, par les connoissances que j'ay dites cy-devant; vous ferez l'assemblée comme pour les autres bestes, et séparerez les questes aussi de mesme. Le rapport s'en doit faire au capitaine des toilles, qui doit donner des bastons, comme aux autres chasses, mais tousjours pelez, hormis la poignée en donnant un au Roy et aux princes ; et le lieutenant aux seigneurs de la suite du Roy, qui auront esté préparez par le premier valet des chiens et donné par lui au capitaine. L'on doit séparer les relais ainsi qu'aux chasses précédentes, sçavoir la vieille meute et quatre relais : car ce sont bestes qui durent long-temps et rebuttent bien souvent les chiens, à cause des pays qu'elles tiennent ordinairement, qui sont fourrez d'épines. Il est important de sçavoir leur refuite : car n'estans pas relayées dans la grande force qu'elles ont, vos chiens se pourroient rendre sur les fins, où ils s'opiniastrent ordinairement à tenir les grands forts et s'y faire battre, et pour y remédier, vous ferez un relais volant de six chiens, menez par deux hommes, qui aillent bien à pied et sçachant le païs, pour secourir vos chiens de meute, en cas que la beste se dépayse, où vous mettrez de vos meilleurs chevaux. Et après avoir disposé toutes ces choses vous irez avec vostre meute, vos picqueurs et valets de limiers, laisser courre votre sanglier ou beste de compagnie, y observant les formes que j'ay dites aux autres traictez. Celuy qui en fait le rapport doit frapper aux brisées, après en avoir reçeu l'ordre de son capitaine, suivre et lancer la beste noire, et luy parler dans les termes que j'ay dit : et après estre lancée et suivie deux ou trois longueurs de traict, et en avoir reveu suffisamment si elle a quelque connoissance, le dire aux picqueurs, pour la conserver dans le change, lors qu'il bondira devant les chiens : il doit alors faire donner les chiens, en sonnant pour chiens, comme aux autres chasses ; ce que doivent faire aussi les piqueurs, leur criant, *s'en va, chiens, s'en va : hou, hou :* et ainsi de temps en temps, tant que les bestes dresseront devant vos chiens : vous mettrez aussi l'œil à terre pour voir s'il y en a plusieurs devant eux : et lors qu'elles se sépareront, veus rallierez les chiens à la plus grande beste, s'il se peut, ayant plus de plaisir et de lieu à la remarquer quand on la voit : joinct que les chiens chasseront mieux une beste de deux ans, que d'un an, à cause qu'elle pese plus : ce qui fait que le sentiment en est plus fort. Le chasseur doit estre plus hardy à picquer, sonner et parler aux chiens, lors que la beste est séparée : car auparavant il doit avoir tousjours l'œil à terre, ou sur ses chiens, pour en voir et connoistre la séparation (ces bestes font peu de retours sur elles, si ce n'est sur leurs fins, tournans seulement à droit et à gauche) estant séparée et ayant fait une randonnée dans ce lieu pour y retrouver sa compagnie : car ne la trouvant pas, elles tireront de longues, longeans les chemins, perçans dans les fustayes et golys, et bien souvent se dépayseront ; tellement que dans tout ce temps, les piqueurs n'ont pas grand travail d'esprit, à cause que les chiens tiennent et chassent facilement la voie qui va droit ; mais ils peinent beaucoup de corps, qu'ils doivent avoir fort et robuste, et estres verts et hardis picqueurs, n'appréhendans pas les cheutes, à cause qu'ils passent souvent dans des lieux où ces bestes ont fait de grands et creux boutis, ny les épines, qui sont dans de grands forts, où se font chasser ces bestes sur leurs fins, pour y chercher le change et ménager leurs forces, particulièrement lors qu'elles

se sentent proches de la nuict où elles tiennent devant les chiens de
temps en temps. Et ne seroit pas mal à propos de faire porter par
quelqu'un un mousqueton pour les tuer, quand ils sont à bout de leurs
forces. car si vous allez à eux avec l'épée, ils partent devant les chiens
et se vont faire abboyer à dix pas de là et tousjours ainsi : ce qui me
fait dire que la réputation des chasseurs, qui se picquent de vouloir forcer une beste sans supercherie, n'est aucunement blessée,
puis que la beste est renduë devant les chiens. Ils peuvent aussi bien
que les autres bestes passer un estang et une rivière, qui se rencontrera dans leurs refuites ; où vous observerez les mesmes choses que
j'ay dites pour les autres bestes, afin de les en trouver sorties : et
quand vous vous appercevrez que la beste aura fait partir le change
(qui sont d'autres bestes noires) ce que vous pourrez voir et juger par
vos chiens sages qui n'iront pas si vite, alors vous devez les tenir en
crainte et sonner aussi peu à cette chasse, qu'à pas une autre dans
cette occasion, à cause que les chiens ont peine à en garder le change,
pour les mesmes raisons que j'ay dites au traicté pour chevreüil,
puis que ce sont les deux sortes de bestes qui ont le sentiment plus
fort ; néantmoins quand une meute est bien à la voye et de longue
main, il y a des chiens qui le font connoistre au picqueur, par les
raisons que jay dit cy-devant : tellement que dans ce temps que la
beste est accompagnée il leur faut crier souvent, *layla*, *layla*, et sonner peu : et cela jusques à ce qu'elle soit séparée : et à cette séparation, observer vos chiens sages, afin de connoistre par leur manière
de chasser, si c'est la beste que vous leur avez donnée de meute : et
cela estant, vous devez sonner, et y faire rallier vos chiens. Et si
par mal-heur tous vos chiens avoient pris le change, après en estre
asseuré, il faudroit rompre et les oster de dessus les voyes des bestes qu'ils chasseroient, briser haut dans le fort et au premier chemin
que vous trouverez en sortant, puis aller prendre vos devants du
costé de la refuite : et ne la trouvans passée, revenir et requerter au
lieu où elle aura fait bondir le change, et de la mesme manière que
des autres grandes bestes, desquels j'ay parlé au traicté cy-devant. Et
l'ayant relancée et prise, vous la ferez forcer à vos chiens, et leur en
ferez curée dans les mesmes formes et cérémonies que pour cerf et
chevreüil. C'est ainsi que je l'ay pratiquée.

LA CHASSE DU RENARD.

CHAPITRE PREMIER.

Pour suivre exactement le dessein que j'ay de vous donner l'entière connoissance de toutes les chasses que j'ay veu exercer à ce grand Roy Louis le Juste, je n'y dois pas obmettre celle du renard; puis que c'est luy qui l'a mise dans son haut lustre, ayant forcé cette beste rusée, avec les chiens courans, et non avec les bassets, dont on se servoit auparavant, jusques à le faire détourner par des limiers dans les mesmes formes et manières, le laisser courre et donner aux chiens, comme les autres bestes, dont j'ay parlé, ayant concerté, pour rendre cette chasse plus belle et plus aymable, les équipages qu'il falloit, comme un charriot commode pour y mener les chiens dans les saisons fascheuses que la terre est rude, et aussi pour les faire suivre dans les grands et continuels voyages, pareils à ceux que cet auguste monarque a faits, en faisant la guerre, où il ne laissoit de chasser le renard, en ayant fait une eslection particulière, pour s'en divertir partout où se trouvent des renards, ayant encore ordonné un chariot pour les panneaux et le reste de l'équipage, pour les tendre et pour foüiller et déterrer les renards. Ce bon prince a tousjours voulu mesler ses plaisirs dans l'utilité publique, qui se trouve en la destruction de cet animal qui n'a aucune bonne qualité que le poulmon, lequel estant préparé, séché au four, mis en poudre et en tablette, est propre pour les personnes, dont le poulmon est attaqué, et la peau sert pour des fourrures, et tout le reste de cette beste ne peut que faire du mal.

Il faut pour chasser un renard, que les chiens-courans ayent les qualitez dans la proportion de leurs tailles que ceux que j'ay nommez dans les traictez cy-devant, et qu'ils soient plus tost petits que grands chiens, qui ne se plaisent pas à le chasser, à cause que cet animal ne fait que tourner et tient ordinairement les bois qui sont fourrez d'épines et de ronces, où les grands chiens ne percent pas si aisément que les petits, joinct qu'ils ont l'ambition de chasser les grandes bestes, comme celles qui tirent païs, et qui vont dans des lieux où ils peuvent s'estendre, et faire voir leur force et leur vistesse ; il faut aussi avoir deux lesses de |levriers faits et taillez comme les plus grands pour lièvre, et qu'ils soient reconnus hardis pour mordre et prendre le renard qui se deffend selon sa force, autant que pas un des animaux, car il ne démord pas aisément. Ces levriers sont propres pour quand on a détourné des renards dans un moyen buisson, y faire une à courre où l'on les doit mettre pour prendre deux renards (s'il y en a trois) afin de chasser celuy qui reste avec les chiens-courans, et en avoir plus de plaisir ; car cet animal aussi-tost qu'il se voit chassé des chiens, il cherche et fait partir ses compagnons, et luy se relaisse, et ainsi les autres ; tellement que quand il y en a plusieurs il les faut tous forcer et mettre à bout auparavant que d'en prendre un. L'on peut chasser le renard toute l'année, et sans appréhender que la race en faille, car il n'y a point d'animaux qui multiplient comme celuy-là. Les chiens-courans se doivent loger, nourrir, et gouverner de mesme que ceux pour le loup, et les limiers se doivent dresser de mesme manière pour aller en queste, et les détourner.

mener, si vous n'en estes pas trop esloigné : si non, vous avez les villages où saint Pierre est le patron : on y tient une clef qu'ils appellent la clef Saint-Pierre, qui est faite exprès pour flastrer et brûler les chiens et bestiaux, au milieu du front, leur bruslant le poil et la peau, car il faut que l'escarre en tombe ; après vous les irez jetter et plonger trois fois dans un estang ou rivière, et mettrez ainsi le feu à l'endroit de son corps, où il aura esté mordu, pourveu que ce ne soit pas sur des nerfs : et après y mettrez un emplastre de poix neuve, qui attirera le venin : où les menerez à la mer, si vous n'en estes pas bien loing, et les y plongerez aussi trois fois : et si vous estes esloigné de toutes ces choses, il faut faire les remèdes suivans.

Si le chien qui est mordu a une grande playe, il la faut laisser fort saigner, afin qu'une grande partie du venin s'en aille par là, et quand le sang sera arresté, appliquer une grosse ventouse sur la playe, avec assez de feu, pour faire plus d'attraction du venin qui sera dans la playe ; puis la lever et remettre deux ou trois fois, et après qu'elle aura fait son effect, il y faut mettre un poulet tué tout à l'heure, fendu et appliqué chaud, et l'y laisser six heures. Il fait deux effets : il attire le venin et oste l'inflammation de la playe et appaise aussi la douleur. Que si l'entrée de la playe est petite et qu'elle n'ait assez d'ouverture pour évacuer le sang et venin, en ce cas, il la faut scarifier, devant que d'y mettre la ventouze. Vous les saignerez aussi des veines qui sont au dedans des quatre jambes, et à deux autres veines qui sont à costés du gros nerf, qui est sous la langue, et à deux autres qui sont sur les deux yeux. Et si d'avanture vous n'avez des ventouses à propos, vous laverez bien la playe avec du fort vinaigre, tout chaud, ou avec de l'eau, où il y aura boüilly d'une racine appelée parelle sauvage, que l'on trouve partout. Quand la playe sera bien lavée, vous y mettrez un cataplasme fait avec oignons et aulx cuits dans les cendres, y adjoustant un petit de miel et de sel pulverisé.

En voicy une que je ne tiens pas moins bonne que celle cy-dessus. Prenez un gros oignon et faites cuire entre deux cendres, et le pilez dans un mortier avec teriaque et mitridat, autant de l'un que de l'autre : et si vous voulez avec de la ruë et ortil, y adjoustant sur la fin de l'eau de vie. Et encores que les remedes cy-dessus puissent beaucoup appaiser le mal ; neantmoins il faut y remédier par dedans. Pour bien faire jetter en dehors ce venin, vous prendrez une poignée de pinprenelle, que vous pilerez et en tirerez le jus et le melerez dans un demy-septier d'huile d'olives vierge, si vous ne voulez faire une omelette de cette pinprenelle pilée avec du beurre frais, sans sel et cinq ou six œufs, et leur faire manger. Vous leur pouvez laver aussy la playe avec de l'urine devant que d'y mettre le cataplasme susdit, pourveu que la partie où est la playe, ne soit pas nerveuse. Vous mettrez ces cataplasmes six jours durant au chien : et après vous entretiendrez la playe avec des remèdes ordinaires pour la tenir longtemps ouverte.

CHAPITRE IV.

RECEPTE POUR LA RAGE.

Pour les dernières rages que j'ay nommées cy-dessus, l'on peut faire quelques remèdes qui peuvent reüssir à quelques-uns. En voicy un pour la rage tombante, ou rage müe. Vous prendrez le poids de quatre escus du jus d'une herbe qu'on appelle passerage (1) laquelle à la feüille comme d'iris, si non qu'elle est un peu plus noire, la mettrez dans un petit pot plombé, puis prendrez le poids de quatre escus du jus d'esbe, qui est une herbe qui se nomme elebore noir : et encore le poids de quatre escus du jus d'une autre herbe qu'on appelle ruë ; et si les herbes ne rendoient pas de jus, il faut en faire une décoction et en prendre, y mettre le poids de quatre escus de vin blanc, mêler le tout ensemble, le passer dans un linge et le mettre dans un verre ou gobelet, et après y adjouster deux dragmes de sca-monée, sans estre préparée, faire avaler le tout au chien malade, en lui tenant la gueule haute, encores quelque temps après, de peur qu'il ne la rejette, vous le saignerez avec un costeau bien poinctu, dans la gueule, au palais d'enhaut, sous la dentelure, et luy ferez assez d'ouverture, afin qu'il saigne et après le mettrez sur la belle paille fraiche. Vous pourrez lui faire avaler aussi du jus d'herbe ap-pelée corne de cerf, huict dragmes, avec un peu de sel en poudre.

(1) Lepidium vulgare.

CHAPITRE V.

RECEPTE POUR LA RAGE TOMBANTE.

Il faut prendre le poids de quatre escus de la feuille ou graine qu'on appelle peaune (1), de celle qui porte graine, prendre aussi le poids de quatre escus du jus d'une racine que l'on appelle brionia (2) et en françois du parc, qui vient dans les hayes et a la racine grosse comme la jambe d'un homme : puis prendre le poids de quatre escus du jus d'une herbe que l'on appelle en latin *cruciata*, et en françois croisette : et après prendre quatre dragmes d'estafiacre (3), bien broyez ensemble, et le meler avec tous les jus susdits ; puis le faire boire au chien, de la sorte que j'ay dit cy-dessus. Cela fait, il luy faut fendre les deux oreilles pour le faire saigner, ou bien le saigner des deux veines des dedans des épaules, que l'on appelle pour les chiens, les erres : et si vous voyez que la medecine n'ait pas assez opéré, il la faut reïterer.

CHAPITRE VI.

RECEPTE POUR LA RAGE ENDORMIE.

Prenez le poids de six escus de jus d'absinthe, et le poids de deux escus d'aloës en poudre : le poids de deux escus de corne de cerf, brûlée avec deux dragmes d'agaric, puis meslez les jus et poudre ensemble ; et si vous voyez que les poudres rendissent le breuvage trop épais, vous y pourriez adjouster le poids de quatre ou six escus de vin blanc puis le faire avaler comme dessus.

(1) Pœonia pivoine.
(2) Bryone ou couleuvrée.
(3) Staphis-aigre.

CHAPITRE VII.

RECEPTE POUR LA RAGE RHEUMATIQUE DES CHIENS QUI ONT LA TESTE ENFLÉE.

Il faut prendre le poids de six escus de jus, ou décoction de racine de fenoüil : le poids de quatre escus de jus, ou décoction de guy, qui croist dans les aubes-épines : le poids, de quatre escus de jus, ou décoction de lierre, le poids de quatre escu de jus, ou marc de racines de polipode, qui croist dans les chesnes, et mettre le tout dans un petit poëslon, boüillir avec du vin blanc ; et quand il sera un peu refroidy, le faire prendre au chien (1).

CHAPITRE VIII.

DE LA CACQUESANDRE, OU FLUX DE SANG DES CHIENS.

La cacquesandre vient aux chiens pour avoir fait longue chasse, où ils ont fait grand effort, et en ces mêmes temps, ont esté moüillez par frimas, eaües de neiges, morfondures et mauvais logemens. Cette maladie est contagieuse et partant il les faut séparer des autres et les mettre dans un lieu où ils soient bien chaudement et nettement, ne leur donner rien à manger de salé, les nourrir de potage fort épais, où vous mélerez de la terre sizelée (2) : et s'ils n'en guarissent, prenez de la farine de feve et en faites de la boüillie fort épaisse, dans laquelle vous melerez aussi de la terre sizelée : si c'est un jeune chien, il en guérira ; mais s'il est vieil, cela est douteux.

(1) Aucune de ces recettes n'est efficace. Dans tous les cas de rage et dans toutes les affections sérieuses, le chasseur prudent fera bien de recourir aux soins d'un vétérinaire éclairé.

(2) Terre sigillée.

CHAPITRE IX.

RECEPTE POUR FAIRE MOURIR LES PUCES, POUX ET AUTRES VERMINES
DES CHIENS.

Prenez deux joinctées de feuilles de berne (1) et deux de feuilles de la passe (2), et deux de mante, que vous ferez boüillir ensemble en lessive de fermant et ajousterez deux onces d'estafiacre (3) en poudre, pour quand le tout aura bouilly passer les herbes, et dans la collature, vous y dissoudrez deux onces de savon ordinaire avec une once de saffran et une joinctée de sel puis en laverez le chien.

CHAPITRE X.

RECEPTE POUR FAIRE TOMBER LES VERS.

Il faut prendre des noix quand elles sont encore vertes, et les faire piler, et après les mettre dans un pot, et une chopine de vinaigre par dessus, que vous laisserez tremper quatre heures : après vous les ferez boüillir sur le feu deux heures, puis les passerez dans un linge et mettrez cette décoction dans un pot, y ajoustant une once d'aloës epatique, une once de corne de cerf brûlée, une once de poix résine, puis il faut meler et remuer toutes ces poudres dans la decoction, et bien nettoyer le lieu où sont les vers, et mettre la drogue dedans, ces vers mourront et n'y en viendra plus.

(1) Berle ou ache d'eau, apium palustre.
(2) Passe-rage, lepidium vulgare.
(3) Staphis-aigre.

CHAPITRE XI.

RECEPTE POUR LES MORSURES DE SERPENTS ET VIPERES.

Prenez une poignée d'herbe nommée la croisette, ou cruciate, une poignée de ruë, une poignée de feuilles d'un arbre nommé cassis, autrement poivre d'Espagne, une poignée de bouillon blanc, une poignée de pointes de genets et une de mante, pilez fort ces herbes, et quand elles seront bien concassés, prenez une once de vin blanc et faites boüillir le tout une heure, dans un petit pot plombé, après vous passerez la décoction, où vous adjousterez le poids d'un écu de thériaque dissous, vous en ferez avaler un verre au chien, et après lui en laverez la morsure liée d'un genests.

CHAPITRE XII.

COMME IL FAUT PANSER LES CHIENS QUI SONT BLESSÉS DES SANGLIERS.

Les chiens qui chassent le sanglier, sont très subjets à estre blessez. Il est donc très nécessaire de les sçavoir panser promptement. Ils sont ordinairement blessés au ventre, mais pourveu que ce ne soient que décousures, encore que les boyaux leur sortent, n'estans offensez, ils se guarissent facilement par un homme adroit, leur remettant les boyaux doucement avec la main, qu'il aura auparavant bien lavée, essuyée et oincte d'huile d'olive, ou de graisse douce et nette. Il doit mettre dans la playe une petite tranche de lard, pour empescher la mouche et la recoudre avec une de ces aiguilles dont se servent les chirurgiens et avec de bon fil blanc retord et nouër les poincts, de peur que le fil ne s'échappe, joinct qu'il se pourroit pourrir, et que les autres poincts se lascheroient. Il se peut faire de mesme aux autres endroits et tenir toujours la playe grasse, afin d'obliger le chien à la lescher, ce qui est son meilleur et plus souverain onguent : l'aiguille doit estre carrée par la poincte et le reste rond, dont les valets de chiens et valets de levriers, doivent estre garnis, aussi bien que de bon fil et lardons.

CHAPITRE XIII.

RECEPTE POUR LES CHIENS QUI ONT ESTEZ FOULEZ DES SANGLIERS.

Il arrive bien souvent que les chiens sont foulez des sangliers. Leur passant sur le ventre, et encore qu'ils ne les atteignent pas des deffenses, cet animal qui est pesant, ne laisse quelquesfois de leur rompre quelque coste, ou au moins leur en demettre ; en ce cas, il les faut remettre ; mais s'il n'y a que foulure prenez racine de simphiton (1), emplastre de melillot, poix ou gomme, huile rosat, autant des uns que des autres, meslant le tout ensemble, que vous étendrez sur de la toile neufve, puis vous couperez le poil à l'endroit du mal et appliquerez l'emplastre le plus chaudement qu'il la pourra souffrir. Mais en Savoye et en Piedmont, vous avez un remède très-souverain, qui est préparé, que l'on nomme benjoin, qui se prend aux sapins, dont l'emplastre ne se détache point qu'à la parfaite guérison.

CHAPITRE XIV.

RECEPTE POUR FAIRE VUIDER LES VERS QUE LES CHIENS ONT DANS LE CORPS.

Les chiens sont assez sujets aux vers, qui leur causent un broüillement de bruit dans le ventre, et les obligent à rendre gorge, cela se

(1) Pulmonaire.

voit par ces signes, et quelques fois, ils en jettent avec peine. Prenez deux drachmes de jus d'absynthe, deux drachmes d'aloës epatique, deux drachmes d'estafiacre, une drachme de corne de cerf bruslée, une drachme de souffre, le tout pilé et incorporé ensemble avec de l'huile de noix, jusques à la valeur de demy verre, et le faites avaler au chien malade.

CHAPITRE XV.

RESTRAINCTIF POUR LES CHIENS QUI ONT LES FIEDS AGGRAVEZ.

Les chiens sont sujets, par de grandes chaleurs et seicheresses, à s'aggraver et à s'échauffer les pieds, et dans les gelées à se les écorcher. Prenez des jaunes d'œufs selon les chiens que vous aurez à panser, et les démeslez avec du fort vinaigre, de la suye que vous prendrez à la gueule d'un four, et la passerez, ne mettant que le plus délié avec les œufs et le vinaigre, et après vous prendrez de l'estouppe sur laquelle vous l'étendrez et la mettrez sur le linge en double à proportion du pied dont vous l'envelopperez. S'il a beaucoup de mal, vous lui raffrais- chirez le lendemain, jusques à ce qu'il soit guery.

CHAPITRE XVI.

RECEPTE POUR FAIRE MOURIR LES CHANCRES, DARTRES, ET FILS AUX CHIENS.

Prenez une drachme de sublimé en poudre, et la mettez dans un mortier de plomb, et y mettez le jus d'un citron, après que l'écorce en est ostée ; et quand cela est bien broyé, il faut mettre un peu de vinaigre et d'eau, puis vous prendrez le poids d'un escu d'alun, et autant de savon, lesquels vous meslerez et broyerez avec les choses susdites que vous ferez boüillir dans un petit pot neuf vernissé jusques à la consommation du tiers, et après vous appliquerez vostre décoction sur les chancres et dartres qui seront sur la peau et aux aureilles; mais s'il y en a sur le nez, membre et chair vive, il faudra faire boüillir le sublimé et en jetter la première eau, afin qu'il ne soit pas si corrosif et après en frotter comme cy-dessus.

CHAPITRE XVII.

RECEPTE POUR FAIRE PISSER LES CHIENS QUI NE LE PEUVENT.

Les chiens après avoir fait de grandes courses, particulièrement dans les chaleurs et aussi avoir esté après les lyces chaudes, se sont échauffés les reins, ce qui leur cause une difficulté d'urine : l'on le voit quand ils se présentent souvent pour pisser. Prenez cinq ou six raves coupées par roüelles, une poignée de feuilles de guymauve, autant d'herbe qui s'appelle archagante (1), qui se trouve dans les vignes, racines d'asperges, de fenoüil, de pissanlys de mesme poids, que vous ferez boüillr ensemble avec du vin blanc, jusques à la réduction de la tierce partie que vous ferez avaler au chien.

CHAPITRE XVIII.

RECEPTE POUR LES PLAYES DES CHIENS.

Prenez du lard vieil salé, et bruslé avec une pesle rouge ; il faut qu'il soit picqué d'avoine, et avoir du jus de choux rouges que vous battrez ensemble, et en mettrez sur la playe, après l'avoir nettoyée avec du vin et de l'eauë, et que l'unguent soit mis sur une feüille de choux rouge qui sera auparavant passée sur le feu.

(1) Alkekenge, quoqueret ou quoquerelle.

CHAPITRE XIX.

RECEPTE POUR LES CHIENS QUI ONT MAL DANS LES AUREILLES.

Prenez du verjus et le mettez dans une escuelle, vous y adjousterez de l'eau de feüilles et fleurs d'un arbre que l'on appelle trosne (1), ou de l'eau de la fleur de chevrefeüille que l'on trouve dans les hayes, avec du miel commun, aussi gros que le bout du doigt, que vous meslerez avec ces eauës et les mettrez dans l'aureille du chien, lui broyant et mouvant avec le pendant de l'aureille, après vous luy ferez tomber lesdites drogues : puis vous ferez chauffer de l'huile de laurain ou laurier que vous luy mettrez dans le fonds de l'aureille, la luy étouppant après avec du coton, quand mesme vous n'y mettriez que de l'huile de laurain, elle peut guerir, à moins que le mal ne s'opiniastre. Ce qui vous obligerait à faire les remèdes précédens.

CHAPITRE XX.

RECEPTE POUR EMPESCHER QUE LES LYCES N'ENTRENT EN CHALEUR.

Il faut donner à une chienne, auparant qu'elle ait porté, par neuf matinées, neuf grains de poivre que vous luy ferez avaler dans du formage, ou autre chose qu'elle a accoustumée de manger. Cela réüssit à quelques unes; mais le plus seur, c'est de les faire couper ou chastrer.

(1) Ligustrum.

CHAPITRE XXI.

COMMENT ON DOIT FAIRE L'UNGUENT POUR FROTTER ET GUARIR LES CHIENS QUAND ILS SONT GALLEUX.

Il y a quelques auteurs qui ont écrit plusieurs façons de faire de l'unguent pour guerir les chiens de la galle, qui ont esté épreuvées et ne s'en est trouvée aucune plus asseurée que celle-cy. Vous prendrez de l'huile de chenevy, ou au défaut, de l'huile de noix, que vous mettrez dans un pot de terre neuf, et fort épais, sur de la braize, et en mettrez aussi autour et comme elle commencera à frémir, vous aurez du souffre bien pilé que vous mettrez dedans, et les remuerez tousjours avec un baston, et à une petite demi-heure de là vous aurez aussi pilé de la couperoze, vert-de-gris, et noix de galle; mais plus de souffre que de pas une des choses susdites, vous les jetterez aussi dans le pot, et continuerez à les remuer et si cela veut boüillir par dessus, vous y jetterez une poignée de sel et un peu de vinaigre pour les faire abaisser : il faut qu'il y ait peu de feu, et pour connoistre quand la drogue sera cuitte, il en faut mettre sur une tuile et si elle blanchit, elle sera cuite : et si vos chiens sont très galeux, vous y mettrez de la poix neufve de Bourgogne et après estre faite, vous en gresserez vos chiens, que vous bouchonnerez beaucoup d'un bouchon rude auparavant, afin d'émouvoir la gale, et que l'unguent pénetre mieux. Il faut que l'unguent soit chaud, que pourtant l'on y puisse souffrir la main, et pour cela, il faut que le pot soit sur du charbon pour maintenir sa chaleur égale, et avoir soin de réserver de l'unguent, pour en regraisser ceux qui seront les plus galeux, à trois jours de là. Je ne mets point la quantité, ny la doze, puis qu'elle se doit employer selon les chiens que vous avez à gresser: l'on les doit après laisser sur la paille, sans les sortir, et ne les pas faire chasser le cerf la première chasse d'après, dans les païs de grand change, à cause que cet unguent leur a ofusqué une partie du sentiment.

FIN DE LA TROISIÈME PARTIE.

Paris. Imp. BALITOUT, QUESTROY et Cⁱᵉ, rues Baillif. 7, et de Valois, 18.

VENERIE

ROYALE.

ADVIS COMME IL FAUT PEUPLER LES FORESTS.

Comme les limiers sont aux veneurs les principaux instruments pour chasser, ainsi les bestes qu'on veut prendre, en font le fondement et la fin pour en achever le plaisir, et sans elles la chasse n'auroit point lieu. Il faut donc peupler les forests de bestes, pour commencer la chasse et en conclure la satisfaction; c'est pourquoy j'ay trouvé bien à propos d'enseigner ici les moyens de peupler les forests, avant que d'en faire le dénombrement, les questes et les relais. Encores que la methode soit maintenant assez connuë pour peupler les forests, je ne laisseray pourtant d'en dire mon opinion, pour n'obmettre rien de ce qui touche mon subject au contentement du lecteur. Quelques autheurs ont écrit qu'il faut faire des parcs de pallis, pour y mettre et enfermer les biches, et autres femelles, d'une grandeur raisonnable. J'advoüe qu'elles y seroient en plus grande seureté pour le temps qu'on les y veut tenir. Mais après leur avoir donné la liberté, qu'il leur faut donner à quelque temps de là, et dans la saison du rut, afin que les cerfs voisins les puissent joindre, j'apprehenderois qu'après le rut, elles ne s'éloignassent pour s'asseurer ailleurs d'une plus

38

grande liberté, dans le souvenir de leur prison joinct que ces parcs sont d'un grand coust et de beaucoup de peine, et que depuis l'expérience nous a fait connoistre qu'il faut prendre les femelles des fauves chevreüils et bestes noires, et quelques masles, pourveu que ce soit d'une forest assez éloignée de celle où vous les voulez mettre, n'en ayant pas encores eu la connoissance, autrement elles s'en retourneroient. Il les faut prendre avec des panderests, ou bricolles, tenduës alentour de l'enceinte où on les aura détournées; mais il les y faut chasser avec des chiens courans pour ne leur pas donner le temps de reconnoistre les filets : et si-tost qu'elles y seront prises, il leur faut lier les quatre jambes ensemble, et les mettre dans une charrette où il y aura force paille de peur qu'elles ne se blessent. Il leur faut bander les yeux afin qu'en les transportant, elles perdent la connoissance du chemin, et ne s'épouvantent pas à tous rencontres. Et quand vous les aurez conduites au milieu de la forest que vous leur destinez, il les faut décharger toutes en mesme temps, les ayant debandées pour se reconnoistre, et après leur délier les pieds ; s'il y a quatre biches, un cerf leur suffira, et ainsi des autres bestes : joinct qu'il ne manquera d'y venir d'autres masles, pourveu qu'ils ne soient éloignez que de six ou huict lieuës. Plus vous mettrez de bestes en vostre forest et plutost elle sera peuplée, pourveu que vous ayez des gardes qui en ayent bien du soin. Et si c'est dans le fonds de l'hyver que vous les y mettiez, le temps en sera plus commode, parce que les bestes sont toutes ensemble et ne sont pas pleines. Autrement, et en d'autres saisons, vous pourriez blesser les fémelles et les faire mourir. Il leur faut porter de l'avoine et du foin aux lieux où vous les aurez mises, en plusieurs endroits, pour ne les pas contraindre d'en chercher d'ailleurs et de se dépaïser, et cela seulement pendant le grand froid, et tant qu'elles sachent le païs, pour y trouver leur subsistance.

DÉNOMBREMENT DES FORESTS

ET GRANDS BUISSONS DE FRANCE

*Et des vrayes situations qui s'y trouvent propres aux questes relais et logements,
pour y chasser.*

PREMIERE FOREST.

FONTAINE-BELLEAU.

Pour courre à la forëst de Fontaine-Belleau,
Le logement des chiens et des officiers de la venerie du Roy, doit
estre à Fontaine-Belleau.
Et pour courre du costé de Tomery, il faut faire l'assemblée à la
vente au Diable, ou au puys de Moret.

Questes.

Queste. A la fontaine Nadon, un valet de limier, il y faut, un homme.
Aux buissons des Sables, un homme.
Au fort de Tomery, un homme.
A la pointe d'Iroy, un homme.
Au bois Gautier et butte du Mouceaux, un homme.
A Montaudart, un homme.
A la Vente au Diable, un homme.
A la Male-Montagne, un homme.
A la plaine du Rut, un homme.
Pour courre, dans toutes ces questes, il faut placer les relais aux
sieux qui en suivent.

Relais.

Relais. Au païs de Moret.
A la route de Vidausan, dans la Vente au Diable.
A Mont Marle.
Au Pavé de Bouron.
Et pour courre du costé de Bouron, dans la mesme forest il faut
faire l'assemblée au pavé de Bouron.

Questes.

Queste. A la Garenne de Bouron, un homme.
A la Vallée Joubreton, un homme.
A Cumiers, un homme.
Au Fort de Marlot, deux hommes.
A la Grande Bruyère, un homme.
Aux Espines Vertes, un homme.
A la Gauche Guillemette, un homme.
A la Grande Bruyère, un homme.
A Montmorillon, un homme.
Et pour courre aux questes cy-dessus.

Relais.

Relais. Au pavé de Bouron.
A la Croix de Souvray.
A la route de Reclause.
A Mont-Marle.
Au Puys de Moret.
A Franchart.
Pour courre dans la mesme forest, du costé d'Ury, l'assemblée à la Croix de Souvray.

Questes.

Queste. Aux Bernoulets, deux hommes.
Au Clos Héron, deux hommes.
Au Clos Tabours, un homme.
Au Parc au Bœufs, deux hommes.

Relais.

Relais. A la Croix de Souvray.
Au chemin d'Achere.
A Franchart.
Au pavé de Bouron.
A Mont Marle.
Pour courre dans la mesme forest, du costé d'Arbonne.
L'assemblée à l'hermitage de Franchart.

Questes.

Queste. Dans les Roches d'Arbonne et buissons circonvoisins, deux
   hommes.

   A la Touche au Mulet, deux hommes.
   Au Grand-Feüillard, un homme.
   Aux Turrelles, deux hommes.
   A la Mare aux Corneilles, un homme.
   Au Franchart, un homme,
   Aux Ventes Barbier, un homme.

Relais.

Relais. A la Touche au Mulet, proche le chemin de Milly.
   A la Croix de Souvray.
   Au pavé de Bouron.
      Et parce qu'il y a deux refuittes.
   A Franchart.
   A la Croix du Grand Veneur.
 Pour courre à la mesme forest du costé de Chailly.
 L'assemblée à Chailly.

Questes.

Queste. Au bois Nostre-Dame, deux hommes.
   A la Basse Pommeray, deux hommes.
   Au Mont Gérard, un homme.
   A la Croix du Grand Veneur, un homme.
   Au Mont-Foy, proche la Belle Croix, un homme.
   A la mare aux Enées, deux hommes.
   A la Bécassière, un homme.
   A Saint Louys, un homme.

Relais.

Relais. A l'entrée de la Pommeraye.
   A la mare aux Enées.
   A Franchart.
   A la Belle Croix.
   Au puys de Vauzernelle.
   A la Boissière.

Pour courre à la mesme forest du costé de la Table du Roy.
L'assemblée est à la Table du Roy.

Questes.

Queste. Aux buissons du Lys, deux hommes.
Au bois de Coulas, deux hommes.
Sur-Brolle deux hommes.

Relais.

Relais. A la Table du Roy.
A la Mare aux Enées, dans la route Ronde.
A Saint-Louys.
A la Belle Croix.
Pour courre dans la mesme forest du costé de Boëssiere.
L'assemblée aux Hautes Loges.

Questes.

Queste. A la Boëssière, deux hommes.
A la Queuë de Fontaine, deux hommes.
Au Rocher de Cassepot, deux hommes.
Au Bois de la Magdeleine, un homme.

Relais.

Relais. Au chemin des Hautes Loges.
A Cassepot.
A la Belle Croix.
Au Puys de Vauzernelle.
A la Croix du Grand Veneur.
Dans la Route Ronde, près de la Mare aux Enées.

BUYSSONS DE LA BRYE.

Pour courre aux buissons de la Brye, circonvoisins du Chastelet.
Le logement des chiens et des veneurs doit estre au Chastelet.
L'assemblée au mesme lieu.

Questes.

Queste. Dans Massory, trois hommes.

Au Grand Barbaut, deux hommes.
Au Buisson Sainct Denys, un homme.
A la Haye de Chivry, un homme.
Au Petit Barbault, deux hommes.
A la Marbrière, un homme.

Relais.

Relais. Dans la grande route de Massaury.
Aux Trois Cheminées.
A la Queue de Fontaine, sur le bord de l'eau.
A Cassepot.

MONTIGNY PRÈS FONTAINE-BELLEAU.

Pour courre aux Buissons de Chaillot en Brye,
Le logement des chiens et des veneurs est à Montigny.
L'assemblée à Chaillot.

Questes.

Queste. Au bois de Ché en Sercine; il y a deux refuites à ce buisson,
l'une à la forest de Fontaine et l'autre à Vallery, un homme.
A la Charmoy, prosche Ville-Mareschal, un homme.
A la Forest de la Reyne un homme.
Aux Espiziers, un homme.
Au Grand Bois, un homme.
Au Bois Bruslé, un homme.
Au Buisson de Chaillot, un homme.

Relais.

Relais. A la Montagne du Train.
A l'entrée de la forest de Fontaine-Belleau, sur le bord de l'eau,
au bout de la garenne de Gros-Bois.
A la Meule Montagne, du costé de la plaine de Rozoy.
A Mont-Marle.
Au Puys de Moret.
Au Pavé de Bouron.

BOIS D'ARVAUX EN BRYE.

Pour courre au bois d'Arvaux en Brye,

Le logement des chiens et veneurs est à Montigny.
L'assemblée à d'Arvaux.

Questes.

Queste. A Cercanzeaux, il y a deux refuites à ce buisson, l'une à Montigny et l'autre à la forest de Fontaine-Belleau, deux hommes.
Au Bois du Boullay, un homme.
Au Grand Malyserve, deux hommes.
Au Petit Malyserve, un homme.
Au Bois d'Arvaux, deux hommes.

Relais.

Relais. A l'entrée des bois d'Arvaux, si vous lassez courre aux Buissons de Cercanceaux et du Boullay.
A la Pierre Grise.
A la Garenne, sur le bord de l'eau, à l'entrée de la forest de Fontaine-Belleau.
A la Male Montagne.
Au Puys de Moret.
Au pavé de Bouron.

BUISSON DE CHAMPAGNE EN BRYE.

Pour courre aux Buissons de Champagne,
Le logement des chiens et veneurs à Champagne.
L'assemblée au mesme lieu.

Questes.

Queste. Au bois de Champagne, du costé de Graville, deux hommes.
Dans le mesme buisson, sur Mont Mellian, deux hommes.
Dans le fonds du mesme païs, deux hommes.

Relais.

Relais. Au buisson de Champagne, dans la route qui va de Graville à Valrin.
A l'entrée de la forest de Fontaine-Belleau, au bois Gaultier.

A une autre entrée à la Dent, où le cerf peut aller.
Dans la forest de Fontaine-Belleau, à la Croix de Guise.

LA FERTÉ EN LAYE.

Pour courre aux buissons circonvoisins de La Ferté en Laye.
Le logement des chiens et des veneurs à La Ferté.
L'assemblée au mesme lieu.

Questes.

Queste. A Beaumont, trois hommes.
A la butte Chaumont, un homme.
Au bois du Coudray, un homme.
En Fremière, trois hommes.
Au bois de la Mare, un homme.
Au bois des Vaux, un homme.
Au rocher d'Ideuville, un homme.
A Ardenay, deux hommes.
Aux bois du Roy, trois hommes.
Au Chesne Beccard, un homme.

Relais.

Relais. A Beaumont.
A l'entrée du bois du Roy.
A la butte de Chaumont.
A Ardenay.
En Fremière.
Au Chesne Beccard.

LUSIGNY, LOGEMENT DU ROY.

Pour courre au bois Sainct-Martin et au bois Notre-Dame, et autres
buissons.
Le logement des chiens et veneurs à la Queuë en Brye.
L'assemblée au mesme lieu.

Questes.

Queste. **A** la Garenne Dyers, un homme.

A la grange du Milieu, un homme.

A la Justice de Ville-Crenne, un homme.

A Gros-Bois, un homme.

Au bois Sainct-Martin, près Gros-Bois, un homme.

A la Queuë de Sancteny et de Cernon, deux hommes.

Au bois Nostre-Dame, jusques au chemin du Chesno au Loup
et Mamonces, deux hommes.

A la Queuë de Lusigny, deux hommes.

A la Queuë de Poiltart, un homme.

A Pontillort, un homme.

Au bois l'Abbé, un homme.

Au bois Sainct-Martin, quatre hommes.

Relais.

Relais. Au Désert de Marolles.

Au Chesne l'Allouëtte.

Au bois Sainct-Martin.

Au Chesne au Loup.

A la Chappelle de Moutely.

A la Croix au Loup.

A la Justice de Ville-Crenne.

ROND BUISSON PRÈS OZOÜAY LA FERRIÈRE.

Pour courre au Rond Buisson près Ozoüay La Ferrière.

Le logement des chiens et veneurs est à Ozoüay.

L'assemblée est à Armière ou à La Planchette.

Questes.

Queste. Au rond Buisson, deux hommes.

Aux Minières, deux hommes.

Au Long Diolle, deux hommes.

A la longue Vente, un homme.

Au bois Roze, un homme.

A la Léchelle, un homme.
A la Planchette, un homme.
Aux bois d'Armiere, un homme.
Aux bois de Pont-Carré, un homme.
Aux bois de Mony, un homme.
Aux bois de Belle Assise, un homme.
Aux bois de la Guette, un homme.
Aux Trente Arpents, un homme.

Relais.

Relais. A la chapelle de Moutety.
Aux bois Sainct-Martin.
Au chesne au Loup.
Au Chesne à l'Alloüette.
A la Poincte le Roy.
A la Rucherie.
A Bourneblanche, qui est entrées de la forest de Cressy.

SENARC FOREST.

Pour courre à la forest de Senarc.
Le logement des chiens et veneurs à Montgeron.
L'assemblée au mesme lieu.

Questes.

Queste. Au petit Sénarc, trois hommes.
Sur Estiolle jusques aux Cinq Frères, un homme.
Sur Ligery, un homme.
Depuis la Grange de Senarc, jusques sur Armoye, deux hommes.
A la Queüe de Leurcin, deux hommes.
Allentour de la Trace, un homme.
Depuis la petite route qui vient de la Garenne de Brunoy au
grand chemin jusqu'à la Mare platte, un homme.
A la Garenne de Breuvoy, un homme.
A Montgeron jusques au carrefour du Tremblay, un homme.
Depuis la route qui va de Montgeron au carrefour du Trem-
blay, jusqu'au jardin d'Olivet, un homme.
A la Justice de Choisy jusques aux Cinq Frères, un homme.

Depuis les Cinq Frères jusques au carrefour du Tremblay, au grand chemin de Leursin, deux hommes.

Relais.

Relais. Au carrefour des Cerisiers.

A la Mare Platte.

Aux Cinq Frères.

A la Justice de Choisy.

Au Jardin d'Olivet.

Au carrefour du Tremblay.

SEQUIGNY.

Pour courre à la forest de Sequigny.

Le logement des chiens et veneurs à Vizy.

L'assemblée à Saincte-Geneviève des Bois où à la Greffière de Reims.

Questes.

Queste. A la garenne de Lisse, un homme.

Au bois Saint-Genault, un homme.

Au bois d'Orengy et Bondoulfe, deux hommes.

Au bois de Sainct-Michel, un homme.

A la Quëue du Long-Pont, jusqu'à la route de Saincte-Gene-viesve, trois hommes.

Depuis la route de Saincte-Geneviesve, jusques au chemin qui va de la Greffière de Reims à Morfan, deux hommes.

A la Queuë de Vizy, deux hommes.

A la Garenne de Sauvigny, un homme.

Relais.

Relais. Au carrefour dans la route.

Au bois Sainct-Michel.

A Bondoulfe.

A l'entrée de Sénart.

A la Greffière de Reims.

Laissant courre à Lisse, il faut mettre la vieille meute à la Greffière de Reims.

VERRIERE.

Pour courre à Verriere.
Le logement des chiens et veneurs à Versailles.
L'assemblée à Villecomble.

Questes.

Queste. A la Tour, un homme.
>Depuis le chemin de la Tour à Jousny à la main droicte, deux
>>hommes.
>A Eurigny, un homme.
>A la main gauche du chemin de la Tour à Jousny jusques sur
>>Verriere, deux hommes.
>Au bois Villebon, un homme.
>A Seüre, un homme.
>A Montafillaut, un homme.
>Aux Coustaux d'Igny, deux hommes.
>Au bois de Pille, un homme.
>A l'Homme Mort, un homme.
>A Verisy, un homme.

Relais.

Relais. Vieille meute. A Velisy.
>A Verriere.
>Aux bois du Pillery.
>A Porche-Fontaine.
>A la Cuve au Renard.
>A la Faulse reposée.
>A Fruaye.

VERSAILLES.

Pour courre aux buissons de Versailles.
Le logement des chiens et veneurs à Versailles.
L'assemblée à Porche-Fontaine ou Versailles.

Questes.

Queste. Aux Coustaux de Versailles, un homme.
Aux Coustaux de Choisy, un homme.
A la Cuve au Renard, un homme.
Aux Coustaux de Buc, un homme.
Aux Connehars et bois des Loges, un homme.
Aux Coustaux de Jouy, un homme.
A Porche-Fontaine, un homme.
A l'Homme Mort, un homme.
A Velisy, un homme.
A Seüre, un homme.
A Fausse Reposée, un homme.
Aux bois d'Arsy, deux hommes.
Aux bois Bérangé, un homme.
Aux bois de la Selle, un homme.

Relais.

Relais. A Porche-Fontaine.
A la Cuve au Renard.
A Verriere.
A Fausse Reposée.
Aux Tailles de Merly.
Au Cheval d'Or.
Au Gros Érable.

CROUY.

Pour courre à Crouy.
Le logement des chiens et veneurs à Chambourcy.
L'assemblée à Joüanval.

Questes.

Queste. Au parc de Boissy, un homme.
Aux tailles d'Arblé, un homme.
Au parc Saincte Jame, deux hommes.
Sur les estangs de Rets jusques à Joüanval, deux hommes.

Sur Asnière et Vau Martin, deux hommes.

Sur la Bretesche jusques au chemin du Cheval d'Or, deux hommes.

Depuis le Cheval d'Or jusques à la vallée du Gros Houst, deux hommes.

A la vallée du Gros Houst jusques aux Tailles de Merly, deux hommes.

Sur Noisy, un homme.

Aux tailles de Merly, un homme.

A la Garenne de Noisy, un homme.

Sur l'estang de Fourqueux, deux hommes.

Depuis l'estang de Fourqueux à Cheval d'Or jusques à la Mont-joye, un homme.

Depuis le Chesne le Roy, jusques au Gros Erable, un homme.

Au bois de la Selle, un homme.

Au bois Berangé, un homme.

Relais.

Relais. Au Gros Érable.

Aux estangs de Rets.

Au Chesne le Roy.

A l'entrée de Sainct-Germain.

A la Croix Pucelle.

A la butte des Loges.

Au Pas du Roy.

A la Croix Dauphine.

SAINCT-GERMAIN EN LAYE.

Pour courre à Sainct-Germain en Laye.

Le logement des chiens et veneurs à Sainct-Germain.

L'assemblée à Sainct-Germain.

Questes.

Queste. Aux Ventes Sainct-Léger, un homme.

Aux Ventes de la Queuë au Moyne, deux hommes.

Aux Ventes de Poissy, deux hommes.

Depuis le grand chemin de Sainct-Germain, à Poissy et aux Loges, deux hommes.

Depuis le chemin qui va des Loges à Sainct-Germain jusques
aux murailles du parc, deux hommes.
Aux Ventes aux Dames, jusques au Pas du Roy, deux hommes.
Au buisson Richard, un homme.
A la Vente de Bourbon, un homme.
Aux Ventes de Maisons, deux hommes.
Au Repos du Tonnelier, deux hommes.
A l'entour de la meute, deux hommes.
A la Vente Épineuse, un homme.

Relais.

Relais. Au grand chemin de Poissy.
Entre les deux parcs.
A la Sablonnière.
A la Croix Dauphine.
Au Pas du Roy.
Au Chesne Saincte-Barbe.

AUX ALUETS.

Pour courre aux Aluets.
Le logement des chiens et veneurs à Chambourcy ou aux Aluets.
L'assemblée aux Aluets.

Questes.

Queste. Aux Flansbertins, un homme.
A Abbécourt et Rougemont, deux hommes.
Aux Trente Arpens, un homme.
Sur Morinvilliers, à la Mare des Bois, deux hommes.
Aux Ventes Baillées et Ventes Sainct-Benoist, jusques au che-
min de Fresne, aux Aluets, un homme.
Depuis 'e chemin d'Albert qui va à Fresne, jusques au Chesne
Ferré, un homme.
Depuis le chemin de la Queuë de l'estang de la ferme des Bois
au chemin Ferré, jusques au chemin de Bonaflé, jusques au
chemin de Fresne à Môle, un homme.
Aux Preaux jusques à la ferme Rouge et du Roussay, un
homme.

Autour du Roussay et Mareplatte, un homme.

A la vallée Martinet, jusques sur Presles, un homme.

Depuis le chemin de Môle, aux treize voyes et sur Bazemont, un homme.

Depuis les treize voyes et sur la Fontaine Poureuse, jusques sur Môle, un homme.

Depuis les treize voyes, jusques au Chesne Ferré, un homme

Relais.

Relais. Au Chesne Ferré.

Aux treize voyes.

A Abbecourt.

A l'entrée de Saincte-Jame.

Au gros Érable.

A l'entrée de Sainct-Germain.

A la butte des Loges.

BASSE FOREST DE MONTMORENCY.

Pour courre à la basse forest de Montmorency.

Le logement des chiens et veneurs à Villiers-Adam.

L'assemblée à l'Abbaye du Val.

Questes.

Queste. Depuis la Garenne de Mery, jusquesà l'Abbaye du Val et le chemin de Villiers-Adam, un homme.

Aux Grivaudes, jusques à l'Abbaye du Val, un homme.

Depuis les Grivaudes, jusques au chemin de Villiers-Adam deux hommes.

Depuis le grand chemin de l'isle Adam, jusques à la Maison de l'Apotiquaire, un homme.

Aux environs des Bons Hommes, un homme.

Sur le Haut Merdu, un homme.

A Beau Champ, un homme.

A La Boissière, un homme.

Au Chesne la Trouvée un homme.

Relais.

Relais. Aux Grivaudes.

Au Chesne des Quatre Voyes.

A Montanglan, pour l'entrée de la Haute Forest, refuicte de Sainct-Germain.

Entre Sougnolles et Méry, dans le grand chemin.

Au Chesne de la Trouvée.

HAUTE FOREST DE MONTMORENCY.

Pour courre à la haute forest de Montmorency.

Le logement des chiens et des veneurs à Sainct-Prix.

L'assemblée au chasteau de la chasse.

Questes.

Queste. Au fond des Aulnois, deux hommes.

Depuis la Croix Blanche jusques aux Estangs de la Chasse, un homme.

Sur Domons, un homme.

Sur Bonfemont, un homme.

Sur Chavery, un homme.

A la Fontaine du Four, un homme.

Sur Montubois, jusques au Chesne au Chat et Taverny, un homme.

Sur Sainct-Leu, jusques à la Croix de Hautes Bruyères et du chemin qui va à Sainct-Prix, à la Croix de Hautes Bruyères, un homme.

Vers Sainct-Prix, un homme.

Aux environs de la Croix Cailleux, jusques à Sainct-Père, deux hommes

Depuis Sainct-Père, jusques aux environs de la chasse, deux hommes.

Aux Moulineaux et sur les Estangs de Marsilly, deux hommes.

Relais.

Relais. Au Chesne Cailleux.

A la Croix Blanche.

Aux estangs de la Chasse.

Au carrefour de la Poincte.
A la Croix de hautes Bruyères.
Au Chesne au Chat.
Au Beauchant.
A l'entrée de Sainct-Germain.

LA FOREST DE LIVRY.

Pour courre à Livry.
Le logement des chiens et veneurs à Livry.
A l'assemblée au mesme lieu.

Questes.

Queste. A la Queuë d'Aunelle, deux hommes.
A la Queuë de Villemonble, quatre hommes.
Sur les Rincy, jusques à Clichy, deux hommes.
Depuis Clichy sur Cresne et Vaujour, deux hommes.
A l'Hermitage et les Fosses de Labron, deux hommes.
Aux Codreaux, deux hommes.
Aux bois Sainct-Denys, un homme.
Aux bois Sainct-Martin, deux hommes.
A Ville-Parisis, deux hommes.
Aux bois d'Eguisy, deux hommes.
A Montjay, deux hommes.

Relais.

Relais. A la Table.
Sur les Rincy.
Au Moulin de Beaujour.
Au bois Sainct-Denys.
A l'Hermitage.

FOREST DE MOUCEAUX.

Pour courre à la forest de Mouceaux.
Le logement des chiens et veneurs à Sainct-Jean des Deux Jumeaux.
L'assemblée à Mouceaux.

Questes.

Queste. A Verdelot, un homme.

Depuis la route de Mouceaux, jusques à la route de Verdelot, deux hommes.

Depuis la route de Verdelot, jusques à la route de Sainct-Jean, un homme.

Depuis la route de Sainct-Jean, jusques à la route d'Armantière, deux hommes.

Depuis la route d'Armantière, jusques à la route du Nuisement, deux hommes.

Depuis le Nuisement, jusques à la route de Germigny, deux hommes.

Depuis la route de Germigny, jusques à la route de Poincy, deux hommes.

Depuis la route de Poincy, jusques à la route de Trilleport, deux hommes.

Depuis la route de Trilleport, jusques à la route de Mouceaux, deux hommes.

Au Tour du Carrefour, un homme.

Relais.

Relais. Au Carrefour.

A la route de Trilleport.

A la route d'Armantière.

A la route du Nuisement, nommée la Petite Route.

En Verdelot.

FOREST DE CRESSY.

Pour courre à la forest de Cressy.

Le logement des chiens et veneurs à Mansart ou la Ville-Neufve.

L'assemblée au Chesne Patu.

Questes.

Queste. Au bois de Sainct-Denys, jusques à Borneblanche, un homme.

Aux bois du Jarrié et Irain, un homme.

Depuis Borneblanche, jusques à la route herbuë, et la route de Ville-Neufve et celle de Creuvecœur, deux hommes.

Depuis la route herbuë, jusques à Crevecœur, à la main droicte de la route, qui va de la Ville-Neufve à Crevecœur, deux hommes.

Depuis Sainct-Fiacre, jusques à la route de Mansard à Crevecœur, deux hommes.

Depuis la route de Crevecœur, jusques à la Croix Dandardenne, deux hommes.

A la Queuë de Lurigny, un homme.

Au bois de Malvoisine, deux hommes.

Au bois de La Tournelle, un homme.

Depuis la route de Mansart à Neufmentiers, jusques aux routes de Sainct-Fiacre et de la Ville-Neufve à Crevecœur, trois hommes.

Au bois des Dames et Sutidens, un homme.

Au tour du Chesnes Patu, un homme.

Aux bois Bourguignon et aux Trois cents Arpents, un homme.

Sur le prez de la Ville-Neufve, un homme.

Relais.

Relais. A la Croix Dandardenne.

A la route de Sainct-Fiacre.

Au Chesne Patu.

A Borneblanche.

A l'entrée de Malvoisine.

A la route de Crevecœur.

Dans la capitainerie de Senlis et ancien ressort sont les forest de Chantilly et de Halatte, haute et basse Pommeraye, Pont-Armé, les Grandes Ventes, Queus, Dory, Vieury, bois de Chalys, des Rieux, de Lusarche, bois Bon Royaumont et Bertinval, de Quoze, bois Bourdon, de Moviere et Char, les bois de Chalis, Darmenouville, de Verboirets, Mont-l'Oignon, Mont-l'Evesque, de Baron, Cornons, Mont-Epillon, le Haut Montet, bois de Rarets, le bois du Poirier, bois des Agens, le bois du Lieutenant, le bois Bonnart, le bois de Vin, le bois Saint-Michel, le bois de Cramoisy, bois de Merlou et plusieurs autres petits bois, lesquels montent à la quantité de trente mille arpens ou environ. Tous lesquels nommés ensuite, et séparez pour y aller en queste, et où l'on peut connoistre les lieux où les cerfs vont lorsqu'ils sont chassez, pour y mettre les relais.

FOREST DE CHANTILLY.

Le logement des chiens et veneurs à la Chapelle ou Pont-Armé.
L'Assemblée à Chantilly.

Questes.

Queste. Sur tiers le carré qui fait la grande route jusques au grand chemin, le long du ruisseau, deux hommes.

Sur Pont-Armé, jusques au grand chemin tournant par la longue route, deux hommes.

Sur Pont-Armé, la Feuë Madame, et le long du ruisseau depuis le grand chemin, le long de la route, jusques à Montgresin, deux hommes.

Depuis la route de Montgresin, le long de la longue route, jusques à la loge de Vierme qui est sur le ruisseau, deux hommes.

Depuis la loge de Vierme, tout le long du ruisseau, jusques sur la Morlaye, revenant à la longue route, et au chemin qui conduit à la dite loge, un homme.

Depuis la porte de Chantilly et bois Bourillon et les bois Sainct-Denis, les Houis, le long de la longue route de Montgresin, deux hommes.

Depuis la route de Montgresin et le long de la longue route, jusques au chemin qui conduit à Sainct-Nicolas, un homme.

Depuis le chemin de Sainct-Nicolas, le long de la Muette jusques au chemin de Plailly, revenant à la longue route, un homme.

Le Grand Buisson appelé les Grandes Ventes, séparé par un ruisseau de la forest de Chantilly appelé Préharmé, un homme.

A la Queuë de la Chappelle, jusques au chemin de la Chapelle à Ouy, un homme.

Depuis le dit chemin, jusques au chemin d'Ouy à Lusarche, un homme.

Depuis le dit chemin, le bois Bonnet, Royaumont et Batinval, deux hommes.

Au bois Bourdon, et bois Charlet, et de Morienne, un homme.

Relais.

Relais. Au Carrefour des Routes.
A la Loge de Vierme.
Aux garennes et grand chemin de Paris.

POUR COURRE AUX BUISSONS CIRCONVOISINS.

COMME CHALY.

Le logement des chiens et veneurs à Armenouville.
L'assemblée au dit lieu.

Questes.

Queste. Au bosquet Dammartin, un homme.
Au bois Sainct-Sulpice et Armenouville, deux hommes.
A Mont-l'Oignon et Fontaine, un homme.
A Bor et Mont l'Évesque; et les bois de la Victoire, deux
hommes.

Relais.

Relais. A la Croix Danleu.
A la Butte des Gensd'armes.
Autre refuitte.
A l'entrée de Parte.
A l'entrée du bois de Nanteüil.

BUISSONS DE LA POMMERAYE.

Questes.

Queste. Au bois Sainct-Michel, un homme.
Au bois de Merlou, un homme.
Au bois de Cramoisy, un homme.

Relais.

Relais. Aux garesnes Laversine.
A l'entrée de la Pommeraye.
Au bois Sainct-Romain, et les autres dans la forest.

Le logement des chiens et veneurs à Fleuraine et Sainct Christophe.

L'assemblée à Fleuraine.

Questes.

Queste. A la Queuë au Renard, trois hommes.

Aux environs de la Croix Franc-Potel, jusqu'au chemin de Villers Sainct-Framboult à Ponts, deux hommes.

Depuis le chemin de Villiers Sainct-Framboult, jusques au chemin qui vient de Ponts à Sainct-Christofle, et jusques au Pas Sainct-Ryeule, un homme.

Depuis le Pas Sainct Ryeule, jusques à Malgenest, à la main gauche du chemin qui va de Sainct-Ryeule à Senlis, deux hommes.

Depuis Malgenest, jusques à Oignon, un homme.

Au bois Paris, un homme.

Depuis le chemin qui va depuis Sainct-Ryeule jusques au chemin de Fleuraine à Senlis, deux hommes.

Depuis le chemin de Senlis, jusques à la Belle Croix un homme.

Au Mont-Aetas, deux hommes.

A la Longue Vente, un homme.

Depuis le Mont-Aetas sur Haultmont du costé de Senlis, un homme.

Depuis la Longue Vente, jusques à Malassis et la Pommeraye, nommé le Fonds du Cornet, deux hommes.

Depuis le Fonds du Cornet, jusques à la Croix des Veneurs et sur Verneüil, deux hommes.

Depuis la Croix des Veneurs jusques sur Beaurepaire, un homme.

Au Fond du Sac, jusques sur Ponts, un homme.

Relais.

Relais. A la Belle Croix.

Au Pas Sainct-Ryeule.

Au Poirier Botelot.

A la Croix des Veneurs.
A l'entrée de la Haute-Pommeraye.
Aux Sept Frères.

FOREST DE VILLIERS-COSTE-RESTS.

Pour courre à la forest de Villiers Coste-Rests.
Le logement des chiens et des veneurs à Villiers-Coste-Rests.
L'assemblée au mesme lieu.

Questes.

Queste. A la Fontaine de Sainct-Laurent, un homme.
    Au Four Robin, un homme.
    A la Fontaine aux Loups, deux hommes.
    A la Serve, deux hommes.
    A la Crapaudière, un homme.
    A la Fontaine Armand, deux hommes.
    Depuis la Croix Sainct-Georges jusques à la Croix de Dandeu,
      quatre hommes.
    Aux Puys des Sarrazins, deux hommes.
    Depuis le chemin d'Avigny jusques au chemin de Villiers-
      Coste-Rets à Bour-Fontaine, deux hommes.
    Depuis le chemin de Bour-Fontaine jusques au chemin de
      Boursonne, deux hommes.

Autres questes pour la même forest.

L'assemblée quand elle sera au Verfeüil.

Questes.

Queste. Au Bois du Quesnoy, un homme.
    Au Bois des Eglises séparé de la forest, trois hommes.
    A l'Equipée de Sainct--Pierrelles, un homme.
    Au Très-Fond de Montgobert, un homme.
    Au Quartier de Pieuzeux jusques à Très-Fonds de Montgo-
      bert, deux hommes.

A la Chapelle Mantart, un homme.

Aux environs de Vauluaudrans, un homme.

A la Garenne de Valfery, un homme.

Autre canton pour courre à la mesme forest.
L'assemblée à Danleu.

Questes.

Queste. Aux Ventes, entre Danleu et Fleury, deux hommes.
Au fonds Binard, deux hommes.
Aux Montieux, deux hommes.
Au clos de Long-Pont, deux hommes.
Au Chasteau aux Fées, deux hommes.
A la Belle Espine, deux hommes.
A la fosse aux Damoiselles, deux hommes.
Aux environs de Sainct-Antoine, deux hommes.
Depuis Sainct-Antoine jusques à Silly, deux hommes.
Aux Ventes d'Aniauxmont, un homme.
Depuis les Ventes d'Aniauxmont jusques à la route de Doles et
à Villiers-Coste-Rets, deux hommes.

Autre canton pour courre à la mesme forest.

L'assemblée à Bourfontaine.

Questes.

Queste. Depuis Bourfontaine jusques à la Croix de Guseleux, deux
hommes.
Aux Prez des Concierges, un homme.
A la Fontaine de Long-Pont, deux hommes.
Au gros bois de Boursonne, deux hommes.
Aux Ventes du Champ Familier, deux hommes.
Au Très-Fond Divor, quatre hommes.
Au Très-Fond de Gaune, un homme.
Au Très-Fond d'Ormoy, un homme.
Au buisson d'Ovaligny, trois hommes.
Au buisson du Tilloit, vers Crespy, quatre hommes.

Relais pour courre à tous les cantons et questes cy-dessus qui seront choisis selon les lieux où l'on lairra courre le cerf.

Relais.

Relais. Au carrefour de la Croix du sault du Cerf.
   A la Croix du Rond la Reyne.

Refuitte pour aller vers la forest de Compiègne.

A la Croix Morel.
A la Croix du Faiste de Rets qui regarde la Haye la Biche, la
   forest de Rets est celle de Compiègne. Ces relais cy dessus
   sont placez le long d'une mesme route.
A la Croix de Guize, au milieu de la forest.
A la Croix de Danleu.
A la Croix du haut Pierrie.
Au carrefour de Meriziers.
A la Croix de Pizieux.
Aux estangs de la Ramée et de Long-Pont.

Refuite pour aller à Nanteüil.

A Claure.
Au Tillou.

FOREST DE COMPIÈGNE.

Pour courre à la forest de Compiègne.
Le logement des chiens et des veneurs à la Croix Sainct-Ouen.
L'assemblée à la Bresne, quand on veut courre aux environs de la
   Bresne.

Questes.

Queste. Aux marais Sainct-Louys, un homme.
   Aux Huguenots et les Bobées, un homme.
   Aux environs du carrefour des Routes, un homme.
   Aux environs de Sainct-Cornille, un homme.
   A la Belle Image, et aux environs de Martplateaux, un homme.
   Aux environs des grès de Roussi et du Pont-Minet, un homme.
   Aux environs du Marest la Reyne, un homme.

Depuis Sainct-Jean jusques au bois de Rapon, deux hommes.
Aux marests de l'Eschelle, un homme.

Et quand vous ferez l'assemblée à Sainct-Oüen.

A la Belle Cuve, un homme.
A la Haute Cuve, un homme.
Aux Arpens, un homme.
A la Vente du Vinaigrier, un homme.
A la plaine aux Biches et aux environs, un homme.
A l'Epinoy, un homme.
Aux Prez Neufs et Vieux Prez, un homme.
Aux Cornets, un homme.
Au Vivier Cors, un homme.
Aux environs du Pré, un homme.

Et faisant l'assemblée à Sainct-Cornille.

A Embergue, et aux environs, deux hommes.
A la garde Boudrelot, un homme.
Aux environs du vivier Frère Robert, un homme.
A la Croix des Sept-Morts, un homme.
A la Croix de la Belle Image, un homme.
Aux environs de la Mare à Cheval, un homme.
A Sainct-Etienne, un homme.
Aux usages de Morienval, un homme.
Au Petit Mont, un homme.

Laissant courre dans le canton de Sainct-Cornille.

Relais.

Relais. A la Belle Image.
Au Cheval Noir.
Aux Huguenots.
Au Carrefour des routes.
Dedans la route du bois de Rupon.
A la mare à Cheval.

Et quand vous ferez l'assemblée à la Croix.

A la Planchette de Bethisy.
A la plaine aux Biches.

Au pont à l'Ange.
Au pont Minet.
Au carrefour des Routes.
Aux Scéguenaux.
Au Cheval Noir.

FOREST DE MONTFORT.

Pour courre à la forest de Montfort.
Le logement des chiens et veneurs à Sainct-Léger.
L'assemblée au mesme lieu.

Questes.

Queste. Aux Foüilleux, deux hommes.
A Baussart, deux hommes.
A l'Estang Neuf, un homme.
Au pont à la Dame, un homme.
Au Gros Billot, deux hommes.
Aux Quatre Estres, deux hommes.
A la Mare Ronde, un homme.
Aux Mornées, un homme.
A la Serquelase, deux hommes.
Au petit champ, un homme.
Aux Essartons, un homme.
Au bois de Mayray, un homme.
Aux Plaviraux, trois hommes.
A la Fosse aux Loups, deux hommes.
A l'Epart, deux hommes.
A la Quenouillée, deux hommes.
A la Vente au Moyne, deux hommes.
Au Petit Choisel, deux hommes.
Au pré Jonon, un homme.
Au pont Quentin, deux hommes.
Aux Joussières, un homme.
A Villepert, deux hommes.
A Coupegorge, deux hommes.
A la Renardière, deux hommes.

Laissant courre vers le Parc, ou à la Serqueuse.

Relais.

Relais. La vieille meute, au Gros Billot.
Aux estangs de Holande.
A Billette.
Au moulin André de Pongny.
Au chesne Vaul-Guion.
A la Croix au Veneur.
A l'Estanchet.
A l'Estang rompu.

TAILLES D'ESPERNON.

Pour courre aux tailles d'Espernon.
Le logement des chiens et veneurs à Poigné.
L'assemblée au mesme lieu.

Questes.

Queste. A la Folie, un homme.
A la Croix d'Esprit, deux hommes.
A l'estang du Roy, deux hommes.
Aux environs de Quipêreux, deux hommes.
A la vallée des Grecs, deux hommes.
A la Pecqueuse, deux hommes.
Au Pisote, un homme.
Au Haut-Planet, un homme.
A la Houssine. un homme.

Laissant cours vers Quipêreux.

Relais.

Relais. La vieille meute. A la Croix d'Esprit.
A l'estang du Roy.
A l'entrée des bois de Gazeran, vers la **Pommeraye.**
Vers la Croix au Veneur.
Au Gros-Billot.
A Villepert.

PREAUX.

Pour courre à Preaux.
Le logement des chiens et veneurs à Ronquerolle.
L'assemblée à Ronquerolle, ou à Sainct-Jacques.

Questes.

Queste. A Preaux, trois hommes.

A la Houssée et le Mont à l'Ecache, deux hommes.

Depuis Robinet, jusques au chemin de Ronquerolle, un homme.

Depuis le chemin de Ronquerolle à Dernetal et le fond de Mont-Faucon, jusques à ta table, deux hommes.

A Mont-Faucon et au bois de Monsieur Sainct-Jacques, deux hommes.

Depuis la cave du Roulle et Susbourdeny, jusques au bois David, deux hommes.

Au bois David et au parc Longuet, deux hommes.

Aux Marnières, jusques au beau Quesne, deux hommes.

Au bois du Neuf-Bourg, deux hommes.

Allentour du Beau Lieu, deux hommes.

Aux bois Saincte-Catherine, deux hommes.

Laissant courre à Preaux.

Relais.

Relais. La vieille meute. A Robinet.

Au grand chemin de Ronquerolle à Darnetal.

A Montfaucon.

A la Table,

Au parc Longuet.

Laissant courre vers le bois d'Eunebour, ou du Neufbourg.

Relais.

Relais. La vieille meute. Au parc Longuet.

Au bois Saincte-Catherine.

A Beau Lieu.
A la Table.
A Montfaucon.
A Robinet.

ROUVRAY.

Pour courre au Rouvray.
Le logement des chiens et des veneurs à Lessart.
L'assemblée au mesme lieu.

Questes.

Queste. A Madrillet, deux hommes.
 Depuis Madrillet jusques à la mare d'Oisel, deux homme.
 Depuis la mare d'Oisel, jusques au Val au Prestre, deux hommes
 Depuis le Val au Prestre, jusques sur le Catelier, deux hommes
 Sur les Roches jusques au Nouveau Monde, deux hommes.
 Depuis le Nouveau Monde à Moulineaux, jusques au chemin
  de Couronne, au Nouveau Monde, trois hommes.
 Entre le chemin de Couronne et celuy de Leffart au Nouveau
  Monde, et le chemin de Leffart à Couronne, deux hommes.
 Depuis le chemin de Leffart à Couronne jusques au premier
  val, deux hommes.
 Sur le Petit Couronne jusques au dernier val, deux hommes.
 Sur Queully, deux hommes.

Laissant courre à Madrillet.

Relais.

Relais. La vieille meute. A la mare de Risel.
 Au Gras Merisier.
 Entre les Deux Vaux.
 Au Gros Chesne.
 Entre Lessart et le Nouveau Monde.
 Au mont à la Queuvre

www.ingramcontent.com/pod-product-compliance
Lightning Source LLC
LaVergne TN
LVHW011920180726
843502LV00003B/663